新能源与智能网联汽车维修技术彩色图解丛书

新能源汽车故障诊断技巧彩色图解

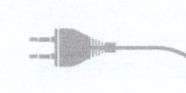

NEW ENERGY VEHICLE

上册 基础篇

主　编　刘朝丰　陈保山
副主编　魏秉国　逯云杰　朱杰　顾小冬

机械工业出版社
CHINA MACHINE PRESS

本书详细介绍了新能源汽车维修所需要的工具、设备以及高压安全操作的流程，使读者能够了解如何进行安全维修操作，避免触电等伤害；全面讲解了电动汽车/混合动力汽车高压动力电池的结构组成，分析了动力电池管理器（BMS）对动力电池的管理方式，整车控制器对车辆的控制策略；对高压充电、配电及能量回收进行了深入的介绍，对驱动电机和驱动系统的冷却方式进行了分析；对高压互锁监控系统、绝缘（漏电）检测系统如何监测与传递结构信息进行了详细讲解；对辅助控制系统、空调系统、车载CAN网络也进行了相应的介绍。

本书详细讲解了新能源汽车故障诊断的必备知识，可以为新能源汽车维修初级技工、新能源汽车专业的学生学习新能源汽车的故障诊断与排除打下坚实的基础。

图书在版编目（CIP）数据

新能源汽车故障诊断技巧彩色图解. 上册，基础篇 / 刘朝丰，陈保山主编. —北京：机械工业出版社，2021.5（2024.6 重印）
（新能源与智能网联汽车维修技术彩色图解丛书）
ISBN 978-7-111-68240-0

Ⅰ.①新… Ⅱ.①刘…②陈… Ⅲ.①新能源—汽车—车辆修理—图解 Ⅳ.① U469.707-64

中国版本图书馆 CIP 数据核字（2021）第 091370 号

机械工业出版社（北京市百万庄大街22号　邮政编码100037）
策划编辑：齐福江　责任编辑：齐福江　郑　晨
责任校对：李　杉　封面设计：王　旭
责任印制：李　昂
北京捷迅佳彩印刷有限公司印刷
2024年6月第1版第3次印刷
184mm×260mm・16印张・410千字
标准书号：ISBN 978-7-111-68240-0
定价：128.00元

电话服务　　　　　　　网络服务
客服电话：010-88361066　机 工 官 网：www.cmpbook.com
　　　　　010-88379833　机 工 官 博：weibo.com/cmp1952
　　　　　010-68326294　金　书　网：www.golden-book.com
封底无防伪标均为盗版　机工教育服务网：www.cmpedu.com

前　言

　　新能源汽车产业已经成为世界汽车行业所公认的未来发展趋势，世界各大汽车厂商都在加速新能源汽车研发，抢占市场。在国家及地方政府政策的支持下，我国新能源汽车也实现了产业化和规模化的飞跃式发展，国家推出的新基建项目，七大项中有两项深度涉及新能源汽车产业，特别是投入巨资建设汽车充电桩项目，解决了车主的充电痛点，汽车的新能源时代已经全面来临。

　　作为一名汽车维修技师，原来掌握的传统燃油汽车维修技术已无法解决新能源汽车的问题，要想继续从事汽车维修工作，就必须面对新能源汽车维修技术这个难题，在这当中，故障诊断更是难题中的难题。

　　针对这种情况，我们把多年的学习成果、新能源汽车一线维修实战经验、线上线下新能源汽车维修技术培训心得等总结出来，结合目前修理工急需的故障诊断技术，编写了《新能源汽车故障诊断技巧彩色图解》系列图书，分为"上册基础篇"和"下册诊断篇"。本系列图书从新能源汽车结构及控制原理逻辑讲起，这是故障诊断的基础，是必备知识，因为只有知结构、懂原理，才能谈得上分析诊断故障。通过对系统结构的分解，对控制逻辑的深度讲解，对大量车型各系统容易出现的故障原因分析，来诠释故障分析的思路、故障诊断的方法及故障检测的技巧。

　　"上册基础篇"分为9章，主要内容有新能源汽车维修工具的使用与安全操作流程、动力电池及管理系统基础知识、整车控制器的控制策略及低压上电与唤醒、高压系统组成与高压配电系统、电动汽车/混合动力汽车充电系统与能量回收技术、驱动系统及其冷却方式、电动汽车/混合动力汽车空调系统、高压互锁监控与绝缘检测系统、辅助控制系统与车载CAN网络等，全面讲解了新能源汽车故障诊断的必备知识。

　　"下册诊断篇"，分为5章，主要内容有无法上电及异常下电故障诊断与检修、驱动系统故障诊断与检修、充电系统故障诊断与检修、动力电池常见故障诊断与检修、空调系统故障诊断与检修等，深度剖析了故障产生的深层因素，结合多款车型的常见案例，讲解诊断思路以及检测方法与技巧。

　　这些知识、技能都是一线维修实战经验的总结，因此实用性很强，一般维修技师通过阅读本系列图书，能很快掌握诊断方法、检测技巧，并能运用到实际维修中，排除纯电动汽车、混合动力汽车的各种故障，快速成长为新能源汽车维修能手。

　　本系列图书能让初学者快速入门，进入新能源汽车维修的技术殿堂，成为知结构、懂原理、会分析、能诊断的维修技师；也可以给工作多年的维修技师技术转型升级提供有力的帮助，使技术能更上一层楼；还可以作为职业院校教材，培养出更多更好的汽车维修服务人才。

　　本书由刘朝丰、陈保山任主编，魏秉国、逯云杰、朱杰、顾小冬任副主编，参编人员有陈百强、姚美红、秦志刚，孙侠主审，唐龙泉参与了审稿工作。

　　由于时间仓促，书中定有不当之处，恳请广大读者批评指正。

刘朝丰

目 录

前言

第一章 新能源汽车维修工具的使用与安全操作流程

第一节 新能源汽车分类 ...002
一、混合动力汽车 ...002
二、纯电动汽车 ...003
第二节 新能源汽车常用检修工具 ...004
第三节 新能源汽车安全操作步骤 ...010
一、安全操作前的工作准备 ...010
二、检修高压系统的安全操作规范 ...010

第二章 动力电池及管理系统基础知识

第一节 动力电池基础知识 ...018
一、动力电池的性能指标 ...018
二、锂电池的工作原理与特性分析 ...023
三、镍氢电池的工作原理与特性分析 ...031
四、动力电池包的组成 ...034
五、动力电池冷却系统 ...042
第二节 动力电池管理系统（BMS）的功能 ...046
一、动力电池管理系统（BMS）概述 ...046
二、动力电池管理系统的基本功能 ...047
三、动力电池管理系统的工作模式 ...060

第三章 整车控制器的控制策略及低压上电与唤醒

第一节 整车控制器功能与控制策略 ...064
一、常见电动汽车/混合动力汽车控制模块的英文缩写 ...065
二、整车控制器的主要功能 ...066
三、整车控制器的控制策略 ...066
第二节 整车控制系统故障诊断与结果处理 ...070
一、故障分级 ...070
二、组合仪表报警指示灯符号解读 ...071
三、新能源汽车 OBD 针脚端口定义 ...072
四、整车控制器与其他模块的控制逻辑关系 ...073
第三节 整车控制低压上电与唤醒 ...077
一、整车供、断电过程概述 ...077
二、低压供电及唤醒原理 ...077

第四章 高压系统组成与高压配电系统

第一节　电动汽车高压系统组成与分解　...082
　　一、电动汽车高压系统组成　...082
　　二、电动汽车高压系统的功能　...084
　　三、高压电控总成　...092
第二节　高压配电系统　...096
　　一、高压配电系统概述　...096
　　二、配电系统工作原理　...098
　　三、2014 款秦 DM 高压配电箱总成　...108

第五章 电动汽车/混合动力汽车充电系统与能量回收技术

第一节　交流慢充系统　...121
　　一、交流慢充系统的结构组成　...121
　　二、慢充系统的连接方式　...126
　　三、供电端充电枪内/外部结构　...128
　　四、交流慢充系统物理连接步骤　...130
　　五、众泰 Z500 EV 电动汽车交流慢充分析　...138
　　六、荣威 R550 插电式混合动力汽车交流慢充系统　...142
　　七、2014 款比亚迪秦 DM 交流慢充系统　...145
第二节　直流快充系统　...147
　　一、快充系统结构组成　...147
　　二、直流快充系统的充电条件　...150
　　三、充电控制过程　...150
　　四、直流充电系统 CC1、CC2 解析　...152
　　五、比亚迪元 EV360（3+3 平台）电动汽车直流快充系统分析　...155
　　六、众泰 Z500 EV 电动汽车直流充电系统组成与分析　...159
第三节　DC/DC 变换器充电系统　...161
　　一、高低压直流转换系统的组成　...161
　　二、DC/DC 变换器模块控制转换技术　...162
第四节　能量回收系统技术分析　...164
　　一、能量回收系统的组成　...164
　　二、能量回收基本组件功能　...166
　　三、启动能量回收的条件　...166
　　四、插电式混合动力汽车的充电系统　...166

第六章 驱动系统及其冷却方式

第一节　电动汽车/混合动力汽车驱动电机系统　...172
　　一、驱动电机系统组成　...172
　　二、电机的分类　...173
　　三、电机控制器的结构与功能　...178
　　四、旋转变压器传感器的结构与功能　...189
　　五、比亚迪元EV360（EB款）电机驱动系统解析　...193
第二节　驱动冷却系统　...195
　　一、驱动冷却系统概述　...195
　　二、冷却系统组成　...196
　　三、工作原理　...197

第七章 电动汽车/混合动力汽车空调系统

第一节　空调制冷系统　...202
　　一、空调制冷系统的组成　...202
　　二、空调制冷系统的工作原理　...203
第二节　空调通风系统　...208
第三节　空调采暖系统　...209

第八章 高压互锁监控与绝缘检测系统

第一节　高压互锁监控系统　...218
　　一、概述　...218
　　二、高压互锁功能　...218
第二节　绝缘（漏电）检测原理　...227

第九章
辅助控制系统与车载 CAN 网络

第一节　辅助控制系统　　　　　　　　　...234
　一、加速踏板位置传感器　　　　　　　　...234
　二、换档控制　　　　　　　　　　　　　...237
　三、制动系统真空控制　　　　　　　　　...238
　四、电动助力转向系统　　　　　　　　　...241
　五、低速报警系统　　　　　　　　　　　...242

第二节　车载 CAN 网络　　　　　　　　...244
　一、术语释义　　　　　　　　　　　　　...245
　二、总线结构　　　　　　　　　　　　　...246
　三、通过测量终端电阻判断总线故障的方法　...247
　四、总线维修注意事项　　　　　　　　　...247
　五、CAN 总线的常见故障　　　　　　　　...247
　六、CAN 总线常见故障原因　　　　　　　...248

第一章
新能源汽车维修工具的使用与安全操作流程

第一节　新能源汽车分类

新能源汽车是指采用非常规的车用燃料作为动力来源（或使用常规的车用燃料、但采用新型车载动力系统），综合车辆的动力控制和驱动方面的技术，形成具有先进的技术原理和新结构的汽车。

新能源汽车包括四大类型：混合动力汽车（HEV）、纯电动汽车（BEV，包括太阳能电池汽车）、燃料电池电动汽车（FCEV）、其他新能源（如超级电容器、飞轮等高效储能器）汽车等。非常规的车用燃料指除汽油、柴油、天然气（CNG）、液化石油气（LPG）、乙醇汽油（EG）、甲醇、二甲醚以外的燃料。本书主要针对混合动力汽车及纯电动汽车进行工作原理和故障分析讲解，对其他类型的新能源汽车（例如：燃料电池汽车，氢动力 CNG/LPG 燃气汽车）不做介绍。

一、混合动力汽车

混合动力汽车是指采用传统燃料，同时配以电动机和发动机来改善低速动力输出和燃油消耗的车型。按照能否外接充电器，混合动力汽车又可以分为非插电式混合动力汽车（MHEV）和插电式混合动力汽车（PHEV）。

非插电式混合动力汽车的优点：

1）采用混合动力后，可按平均需用的功率来确定内燃机的最大功率，此时车辆处于油耗低、污染少的最优工况下工作。需要大功率但内燃机功率不足时，由动力电池来补充；负荷少时，富余的功率可发电并为动力电池充电。由于内燃机可持续工作，动力电池又可以不断得到充电，故其续驶里程和传统燃油汽车相近。

2）因为有了动力电池，可以十分方便地回收滑行、减速或下坡时的能量。

3）在市区工况下，车辆可关停内燃机，由动力电池单独驱动，实现"零"排放。

4）可让动力电池保持在良好的工作状态，不发生过充电、过放电，延长其使用寿命，降低使用成本。

非插电式混合动力汽车的缺点：

长距离高速行驶基本不能省油（如图 1-1 所示为非插电式混合动力汽车）。

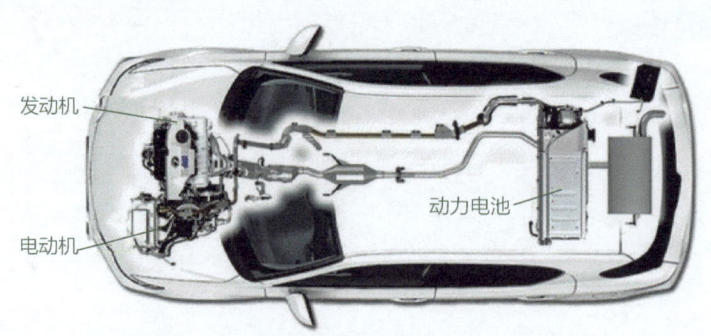

图 1-1　非插电式混合动力汽车

插电式混合动力汽车的优点：

1）包含以上非插电式混合动力汽车的全部优点。

2）通常拥有比非插电式混合动力汽车更长的纯电续驶里程，日常通勤可以做到完全纯电行驶（如比亚迪唐 100 插电式混合动力车型已经做到 100km 的纯电续驶里程）。

插电式混合动力汽车的缺点：
电量不足时驾驶舒适性会有所降低（如图 1-2 所示为插电式混合动力汽车）。

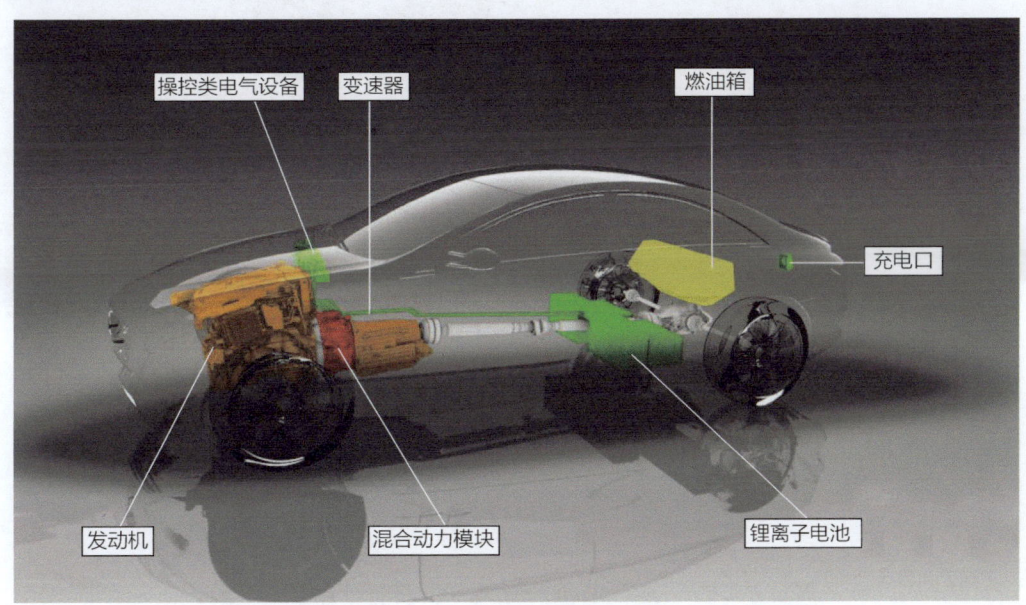

图 1-2　插电式混合动力汽车

二、纯电动汽车

纯电动汽车顾名思义就是采用电力驱动的汽车，车辆直接采用电动机驱动，把电动机装在前机舱内，也可以直接以车轮作为四台电动机的转子，其难点在于电力储存技术。纯电动汽车本身不排放污染大气的有害气体，即使按所耗电量换算为发电厂的废气排放量，除硫和微粒外，其他污染物也显著减少。由于发电厂大多建在城郊或偏远的乡村，远离人口密集区，对人类伤害较少，而且发电厂是固定不动的，集中清除各种有害排放物较容易。由于电力也可以从多种一次能源获得，如煤、核能、水力、风力、光、热等，从而可以解除人们对石油资源日见枯竭的担心。电动汽车可以充分利用晚间用电低谷时富余的电力充电，使发电设备日夜都能充分利用，大大提高其经济效益。有关研究表明，同样的原油经过粗炼，送至发电厂发电，将电能充入动力电池，再由动力电池来驱动汽车，其能量利用效率比经过精炼变为汽油，再经汽油机驱动汽车要高很多，因此有利于节约能源和减少二氧化碳的排放，正是这些优点，使电动汽车的研究和应用成为汽车工业的一个"热点"。对于电动汽车而言，基础设施建设以及价格影响了产业化的进程，这是目前最大的障碍。

纯电动汽车优点：驱动及能量转换技术已经成熟，因此只要有电力供应的地方都能够充电。

纯电动汽车缺点：由于动力电池单位重量储存的能量太少，而且电动汽车的电池较贵，故制造成本价格较高,并且充电速度较慢,当动力电池所储存的能量不足时,需要长时间等待电能的补充(如图 1-3 所示为纯电动汽车)。

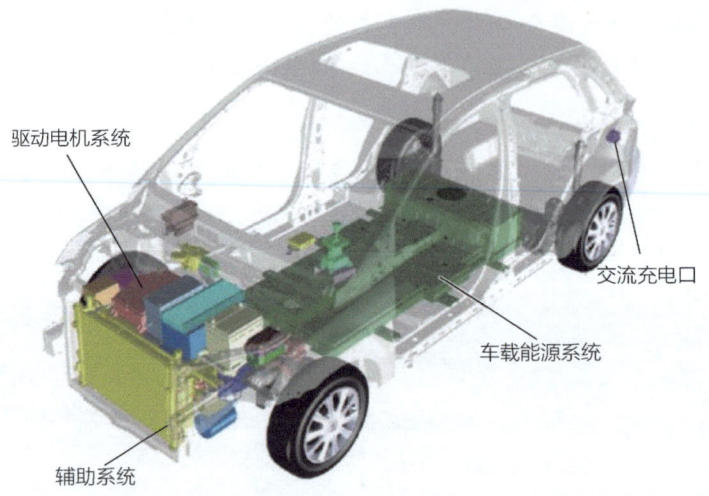

图 1-3　纯电动汽车

第二节　新能源汽车常用检修工具

电动汽车/混合动力汽车电压较高,安全操作是检修与诊断中的首项防护措施。安全防护是检修人员必须做好的检修前的准备工作,安全防护作为 A 级级别的维修注意事项是本节的重点,以下是操作前需要了解和掌握的基本内容。

维修工位设计要求:如图 1-4 所示为新能源汽车维修工位设计要求。

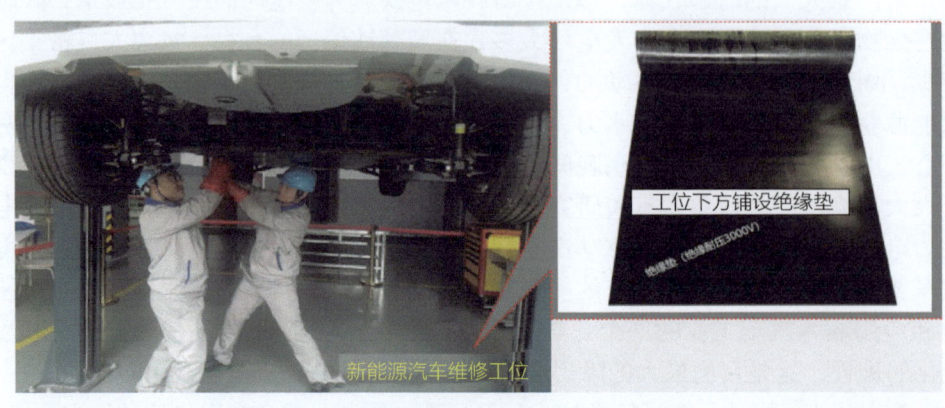

图 1-4　新能源汽车维修工位设计要求

在检修高压系统时要使用新能源汽车专用绝缘工具,如图1-5所示为绝缘工具展示。

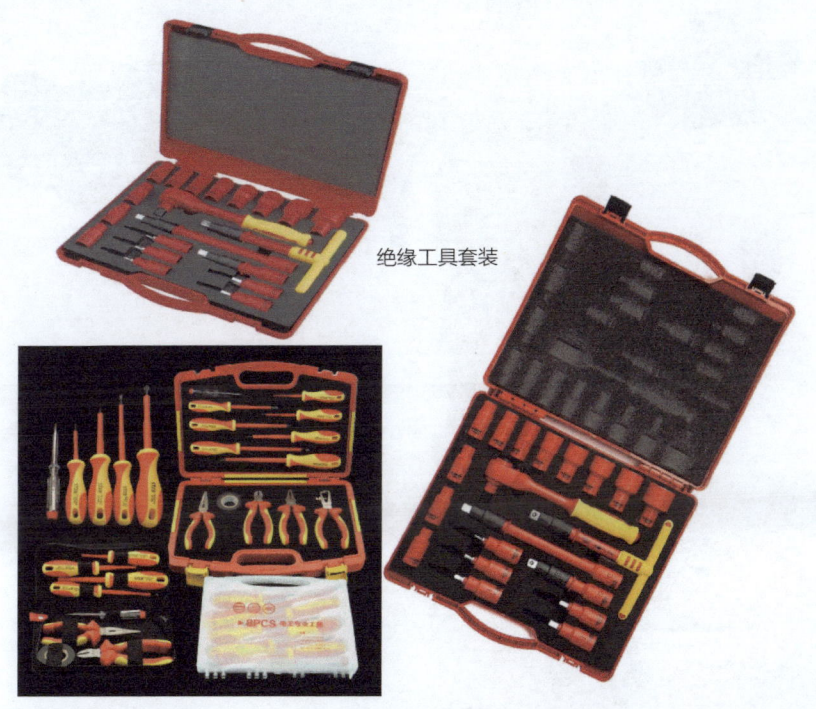

图1-5 绝缘工具展示

检修人员在检修高压系统时,要采用双人操作,一人操作维修,一人监护安全,防止出现高压触电的危险。进入维修现场前,检修人员需按标准穿电工绝缘服装,佩戴护目镜,穿戴绝缘鞋和绝缘手套,并且在穿绝缘鞋时检查鞋底部是否开裂及是否有金属物刺透鞋底,同时查看绝缘鞋的绝缘等级。穿戴绝缘手套前,要检查绝缘手套是否漏气,一旦漏气则禁止使用。如图1-6所示为绝缘手套检查示意图。

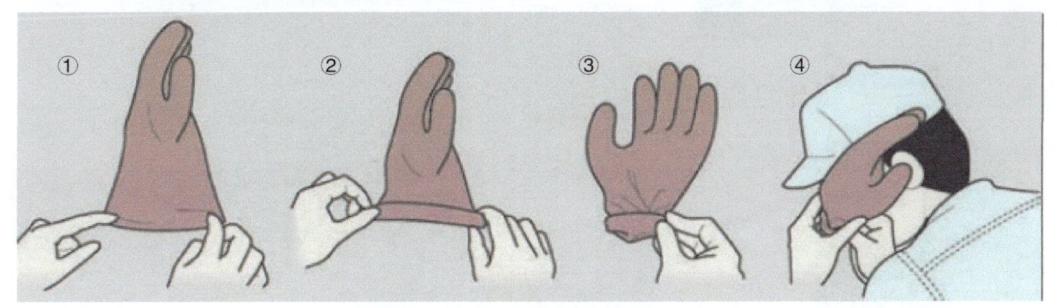

图1-6 绝缘手套检查示意图

图1-7所示为检修人员所穿戴物料。

在外出救援抛锚车辆时,尤其是车辆在涉水时出现故障,检修人员必须穿绝缘鞋。在检修动力电池包(发现动力电池包漏液)时,需佩戴耐酸碱手套。

在新能源汽车检修中还需要以下工具:万用表、数字兆欧表、放电工装、锂离子电池内阻测试仪、上位机、诊断仪等。如图1-8、图1-9所示。

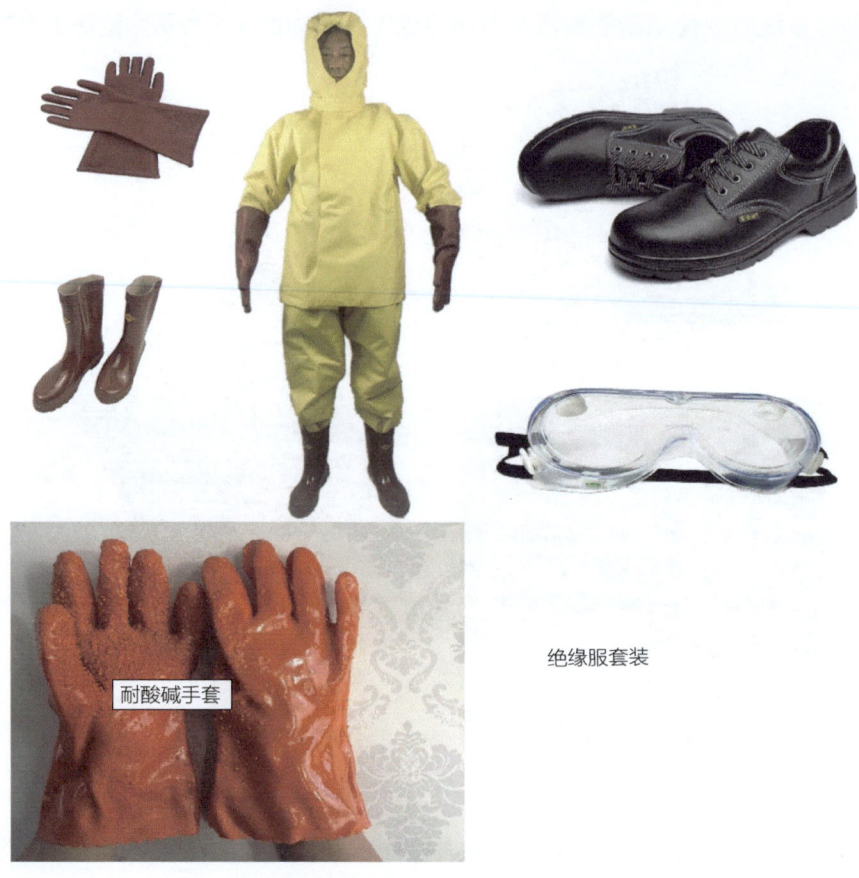

图 1-7 检修人员所穿戴物料

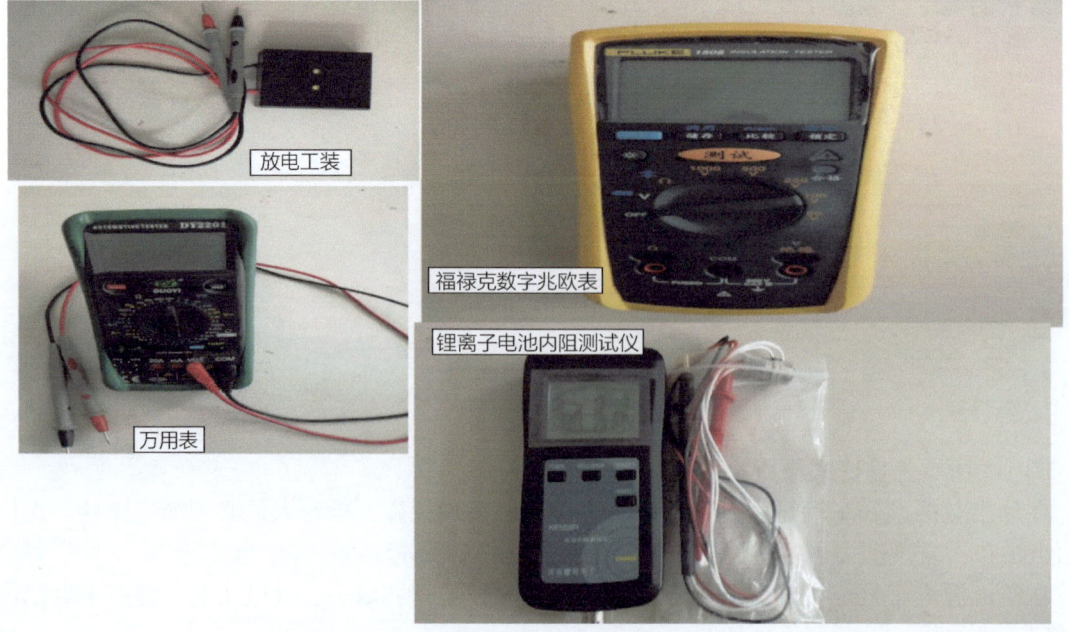

图 1-8 新能源汽车检修工具（一）

第一章 新能源汽车维修工具的使用与安全操作流程

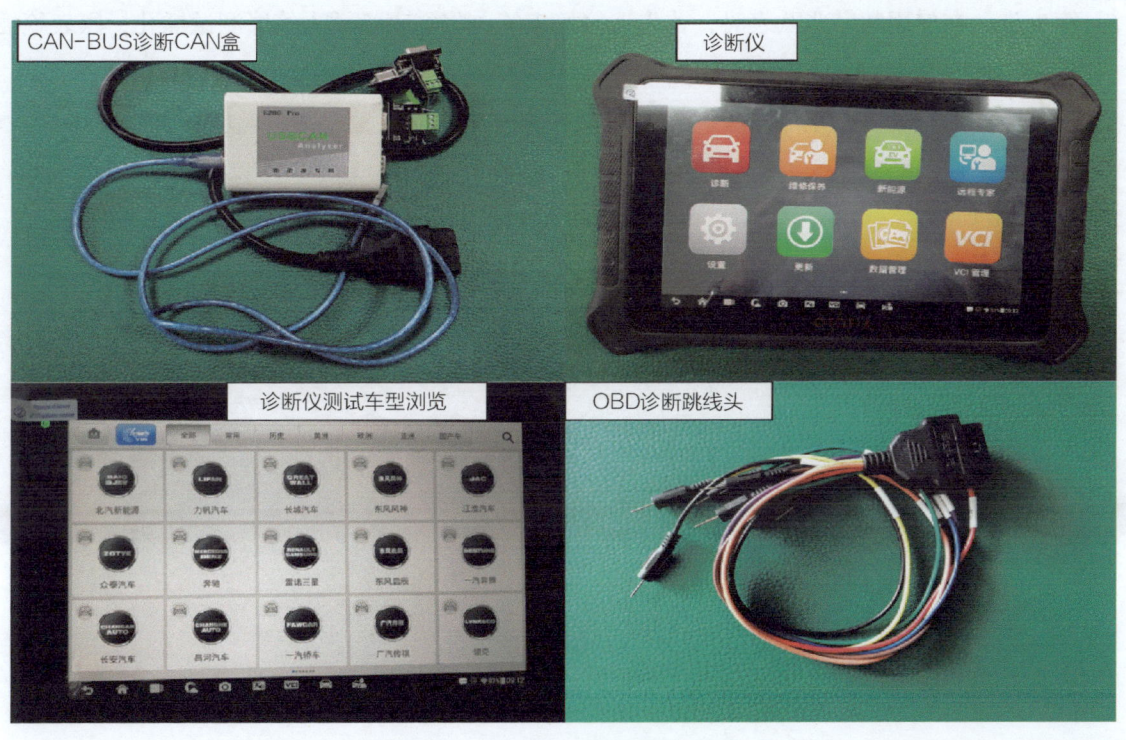

图 1-9　新能源汽车检修工具（二）

图 1-9 新能源汽车检修工具（二）中"上位机"说明：上位机检修工具要和计算机配套使用，要在计算机上安装上位机配套软件后，将上位机的 USB 接口接在计算机上；另一端接在 OBD 诊断接口上，打开计算机上的软件，方可诊断新能源汽车内部故障。如图 1-10 所示为上位机硬件与上位机软件。

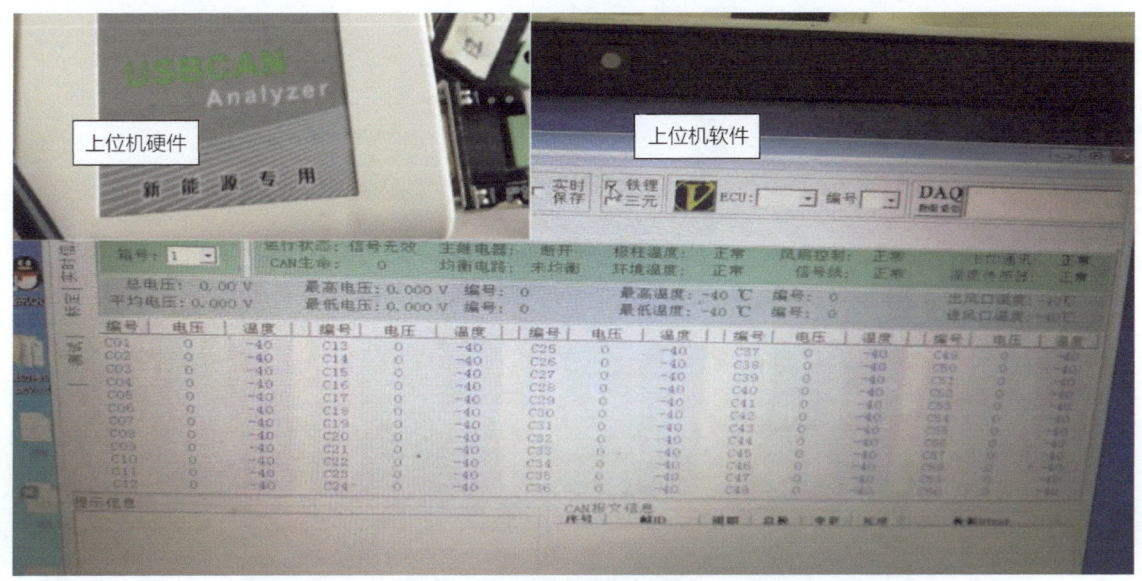

图 1-10　上位机硬件与上位机软件

数字兆欧表的使用方法说明：

第一步：在使用数字兆欧表时，首先连接好表笔，将红表笔插入绝缘测试插孔，黑表笔插入 COM 插孔，如图 1-11 所示。

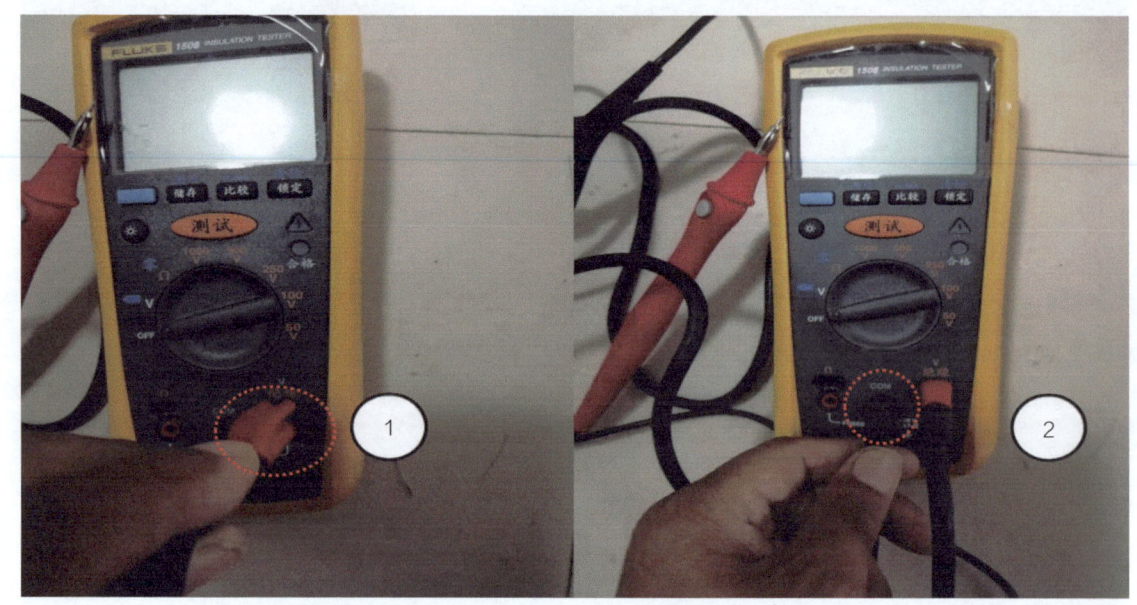

图 1-11　数字兆欧表使用示意说明（一）

第二步：将数字兆欧表调至所需要的测试电压。如图 1-12 所示，当系统电压低于 50V 时，选择最低的 50V 档位进行测试；当系统电压高于 50V 小于 100V 时，选择 100V 档位进行测试；当系统电压高于 100V 小于 250V 时，选择 250V 档位进行测试；当系统电压高于 250V 小于 500V 时，选择 500V 档位进行测试；当系统电压高于 500V 小于 1000V 时，选择最高的 1000V 档位进行测试。

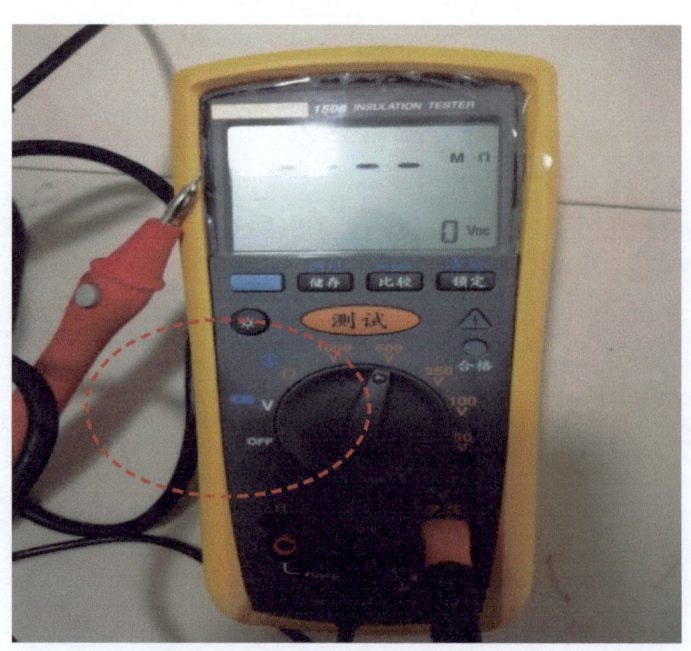

图 1-12　数字兆欧表使用示意说明（二）

第三步：将数字兆欧表的黑表笔接到一个测试点（一般选择接地或金属外壳），然后将红表笔放在被测试点。

第四步：按压数字兆欧表的测试按钮（有两个测试按钮，一个在数字兆欧表本体上，另外一个在红色表笔上，按压任何一个作用均相同）在显示屏的右下角会显示被测电路上所施加的电压值，一般 2~5s 后可以显示出被测电路的阻值（读数稳定一般需要 2~5s），如图 1-13 所示。

图 1-13　数字兆欧表使用示意说明（三）

第五步：继续将数字兆欧表的探头留在测试点上面，释放"测试"按钮，被测电路即开始通过仪表放电，直到显示屏右下角的电压为零，测试结束，如图 1-14 所示。

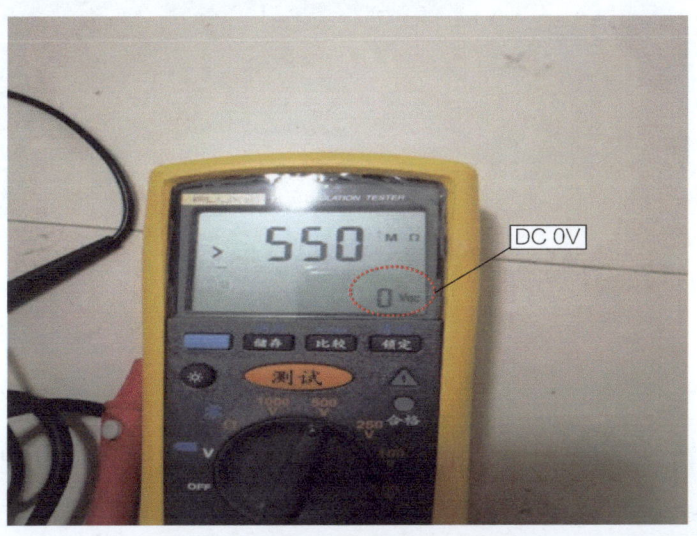

图 1-14　数字兆欧表使用示意说明（四）

注意：在测试时，不允许接触两支表笔的金属部位。因为在测试时，数字兆欧表输出直流高压电，接触表笔金属部位会造成触电风险。

第三节　新能源汽车安全操作步骤

一、安全操作前的工作准备

在对电动汽车进行维护时，需要特别注意维修安全。在安全操作前需要做好相关的准备工作：①在车辆周围设置隔离带和安全警示牌，分割并标识独立操作区域，如图 1-15 所示；②佩戴耐酸、耐高压且符合标准的安全绝缘手套；③穿戴完好的绝缘劳保鞋；④使用合适的高压防护工具进行操作；⑤佩戴护目镜、安全帽，铺设绝缘垫等高压防护工具；⑥若条件允许，在新能源工位上操作时，将车身与保护接地连接起来。

备注：在救援涉水的抛锚车辆时，需穿绝缘靴。

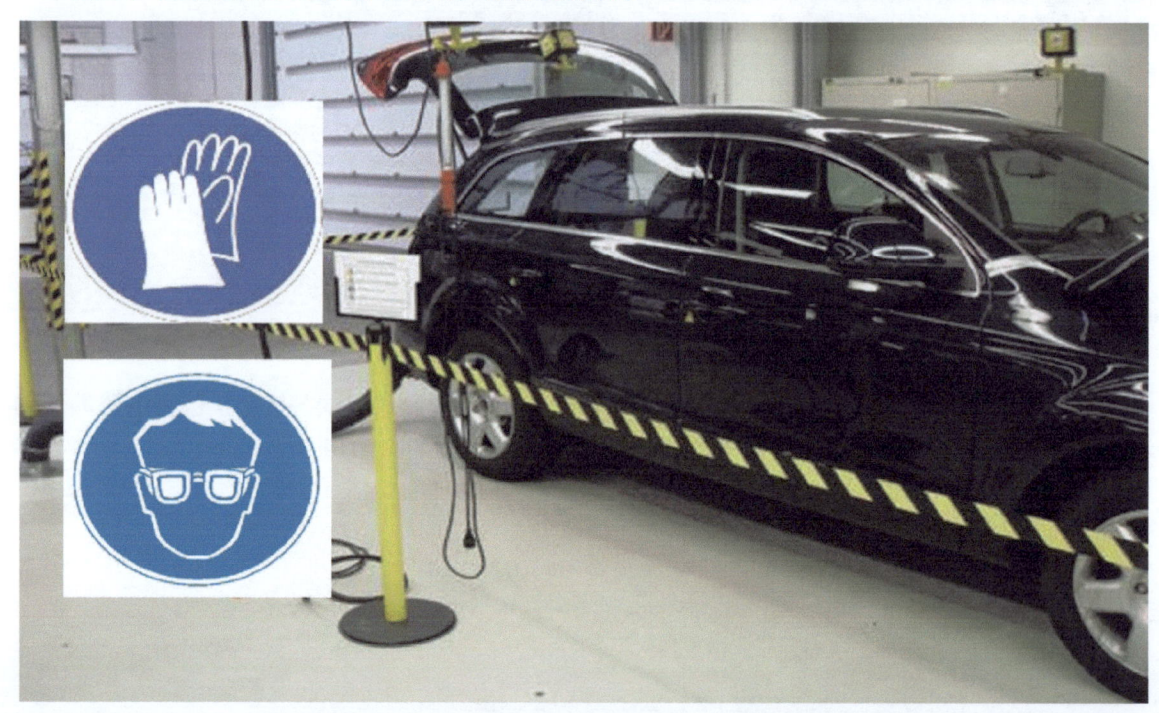

图 1-15　车辆周围设置隔离带和安全警示牌

二、检修高压系统的安全操作规范

电动汽车维修前后，必须遵循并执行高压断电和上电的操作步骤，切记注意安全，禁止带电作业！

1. 检修车辆前高压断电的安全操作规范

在检修电动汽车的高压系统前，务必要进行整车高压系统的断电流程。下面描述检修前的安全操作流程。

第一章 新能源汽车维修工具的使用与安全操作流程

第一步：安全停车（驻车）。

1）车辆停放在高压电动车型专用维修工位（铺设绝缘地胶工位），如图 1-16 所示。

2）变速杆切换到 P 位（如果没办法移入 P 位，使用驻车挡块防止车辆移动）。

3）设置驻车制动。

图 1-16 安全停车

第二步：关闭低压电源。

1）将点火开关置于 OFF 档位，等待 5min。可以通过组合仪表 READY 或者 OK 灯熄灭确认开关已置于 OFF 档位，如图 1-17 所示。

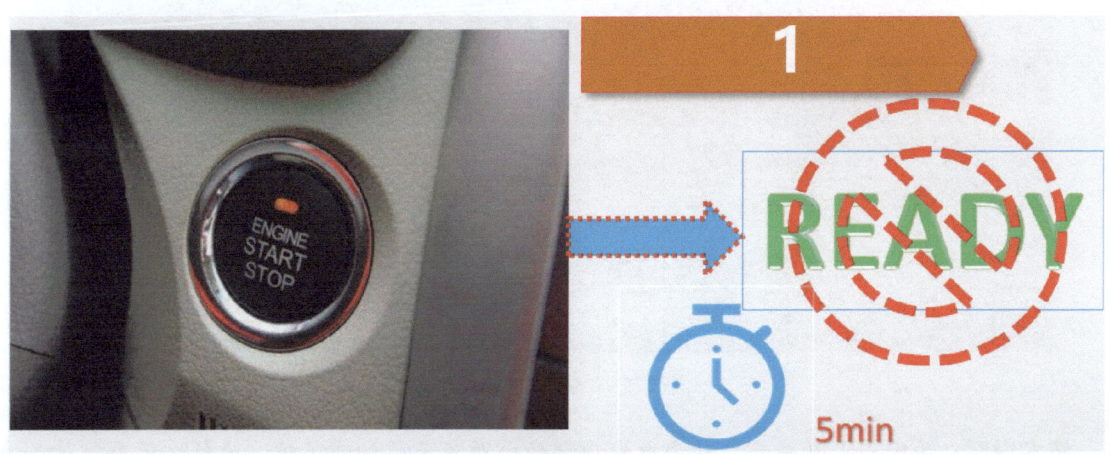

图 1-17 关闭点火开关，组合仪表 READY 指示灯熄灭

2）断开 12V 蓄电池负极并等待 15min 以上，如图 1-18 所示。

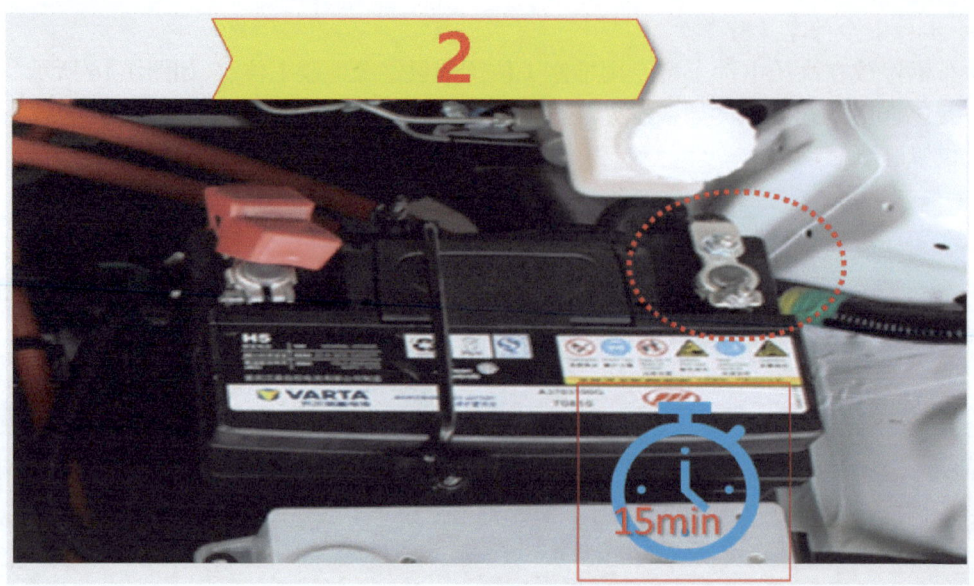

图 1-18 拆卸蓄电池负极

3）等待 15min 以后，如果车辆的高压系统配置有维修开关（MSD），则需要首先拆卸 MSD 开关；如果无 MSD，省略此步骤，MSD 检修开关如图 1-19 所示。

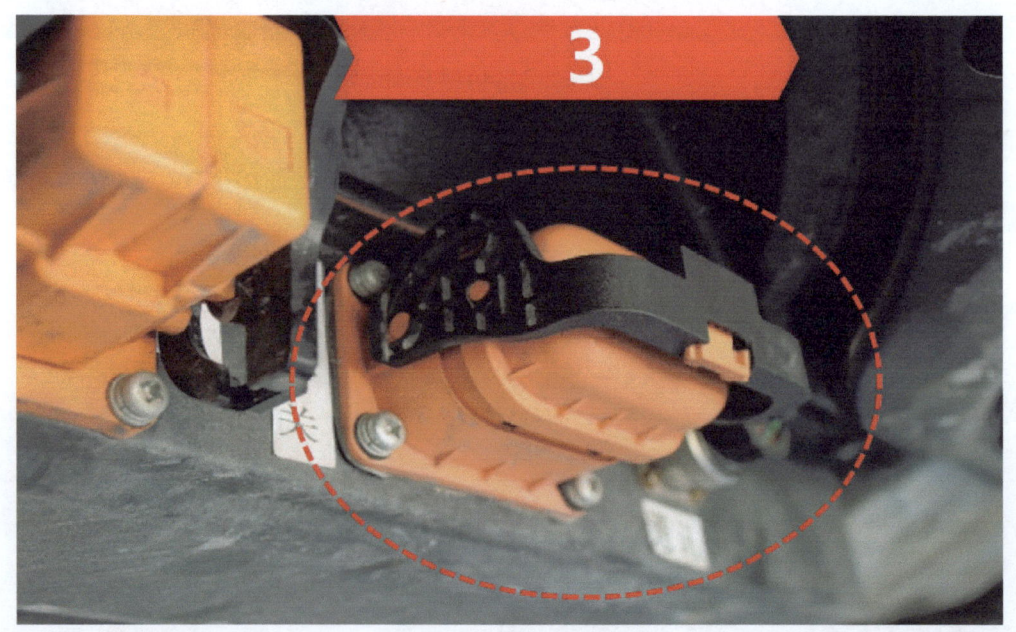

图 1-19 MSD 检修开关

技术说明：关闭点火开关后，动力电池内部的电源不是被切断了吗，为什么还要等待 5min 和 15min 这两个步骤呢？这是因为在高压电控箱总成（PEU/IPU）内部有预充电容（一般在 MCU 里面，MCU 即电机控制器），为了保障维修安全，需要将电容内部的电能完全释放，否则会有一定的危险，所以等待时间要达到 15min 以上。如图 1-20 所示为高压电容放电过程示意图。

第一章 新能源汽车维修工具的使用与安全操作流程

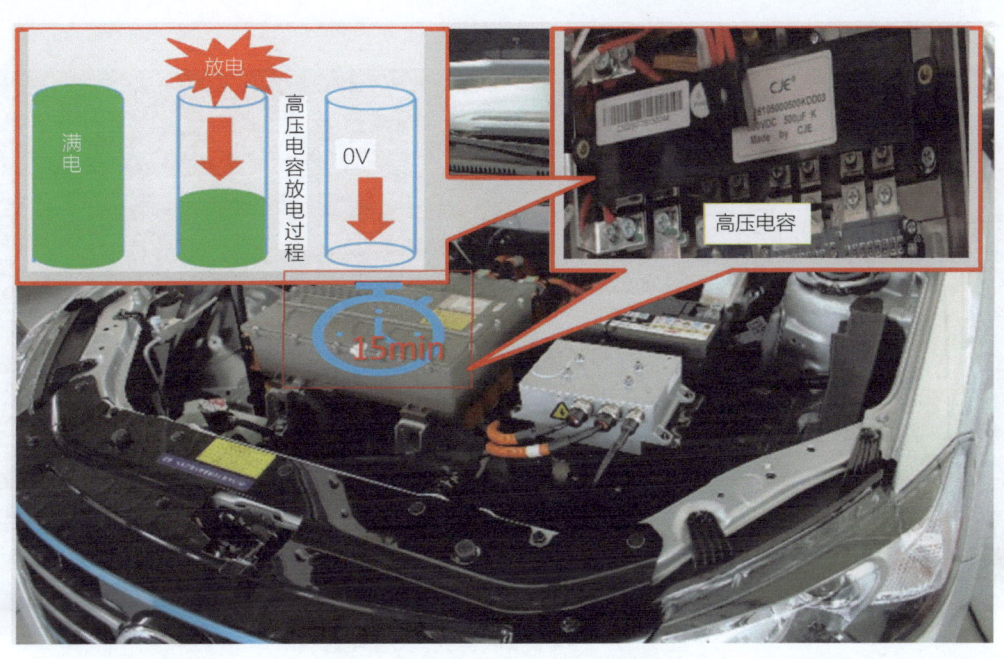

图 1-20 高压电容放电过程示意图

第三步：验电确认。

1）在开始进行车辆检修前还需等待 5min。

2）断开电动压缩机输入端高压电缆，使用万用表测量电动压缩机的直流母线正极和负极（或断开 PTC 输入端高压电源线，使用万用表测量 PTC 的直流母线正极和负极），进行验电操作。

3）如果在验电过程中使用万用表测量的电压小于 5V，如图 1-21 所示，则证明高压电容内部电能已经释放完毕，方可进入下一步操作。

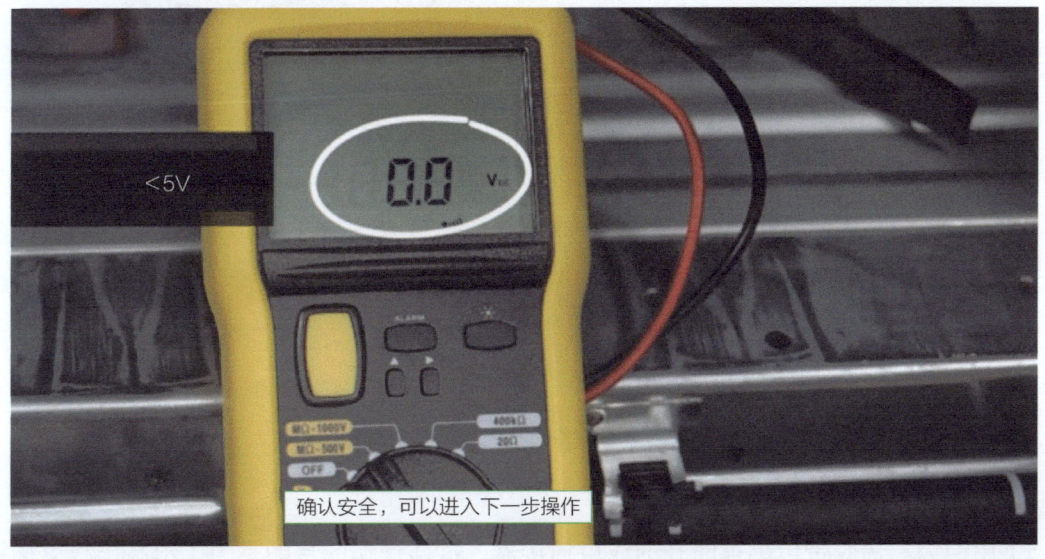

图 1-21 验电所显示的电压值

4）若在验电过程中有电压，并且电压大于 60V 以上，如图 1-22 所示，说明电压为非安全电压，需要使用放电工装进行放电后方可进行下一步操作。

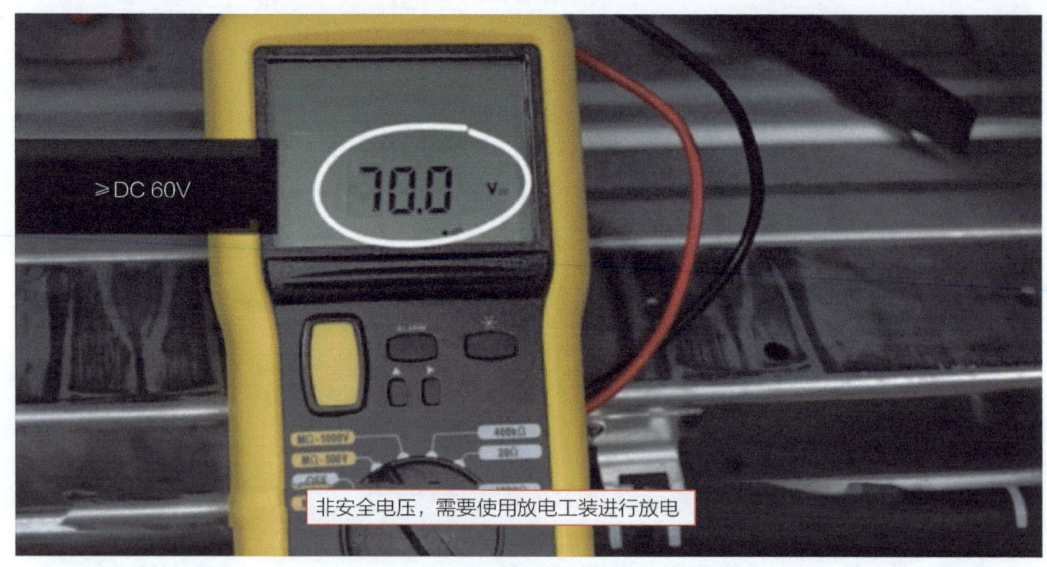

图 1-22　验电测量结果为非安全电压

注意：在使用放电工装放电时，要严格执行放电程序，直到所有高压输出端口放电工装的高压 LED 灯熄灭后，方可进入下一步操作，如图 1-23 所示。

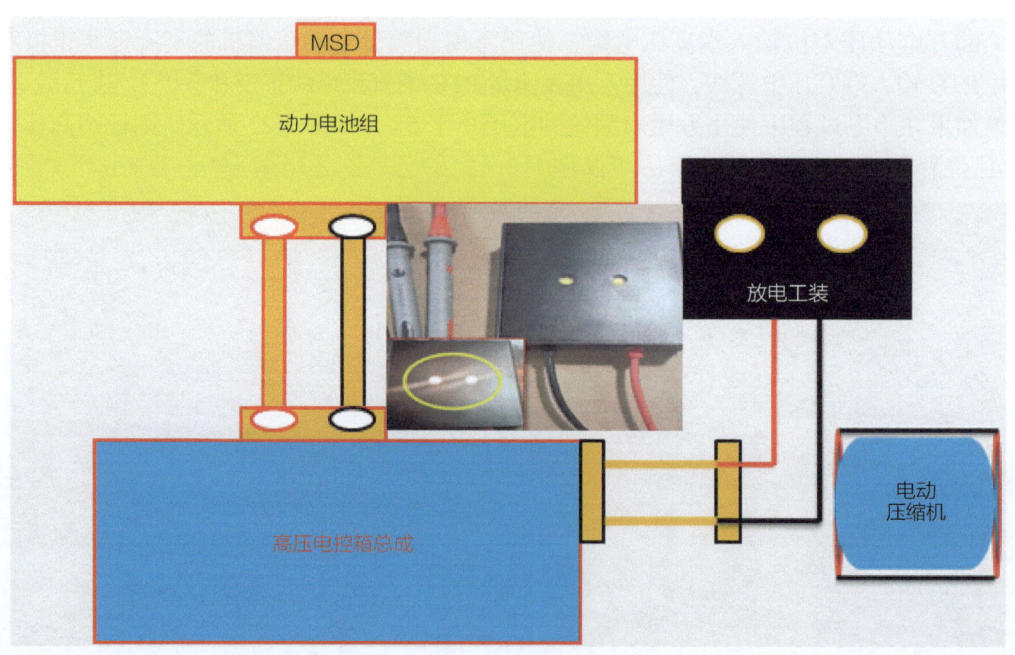

图 1-23　使用放电工装放电示意图

5）用绝缘乙烯胶带包裹被断开的线束插接器，这样操作的目的是为了给高压线束插接器做好对外绝缘工作，防止高压线束插接器金属部分接触到人或车上其他导体从而造成伤害，从根本上杜绝安全隐患的发生，同时还可以防止异物进入高压线束插接器，如图 1-24 所示。

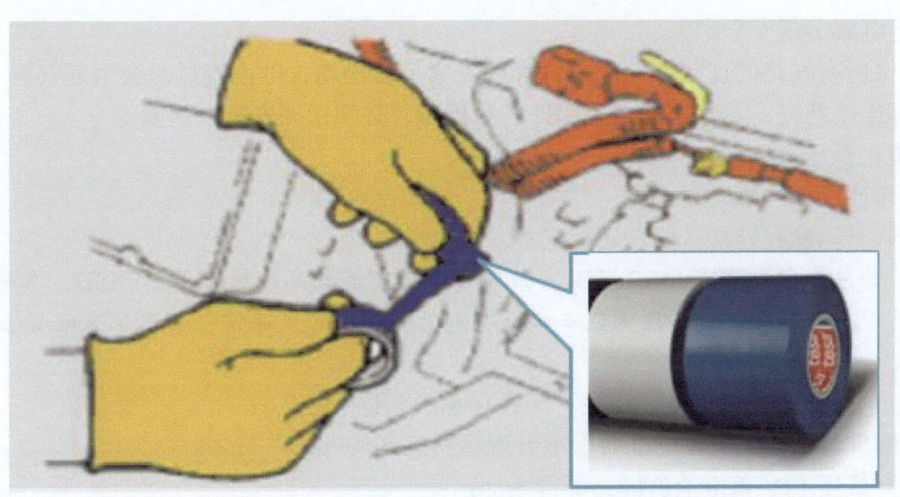

图 1-24　绝缘乙烯胶带包裹高压线束插接器

在检修过程中，为了保障安全，防止触电风险发生，要穿绝缘服及绝缘鞋并戴好绝缘手套，并且要采用"单手操作"的方式进行操作，这也是安全操作的一个重要环节。如图 1-25 所示为单手操作示意图。

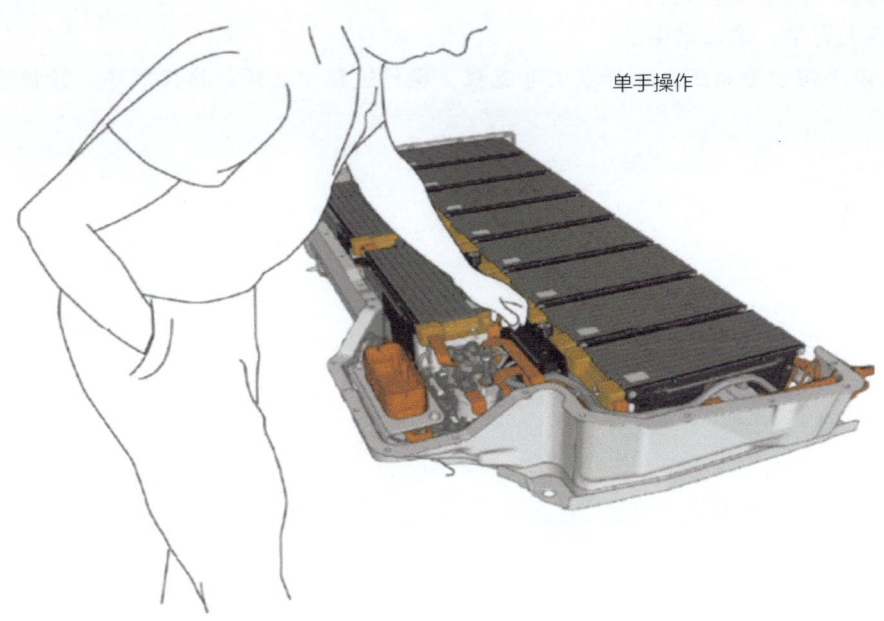

图 1-25　单手操作示意图

2. 检修车辆后高压上电的安全操作规范

在电动汽车高压系统检修完毕后，同样也要有相关的操作来执行车辆上电程序，下面就是检修后上电的具体操作步骤。

第一步：检查车辆安装部位及工具位置。

1）高压系统维修完毕后，确认已经将工具都放回工具箱或相应的存放位置。

2）检查拆卸或更换过的零件，确保已经正确安装，且车辆其他部件安装也没有任何异常，防止车辆上电后出现安全隐患。

3）确保所有线路的连接螺栓或螺钉都已上紧（若松动，电流流过时会引起高温）；确定所有插接器都连接到位，尤其注意高压部件的插接器，必须正确安装并锁紧。

第二步：低压上电检查。

1）重新连接 12V 蓄电池负极。

2）确认车辆没有异常，仪表显示正常。

注意：如果车辆配置有 MSD 开关，此时由于没有连接高压维修开关 MSD，车辆出现高压互锁故障属于正常现象，但必须确认车辆没有别的高压故障或异常；若车辆未配置 MSD 开关，则组合仪表应显示正常。

第三步：重新安装高压维修开关（配置有 MSD 开关）。

1）提醒维修操作人员车辆准备上电并取得一致确认。

2）断开低压 12V 蓄电池负极，等待 5min。

3）拆开封住维修开关插口的绝缘胶布，安装高压维修开关 MSD。

4）再连接 12V 蓄电池。

第四步：最终车辆检查。

1）再次确认车辆没有异常后，打开车辆电源，对车辆进行最终检查。

2）此时整车上电流程完成。

3）车辆无异常，维修结束。

注意：以上四步为高压系统标准上电流程，操作过程中必须严格按顺序、按标准操作。

第二章
动力电池及管理系统基础知识

第一节 动力电池基础知识

在传统燃油汽车中,能量储存装置是燃油箱,而电动汽车由于取消了发动机,所以不需要燃油箱,那么取代燃油箱的是哪一个部件呢?答案是"动力电池",所以说动力电池相当于传统燃油汽车的燃油箱,是一种能量储存装置,是可以储存电能和释放电能的主要零部件,并且电动汽车续驶里程的多少也取决于动力电池的额定容量。

锂电池非常"娇气",那么如何管理锂电池呢?首先要了解其"娇气"特性背后的原因;其次再深入了解和掌握锂电池的管理,因此,本节重点讲解锂电池的工作原理与工作特性。

什么是二次电池?二次电池又称充电电池,是指在电池放电后可通过充电的方式使活性物质激活而继续使用的电池。

一、动力电池的性能指标

1. 电压(以锂电池为例)

1)端电压:动力电池正极与负极之间的电位差。
2)开路电压:电池在开路条件下的端电压。
3)负载电压:连接负载后处于放电状态下的电压,因此负载电压又称为工作电压,如图2-1所示。

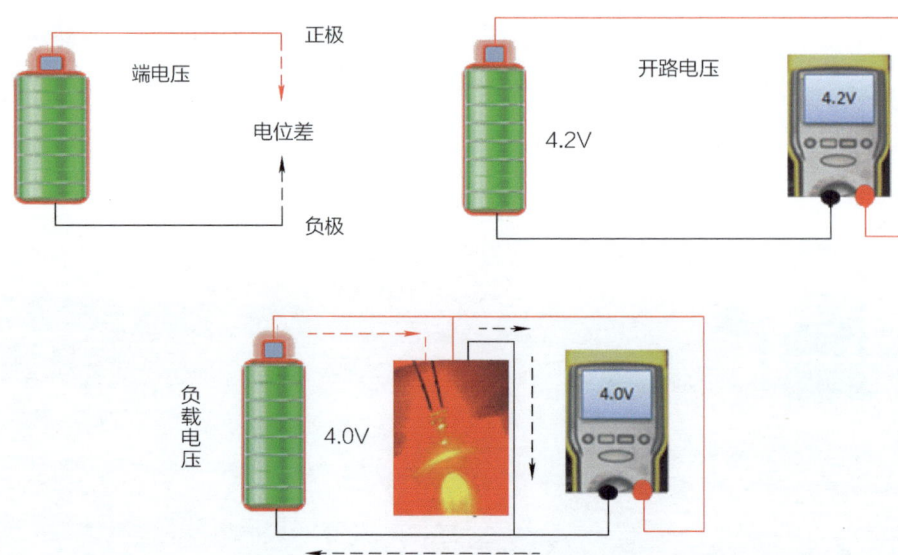

图2-1 电压名称解析图

4)截止电压:电池充/放电结束时的电压,分为充电截止电压和放电截止电压,如图2-2所示。
5)电动势(E):理想电压源端子间的电压。

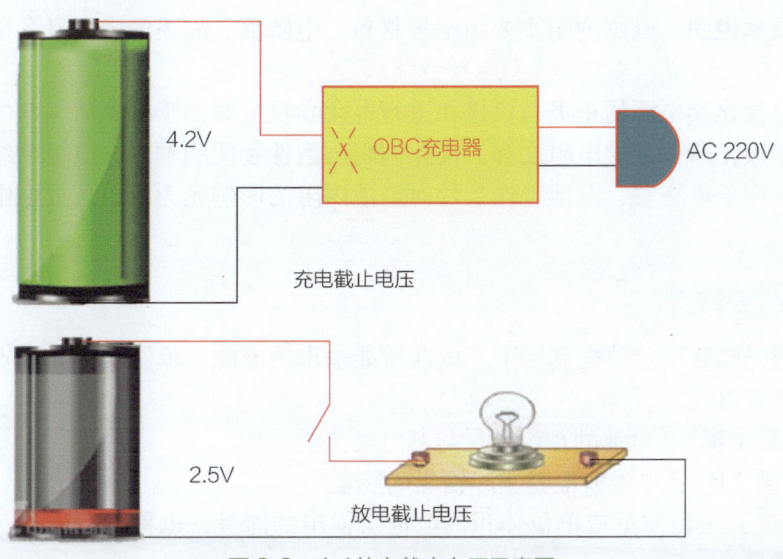

图 2-2　充/放电截止电压示意图

2. 容量

容量是指电池在一定的放电条件下所能放出的电量，用 C 表示，单位 $A \cdot h$ 或 $mA \cdot h$。

1）理论容量：假设活性物质完全被利用时计算出的数值，是电池容量的最大极限值。

2）额定容量：也称之为标定容量，指在规定条件下测得的并由制造商标明的电池容量值，是验收电池质量的重要技术指标。

3）实际容量：在动力电池实际工作中，释放出的电量。

3. 内阻

电流流过电池内部会受到阻力，使电池电压降低，此阻力称为电池内阻（包括电解质、正负极群、隔膜等电阻的总和）。由于电池内阻作用，电池放电时端电压低于电动势和开路电压；充电时端电压高于电动势和开路电压。所以说电池的内阻不是常数，是一个变数，并且动力电池的内阻越小越好。通常容量型单体动力电池内阻在 $60m\Omega$ 以内，起动型单体动力电池内阻在 $20m\Omega$ 以内。如图 2-3 所示为测试电池内阻。

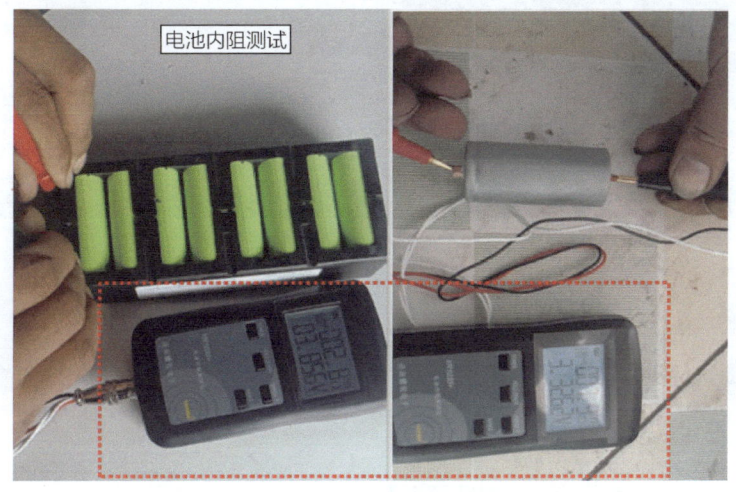

图 2-3　测试电池内阻

内阻定义技术说明：欧姆内阻主要由电极材料、电解液、隔膜的内阻及各部分零件的接触电阻组成。

极化内阻是指化学电源的正极与负极在进行电化学反应时由于极化所引起的内阻。它是电化学极化和浓差极化所引起的电阻之和。极化内阻与活性物质的本性、电极的结构、电池的制造工艺、电池工作条件有关，电池工作条件对电池内阻的影响尤为突出，放电电流和温度对其影响很大。

4. 能量与能量密度

电池的能量是指在一定放电制度下，电池所能输出的电能，单位是 W·h 或 kW·h。它影响电动汽车的续驶里程。

1）理论能量（W_0）：电池的理论容量与其电动势的乘积。

2）实际容量（W）：电池放电时实际输出的能量。

3）能量密度：单位质量或单位体积的电池所输出的能量，也称为比能量，又分为质量比能量和体积比能量。

5. 功率与功率密度

电池的功率是指电池在一定放电制度下，单位时间内所输出能量的大小，单位为瓦（W）或千瓦（kW）。

1）功率密度：单位质量或单位体积电池输出的功率，又称为比功率，单位 W/kg 或 W/L。

2）比功率是判断电池及电池包是否满足电动汽车加速和爬坡能力的重要指标。

6. 荷电状态（SOC）

SOC 指电池按照规定放电条件可以释放的容量占可用容量的百分比（如图 2-4 所示）。SOC 是相对量，一般用百分比表示，SOC 取值为 0 ≤ SOC ≤ 100%。

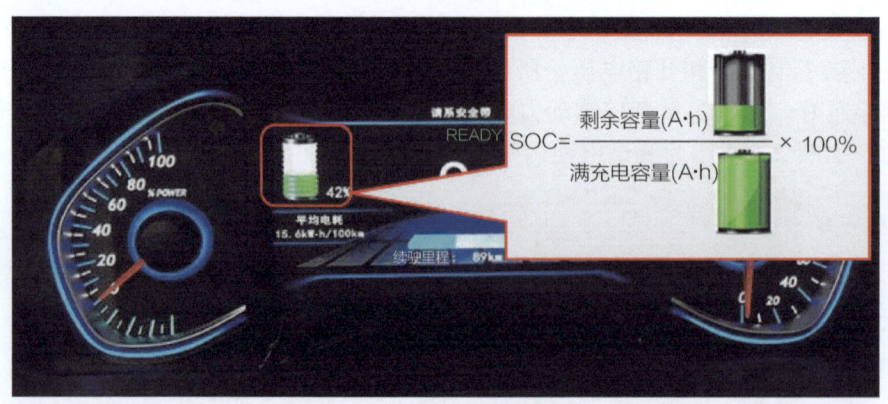

图 2-4　SOC 说明示意图

7. 放电深度（DOD）

DOD 是实际放电容量与额定容量之比。

8. 电池健康度（SOH）

SOH 可以理解为电池当前容量与出厂容量的百分比。

9. 循环使用寿命

电池充电和放电一次为一个循环。按一定测试标准，当电池容量降到某一规定值（一般规定为额定值的 80%）之前，电池经历充放电循环的总次数，即为循环使用寿命。
此项指标为评价电池寿命和性能的重要指标。

10. 自放电率

自放电率是指电池在存放期间容量的下降率，即电池无负荷时自身放电使容量损失的速度，一般是用单位时间（月/年）内电池容量下降的百分比表示。

11. 放电制度

放电制度是指电池放电时所规定的各项工作条件。

12. 放电电流

放电电流的大小，通常用放电率表示，也就是放电时的速率，有时率和倍率两种。时率指以放电时间（h）表示的放电速率，即以一定的放电电流放完额定容量所需要的时间（h），常用 C/n 表示；倍率指在规定时间内放出其额定容量所输出的电流值，数值上等于额定容量的倍数，比如 3C 放电，如图 2-5 所示。

图 2-5　放电电流与放电倍率关系图

13. 充电截止电压（上限保护电压）

单体电池/电池模组/电池包充电时要求的最高充电电压值，即为充电截止电压（上限保护电压），单位为伏特（V）。

电池在充电时，当达到充满状态后，如果继续充电会导致电池内压升高、电池变形、漏液等情况发生，电池的性能也会显著降低，严重时会导致电池损坏。为了防止电池损坏要对电压上限进行限制，如图 2-6 所示。

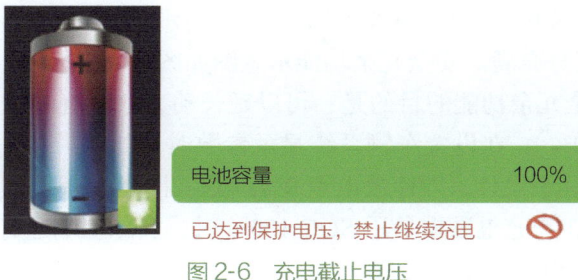

图 2-6　充电截止电压

14. 放电截止电压（下限保护电压）

单体电池/电池模组/电池包放电时要求的最低放电电压值，即为放电截止电压（下限保护电压），单位为伏特（V）。

电池在放电过程中，达到电池放电的终止电压值后，如果继续放电就可能会造成电池内压升高，正、负极活性物质的可逆性遭到损坏，使电池的容量明显减少。为了防止电池损坏，放电时要对电压下限进行限制，如图 2-7 所示。图 2-8 所示为充/放电截止电压曲线图。

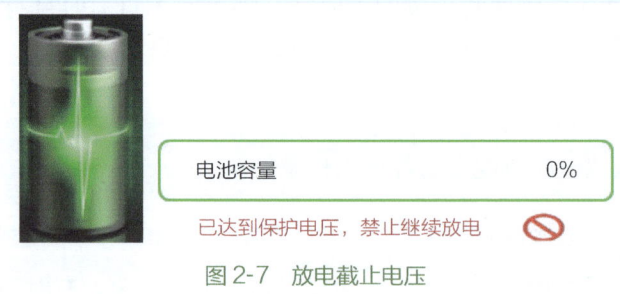

图 2-7　放电截止电压

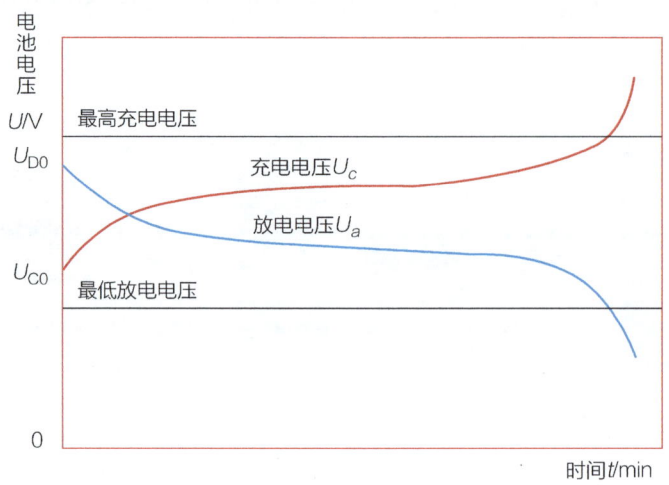

图 2-8　充/放电截止电压曲线图

15. 标称电量

标称电量≠可使用电量（安全冗余功能）

标称电量是根据国家公告试验测试结果得出的，是电池在恒温环境下进行满充电，满放电测得的容量。而实际上可使用电量是厂家考虑电池的安全（避免过度放电、过度充电）、电池使用寿命，把一部分电量进行预留，因此车辆显示的 SOC 0% 不等于电池全部放电，SOC 100% 不等于电池充分充满。安全冗余功能示意图如图 2-9 所示。

电池供应商预留安全冗余功能的目的是：可以延长动力电池组的使用寿命（浅充电、浅放电功能，一般为 30%~70%），在设置车辆系统显示参数时，如特斯拉电动汽车的动力电池上、下端各预留 10% 的安全冗余设计，即使放电至 0%，实际上动力电池容量下端还剩余有 10% 的 SOC 容量；同样的道理，在充电数据显示 SOC 100% 时，实际上端还有 10% 的 SOC 空间，这种冗余设计可以延长动力电池的使用寿命。

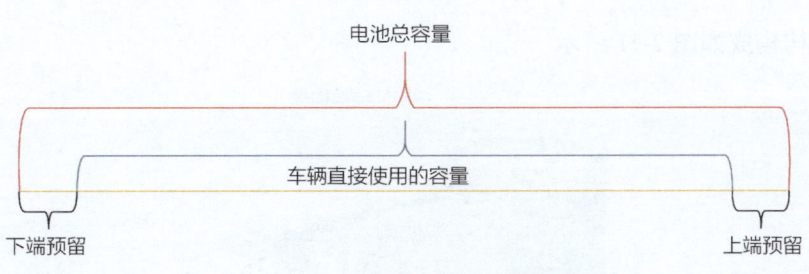

图 2-9　安全冗余功能示意图

16. 充电制度

充电制度（以锂电池为例）：锂电池可以采用不同的充电方法，其中最简单的充电方法是恒压充电。采用恒压充电时，电池电压保持不变，而充电电流逐渐降低。当充电电流降到低于 0.1A 时，就认为电池已经充满。

兼顾充电过程的安全性、快速性和电池使用的高效性，锂电池通常都采用恒流恒压的充电方法，其充电过程可分为预充电、恒流充电、恒压充电三个阶段。如图 2-10 所示为锂电池充电特性曲线图。

预充电：对长期不用的或新电池充电时，一开始就采用恒压/恒流充电，会影响电池的寿命。因此，应首先用小电流充电，使其满足一定的充电条件，这个阶段称为预充电。

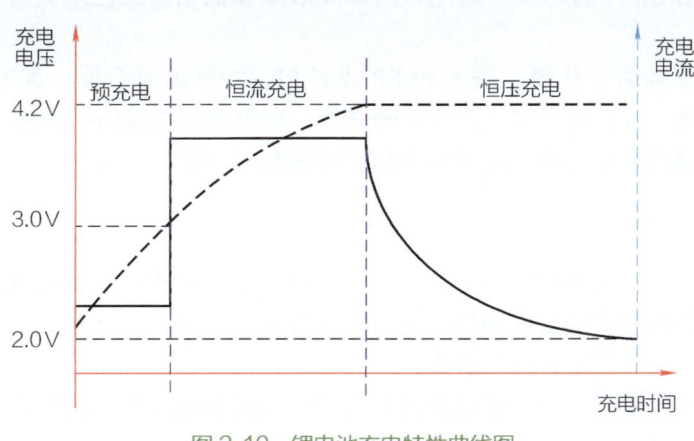

图 2-10　锂电池充电特性曲线图

二、锂电池的工作原理与特性分析

1. 锂电池概述

锂电池指的是分别用两个可逆的嵌入或脱离锂离子的化合物作为正负极所构成的二次电池。专家学者将这种靠锂离子在正负极之间的转移来完成电池充放电工作的独特机理的锂电池比喻为"摇椅式电池"，锂电池都是以正极材料来命名的，例如磷酸铁锂电池，其正极材料为磷酸铁锂，因此命名为"磷酸铁锂电池"。

2. 锂电池结构

锂电池结构构成如图 2-11 所示。

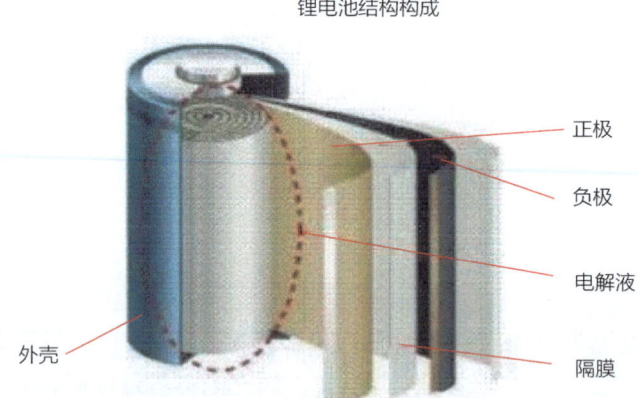

图 2-11 锂电池结构构成

正极——采用能吸藏锂离子的碳极，放电时，锂变成锂离子，脱离电池阳极，到达阴极。一般采用嵌锂过渡金属氧化物作为正极，如 $LiCoO_2$、$LiNiO_2$、$LiMn_2O_4$ 等。

负极——负极材料选择电位尽可能接近锂电位的可嵌入锂化合物，如各种碳材料包括天然石墨、合成石墨及碳纤维。

电解液——采用 $LiPF_6$ 的乙烯碳酸酯、丙烯碳酸酯和低粘度二乙基碳酸酯等烷基碳酸酯搭配的混合溶剂。

隔膜——采用聚烯微多孔膜，例如 PEPP 或者 PE 和 PP 的复合膜，尤其是 PP/PE/PP 三层隔膜，不仅熔点较低，而且具有较高的抗穿刺强度，可以起到热保险的作用。

外壳——采用钢或铝质材料，盖体组件具有防爆断电功能。

3. 锂电池的工作原理

当对锂电池充电时，电池的正极上有锂离子生成，生成的锂离子经过聚合物电解质隔膜运动到负极。而作为负极的碳呈层状结构，它有很多微孔，到达负极的锂离子就嵌入到碳层的微孔中，嵌入的锂离子越多，充电容量越高。

当锂电池放电时（即我们使用电池的过程），嵌在负极碳层中的锂离子脱出，又回到正极。回到正极的锂离子越多，放电容量越高。我们通常所说的电池容量指的就是放电容量。

锂电池充放电示意图，如图 2-12 所示。在锂电池的充放电过程中，锂离子处于从正极→负极→正极的运动状态。如果我们把锂电池形象地比喻为一把摇椅，摇椅的两端为电池的两极，而锂离子就像优秀的运动健将，在摇椅的两端来回奔跑。因此，专家学者将锂电池称为"摇椅式电池"。

4. 锂电池的封装机构和形状

目前，主流锂电池封装形式主要有三种，分别为圆柱形、方形和软包装形。不同的封装结构意味着不同的特性，都有各自的优缺点。

例如圆柱形锂电池 18650 型号，18 代表电池的直径为 18mm，65 代表不包含极柱的电池高度为 65mm，0 代表圆柱形形状。

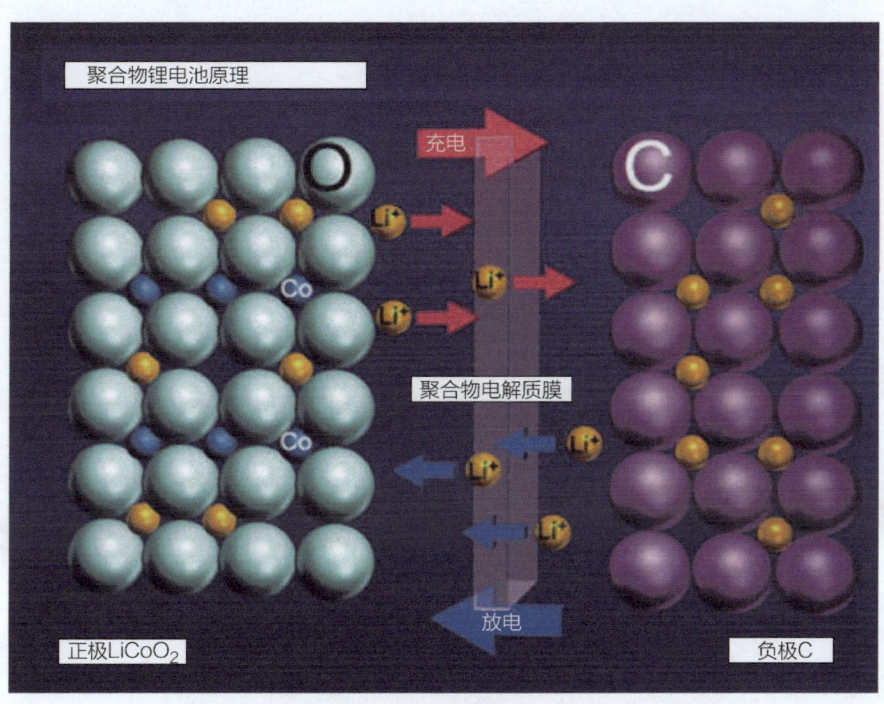

图 2-12 锂电池充放电示意图

21700 圆柱形锂电池参数说明，21 代表电池的直径为 21mm，70 代表不包含极柱的电池高度为 70mm，0 代表圆柱形形状。如图 2-13 所示为圆柱形锂电池形状及参数说明，图 2-14 所示为圆柱形锂电池内部结构。

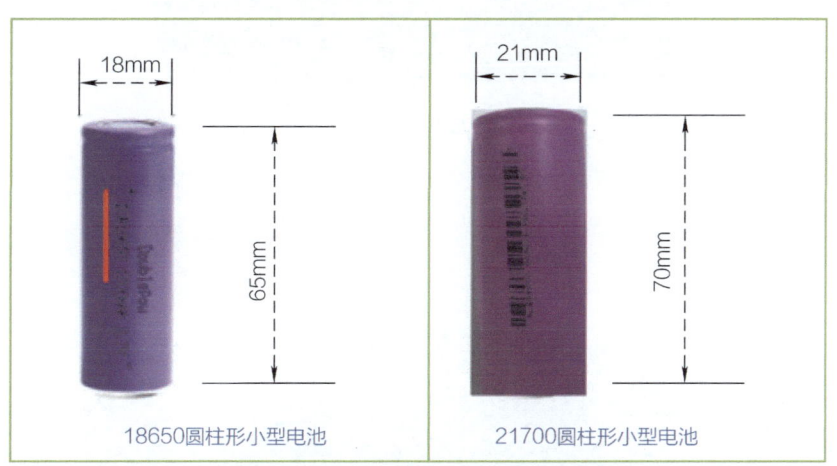

图 2-13 圆柱形锂电池形状及参数说明

方形锂电池封装结构如图 2-15 所示。

如图 2-16 所示为方形锂电池外部形状技术参数，规格为 LP855085。

方形锂电池主要组成部件包括：顶盖、壳体、正极片、负极片、隔膜组成的叠片或卷绕，绝缘件，安全组件等。如图 2-17 所示为方形锂电池内部结构图。

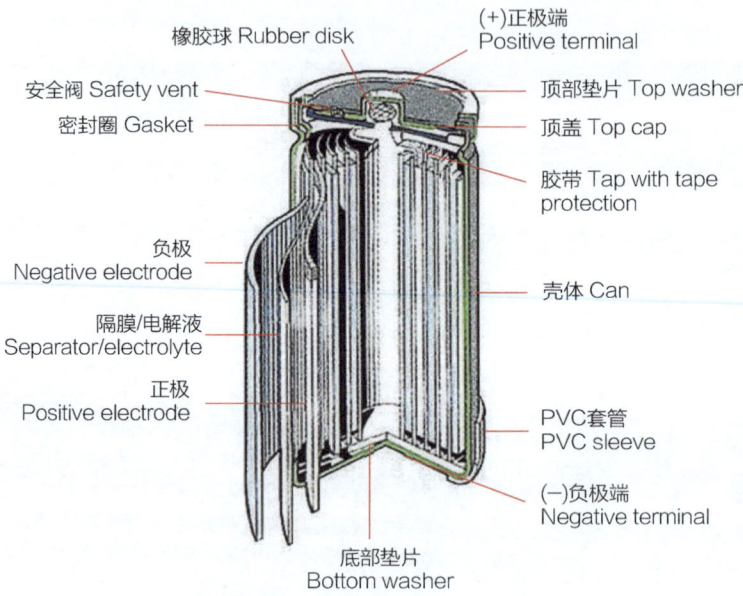

图 2-14 圆柱形锂电池内部结构

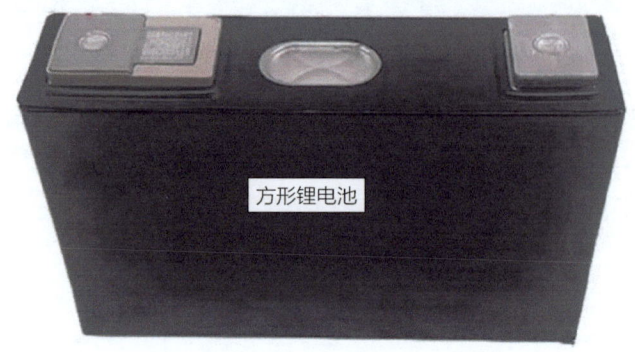

图 2-15 方形锂电池封装结构

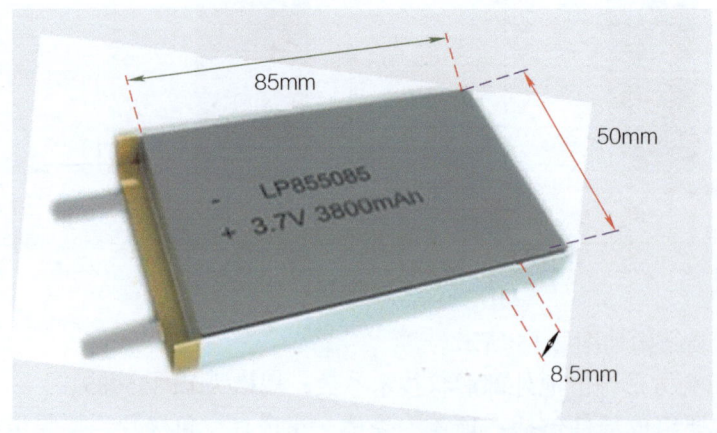

图 2-16 方形锂电池外部形状技术参数

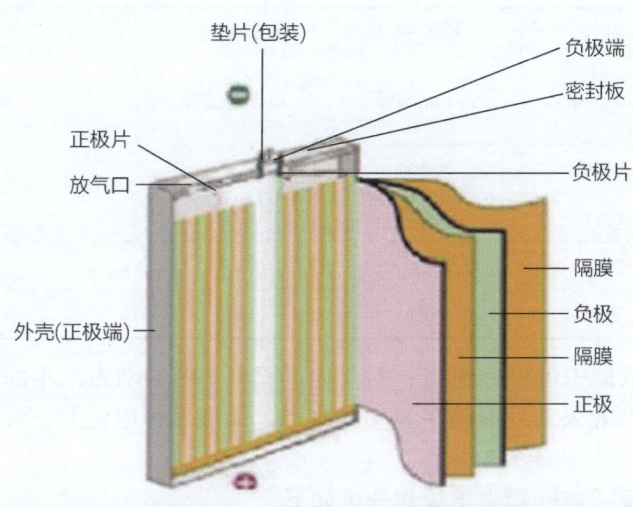

图 2-17　方形锂电池内部结构图

软包装锂电池外部形状如图 2-18 所示。

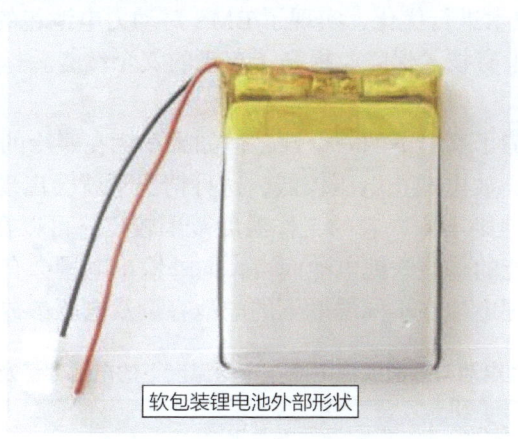

图 2-18　软包装锂电池外部形状

5. 锂电池类别

锂电池命名的方法是根据正极所采用的材料命名，如磷酸铁锂电池（LFP）、钴酸锂电池（LCO）、锰酸锂电池（LMO）、镍锰酸锂/镍钴酸锂电池（二元电池）、镍钴锰酸锂（NCM）/镍钴铝酸锂电池（NCA）（三元锂电池）。目前国内主流锂电池主要为磷酸铁锂电池，代表车型：比亚迪 e6、腾势等，三元锂电池主要应用于北汽 EV200、特斯拉等车型。锂电池分类如图 2-19 所示。

四类锂电池的主要性能指标区别见表 2-1。

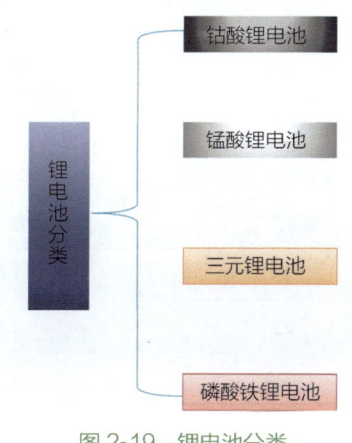

图 2-19　锂电池分类

表 2-1 锂电池主要性能指标区别

区别项目	钴酸锂	锰酸锂	三元锂	磷酸铁锂
正极材料稳定性能	180℃分解	高于钴酸锂	高于锰酸锂	600℃时仍稳定
循环寿命/次	>500	>500	>800	>1500
容量/(W·h/kg)	145	105	160	150
标称电压/V	3.6	3.7	3.6	3.2
安全性能	差	较好	较好	非常好

从表 2-1 对比的数据中可以分析出：对于电动汽车/混合动力汽车而言，磷酸铁锂电池和三元锂电池必然是该产业未来发展的主要动力来源。磷酸铁锂电池和三元锂电池的优缺点有哪些？

从安全性能和温度适应性能来比较和分析如下：

（1）安全性能

虽然磷酸铁锂电池的正极材料在 600℃时仍然稳定，而三元锂电池正极材料的分解温度在 200℃左右，但随着动力电池包的热管理技术不断成熟，在对动力电池包的热管理上，通过对动力电池管理器 BMS 的技术进行优化，实现了 BMS 对动力电池包的有效管理，所以说，三元锂电池在电池热管理技术上有技术保障，提高了车辆的安全性能。

（2）温度适应性

磷酸铁锂电池虽然保障了高温下的安全性，但如果车辆在寒冷的冬季（如 -15℃），低温放电量和放电电流都会减小，放电截止电压较低，这种情况下就会出现车辆在寒冷的冬季续驶里程明显缩短。而三元锂电池则不同，它的工作温度范围较广，可以在 -15℃甚至更低的温度下工作，而对于注重高温性能的磷酸铁锂电池而言，向外输出电量会有些乏力。

三元锂电池与磷酸铁锂电池在不同温度下的电池容量及电压参数对比见表 2-2。

表 2-2 三元锂电池与磷酸铁锂电池在不同温度下的电池容量及电压参数对比

三元锂电池			
温度/℃	容量/A·h	开路电压/V	25℃相对容量
55	8.581	3.668	99.36%
25	8.636	3.703	100%
-20	6.058	3.411	70.14%
磷酸铁锂电池			
温度/℃	容量/A·h	开路电压/V	25℃相对容量
55	7.870	3.271	100.20%
25	7.860	3.240	100%
-20	4.320	2.870	54.94%

三元锂电池与磷酸铁锂电池充电效率比较见表 2-3。

表2-3　三元锂电池与磷酸铁锂电池充电效率比较

三元锂电池			
充电电流 /A·h	恒流容量 /A·h	总容量 /A·h	恒流容量/总容量
7.50	8.21	8.62	95.24%
37.50	7.17	8.54	84.01%
75.00	6.42	8.58	74.82%
112.50	5.65	8.60	65.71%
150.00	4.55	8.62	52.75%
磷酸铁锂电池			
充电电流 /A·h	恒流容量 /A·h	总容量 /A·h	恒流容量/总容量
6.50	6.52	6.25	90%
32.50	5.91	7.23	81.64%
65.00	5.43	7.26	74.71%
97.50	3.51	7.29	48.11%
130.00	0.74	7.31	10.08%

三元锂电池在25℃时放电特性曲线如图2-20所示。三元锂电池单体在25℃时，即使放电几乎达到最大容量，依然能基本保持工作电压。

在-20℃时，由于温度较低，相对于25℃时相差很多，在70A·h左右，三元锂电池单体电压已经下降较多，因此在温度低时，车辆的续驶里程就会下降。如图2-21所示为三元锂电池在-20℃时放电特性曲线图。

三元锂电池单体的标称电压为3.6V，充电截止电压为4.2V，放电截止电压为3.0V，而磷酸铁锂电池单体的标称电压为3.2V，放电截止电压为2.7V，充电截止电压为3.7V。

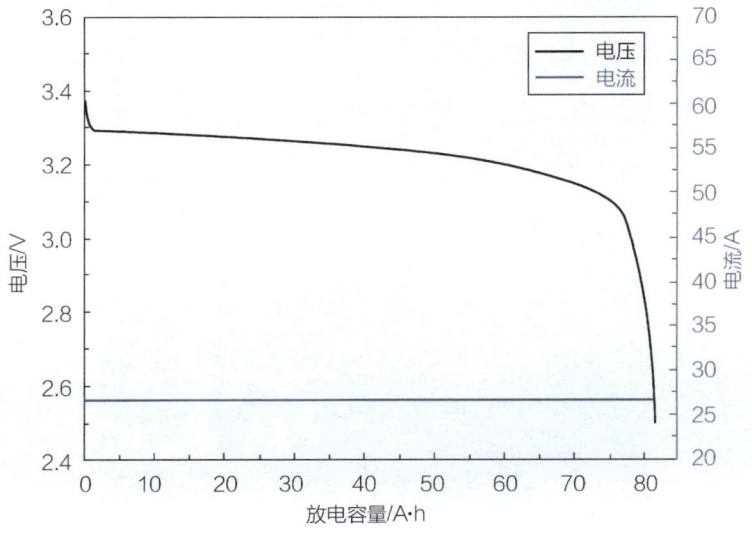

图2-20　三元锂电池在25℃时放电特性曲线

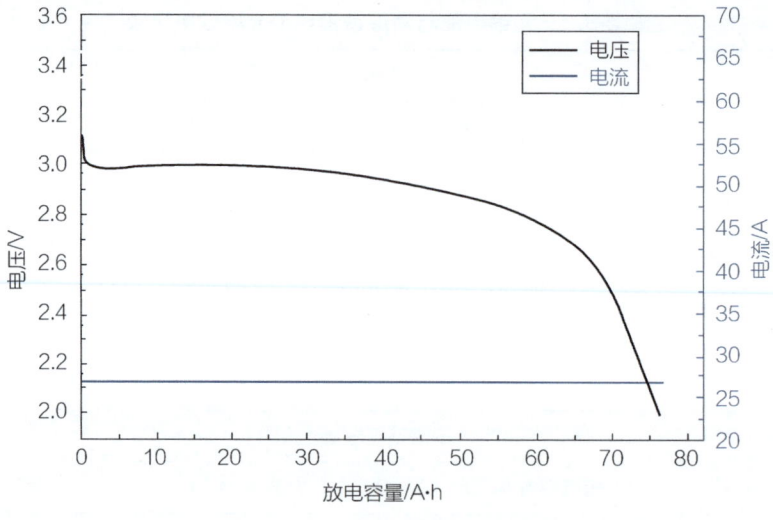

图 2-21 在 -20℃时放电特性曲线

无论是磷酸铁锂电池还是三元锂电池,过充电、过放电都会对电池使用性能产生很大的影响,甚至会出现电池损坏的现象,严重者会出现起火自燃的危险。

关键技术参数说明:部分电池供应商的锂电池充、放电截止电压由动力电池管理器(BMS)进行控制管理,其重点是为了延长动力电池的使用寿命,因此在充、放电截止电压上都有各自不同的控制策略,例如,锰酸锂电池的标称电压为 3.7V,充电截止电压为 4.2V,放电截止电压为 3.0V,甚至部分供应商将放电截止电压做到了 2.5V,这与供应商所使用的锂电池材料和 BMS 内部软、硬件控制有直接关系。

1)过充电对电池的影响:过充电是电池在正常充电完毕后,继续高电压充电(单体电压高于充电截止电压),使正极残余的锂离子继续向负极转移,但负极无法嵌入更多锂离子,使锂离子在负极表面以金属锂的形式析出,造成枝晶现象,并出现隔膜破损、电池短路、电解液泄露等危险。如图 2-22 所示为锂电池析锂图。

图 2-22 锂电池析锂图

2）过放电对电池的影响：过放电是电池正常放电至截止电压后，继续放电（单体电压低于放电截止电压），由于负极需要保持一定的锂离子浓度才能保持结构的稳定，过放电使更多的锂离子迁出，破坏了负极的稳定结构，造成负极不可逆的损坏。如图 2-23 所示为锂电池析铜。

图 2-23　锂电池析铜

综上分析，过充电会对电池寿命产生不可逆影响，严重的会造成 Thermal Runaway（热失控），可能引起涨泡、漏液、起火爆炸等。过放电会严重影响电池寿命。

3）锂电池工作温度范围：-20~50℃；最佳工作温度范围：15~45℃；最佳工作温度为 25℃；60℃是保证电池寿命的最高温度。高温会缩短电池的使用寿命，高于 100℃才会有危险，一般达到 140℃会燃烧或爆炸。

低温会造成电池单体电解液凝滞和内阻增大，并可能在阴极形成锂凝结，不可逆地影响电池寿命。高温则可能引发爆炸等，风险较大。

为了防止过充电和过放电，并将动力电池包的温度控制在最佳，以延长动力电池组的使用寿命，提高整车的续驶里程，因此在车辆动力电池管理系统上设计了 BMS（动力电池管理器），动力电池管理器要时刻监控动力电池的温度，防止动力电池过温造成热失控以及过充电和过放电。

三、镍氢电池的工作原理与特性分析

镍氢电池的代表使用车型有丰田普锐斯、丰田凯美瑞、大众途锐 Hybrid。镍氢电池结构如图 2-24 所示。

方形电池组成结构：正、负极柱，分别用于连接正、负极板，是电池与外电路的连接点。安全阀。用于完成电池的密封，当电池内部压力过大时安全阀开启，释放气体，降低电池内部压力，提高电池安全性。电池壳。是电池内部进行化学反应的容器，同时完成对电池的密封。绝缘垫：实现电池极柱与电池壳体之间的绝缘。正、负电极、电池反应的主体，电池的能量储存在正、负电极。隔膜：隔离正、负电极，储存电解液，提供离子通道。

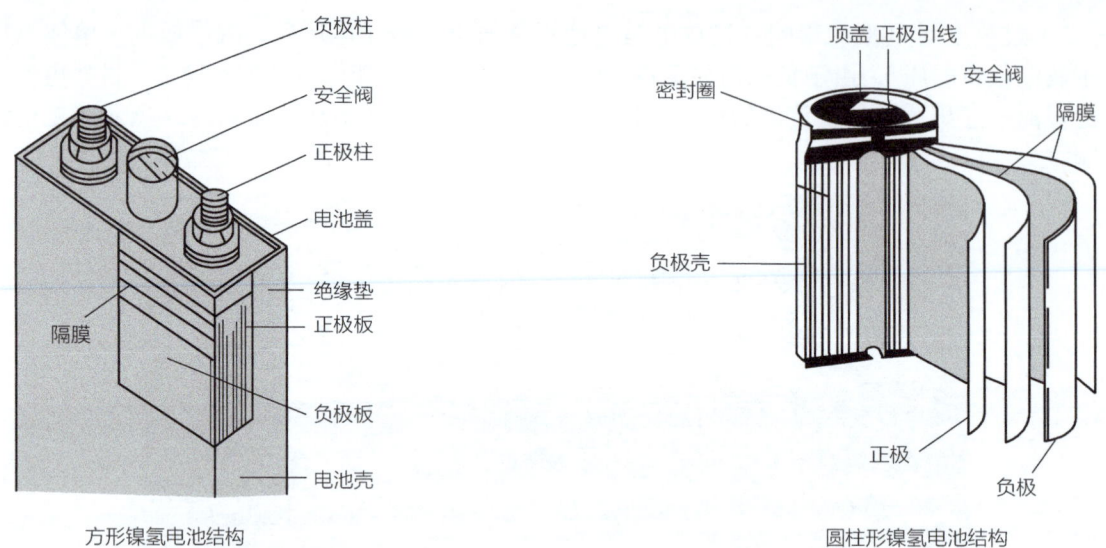

图 2-24 镍氢电池结构

方形电池组由多片负极、多片正极和隔膜叠片组成，通常负极比正极要多一片，在极组最外侧的两片电极均为负极片。

圆柱形电池同样包括电池壳体、正极、负极、隔膜和安全阀等。圆柱形电池的极组一般由单个正极片、负极片和隔膜卷绕组成。

镍氢电池的充放电化学特性如图 2-25 所示。

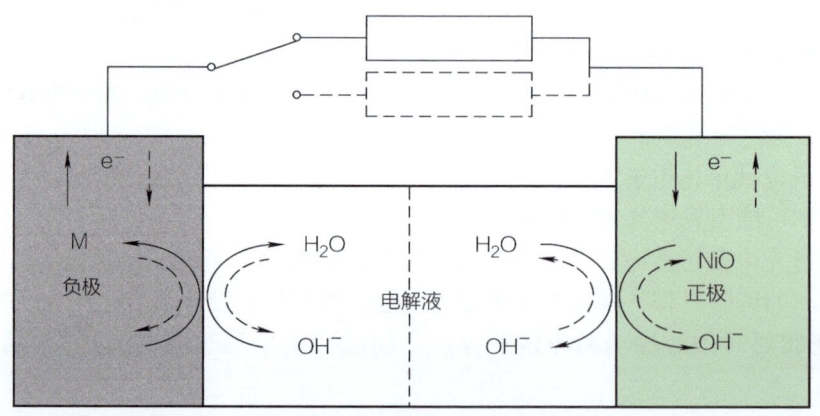

图 2-25 镍氢电池的充放电化学特性

充电时正、负极的电化学反应为：

正极：$Ni(OH)_2 - e^- + OH^- \rightarrow NiOOH + H_2O$ 负极：$2MH + 2e^- \rightarrow 2M + H_2$

放电时正、负极的电化学反应为：

正极：$NiOOH + H_2O + e^- \rightarrow Ni(OH)_2 + OH^-$ 负极：$2M + H_2 \rightarrow 2MH + 2e^-$

从以上反应式可以总结出：反应式为从左向右为充电过程，反应式从右向左为放电过程。

1. 放电截止电压

当电池到达放电截止电压时，终止对电池的放电称为放电截止。放电截止可以有效地保护电池，防止电动汽车出现过放电。

放电截止电压为电池在负载状态、同时保证电池不出现过放电的情况下可以达到的最低电压。放电截止电压受电池的放电倍率和环境温度及电池数量的影响。不同倍率下的镍氢电池放电截止电压见表2-4。

表 2-4 镍氢电池放电截止电压

放电电流 /A	放电截止电压 /V	放电电流 /A	放电截止电压 /V
0.2~1	1.0	5~10	0.8
2~4	0.9	>10	0.7

2. 环境对电池放电性能的影响

电池所处的环境对其放电性能有一定的影响。25℃时倍率容量为100%，温度升高或下降电池容量均会下降。低温情况下对电池的放电特性影响较大，标称电压和放电容量明显下降，如图2-26所示为放电容量与温度关系特性图。

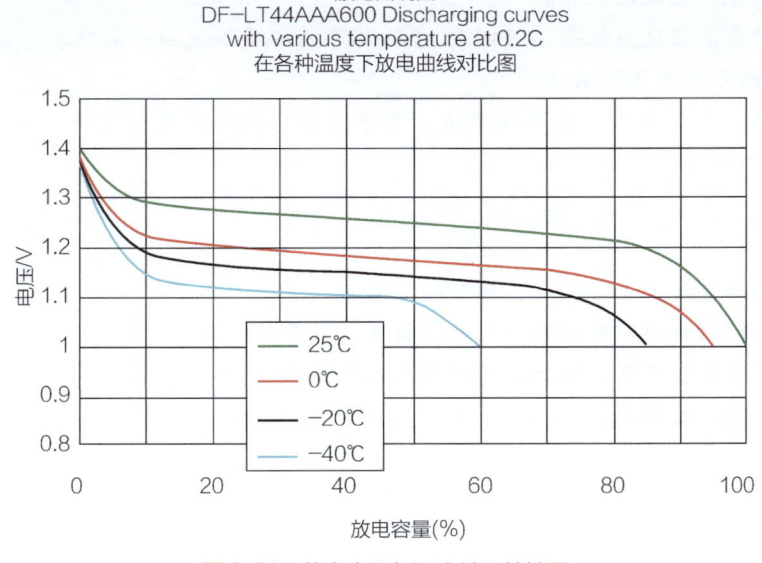

图 2-26 放电容量与温度关系特性图

3. 镍氢电池的特点

优点：

镍氢电池具有无污染、高比能、大功率、快速充放电、耐用等诸多特性，与铅酸蓄电池相比，镍氢电池具有比能量高、质量轻以及循环寿命长等特点，同时还具有以下特点：

1）比功率高，目前商业化的镍氢电池功率密度可以达到1350W/kg。

2）循环次数多，目前应用在电动车辆上的镍氢动力电池组，80%放电深度循环可以达到

1000次以上，为铅酸电池的三倍以上，100% DOD 循环寿命也在 500 次以上，在混合动力汽车上可以使用五年以上。

3）无污染，镍氢电池不含铅、镉等对人体有害的金属。

4）耐过充电、过放电，无记忆效应。

5）使用温度范围大，正常使用温度范围在 -30 ~ 50℃，存储温度范围 -40 ~ 70℃。

6）安全，可以抵抗短路、挤压、针刺、跌落、加热、震动等情况，且不会发生爆炸或燃烧现象。

镍氢电池的缺点：由于镍氢电池单体额定电压仅为 1.2V，是锂电池的 1/3，因此在需求电压一定的情况下，其镍氢动力电池组的体积要比锂电池大上一些。

4. 锂电池的优缺点总结

锂电池的优点：

1）锂电池电压平台高，单体电池的平均电压为 3.6V 或 3.2V，约等于 3 只镍镉电池或镍氢电池的串联电压，便于组成电池组。

2）锂电池能量密度高，可以提高车辆的续驶里程。

3）锂电池的使用寿命相对较长，可达到 6 年以上，磷酸铁锂电池有着可以使用 1000 次的记录。

4）自放电率低，无记忆效应。

5）锂电池的高低温适应性强，可以在 -20~50℃ 的环境下使用，最佳工作温度为 15~25℃，性能发挥到最佳的温度在 25℃ 左右。

6）绿色环保，不论生产、使用和报废，都不含有、也不产生任何铅、汞、镉等有毒有害的重金属元素和物质。

锂电池的缺点：

1）锂电池均存在安全性差及发生爆炸的危险。

2）对于钴酸锂材料的锂电池不能大电流放电，安全性较差。

3）锂电池均需保护线路，防止电池被过充电或过放电。

4）生产要求高，成本高。

四、动力电池包的组成

动力电池包的功能是储存电能和释放电能。动力电池包的位置如图 2-27 所示。

动力电池包的组成：动力电池包由 N 个动力电池模组串联而成，每一个动力电池模组内部有 N 个单体动力电池并联连接，构成模块。

动力电池模组组成方案：

1）并联分析，并联（Parallel Connection）简称"P"。并联电路中电压不变，容量累积。例如 4 节单体动力电池并联，简称 4P。并联电路示意图，如图 2-28 所示。

2）串联分析，串联（Series Connection）简称"S"。串联电路中电压升高，容量不变。例如 4 节单体动力电池串联，简称 4S。串联电路示意图，如图 2-29 所示。

第二章 动力电池及管理系统基础知识

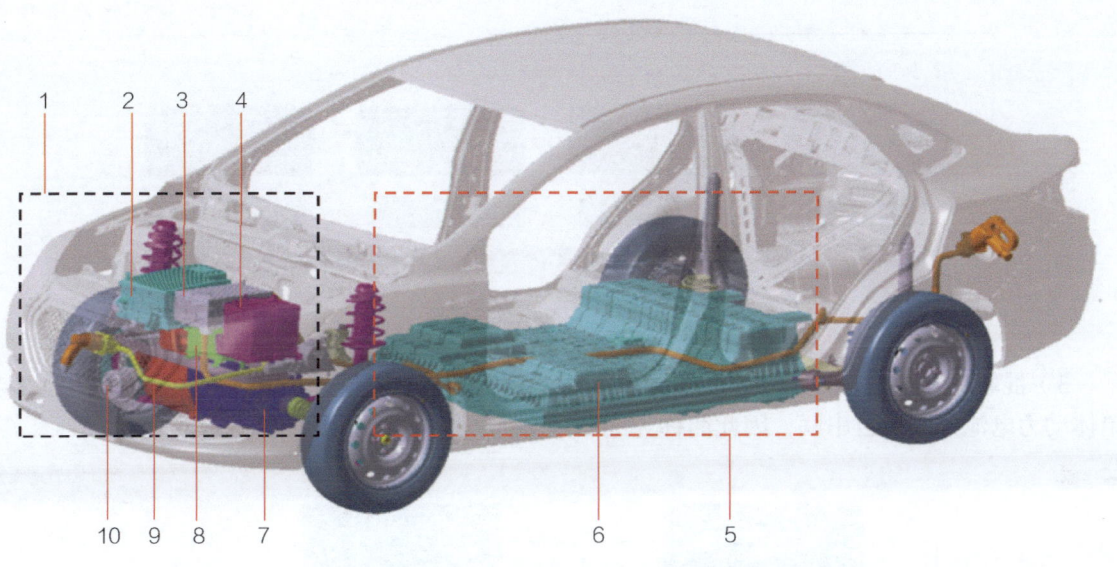

图 2-27 动力电池包的位置

1—电驱动动力总成 2—电机控制器 3—高压配电装置 4—12V 蓄电池 5—动力电池总成
6—动力电池组 7—减速器 8—充电机 9—驱动电机 10——体式空调压缩机

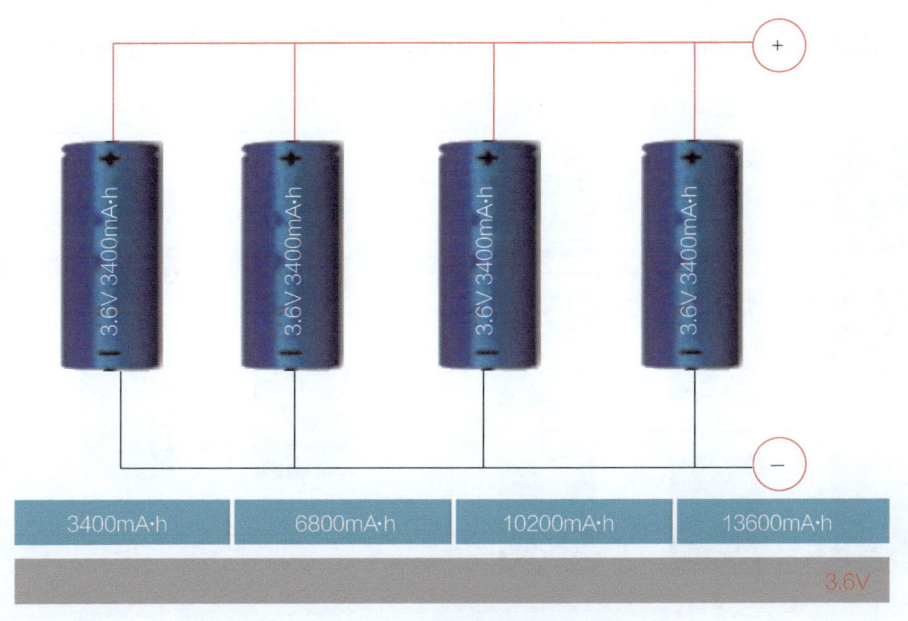

图 2-28 并联电路示意图

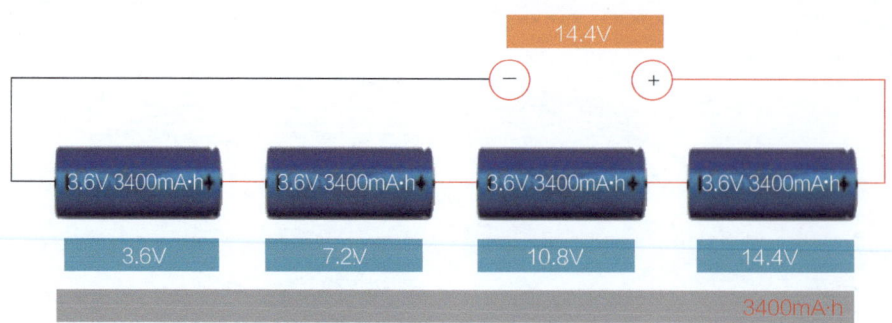

图2-29 串联电路示意图

3)混联分析,混联(Series Parallel)简称"SP"。混联电路中电压累积,容量累积。2节单体动力电池并联后再串联,因此简称为2P2S。混联电路示意图,如图2-30所示。

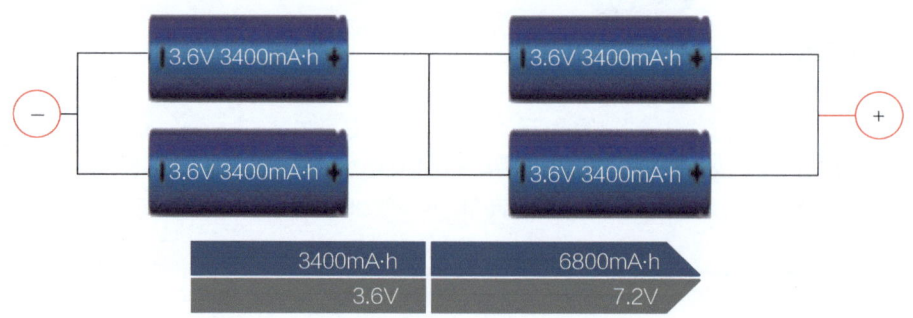

图2-30 混联电路示意图

模组组成说明:混联所形成的单个模组,如图2-31所示。5S输出的总电压为$3.6 \times 5 = 18V$。

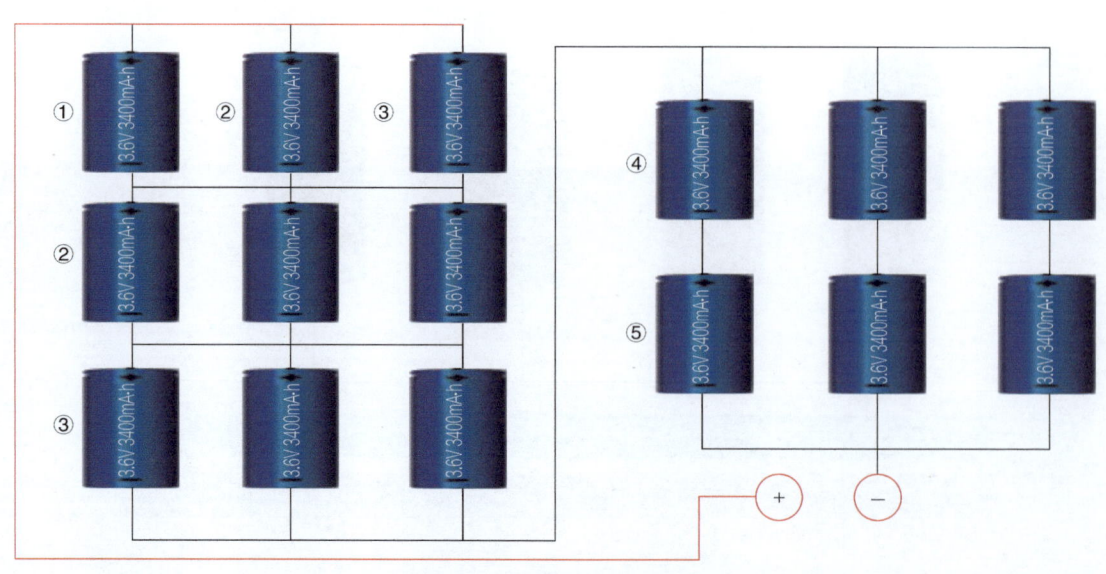

图2-31 混联形成的单个模组

按照图 2-31 所示的混联电池模组，每一个模组的总电压为 DC 18V。如图 2-32 所示，共有 8 个同样的模组进行串联组成动力电池包，而整个动力电池组共有 5S×8=40 个单体动力电池组成，因此整个动力电池包的连接形式为 3P40S，总电压为 DC 144V。

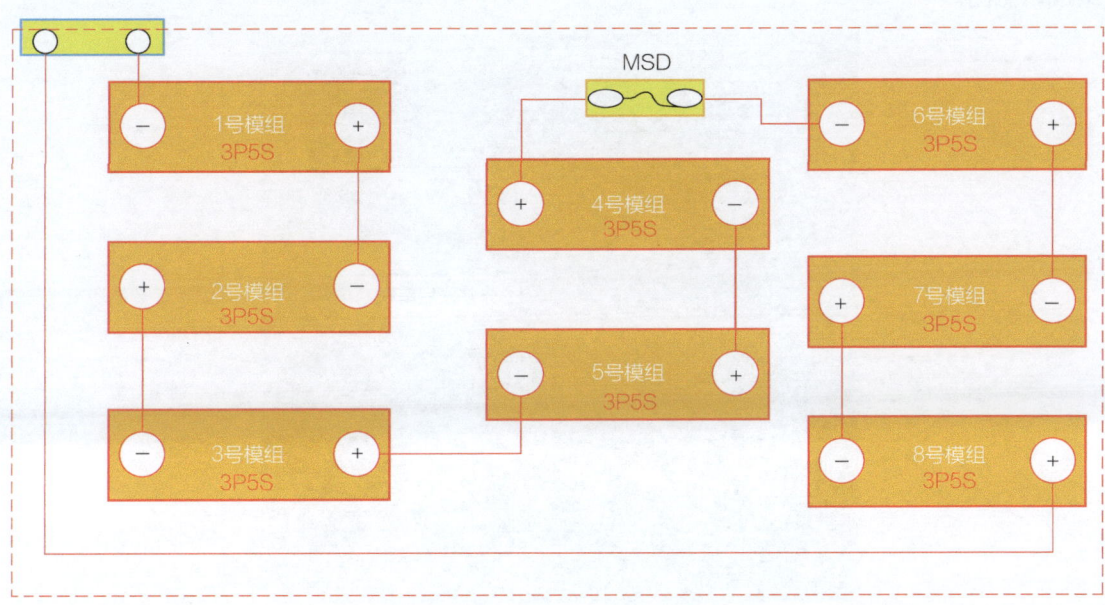

图 2-32　3P40S 动力电池组

通过图 2-28~ 图 2-32，可以了解到动力电池组是由一节一节的单体动力电池串联（并联）所组成的，因而单体（单节）动力电池是动力电池包的最小单位，把一节电池，叫做动力电池单体、把一组并联起来的电池叫做动力电池模组，把动力电池模组串联起来，叫动力电池包，把动力电池包串联起来称做动力电池系统。

单体（或称单节）是电池的最小单位。能不能把单体电池做得很大，比如把 3 节干电池，做成一节放到手电筒里。实际上做不到，这是电化学电池技术的不足。干电池一节只能做 1.5V，我们要 3V 的电源，必须是 2 节干电池串联。单节的容量也不能做的很大，我们要容量很大的电源，必须要将单体电池并联起来。

接下来分析动力电池组的组成过程，如图 2-33 所示。

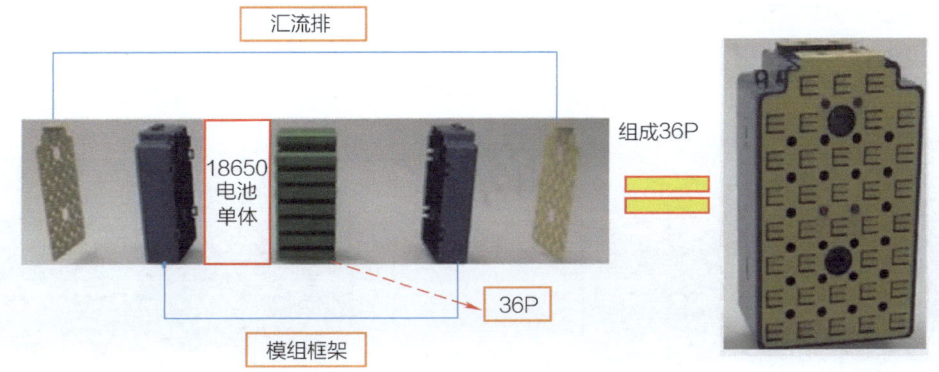

图 2-33　18650 电池单体组成的 36P 小模组

如图 2-33 所示，36P 小模组是由 36 节单体电池组成的，并联后在模组框架作用下进行固定，然后再由两侧隔板汇成排。

单体电池之间通过铜排激光焊接后组成先并联后串联的模组，如图 2-34 所示为 36P5S 模组组成示意图。

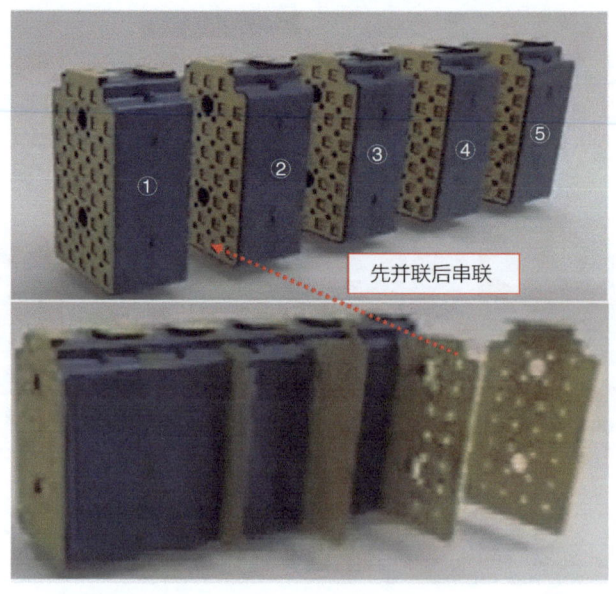

图 2-34　36P5S 模组组成示意图

如图 2-34 所示，串联前，模组与模组之间均安装有隔板，并且两侧隔板的形状与中间隔板不同。

组成 36P10S 前的框架示意图，如图 2-35 所示。

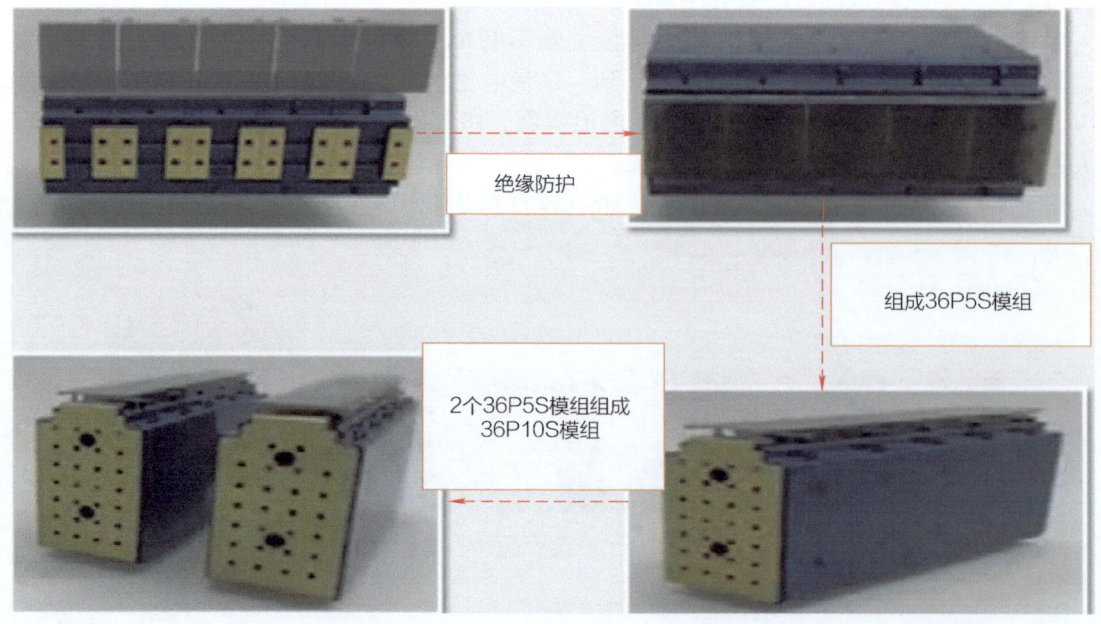

图 2-35　组成 36P10S 前的框架示意图

根据图 2-35 进行分析，首先进行 36P5S 的绝缘防护，然后再由两个相同的 36P5S 模组进行串联，如图 2-36、图 2-37 所示。

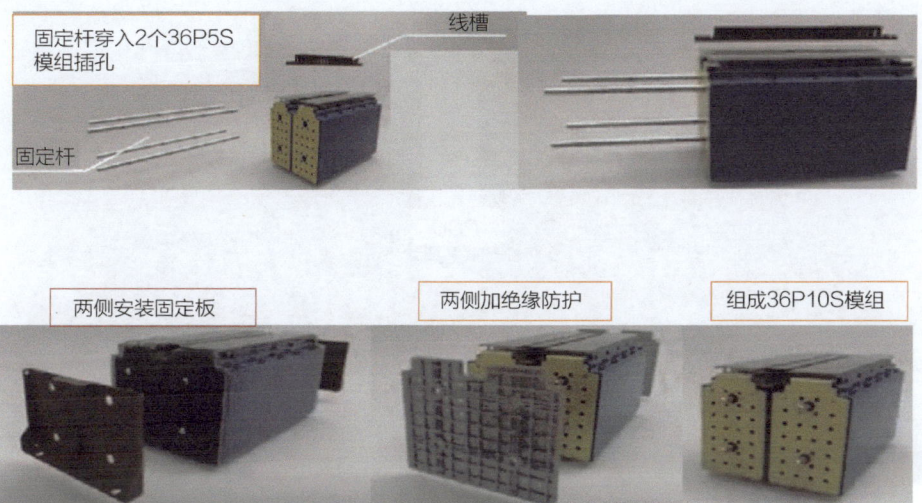

图 2-36　36P10S 模组雏形示意图

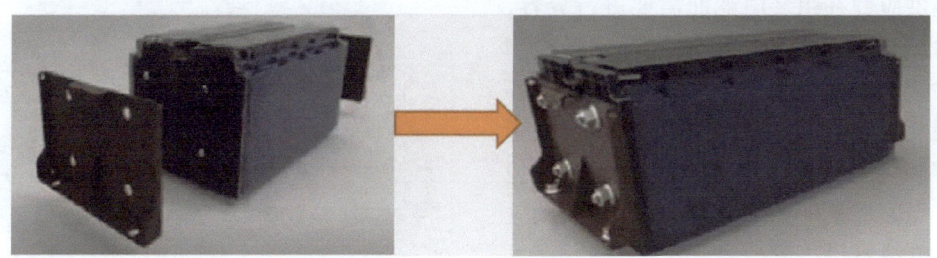

图 2-37　36P10S 模组组成示意图

由 8 个模组进行串联组成了动力电池包，并且在每一个模组安装采样线，用于采集单体电池的电压与温度，并且将采集到的信息传送至动力电池管理系统，如图 2-38 所示。一部分车型的动力电池包内部设计有高压配电箱和 MSD 检修开关，MSD 检修开关串联在模组与模组之间（如图 2-32 所示的 MSD 检修开关，位于 4 号模组与 6 号模组的正、负电极之间）。动力电池模块布置示意图、组装完成的动力电池如图 2-39、图 2-40 所示。

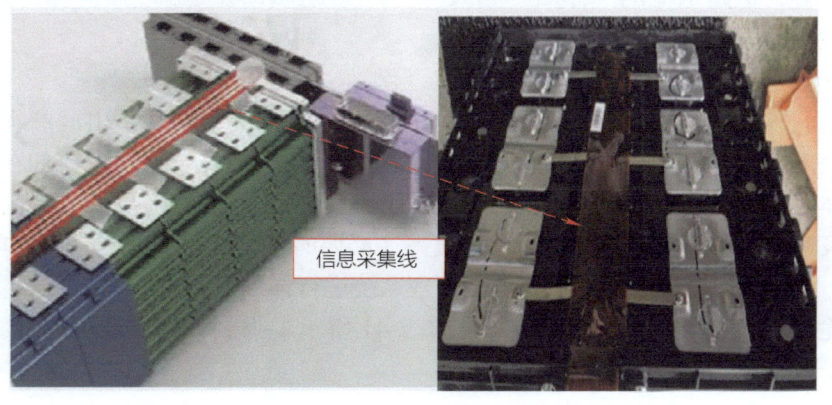

图 2-38　动力电池包采样线

图 2-39 动力电池模块布置示意图

电池供应商在组装电池前需要进行分容，也就是对同样批次的单体电池进行容量检测和内阻检测，尽量保障同批次的单体电池容量和内阻相同，并且符合技术要求，如果未进行分容和内阻检测，组装后的动力电池包会出现"先天性不一致"，进而出现车辆续驶里程短，电池容量小的故障现象。

即使车辆在新车期的动力电池包内部的单体电池一致性非常完美，随着车辆在日常运行中，每一个电池单体都有不同的"体质"，具体表现在如内阻、自放电率、衰减率、极化等专业参数上。虽然电池供应商都会对电池的"体质"进行分组，以减小单体电池之间的差异，但是电池的"体质"和人一样，会随使用时间出现变化。质量好的单体电池，"体质"差异相对较小，要做到这一

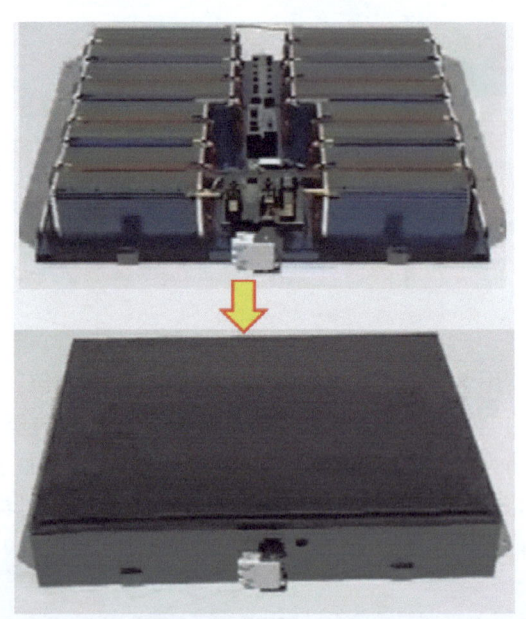

图 2-40 组装完成的动力电池

点，选用材料一致性要好，生产过程自动化水平要高，品质标准要高，由此产生的成本也高；反之，质量差的电池单体，成本低，个体差异大，就有很大的安全隐患。比如在充电过程中，个别电池单体发生过热着火。电池单体永远不可能完全一致，此时需要 BMS 介入，负责动力电池的管理策略，监控动力电池的电压和温度等，必要时启动均衡模式，使动力电池的一致性尽可能相近。均衡管理会在后面的动力电池管理系统进行详细讲解。

下面以途观 L 插电式混合动力车型（如图 2-41 所示）为例，介绍动力电池组的组成及技术参数分析（见表 2-5）。

第二章　动力电池及管理系统基础知识

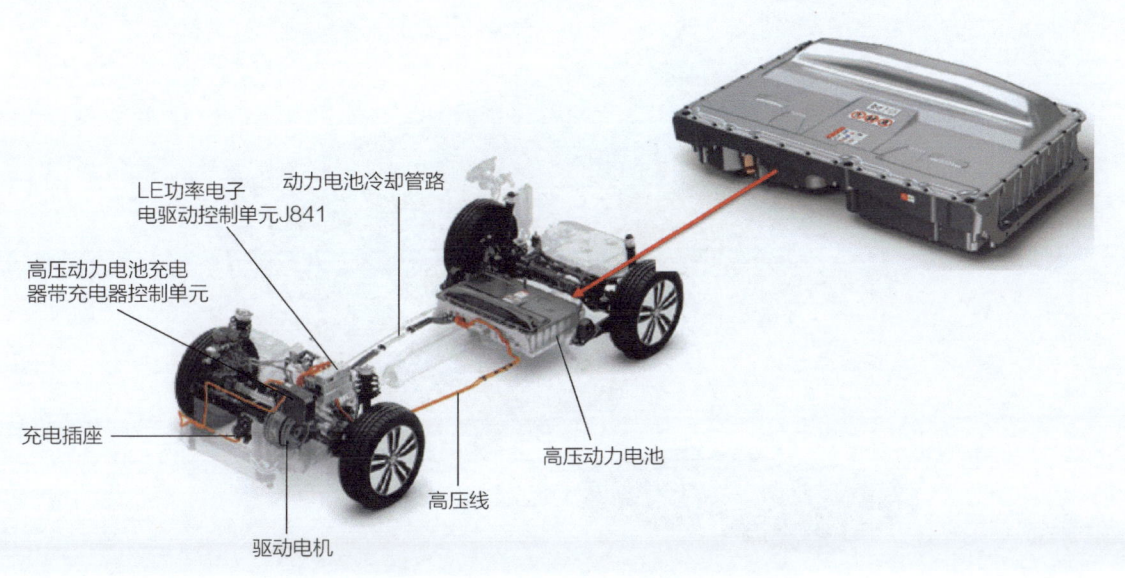

图 2-41　途观 L PHEV 动力电池组安装位置

表 2-5　技术参数表

项目	参数
动力电池容量	CATL37A·h
动力电池技术	三元锂电池
单体电压	3.6V
重量	125kg
尺寸	615mm×950mm×250mm
总能量	13.0kW·h
单体动力电池数量	96 个单体电池串联
动力电池模组	8
工作温度	−28~55℃
标称电压	352V
工作电压	240~404V

　　通过以上的技术参数表进行分析，此款车型采用的单体电池为三元锂电池，标称电压为 3.6V，由 96 个单体电池串联组成，称为 96S，在动力电池包内部有 8 个动力电池模组，每个动力电池模组采用 12 个单体电池串联组成，每一个动力电池模组的标称电压为 DC 43.2V，动力电池的标称电压为 345.6V，放电截止电压为 240V，充电截止电压为 404V。从放电截止电压我们可以分析出，单体电池的放电截止保护电压为 2.5V；从充电截止电压可以得出，单体电池的充电保护电压为 4.2V。工作温度为 −28~55℃。

　　动力电池模块布置示意图如图 2-42 所示。

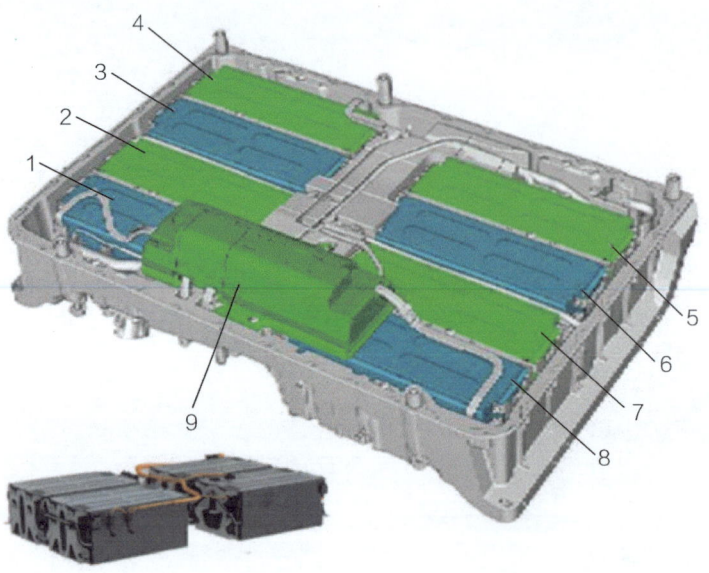

图 2-42　动力电池模块布置示意图

1—高压动力电池模组 0-J1068　2—高压动力电池模组 1-J991　3—高压动力电池模组 2-J992
4—高压动力电池模组 3-J993　5—高压动力电池模组 4-J994　6—高压动力电池模组 5-J995
7—高压动力电池模组 6-J996　8—高压动力电池模组 7-J997　9—高压动力电池开关盒 -SX6

高压动力电池模组组成数模图如图 2-43 所示。

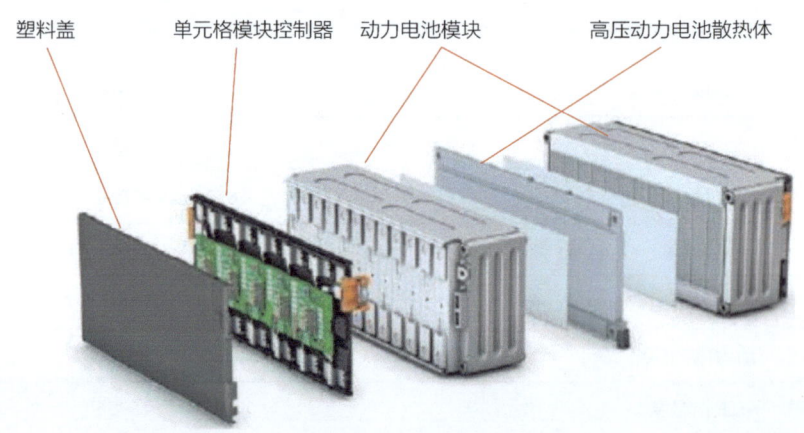

图 2-43　高压动力电池模组组成数模图

五、动力电池冷却系统

通过前面的项目，我们已经了解到单体电池的工作温度范围，一旦工作温度超过所耐受的最高温度，极有可能会造成电池的自燃，温度过低，会造成循环性能变化。

高温时：负极石墨材料在反复充放电过程中，石墨层间的收缩会导致电极膨胀，电极结构的破坏及石墨表面固体电解质相界面膜（SEI）的增加，使得动力电池内阻变大，再加上电解液在循环过程中的分解，使得电池循环性能恶化。如图 2-44 所示为高温造成负极材料膨胀。

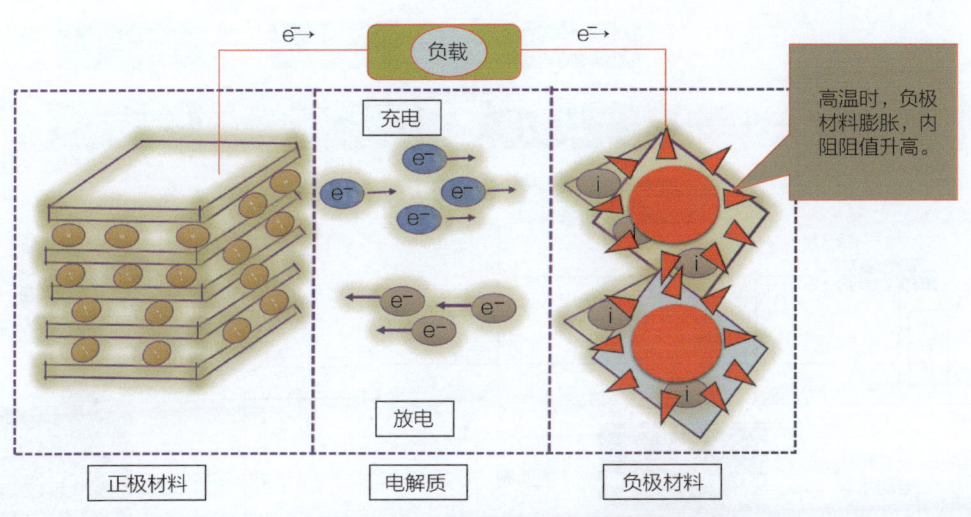

图 2-44　高温造成负极材料膨胀

低温时：电解液的离子电导率降低，SEI 膜电阻和电化学反应电阻增大，导致欧姆极化、浓差极化和电化学极化均增大，在动力电池的放电曲线上就表现为放电均压和放电容量随温度的降低而降低。另外，低温环境下的循环过程中可导致负极析锂，使电池循环性能恶化。如图 2-45 所示为 -20℃时负极析锂图。

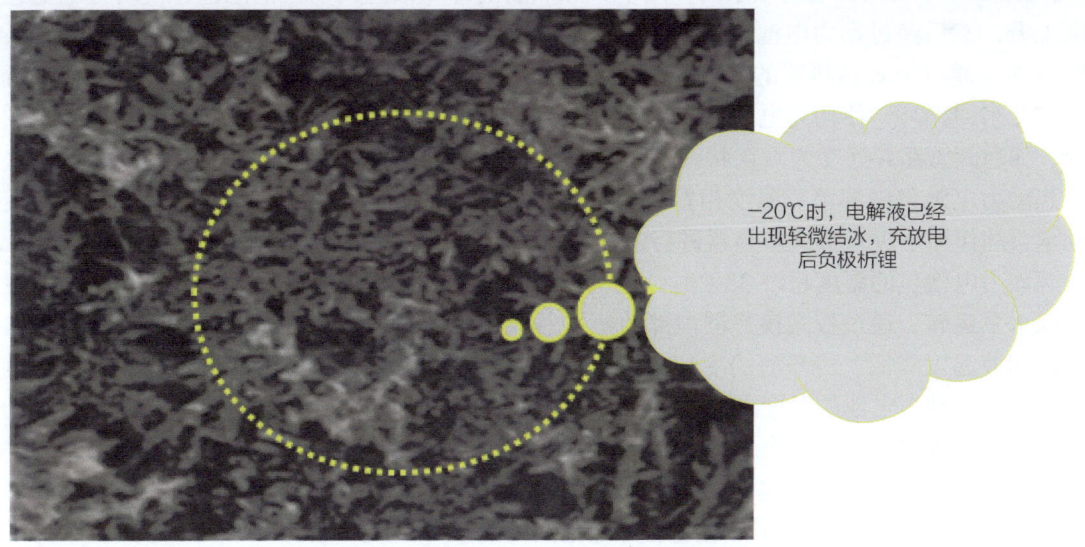

图 2-45　-20℃时负极析锂图

温度高低都会影响电池的性能，要保障动力电池的最佳工作温度，需要在动力电池整个动力系统上装配热管理系统。下面我们讲解动力电池热管理系统。

在寒冷冬季，无论是纯电动汽车还是混合动力汽车，如果温度低于 -20℃，就会造成动力电池组内部的电能无法释放，如果需要对动力电池补充电能，这时就要唤醒加热功能。下面我们以比亚迪元 EV360 为例进行说明。如图 2-46 所示为电池液冷加热系统原理图。

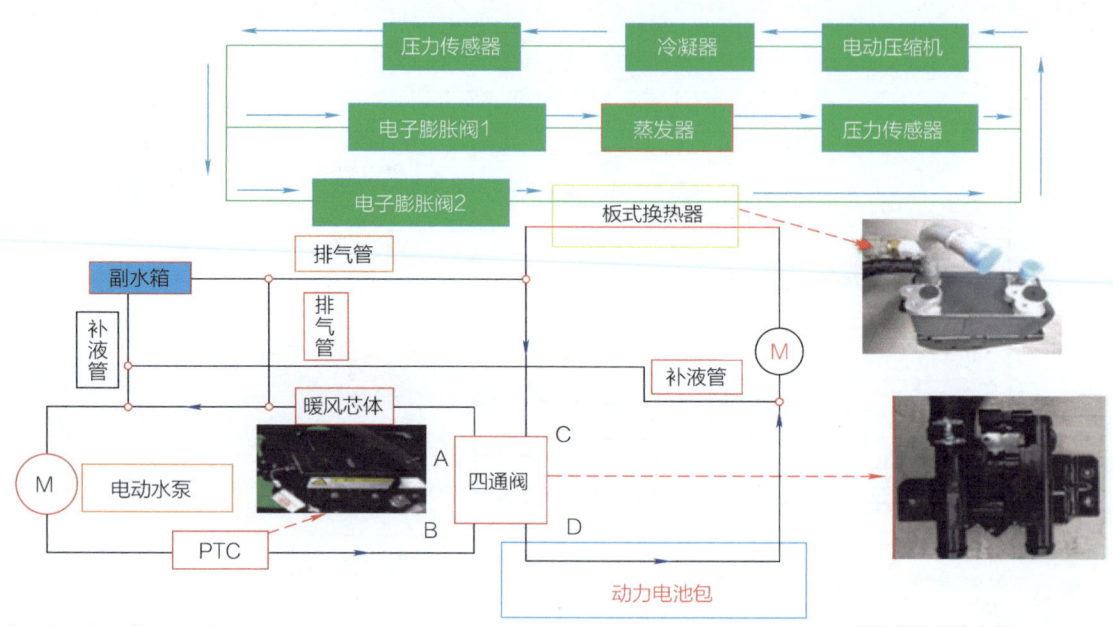

图 2-46 电池液冷加热系统原理图

电池加热功能：若动力电池在充电时的温度≤5℃，则 PTC 加热模块开始工作。四通阀 AC 导通，BD 导通，在电动水泵的作用下，加热后的冷却液进入动力电池包，使动力电池包的温度上升，然后经过动力电池包的出水口，再经过电动水泵后进入板式换热器，此时由于 AC 管路导通，通过板式换热器的冷却液返回至暖风芯体，再次经过电动水泵进入到 PTC 进行加热，如此来回循环，使动力电池的温度上升。直到动力电池的温度＞10℃，PTC 停止充电加热功能，四通阀管路导通变为默认状态，AB 导通，CD 导通。

当动力电池包内部单节温度相差 5℃时，动力电池包的电动水泵启动，电池包的冷却液在电动水泵的作用下进入板式换热器进行散热。

当动力电池包的温度超过 35℃时，电动压缩机开始工作，电子膨胀阀 2 开启，动力电池包的电动水泵运转，通过板式换热器内部的蒸发器，吸收动力电池包的温度，使进入到板式换热器的冷却液温度降低，冷却后的冷却液输出至换热器并通过四通阀的 CD 再次进入到动力电池包，再次冷却动力电池的温度，周而复始，达到了降温的作用。当温度降低到 33℃时，电动压缩机和电子膨胀阀 2 停止工作，但是电动水泵仍旧处于工作状态。

动力电池包的内部结构包含了液冷管路，通过热管理系统的管理，无论冷却液是被加热还是吸收动力电池包的温度，都要通过动力电池内部的液冷系统（管路）。如图 2-47 所示为动力电池包内部结构。

动力电池包内部液冷系统（管路）实物分解如图 2-48 所示。

下面以奇瑞艾瑞泽 7 插电式混合动力汽车（PHEV）为例介绍动力电池热管理系统。

奇瑞艾瑞泽 7 PHEV 车型动力电池的冷却系统和丰田普锐斯及凯美瑞混合动力车型的冷却系统基本相似，采用风冷的结构设计，进风口在驾驶室内（如图 2-49 所示），在动力电池包上方有冷却风扇总成（如图 2-50 所示）。图 2-51 为动力电池信息采集板、BMS 主控及 MSD 布置图。

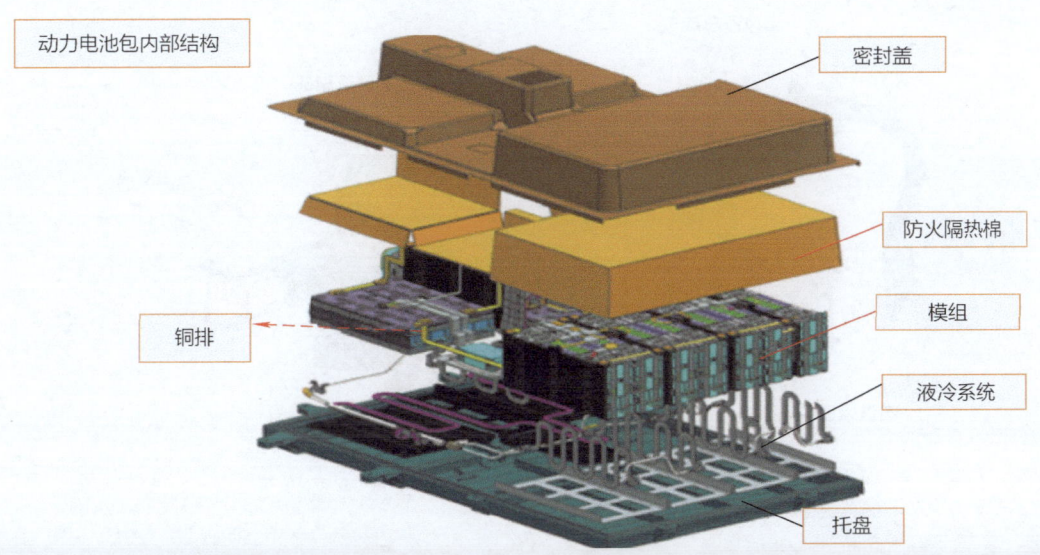

图 2-47　动力电池包内部结构

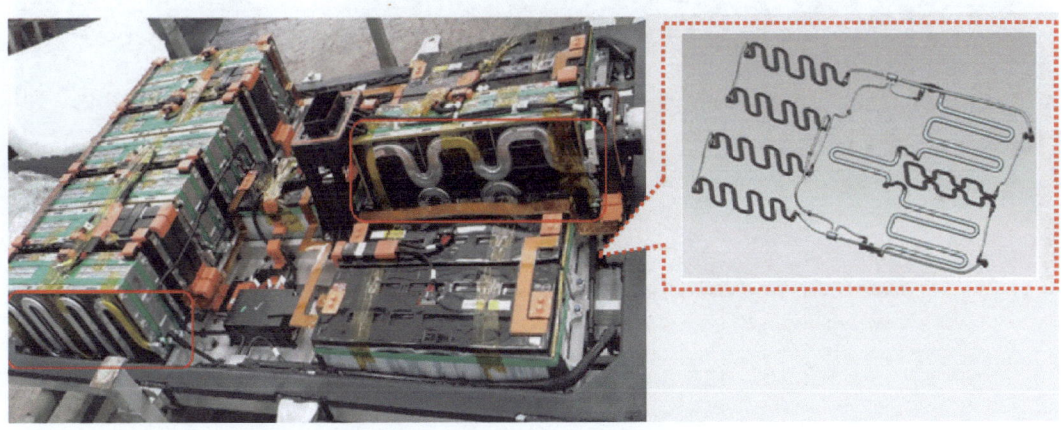

图 2-48　动力电池包内部液冷系统（管路）实物分解

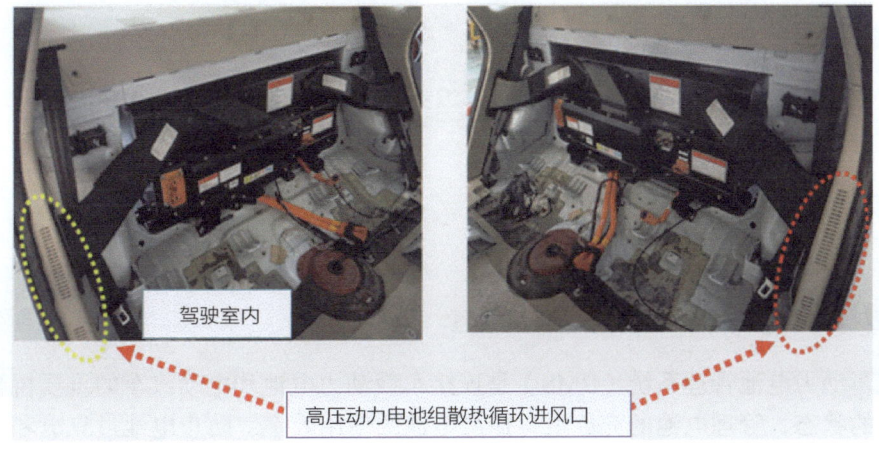

图 2-49　高压动力电池组散热循环进风口

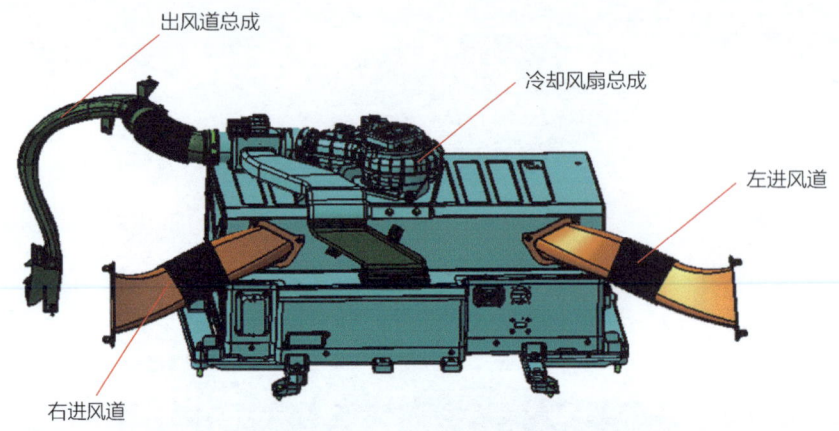

图 2-50 冷却系统布置图

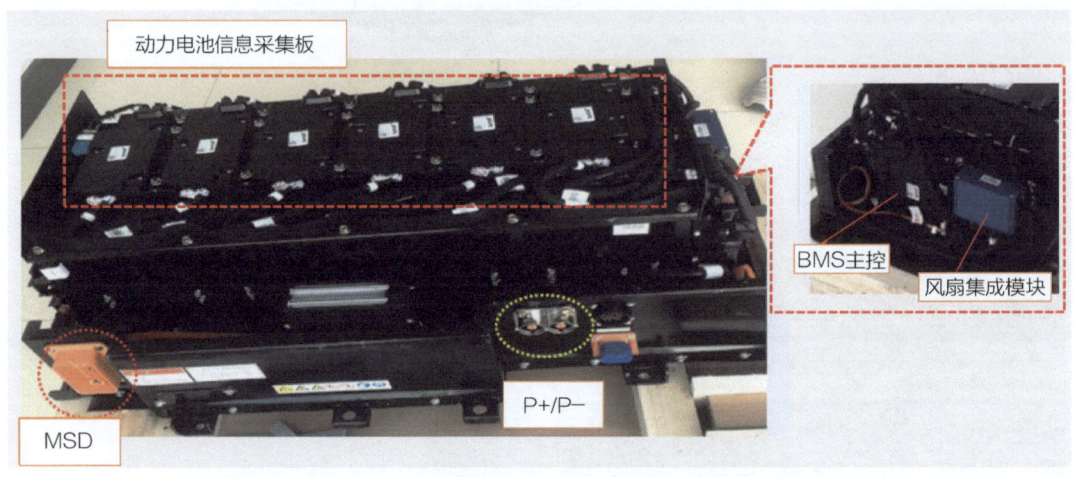

图 2-51 动力电池信息采集板、BMS 主控及 MSD 布置图

第二节 动力电池管理系统（BMS）的功能

一、动力电池管理系统（BMS）概述

电动汽车动力电池管理系统（BMS）是连接车载动力电池和电动汽车的重要桥梁，其作用是监控电池的状态，管理电池的充放电，提高电池的使用效率，防止电池过充电和过放电，延长电池的使用寿命等。如图 2-52 所示为动力电池组、电动汽车与 BMS 关系。

图 2-52 动力电池组、电动汽车与 BMS 关系

二、动力电池管理系统的基本功能

动力电池管理系统（BMS）是电池保护和管理的核心部件，它的作用是保证动力电池安全可靠地使用，控制动力电池组的充电和放电，并且向整车控制器（VCU）上报动力电池系统的基本参数及故障信息。动力电池管理系统是集监测、控制和管理为一体的复杂的电气测控系统，也是电动汽车和混合动力汽车的关键部件。

动力电池管理系统与电动汽车/混合动力汽车的动力电池紧密结合在一起，对动力电池的电压、电流、温度进行时刻监测。同时还负责漏电检测、热管理、电池均衡管理、报警提醒、计算剩余容量和放电功率、报告 SOC（荷电状态）和 SOH（电池健康状况）、根据动力电池的电压和电流及温度来计算并控制最大输出功率，以获得最佳的续驶里程、计算和控制充电器充电时的最佳电流，并通过 CAN 总线接口与车载控制器，电机控制器，能量控制系统以及其他控制器进行实时通信。

动力电池管理系统主要功能包括数据采集、数据显示、状态估计、热管理、数据通信、安全管理、能量管理（包括动力电池电量均衡功能）和故障诊断。图 2-53 为动力电池管理系统功能框架，其中数据采集、状态估计、热管理、数据通信、安全管理、能量管理这六项为动力电池管理系统的基本功能。下面先分析这六项基本功能。

1）数据采集：即动力电池管理系统所有功能的基础，需要采集的数据信息有动力电池组总电压、电流、动力电池模组电压和单体电池电压与温度。如图 2-54 所示为动力电池组数据采集框架结构，其中电池温度有两种检测方法，一种是设固定数量的温度探头，将其分散在"电池丛"中；另一种将探头置于电压采集线的接线端口，每一个电池温度都可以测量。当动力电池组的最高电压与最低电压压差 ≥ 50mV 时，电池进行状态估计后开始启动均衡模块，这样可以延长动力电池的使用寿命以及提高车辆的续驶里程，如图 2-55 所示为动力电池均衡管理框架。

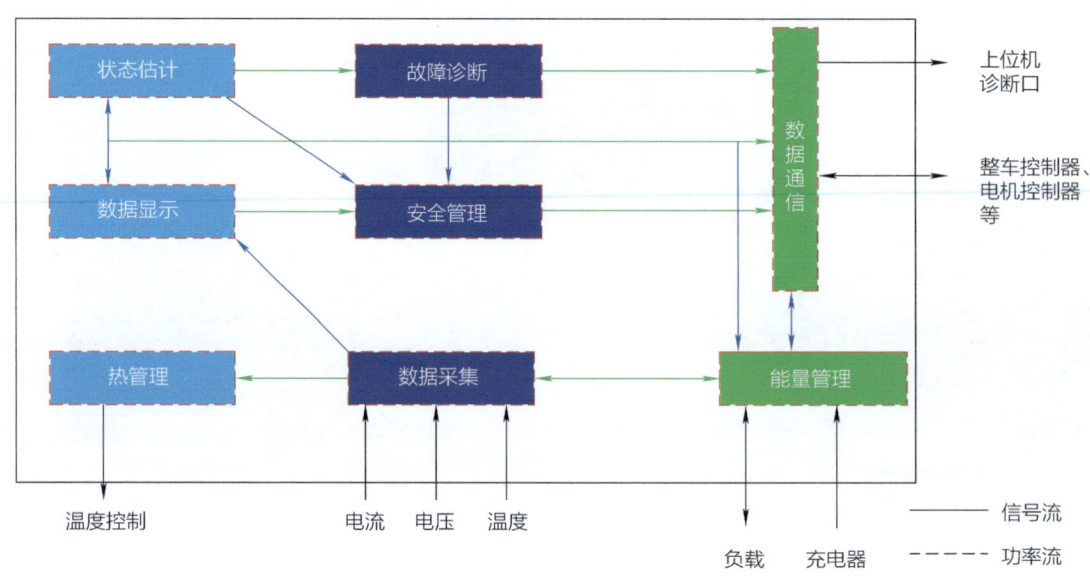

图 2-53 动力电池管理系统功能框架

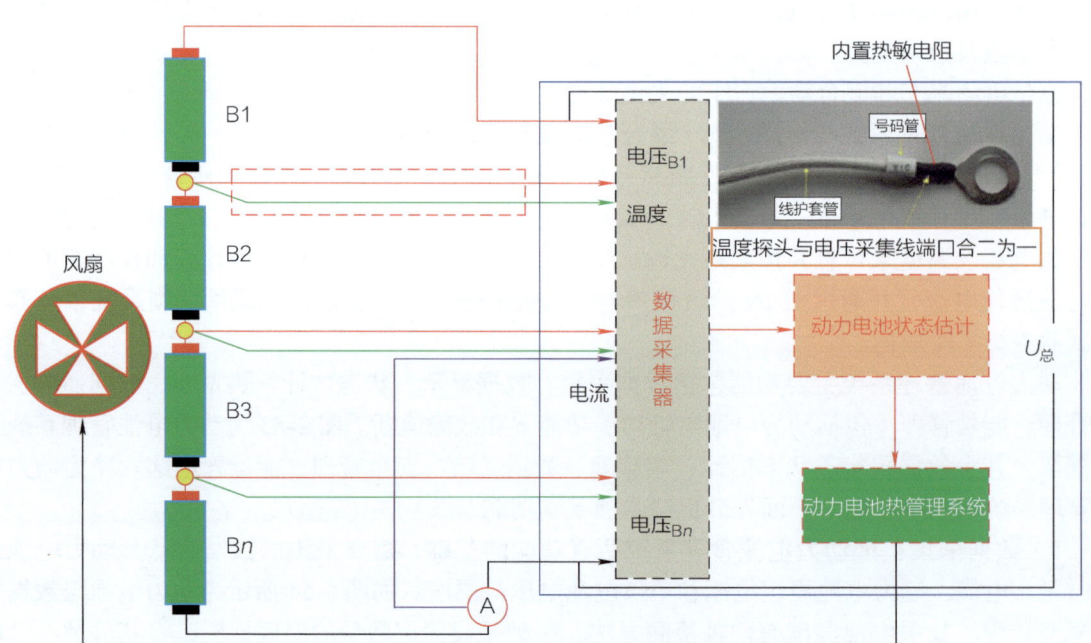

图 2-54 动力电池组数据采集框架结构

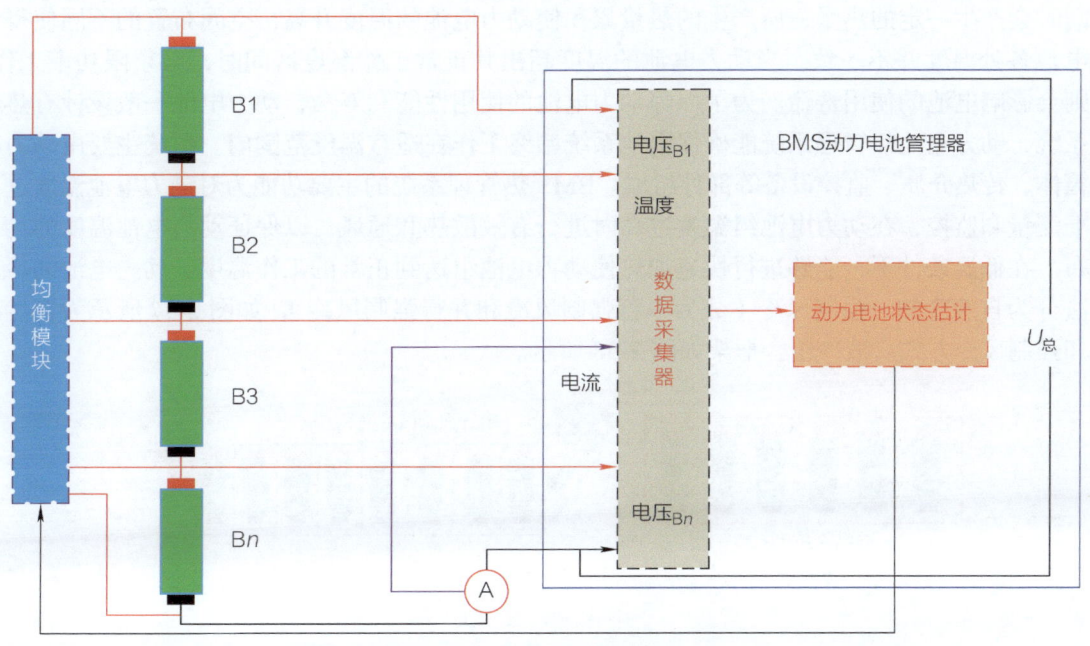

图 2-55 动力电池均衡管理框架

2）状态估计：即动力电池状态分析，主要指电池的剩余电量以及电池的老化程度这两个方面，也就是 SOC 评估和 SOH 评估。SOC 能够让驾驶员直接获得信息，了解剩余电量对续驶里程的影响。现阶段的研究很多集中在对 SOC 的分析上，不断加强其精确度。SOC 的精确分析会受到 SOH 的影响，动力电池的 SOH 在使用过程中受到温度和电流等持续影响而不断地进行分析，以确保 SOC 分析的准确性。目前对 SOC 的分析主要有电荷计量法、开路电压法、模糊逻辑法等。如图 2-56 所示为动力电池 SOC 电荷显示状态。

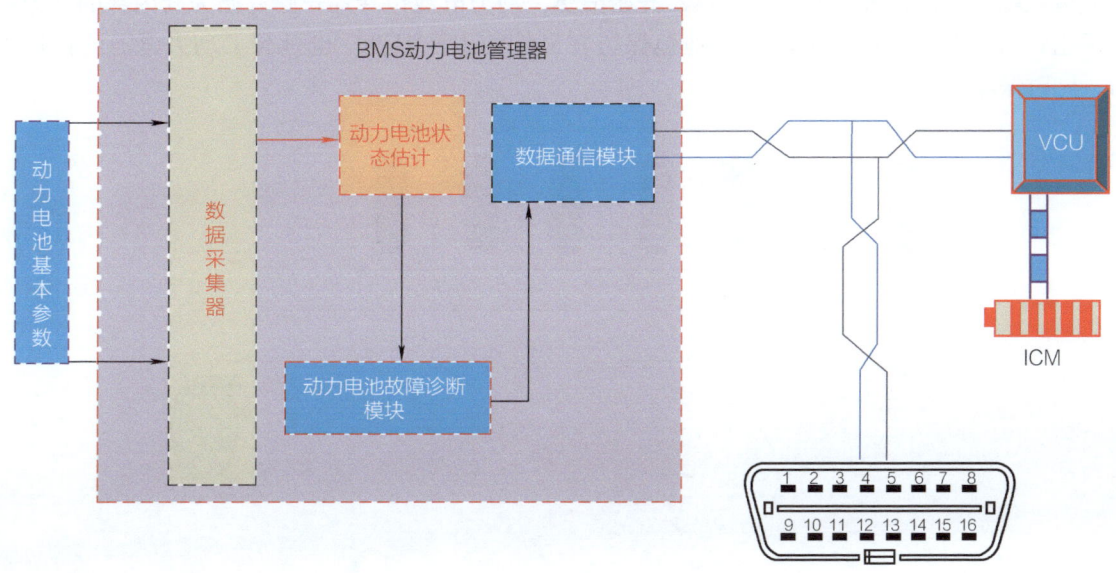

图 2-56 动力电池 SOC 电荷显示状态

3）热管理：动力电池在不同运行工况下由于自身会产生一定的电阻，在输出功率、电能的同时会产生一定的热量，所产生的热量累积使动力电池的温度升高，空间布置的不同使得动力电池各处温度并不一致。当动力电池的温度超出其正常工作温度区间时，必须限功率工作，否则会影响电池的使用寿命。为了保障动力电池的使用性能和寿命，动力电池一般设计有热管理系统，动力电池热管理系统能确保电池系统始终工作在适宜温度范围内。系统主要由动力电池箱体、传热介质、监控设备等部件组成。BMS热管理系统的主要功能为对动力电池温度进行精准测量和监控，在动力电池组温度过高时进行有效散热和通风，以保证动力电池温度的均匀分布。在低温条件下，能够进行快速加热使动力电池组达到正常的工作温度。动力电池的冷却方法分为自然冷却、强制风冷（分为串行强制风冷和并行强制风冷），如图2-57所示为自然冷却和强制风冷方式。液冷组合框架如图2-58所示。

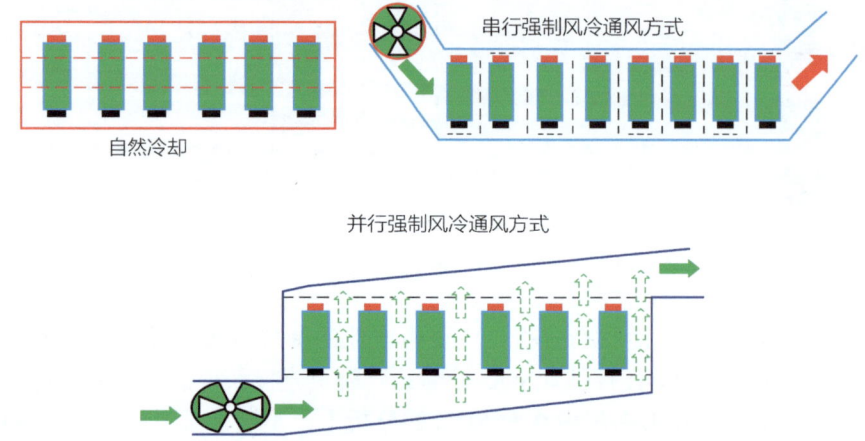

图2-57 自然冷却和强制风冷方式

通过图2-58可以获取以下技术知识点：电动水泵控制防冻液的循环，而控制器一旦达到阈值风扇就开始运转进行冷却，散热器开始散热，动力电池包冷却管路开始为其内部的动力电池模组进行冷却，这样确保动力电池包保持在最佳的工作温度，也延长了动力电池的使用寿命，同时保障了车辆行驶的安全性。

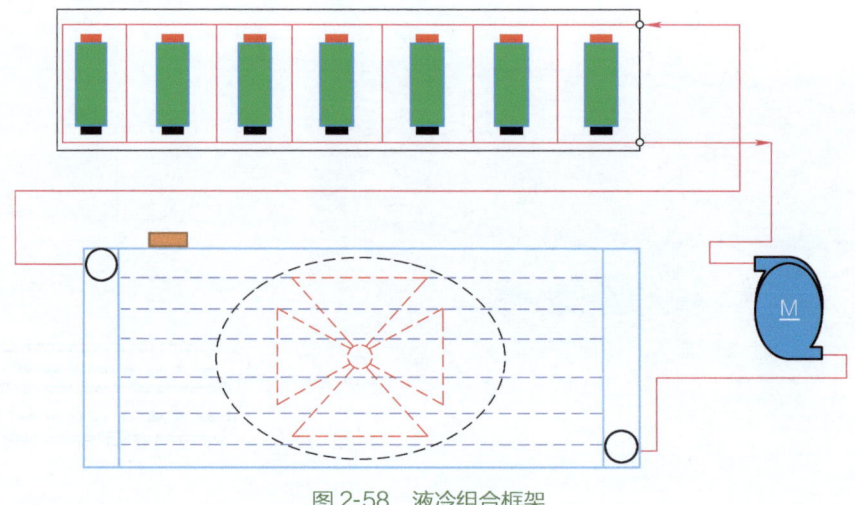

图2-58 液冷组合框架

以防冻液作为换热介质的热管理系统，只有两个模式：一种是慢冷系统，通常情况下动力电池包温度达到25~30℃时，电动水泵开始工作，将散热器的冷防冻液与动力电池包的防冻液进行交换，以降低动力电池包的温度，使动力电池包的单体电池稳定在最佳温度；另一种是强制降温模式，当动力电池包的温度达到35℃时，BMS开始控制冷却风扇运转，以降低防冻液温度。若温度下降到30℃，冷却风扇停止运转；如果温度高于55℃，组合仪表就会有报警提示，并通过VCU发出报文指令给MCU，MCU就会降低驱动电机的输出功率（限功率）。

液冷+直冷技术也是将冷却液作为冷却介质，动力电池组的温度被冷却液带走后进入板式换热器进行散热，当动力电池包的温度大于等于35℃时，开启压缩机直冷技术，在板式换热器中，将冷却液的热量进行强制降温，温度降到33℃时，开启液冷散热模式进行降温。组成框架参照图2-46所示的电池液冷加热系统原理图。

前面已经介绍了低温对锂电池工作特性的影响，锂电池在低温下会造成电池单体电解液凝滞和内阻降低，并可能在阴极形成锂凝结，不可逆地影响动力电池寿命。动力电池管理系统在高温下要对动力电池进行管理，同样在温度较低的情况下也要进行管理，否则也容易导致动力电池组的使用寿命缩短，这个管理即为预热管理。预热管理主要针对的是在充电时要进行预热，加热方式分为两种：第一种是"高压电加热"，第二种则是PTC加热冷却液的方式，第二种方式参照图2-46所示的电池液冷加热系统原理图及说明。

在充电时（采用交流慢充），动力电池包内部电芯温度在0~55℃，当温度高于55℃时或低于0℃时，动力电池管理系统将会自动切断充电回路，此时无法进行充电。在充电前，BMS检测动力电池箱体内部的电芯温度，如果有低于0℃的温度采样点，则启动加热模式，BMS控制线路使加热片通电，进行加热内循环；若所有电芯温度点均高于5℃，则停止加热，开始启动充电程序。若充电过程中出现加热片温度高于20℃，则间歇性停止加热，待加热片温度低于15℃时，重启加热片。图2-59所示为电加热控制框架，此加热系统由BMS控制加热继电器，加热继电器向加热垫提供高压电，加热垫开始工作。

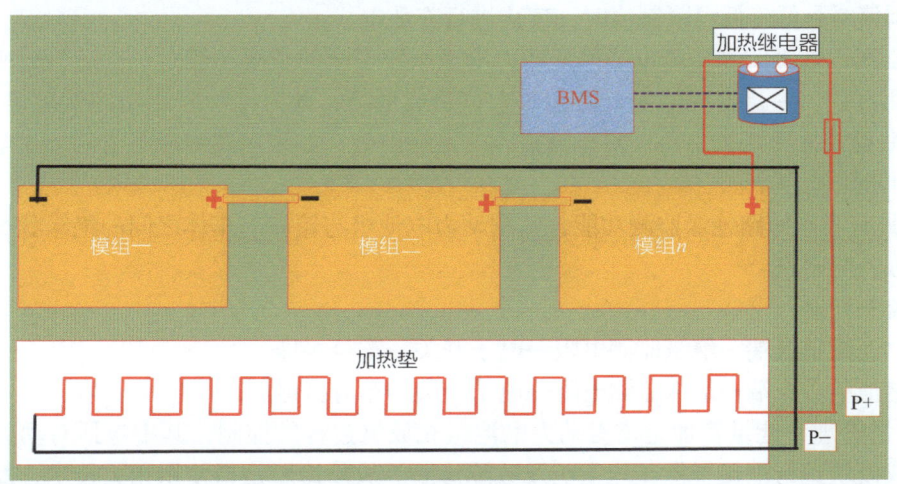

图2-59　电加热控制框架

充电加热功能关键知识点：

加热过程中，正常情况下充电桩电流显示为4~6A。充电过程中充电桩电流显示为12~13A。直流快充模式下预热管理模式为：电芯温度范围在5~55℃，才可以充电。当有温度点高于55℃时，动力电池管理系统将会自动切断充电回路，此时无法充电，因此在充电前BMS需检测动力电池箱体内部电芯温度,如有小于等于5℃的温度点,启动加热模式,待所有温度点大于等于5℃,停止加热,启动充电程序。在充电过程中若出现加热片温度大于等于25℃,则间歇停止加热,待加热片温度小于等于15℃时,重启加热片。如果充电过程中有最低温度点小于等于5℃,则停止充电模式,也不启动加热模式。

4）数据通信：是指动力电池管理系统与整车控制器、车载充电器、电机控制器、车载终端以及外部直流充电桩进行数据交换功能和通过OBD诊断接口与上位机/诊断仪进行通信功能。

5）安全管理：是整个动力电池管理系统的重要功能,是基于前面4个功能而设计的硬件管理,主要包括过电流保护、过充电和过放电保护、过温保护和绝缘监测。

过电流保护：由于动力电池都具备一定的内阻,当动力电池在工作时,电流过大会造成电池内部发热,热量累计增加造成电池温度上升,从而导致电池的热稳定性下降。对于锂电池来说,正负极材料的脱嵌锂离子能力是一定的,当充放电电流大于脱嵌能力时,将导致锂电池的极化电压增加,从而导致锂电池的实际容量减小,影响锂电池的使用寿命,严重时会影响锂电池的安全性。BMS会判断电流值是否超过安全范围,一旦超过就会采取相应的安全保护措施。

过充电和过放电保护：在充电过程中,充电电压超过充电截止电压时,将会引起正极晶格体结构被损坏,导致动力电池容量变小,并且电压过高会造成正、负极短路而引发爆炸,因此过充电是严格禁止的。BMS会检测系统中单体电池的电压,当电压超过充电截止电压时,BMS会断开充电回路从而保护动力电池系统。

在放电过程中,放电电压低于动力电池放电截止电压时,动力电池负极上的金属集流体将被溶解,造成动力电池不可逆的损害。过度放电的动力电池充电时会有内部短路或漏液的可能。当电压超过放电截止电压时,BMS会断开放电回路从而保护动力电池。

过温保护：动力电池的活性在不同温度下有所不同。长时间处在高温环境下,动力电池材料的结构稳定性会变差,从而缩短动力电池的使用寿命；低温下动力电池活性受限会造成可用容量减小,尤其是充电容量将变得很低,同时可能产生安全隐患,BMS能够在动力电池温度超过高温限制值或是低于低温限制值时,禁止进行充放电。

绝缘监测：绝缘监测功能也是保证动力电池系统安全的重要功能之一。动力电池系统的电压通常有几百伏,一旦出现漏电,将会对人员造成危险,此时绝缘监测功能就显得尤为重要。BMS会实时监测总正极和总负极对车身搭铁的绝缘阻值,如果出现绝缘阻值低于安全值,则会上报故障并断开高压电。

BMS具有高压回路绝缘监测功能,监测动力电池组与箱体、车体之间的绝缘状况,图2-60所示为绝缘监测回路。

绝缘监测回路：

动力电池组正极端→绝缘监测电阻→电子开关→车身接地。

动力电池组负极端→绝缘监测电阻→电子开关→车身接地。

6）能量管理：能量管理是指对动力电池组充放电过程的控制,其中包括对动力电池组内单体电池或模块进行电量平衡（均衡）及故障诊断。故障诊断是指使用相关技术,及时发现动力电池组内出现故障的单体电池或模块。下面重点解读均衡控制。

由于生产制造和工作环境的影响,会造成动力电池单体的不一致性,电压、容量和内阻等出现的差别,导致每个单体电池在实际使用过程中的有效容量和充放电容量出现差异。因此为了保障动力电池系统的整体性能和延长其使用寿命,对动力电池进行均衡控制是十分必要的。图2-61所示为动力电池一致性示意图,图2-62所示为动力电池模组非一致性示意图。

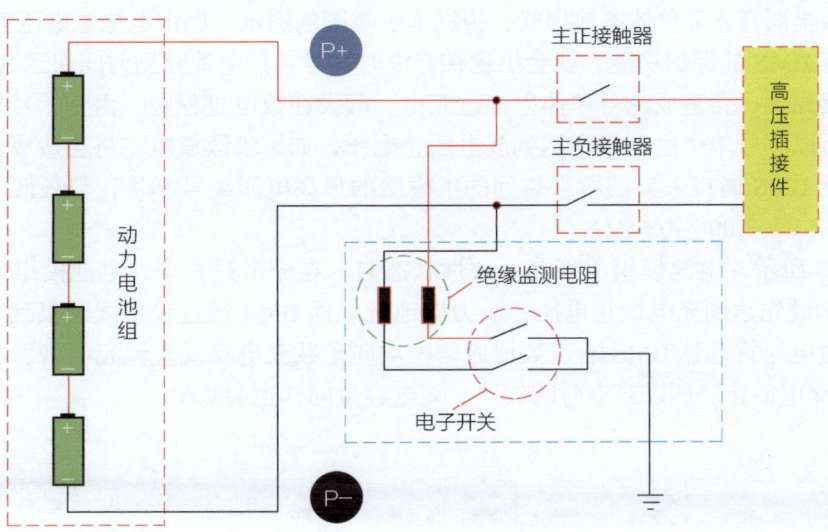

图 2-60 绝缘监测回路

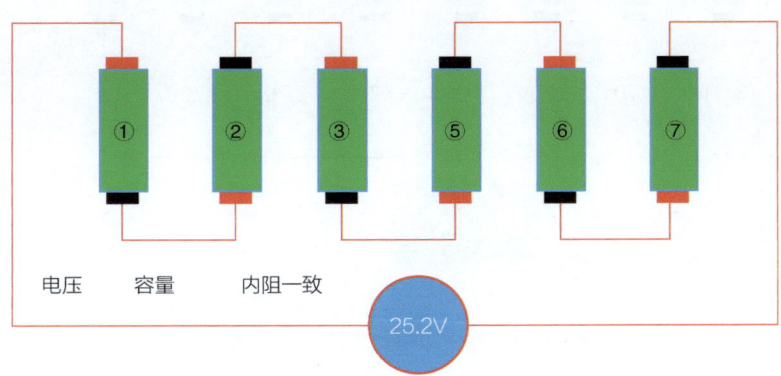

图 2-61 动力电池一致性示意图

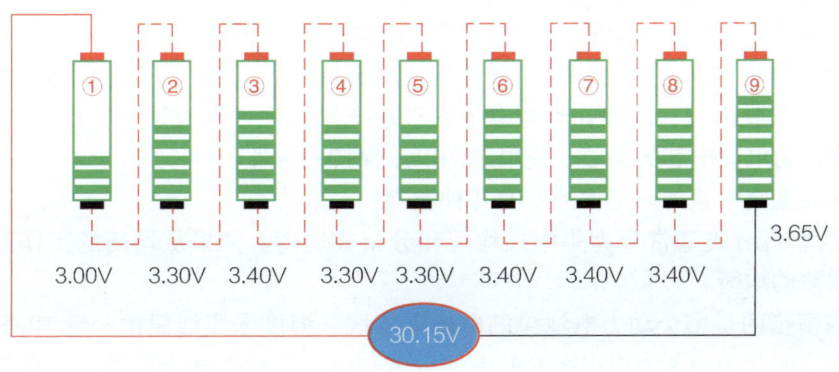

图 2-62 动力电池模组非一致性示意图

通过图2-62看出内容，模组内部的电池由于容量、电压、内阻出现了非一致性，根据电工学原理，模组里面有 n 节单体电池串联，根据本示意图的图示，模组电池总电压为 DC 30.15V。但由于设置有 BMS 的保护功能，就会出现在充电时⑨号单体电池充满时间快于其他单体电池，如果此时继续充电，会造成⑨号单体电池过充电。假设在放电过程中，由于①号单体电池的电压比较低，所以①号单体电池最先达到放电截止电压，如果继续放电，将会造成此节单体电池过放电。因此 BMS 通过采集线所采集到的本模组的最高电压编号⑨号，与最低电压编号①号的电压差为 3.65V-3.00V=0.65V。

如图2-63所示，电池模组出现非一致性状态时，在充电过程中，电池模组最高电压编号的单体电池⑨最先达到充电截止电压，动力电池管理器 BMS 通过采集线采集到 4.20V 的截止电压后，动力电池管理器 BMS 通过数据通信模块向车载充电器或直流充电桩发出"电池已充满的报文"，充电截止。所以充电时间较短，充电容量同样也会减少。

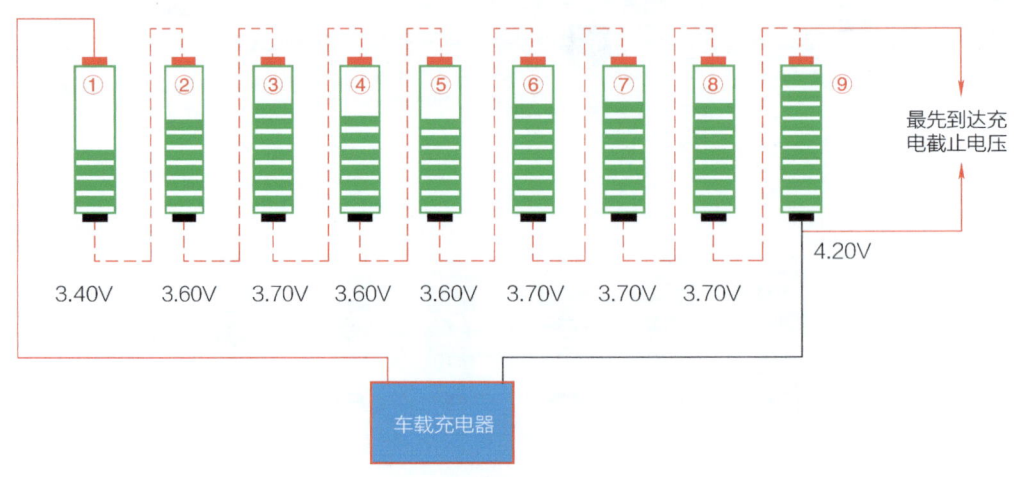

图2-63　电池模组非一致性充电示意图

当把动力电池的电量充满后上电行驶，此时动力电池的电能开始向负载放电，由于动力电池模组在充电完成后，电压、容量、内阻等特性不一致，因此在放电时最先到达的放电截止电压被 BMS 采集到，BMS 为了保障动力电池组的使用寿命，保护放电截止的单体电池，如图2-64所示。因此车辆的续驶里程将会减少，能量回收时 SOC 变化较快。

根据上面的分析，动力电池的非一致性往往出现在"后天"，为了延长动力电池的使用寿命，提高车辆的续驶里程，因此在动力电池管理系统模块硬件上设计了"均衡模块"，均衡的作用就是修复动力电池电芯的压差，使电芯的电压保持一致性。

均衡管理在系统中是如何工作的？有几种类别？

BMS 均衡管理分类通常分为集中式均衡和分布式均衡。如果从均衡的工作方式来分可分为主动均衡和被动均衡。

集中式均衡指的是整个动力电池包的电压采集线、温度采集线只由一套 BMS 动力电池管理器进行管理，因此动力电池组内所有的电池单体共用一个动力电池管理器（如图2-65所示为集中式动力电池管理系统）。

第二章 动力电池及管理系统基础知识

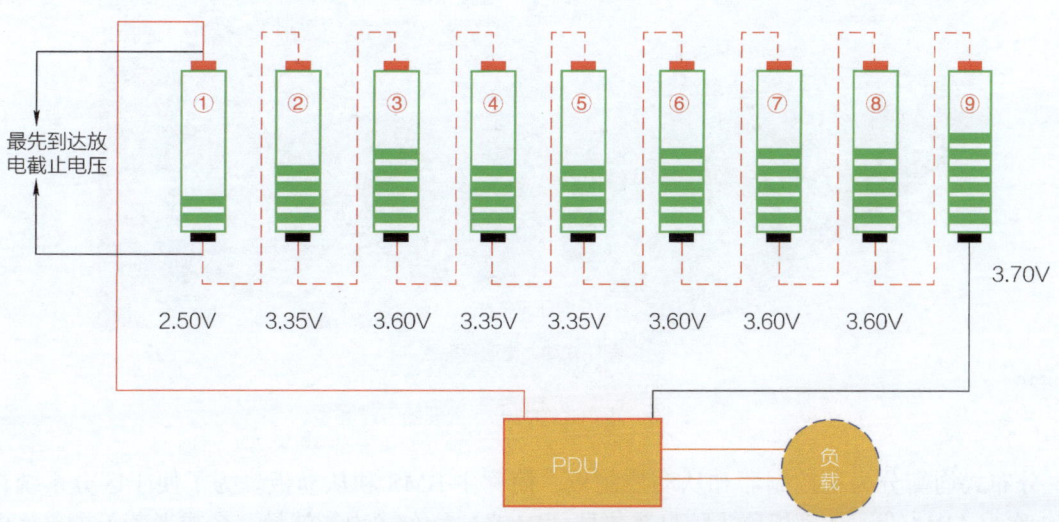

图 2-64　动力电池模组非一致性放电示意图

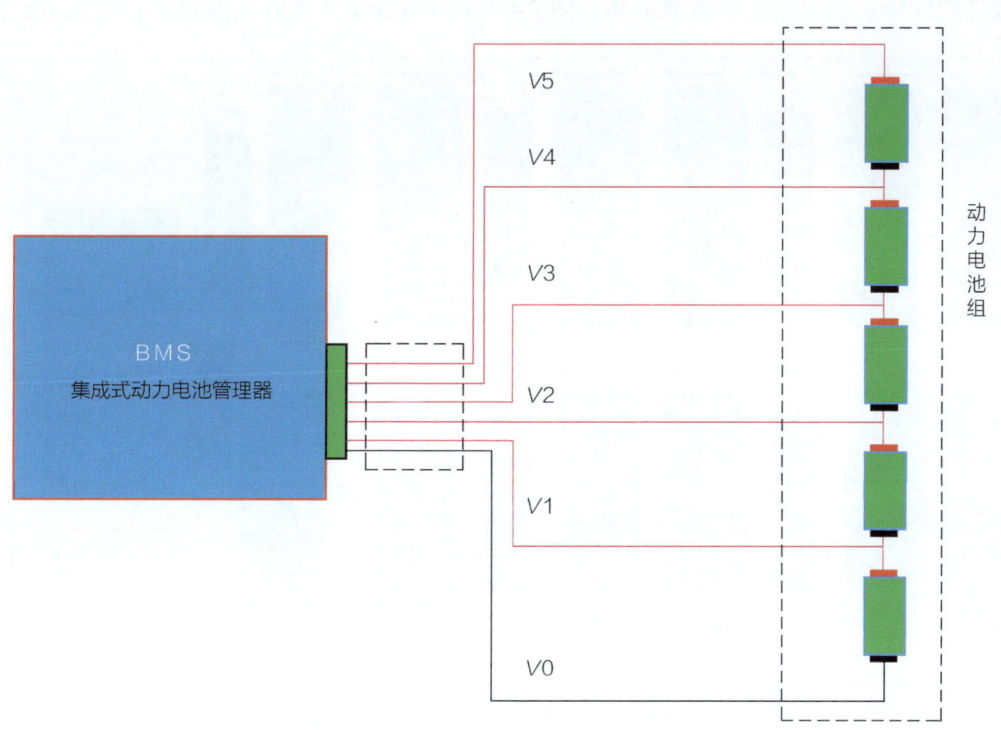

图 2-65　集中式动力电池管理系统

集中式动力电池管理器的优点：通信简单直接，均衡速度快。但其缺点是单体电池与动力电池管理器之间线束布置较复杂，信息采集线路容易出现故障，所以不适合单体数量较多的动力电池系统。如比亚迪 e6 采用两种动力电池管理器，一种是集中式动力电池管理器；另外一种为分布式动力电池管理器，如图 2-66 所示为集中式动力电池管理器示意图。

055

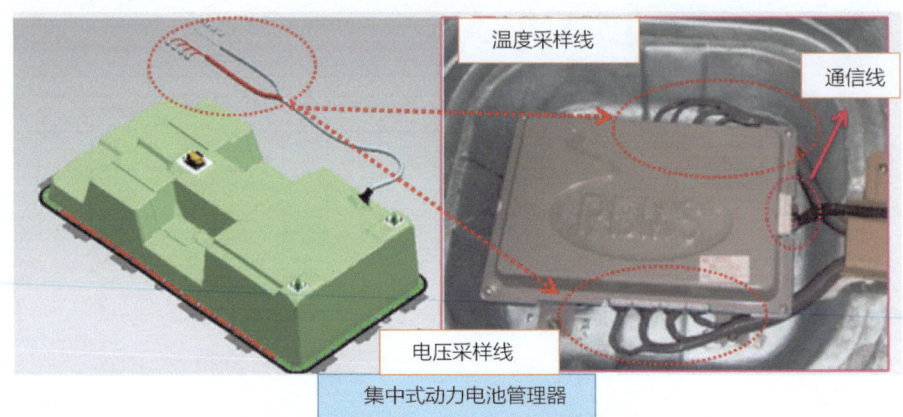

图 2-66 集中式动力电池管理器示意图

分布式均衡分为主控制器和从动控制板,简称主 BMS 和从动板。为了便于区分系统将主 BMS 称为"BMU",从动板称为信息采集器"BIC",分布式均衡就是一个或者若干个单体电池专用一个均衡器。

分布式动力电池管理器的优缺点:优点是能够解决集中式动力电池管理器的缺点,减少线束插接件的故障;缺点就是制造成本高。图 2-67 所示为分布式动力电池管理器框架示意图。

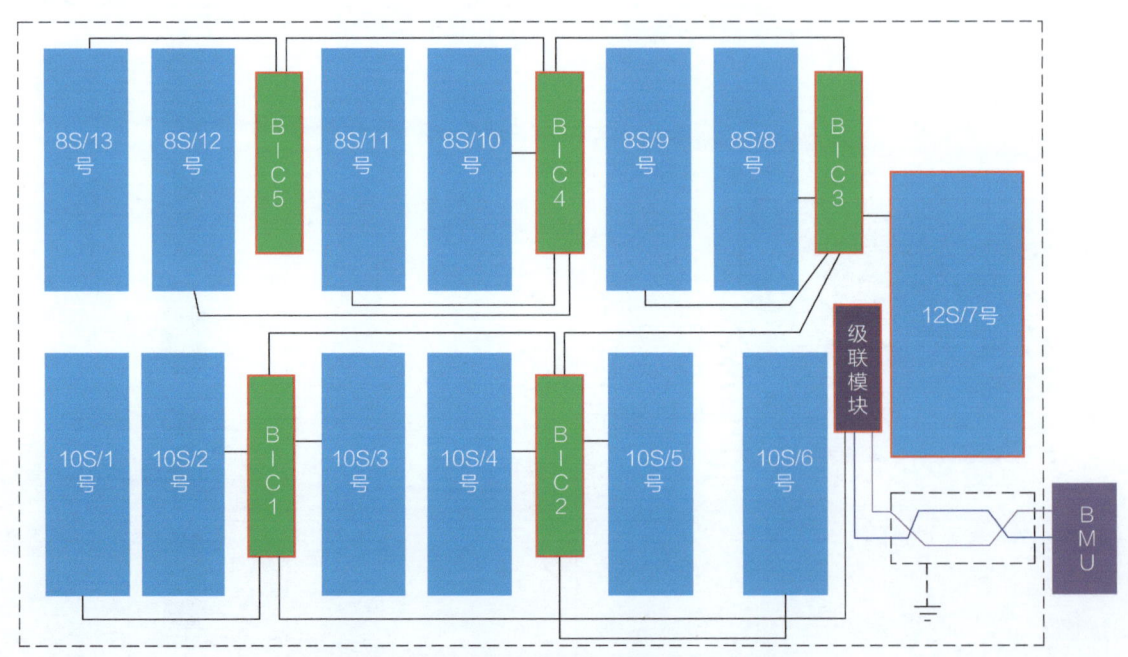

图 2-67 分布式动力电池管理器框架示意图

如图 2-67 所示,动力电池组由 13 个模组组成,一共 5 个 BIC 信息采集器。13 个模组分别为:1 号至 6 号模组中单个模组为 10 串,7 号模组为 12 串,8 号至 13 号模组中单个模组为 8 串。一共为 120 串,假设单体电池的额定电压为 3.6V,则动力电池的标称电压为 430V,其中信息采集器 BIC1 采集 1/2/3 号模组的电压、温度等。BIC2 采集 4/5/6 号模组的信息,BIC3 采集 7/8/9 号模组的信息,BIC4 采集 10/11/12 号模组的信息,BIC5 只采集 13 号模组的信息。采集到单个模组信息通过级联转换模块进行计算后，由动力电池管理器的子网络以报文的形式发送给主BMS（BMU）。

从均衡工作方式分可分为主动均衡和被动均衡，主动均衡的定义是：进行电池单体之间的能量转移，将能量高的单体电池中的能量转移给能量低的单体电池上，从而达到能量均衡的目的。因此主动均衡又称为"非耗散型均衡"。

主动均衡的优缺点：优点是均衡效率高，能量转移而不是被消耗；缺点是结构复杂，制造成本较高。如图2-68所示为转移电能型变压器控制框架图。根据图2-68示意图进行说明，此方式是指并联到整个动力电池的绕组为一次侧绕组，并输送一次侧电压，并联到各单体电池的绕组为二次侧绕组，把电压高的动力电池电能转移到一次侧绕组（将直流电转换成脉冲直流电）后将二次侧绕组的交流电压通过整流桥转变为直流电向电压低的单体电池补充电压，达到了均衡的目的。这种均衡方式效率较高，但制造成本也很高，内部电路设计较为复杂，体积较大。此种均衡方式为转移电能型变压器形式，此外还有另一种均衡方式，即转移电能型电容器方式。

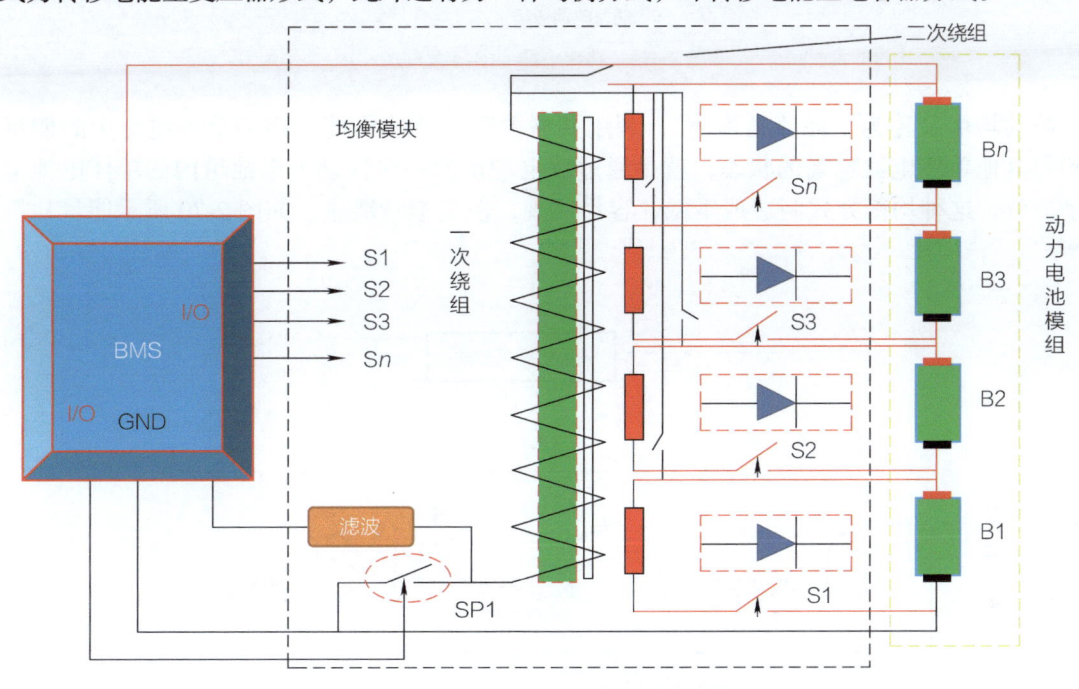

图2-68 转移电能型变压器控制框架图

转移电能型电容器均衡方式是指电容器相对于各单体电池进行并联，通过切换电路可以使电容器与相邻电池连接，电能从电压高的电池转移到电压低的电池，实现电能均衡，但这种电能转移方式存在电池范围受限的缺点。

此外，单体电池本身发生故障，产生电压差时，需要立刻进行处理，确保安全。如图2-69所示为转移电能型电容器方式。

转移电能型电容器方式的缺点也很明显，一方面要解决大功率电子器件的驱动问题；另外一方面还要考虑如何进行定时调控，过程很复杂，并且对BMS动力电池管理系统要求也会十分严格，有极大的概率发生浪涌电流（浪涌电流指电源接通瞬间，流入电源设备的峰值电流），因此这种均衡方法不能用在分箱的动力电池组上，只能用于动力电池组安放在集中均衡的车辆上。还有另外一个缺点就是在均衡期间不能测量单体电池电压。

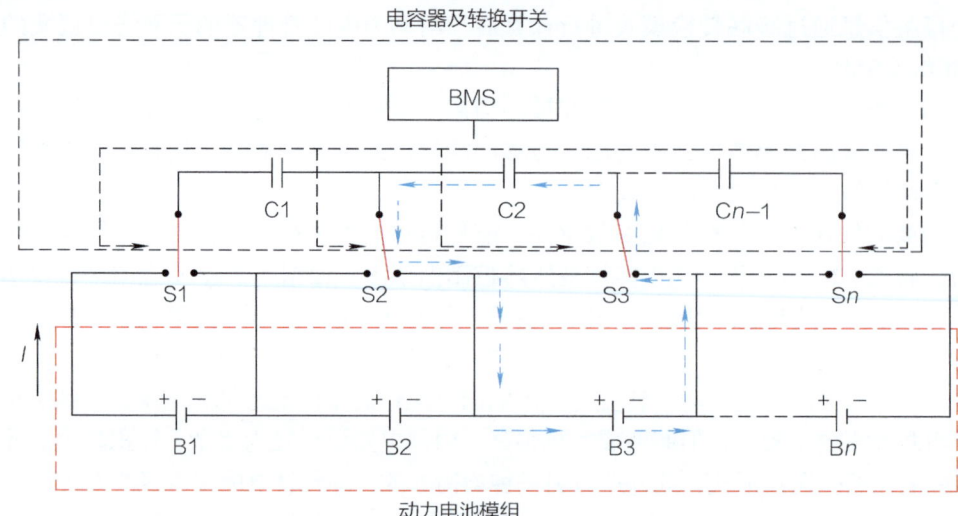

图2-69 转移电能型电容器方式

被动均衡又称为"耗散型均衡",利用并联电阻等方式将能量高的单体电池中的能量消耗到与其他单体电池均衡的状态,就是通过放电均衡的办法让动力电池组内的单体电池电压趋于一致。这种均衡方式制造成本低,容易实现,但是浪费能量。如图2-70所示能量耗散型均衡。

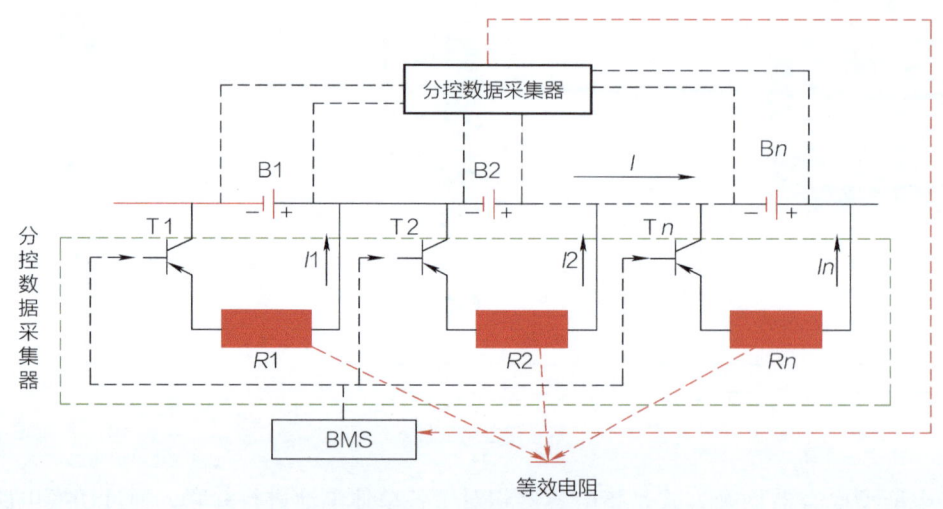

图2-70 能量耗散型均衡

从电池均衡工作模式分类分为放电均衡、充电均衡、能量搬移式均衡及耗散型均衡。我们已经了解了能量转移式均衡和耗散型均衡,以下不再进行描述。

放电均衡指将电压高的电池进行放电,使所有单体电池向低电压单体电池看齐。充电均衡就是利用辅助电源对低电压的电池进行充电,向高电压单体电池看齐。

目前,大多数电池供应商和主机厂均采用放电式均衡,并且结合充电器来完善均衡效果。

如图2-71所示为均衡充电示意图。当最高单体电压到达一般充电报警值时,充电进入末期均衡阶段;当最高单体电压大于一般充电报警值但小于严重充电报警值时,控制充电电流为安培数的1%~2%,此时电压高于一般充电报警值的电池已经无法充电,输入能量均以热量形式损失掉，而对于未进入电压报警区的电池来说，输入能量可以转变成有效电能，使所有电池最终达到一致的满充状态。比亚迪新能源汽车均采用充电均衡方式进行均衡。

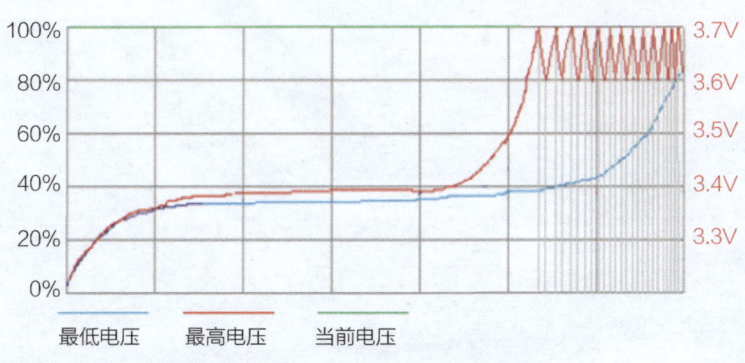

图 2-71 均衡充电示意图

我们已经了解到 BMS 的基本功能是监控动力电池自身安全运行相关的状态参数（例如动力电池的电压、电流和温度），预测动力系统优化控制有关的运行状态参数（SOC/SOH）和相应的续驶里程，进行与工作环境适应性有关的热管理等，对动力电池进行管理以避免出现过放电、过充电，过热和单体之间电压严重不平衡现象，最大限度地利用动力电池存储能力和循环寿命。BMS 的主要任务及相应的传感器输入和执行元件，见表 2-6。

表 2-6 BMS 的主要任务及相应的传感器输入和执行元件

任务	传感器输入信号	执行元件
防止过充	动力电池电压、电流、温度	车载充电器
避免深度放电	动力电池电压、电流、温度	MCU
温度控制	动力电池温度	热管理系统
动力电池组件电压和温度的均衡	动力电池电压和温度	均衡模块
预测动力电池的 SOC 和续驶里程	动力电池电压、电流和温度	仪表
动力电池系统诊断	动力电池电压、电流和温度	上位机/诊断仪

动力电池组内部采样线及温度传感器与动力电池管理器布置位置，如图 2-72 所示，不同车型、不同动力电池包内部布置不同，但功能与原理相同。

BMS 的基本功能已经了解和掌握了，BMS 动力电池管理系统的核心就是预测 SOC，而电动汽车/混合动力汽车的 SOC 最佳范围在 30%~70% 之间，这对部分动力电池寿命和整体的能量效率至关重要。汽车在运行时，动力电池的放电和充电均为脉冲模式，大的电流脉冲很可能会造成动力电池过充电（超过 80% SOC）和深放电（小于 20% SOC），甚至过放电（接近 0% SOC）。因此，电动汽车的 BMS 一定要对动力电池的荷电状态保持敏感，并能够及时做出正确的判断和调整。动力电池要做到浅充电和浅放电，目前国内的动力电池管理系统都在动力电池上端和下端留有余量，所以在仪表显示的电量 0% 并非是真正的 0%，组合仪表显示电量 100% 也并非是真正的 100%，目的就是提升动力电池的使用寿命和性能。

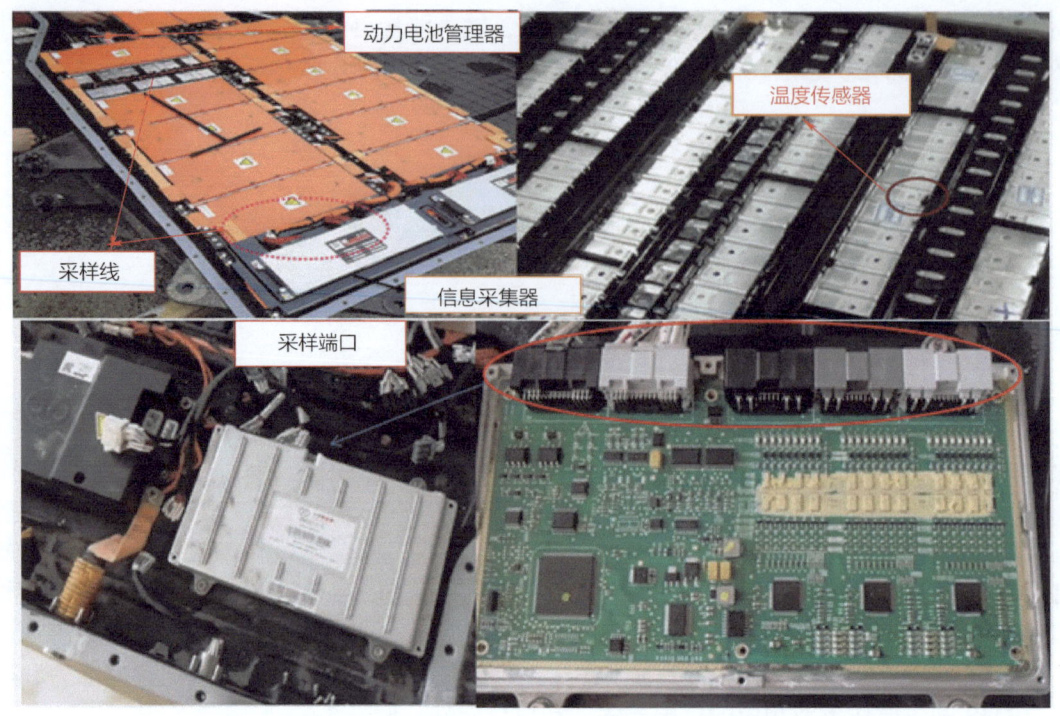

图 2-72 动力电池组内部采样线及温度传感器与动力电池管理器布置位置

三、动力电池管理系统的工作模式

在能量管理模块中,我们已经分析并学习了均衡功能以及为什么要均衡,其实能量管理功能也就是控制功能,所以在 BMS 管理模块中的能量管理功能中,有另外一个工作模式,分别控制主正和主负接触器,以及预充接触器等,如图 2-73 所示为高压配电箱中高压直流接触器连接状态。我们需要了解动力电池管理系统的工作模式,分别是:下电模式、准备模式、放电模式、充电模式和故障模式等五个工作模式。

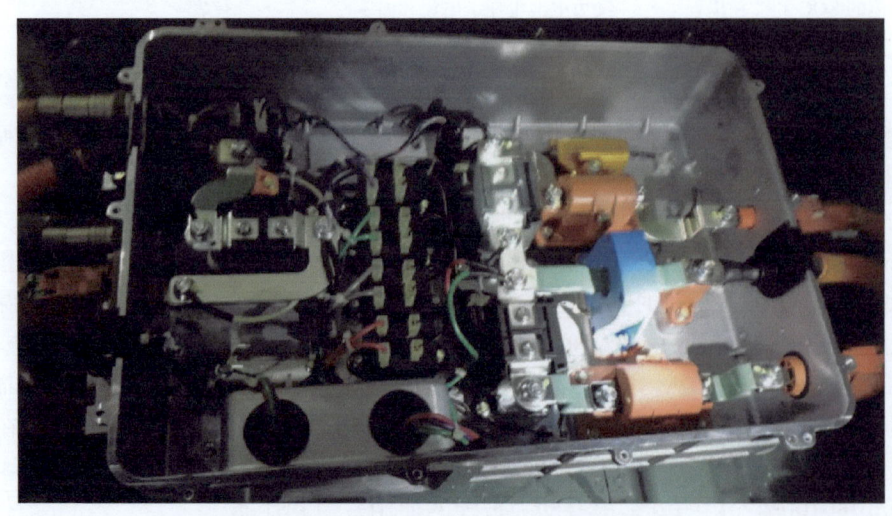

图 2-73 高压配电箱中高压直流接触器连接状态

1. 下电模式

下电模式是整个系统的低压与高压处于不工作状态的模式。在下电模式下,动力电池管理系统控制的所有高压接触器均处于断开状态。低压控制电源处于断开状态,下电模式属于省电模式。如图 2-74 所示为动力电池管理系统 BMS 高压接触器状态模式。

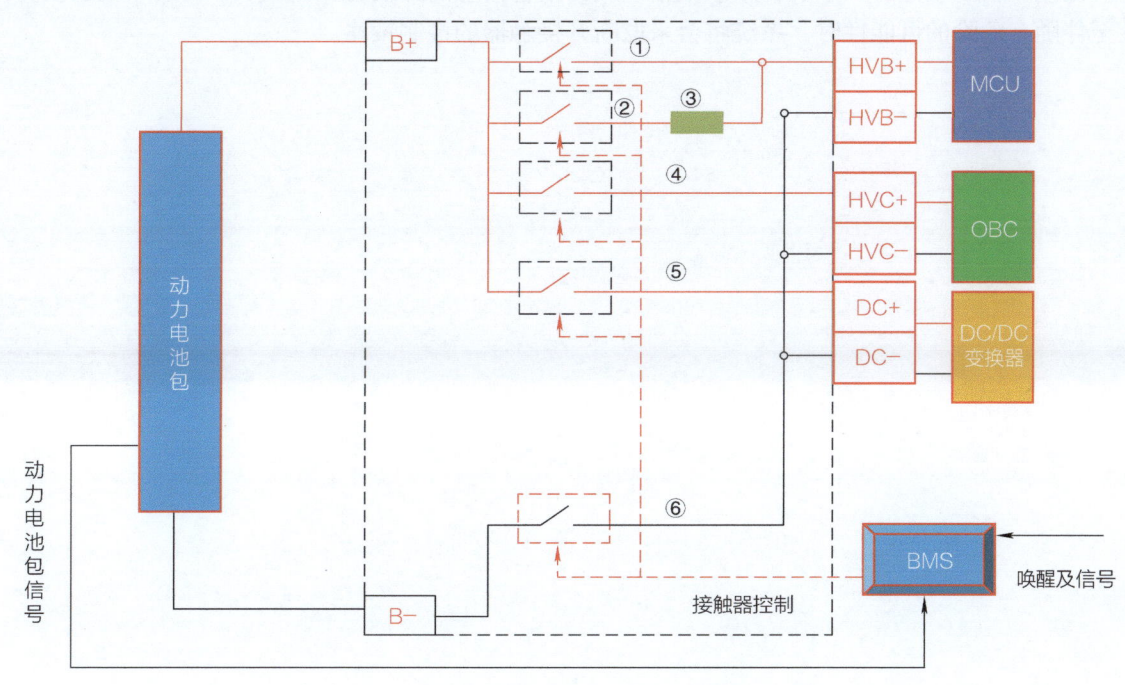

图 2-74　动力电池管理系统 BMS 高压接触器状态模式

①—主正接触器　②—预充接触器　③—预充电阻　④—充电接触器　⑤—DC/DC 变换器　⑥—主负接触器

2. 准备模式

在准备模式下,系统所有的接触器均处于断开状态。在该模式下,系统可接受外界的电源开关、整车控制器、电机接触器、充电 CC 信号 /CC2 信号等部件发出的硬线信号或受 CAN 报文控制的低压信号来驱动控制各高压接触器,从而使动力电池管理系统进入所需的工作模式。

3. 放电模式

动力电池管理器监测到驾驶员起动上高压电信号（Key-ST 信号、制动踏板处于踏下状态,档位传感器处于 P/N 位置）,BMS 首先控制主负接触器,由于驱动电机是感性负载,为了防止过大的电流冲击,主负接触器结合后,开始控制预充接触器工作,当预充电压达到母线电压的 90% 时,控制主正接触器闭合,主正接触器闭合后,断开预充接触器,在断开预充接触器的同时,DC/DC 变换器也同时闭合,通过 DC/DC 变换器模块向低压蓄电池和低压用电设备供电。

4. 充电模式

动力电池管理系统检测到充电唤醒信号,系统进入充电模式,在该模式下,主负接触器与车载充电器接触器闭合,同时也闭合 DC/DC 变换器,因此,在充电模式下 DC/DC 变换器同样也要向低压蓄电池充电。

5. 故障模式

故障模式是控制系统中常出现的状态，动力电池管理系统对于故障的响应根据故障等级而定。当故障级别较低时，系统可采取报错或发出报警信息的方式告知驾驶员；当故障级别较高，甚至伴随有危险的可能性时，系统将会采取断开接触器的控制策略。

第三章
整车控制器的控制策略及低压上电与唤醒

第一节 整车控制器功能与控制策略

电动汽车/混合动力汽车需要有一套系统进行协调和监控整辆车的工作状态,并非是系统独立控制,其控制信息和车辆状态信息必须上传给这套装置,这个装置就是"整车控制器",简称"VCU/HCU"。本项目重点分析整车控制器的功能与控制策略。

新能源汽车(包含混合动力汽车及电动汽车),由于动力电池输出的电压较高,如果在车辆上采用高压控制,车辆驾驶者及乘坐者都会有触电的危险。所以要保证车辆的使用安全,必须采用低压系统(安全电压)来控制高压(危险电压)。比如10kV高压,操作人员在调度室就可以进行送电与断电这项操作,如果直接让操作人员去10kV高压配电室拉闸和推闸送电,是极度危险的。所以低压控制高压系统,从系统方面看是完全隔离的,但是在操作方面是有关联的,电动汽车的高压控制也是这样的,完全是由低压控制高压系统和监控高压系统的工作状态。

整车控制器低压线路,通信线路,高压电路及高、低压控制模块组成框架图,如图3-1所示。

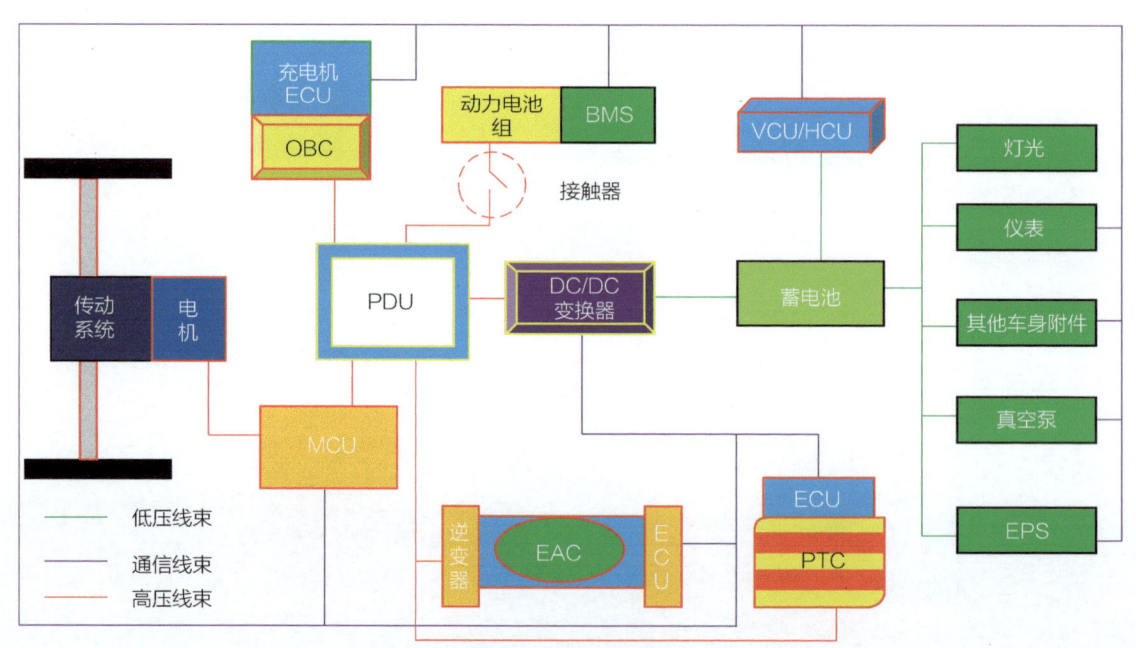

图3-1 电动汽车高、低压控制框架图

新能源汽车高压系统部件框架图中属于高压部件的有:动力电池组、PDU、OBC、功率变换器、电动压缩机、PTC、MCU和驱动电机。以上这些高压部件完全由低压控制模块进行控制,这些低压控制模块接收到驾驶员操作的信息,根据信息的需要发出通信或工作指令,间接或直接控制高压系统进行对应的工作。

混合动力汽车整车控制框架图和电动汽车有所差异,如图3-2所示为混合动力汽车高、低压控制框架图。

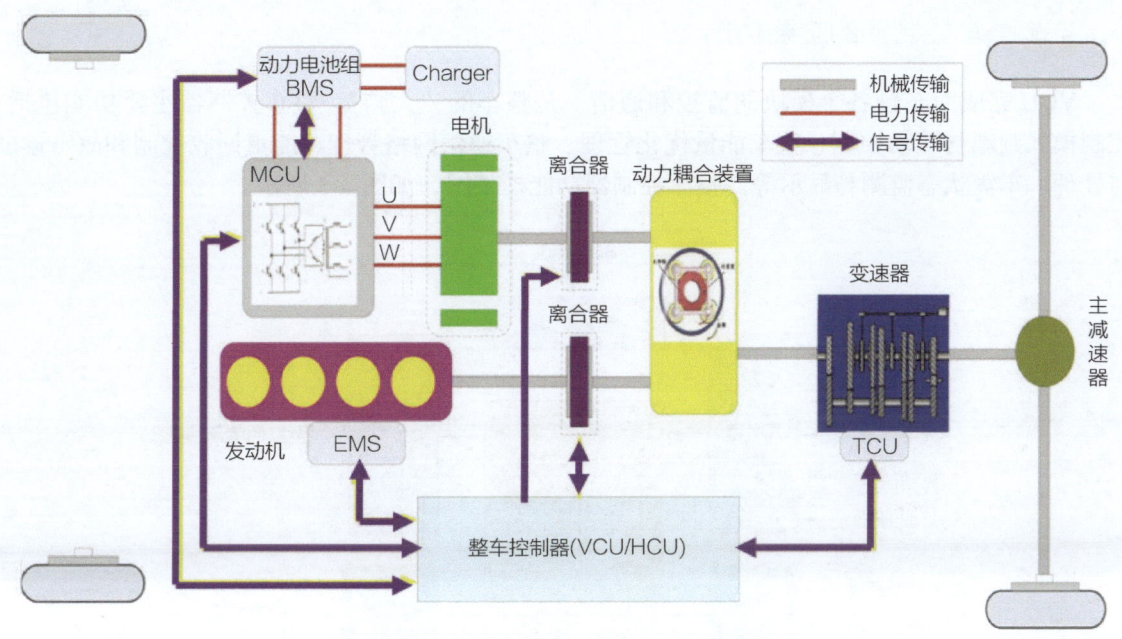

图 3-2 混合动力汽车高、低压控制框架图

一、常见电动汽车/混合动力汽车控制模块的英文缩写

常见电动汽车/混合动力汽车控制模块的英文缩写见表 3-1。

表 3-1 常见电动汽车/混合动力汽车控制模块的英文缩写

中文名称	英文简称	描述
整车控制器	VCU/VBU/主控 ECU/HCU	新能源汽车的控制核心,监控各个低压控制模块的工作状态、工作信息以及工作指令
动力电池管理器	BMS/BMU	监控动力电池组的电压、电流、SOC、动力电池温度、动力电池一致性等信息
高压配电盒	PDU	高压配电输送中枢装置
高压电控总成(N 合一部件)	PEU(#1)	包含 PDU 的高压电控总成(一般车辆如果配置有 PEU 都省略了 PDU)
驱动电机控制器	MCU	控制车辆的电机转矩、功率及能量回收等
空调压缩控制器	HVAC	驱动和控制空调压缩机工作
电动压缩机	EAC	电动压缩机,属于高压部件
暖风加热系统	PTC	属于正温度系数的暖风加热系统
车载充电器	OBC	车载充电器
组合仪表	ICM	显示车辆的系统功能
电动助力转向控制器	EPS	在驾驶员转向时进行助力
数据采集终端	RMS	后台记录 CAN 总线数据
DC/DC 变换器	DC/DC 变换器	高压直流电转换成低压直流电并向 12V 蓄电池充电

注:一般电控总成内部集成了多个高压系统部件,例如,比亚迪元 EV360 的高压电控总成为四合一,分别为电机控制器、高压配电盒、车载充电器和 DC/DC 变换器。

065

二、整车控制器的主要功能

VCU 完成对车辆各个模块的监控和通信，是整车的"大脑"。整车控制器主要功能包括：控制模式判断与驱动控制、整车能量优化管理、整车通信网络管理、能量回收控制和故障诊断与处理、车辆状态监测与显示等。整车控制器功能框架图，如图 3-3 所示。

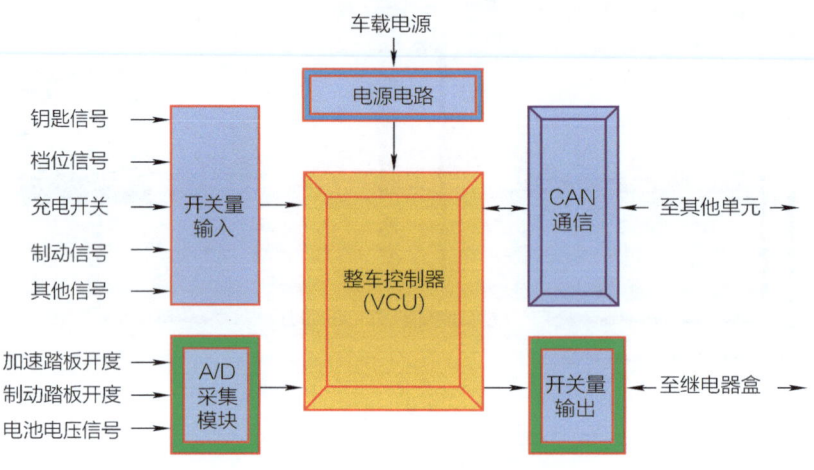

图 3-3　整车控制器功能框架图

三、整车控制器的控制策略

1. 控制模式与驱动控制策略

整车控制器通过各种状态信息，如充电信号、加速踏板位置信号（注：部分车型加速踏板信号并非是直接传送给整车控制器而是传递至 MCU，再由通信 CAN 传送信号）、当前车速、车辆是否有故障等信息，来判断此时整车需要的工作模式（充电模式和行驶模式），并根据当前的数据参数和状态信息计算出此时的转矩能力，然后根据反馈的信息及数据参数计算出适合当前输出的实际转矩，提高车辆驾驶舒适性。如当驾驶员踩下加速踏板后，VCU 根据采集到的数据信息进行计算后，向 MCU 发送电机需要输出的转矩信号，电机控制器根据驾驶员的驾驶意愿调整其输出转矩。如图 3-4 所示为整车控制模式与驱动框架策略图。

2. 整车能量优化管理

电动汽车有很多用电设备，如果不进行能量的优化管理，会缩短电动汽车的续驶里程，整车能量优化管理图，如图 3-5 所示。例如当前动力电池包的剩余电量只有 30%，BMS 动力电池管理器采集动力电池当前的荷电状态信息，将计算后的结果通过 CAN 通信线传递至 VCU，VCU 接收到 SOC 信息后，将此时的电量信息通过组合仪表显示出来，并且唤醒低电量指示灯。在唤醒组合仪表的同时，若此时空调正在运行，VCU 就会向空调 ECU 发出"关闭空调"的报文，空调控制器接收到"关闭空调"的指令后，通过空调子网通信线向电动压缩机控制器发送关闭报文，电动压缩机停止工作，由此可以延长车辆的续驶里程，并且通过报文向 MCU 电机控制器发出"降功率"的报文信息，此时，组合仪表的"龟速"指示灯被唤醒点亮。

第三章 整车控制器的控制策略及低压上电与唤醒

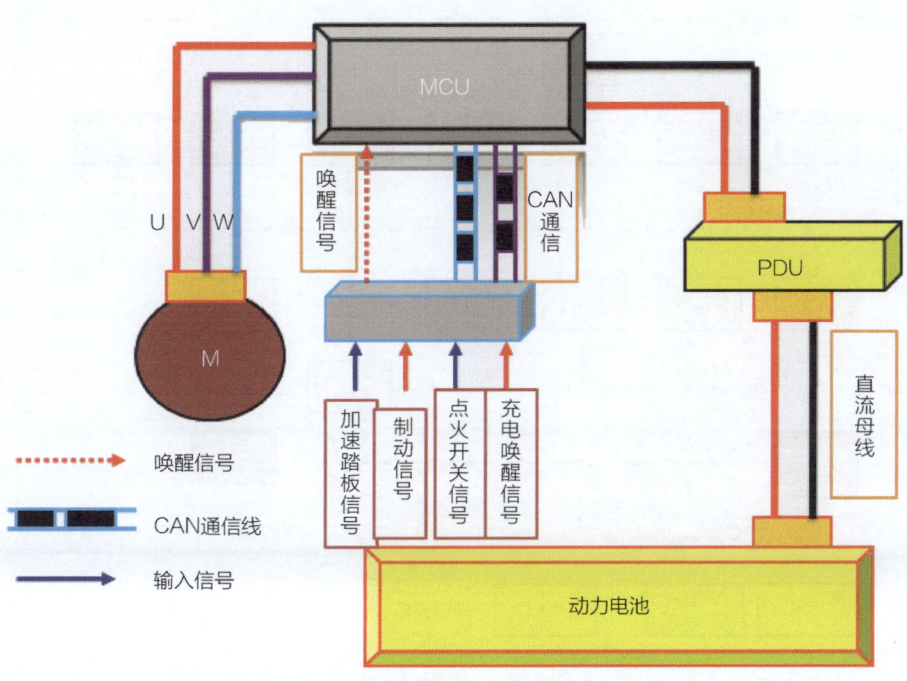

图 3-4　整车控制模式与驱动框架策略图

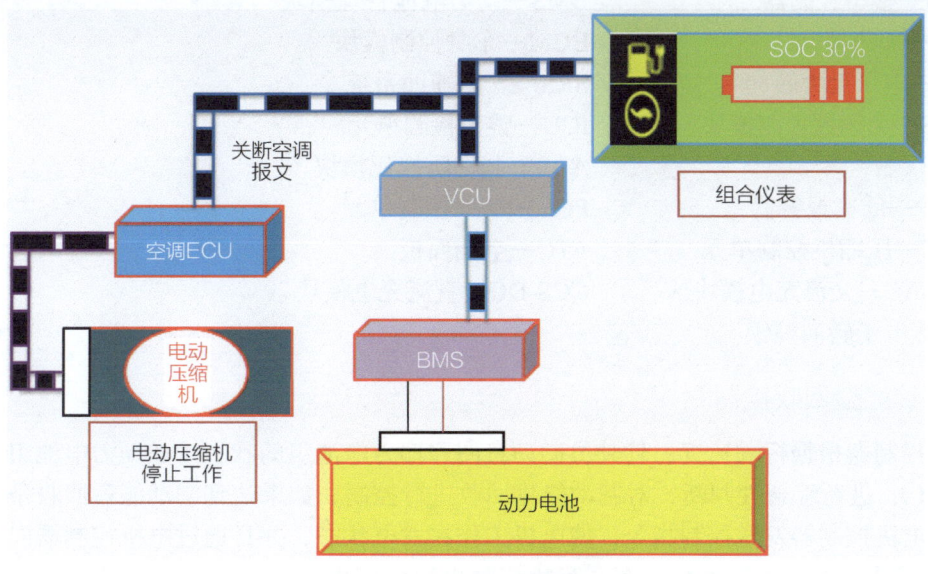

图 3-5　整车能量优化管理图

3. 整车通信网络管理

在电动汽车的网络拓扑图中，整车控制器是信息控制中心，主要负责信息的组织与传输、网络状态监控和网络传输节点的管理，并且有信息优先权的状态分配和网络通信诊断与处理等功能，通过 CAN 总线来协调 BMS、MCU、CMU（EAC）等模块的相互通信，如图 3-6 所示。

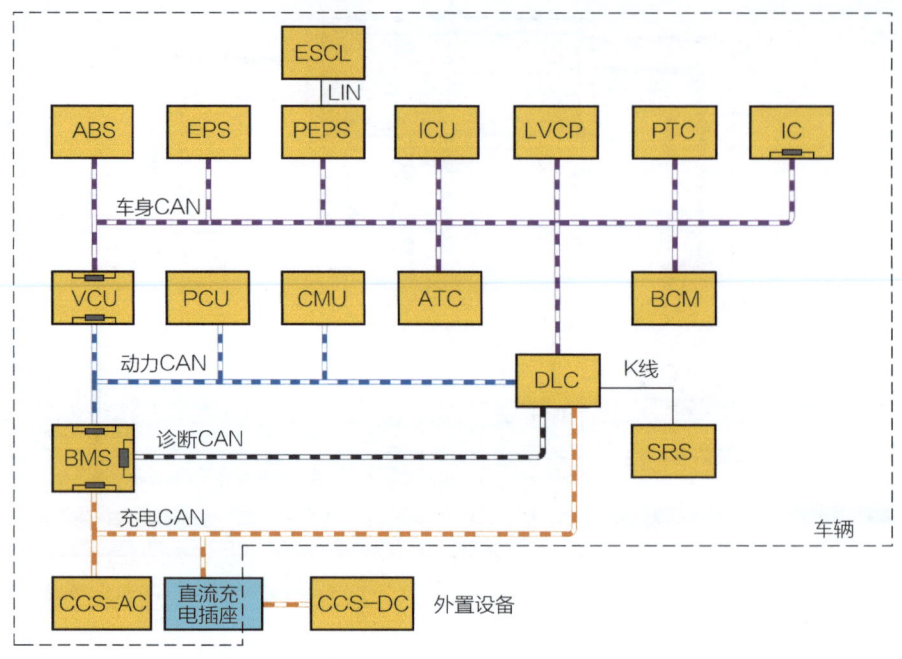

图 3-6　网络拓扑图

图 3-6 网络拓扑图各部分含义及说明：

VCU—整车控制器　　　　　　BMS—动力电池管理模块
PTC—加热器　　　　　　　　BCM—车身控制模块
EPS—电子助力转向　　　　　SRS—安全辅助系统
PEPS—免钥匙控制模块　　　　ICU—整车检测单元
IC—仪表　　　　　　　　　　ABS—制动防抱死模块
LVCP—低速报警器　　　　　　PCU—功率控制单元
CMU—压缩机控制单元　　　　ATC—空调面板
CCS-AC—交流充电模块　　　　CCS-DC—直流充电模块
ESCL 电子转向柱锁

4. 制动能量回收控制

整车控制器根据行驶速度、驾驶员制动意图和动力电池组的状态（如动力电池组的荷电状态 SOC 值），进行综合性判断，对制动能量回收进行控制，如果达到制动能量回收条件，整车控制器向电机控制器发送控制指令，使电机工作在发电状态，并且通过电机控制器向动力电池充电，从而提高了车辆能源利用率，车辆续驶里程可以提高 15% 左右，如图 3-7 所示为能量回收框架图。制动能量回收的原则：①在能量回收时不能干预 ABS 工作；②当 ABS 进行制动力调节时，能量回收应停止工作；③当 ABS 系统有故障时，能量回收停止工作；④当整车控制系统有故障时（特别是绝缘故障），能量回收系统停止工作；⑤动力电池组荷电状态（SOC）>95% 时，能量回收停止工作。

5. 故障诊断与处理

车辆在工作中，无论是行驶状态还是充电状态，整车控制器要连续不断地监控整车电控系统，并且进行故障诊断，如果发现故障，立即进行相应的安全保护处理。根据传感器的输入和网络通信得到电机、电池、电机控制器、车载充电器、电动压缩机等故障信息，然后对故障进行判断、等级划分、报警显示，并且储存对应的故障码以便维修时参考，故障显示灯显示对应的故障类型。对于不太严重的故障，启用"跛行回家功能"。如图 3-8 所示为限流故障逻辑关联框架图。

如图 3-8 所示的框架图，在电机控制器通过电机传感器检测到电机温度已经达到 110℃时，就会将检测到的信号通过 CAN 线传递到整车控制器 VCU，整车控制器储存"P1241 故障码"后，激活限功率，通过 CAN 唤醒并点亮组合仪表"龟速"灯，同时通过动力 CAN 通信线向 MCU 发送限功率报文，车辆只能低速行驶。

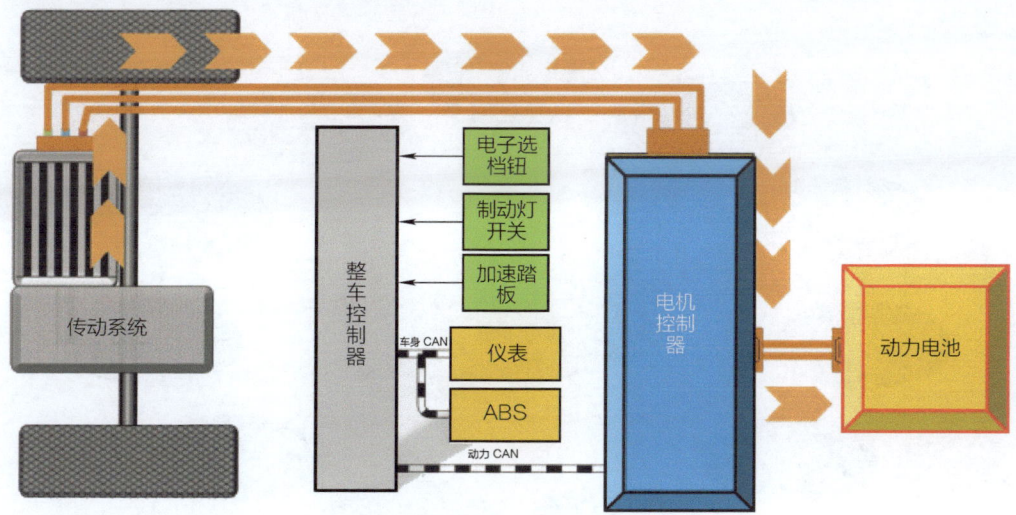

图 3-7 能量回收框架图

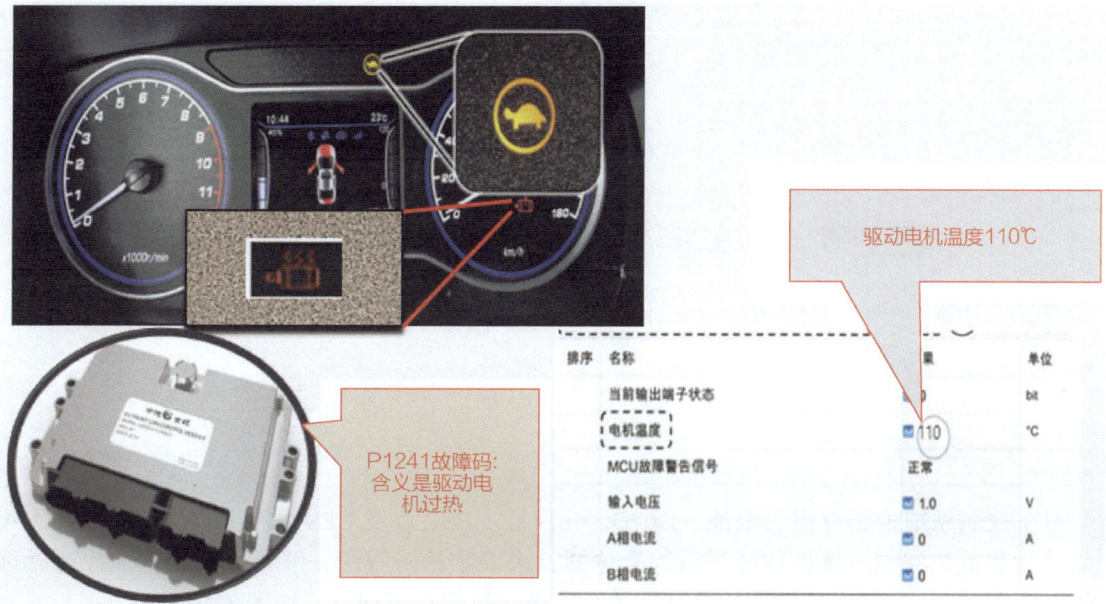

图 3-8 限流故障逻辑关联框架图

6. 车辆状态监测与显示

整车控制器能够对车辆的状态进行实时监测，并且将各个子系统信息发送给车载信息显示系统（组合仪表）和车载终端（通过 CAN 网络传输），其传输过程是通过传感器和 CAN 总线，将车辆的状态信息和故障诊断信息通过组合仪表显示出来。显示内容一般包括：车速、续驶里程、电机转速、温度、SOC、电流和故障信息。

7. 整车附件控制管理

整车附件控制管理如行人报警提示、制动真空度控制、坡道驻车辅助控制等。
整车控制器的功能，如图 3-9 所示。

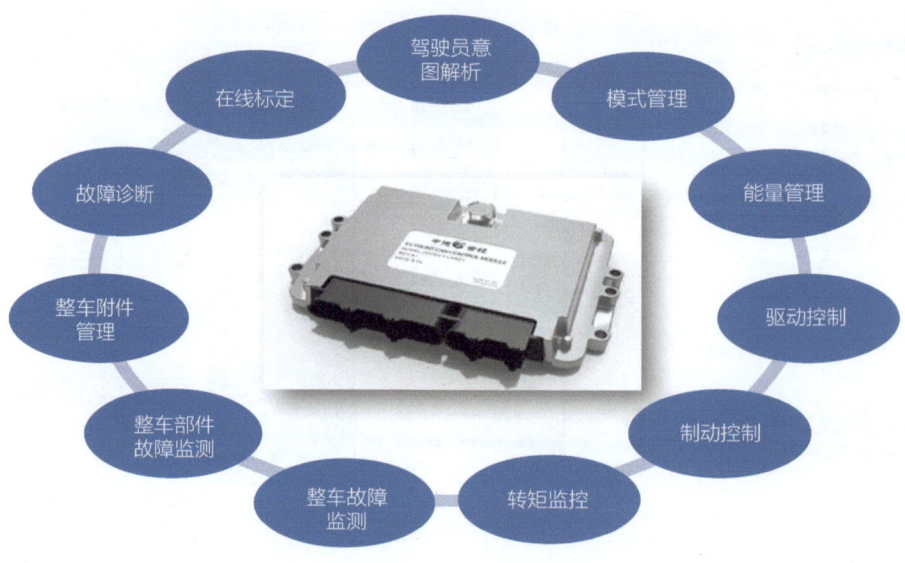

图 3-9　整车控制器功能图

第二节　整车控制系统故障诊断与结果处理

一、故障分级

整车控制系统根据电机、电池、DC/DC 变换器、ESP 以及 EPS 等零部件故障，整车 CAN 网络故障及整车控制器硬件故障进行综合诊断，来确定故障等级，并且进行相应地控制处理。一般电动汽车/混合动力汽车的故障分为 4 个等级，故障等级划分，如图 3-10 所示。

第三章 整车控制器的控制策略及低压上电与唤醒

图 3-10 故障等级划分

故障等级划分及结果处理，见表 3-2。

表 3-2 故障等级划分表及结果处理

等级	等级划分	结果处理	故障范围
一级	致命故障	紧急断开高压	MCU 直流母线过电压故障；BMS 一级故障
二级	严重故障	电动机故障零转矩；动力电池故障；20A 放电电流限功率	电机控制器相电流过电流 IGBT（绝缘栅双极型晶体管） 旋转变压器传感器故障 电机节点丢失 档位信号故障
三级	一般故障	跛行回家功能	加速踏板信号
		降功率	电机控制器；电机超速保护
		限功率	跛行故障 SOC＜标定数值；BMS 单体电池欠压；内部通信硬件等三级故障
		限速	低压欠电压；制动系统故障
四级	轻微故障	只在仪表显示，四级故障属于维修提示，但是整车控制器不对整车进行限制。能量回收故障，仅仅停止能量回收，行驶不受影响	电机控制器、电动机系统温度传感器，直流欠电压故障，整车控制器硬件故障，DC/DC 变换器异常等故障

二、组合仪表报警指示灯符号解读

整车控制器在对自身及各子系统监测过程中发现故障时，将会点亮仪表中相应的指示灯。故障指示灯名称及故障原因和工作条件见表 3-3。

表 3-3　故障指示灯名称及故障原因和工作条件

符号	名称	闪烁	常亮	说明
	低压蓄电池故障指示灯		DC/DC 变换器故障	来自 VCU 总线信号，点火开关位于 IG
	系统故障灯	一般为仪表丢失 VCU 报文	车辆发生动力系统故障	来自 VCU 总线信号，点火开关位于 IG
	充电连接指示灯		充电枪正确连接车辆充电口	硬线信号，来自 VCU，点火开关处于 ON/OFF
	ABS 故障指示灯	仪表未采集到 ABS 信号	ABS 故障	总线信号，来自 ABS，点火开关位于 IG
	电机过热报警		驱动电机系统过热	总线信号，来自 VCU，点火开关位于 IG
	高压断开报警灯		高压动力驱动系统未驱动	来自 VCU 总线信号，点火开关位于 IG
	动力电池故障报警灯		动力电池发生故障	来自 VCU 总线信号，点火开关位于 IG
	绝缘故障报警灯		绝缘故障	来自 VCU 总线信号，点火开关位于 IG
	READY	・当车辆满足启动状态条件时，READY 灯点亮 ・READY 灯在以下情况会熄灭： —某些系统出现故障 —致命故障		
	低电量提醒		当动力电池的电量低时，提醒需要充电	来自 VCU 总线信号，点火开关位于 IG

三、新能源汽车 OBD 针脚端口定义

OBD 是英文简写，中文含义是"车载诊断系统"，当系统出现故障时，故障指示灯点亮，同时 OBD 系统将故障信息存入储存器，可以通过诊断仪读取系统故障码和数据流，根据故障码和数据流进行诊断，确定故障部位。OBD 诊断接口位置及形状，如图 3-11 所示。

第三章 整车控制器的控制策略及低压上电与唤醒

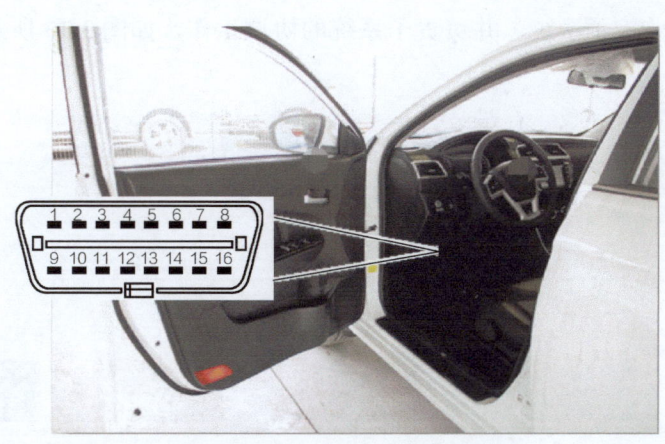

图 3-11 OBD 诊断接口位置及形状

OBD 针脚接口定义说明如图 3-12 所示。

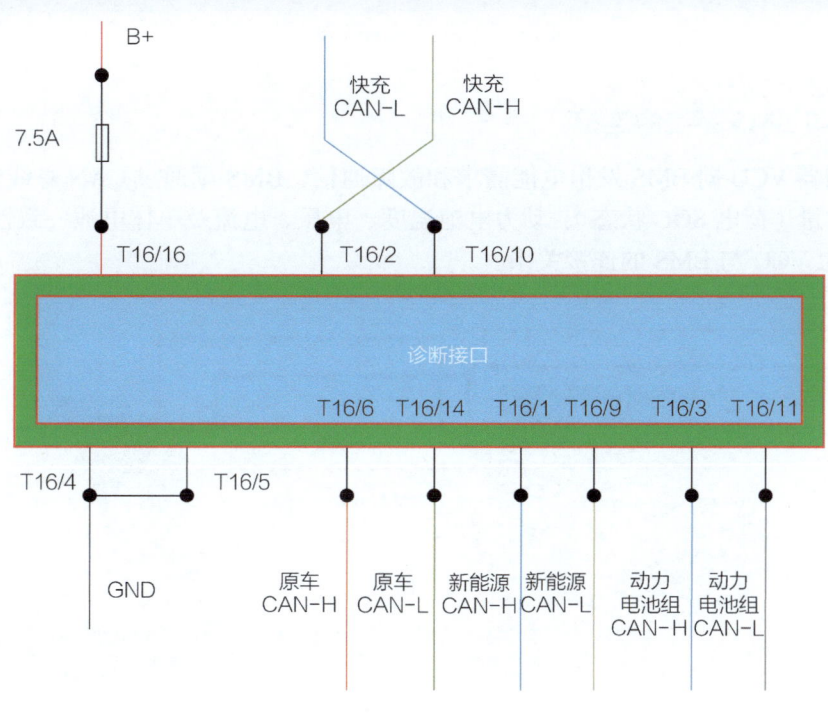

图 3-12 OBD 针脚接口定义说明

四、整车控制器与其他模块的控制逻辑关系

1. 电动汽车整车控制器控制级别

VCU 是整个电动汽车的控制核心，整车控制器对主要控制对象（车载充电器、动力电池组、动力电池组的主正和主负继电器、预充接触器、空调压缩机、动力驱动电机等）实行了分级控制，并且子系统都具有各自独立的控制能力和控制条件，因此子系统都可以实行独立的管

理，此时 VCU 时刻监控子系统，并负责子系统的协调工作。如图 3-13 所示为 VCU 控制系统级别。

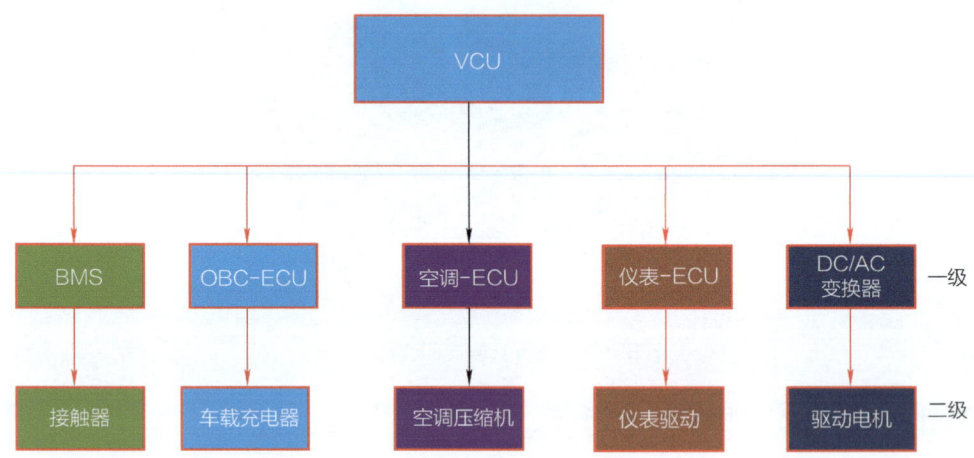

图 3-13　VCU 控制系统级别

2. VCU 与 BMS 系统的连接

整车控制器 VCU 向 BMS 发出电能需求和故障通信，BMS 则通过 CAN 总线向 VCU 反馈动力电池的电量（荷电 SOC 状态）、动力电池温度、电压、电流及单体电池一致性等信息。如图 3-14 所示为 VCU 与 BMS 的连接关系。

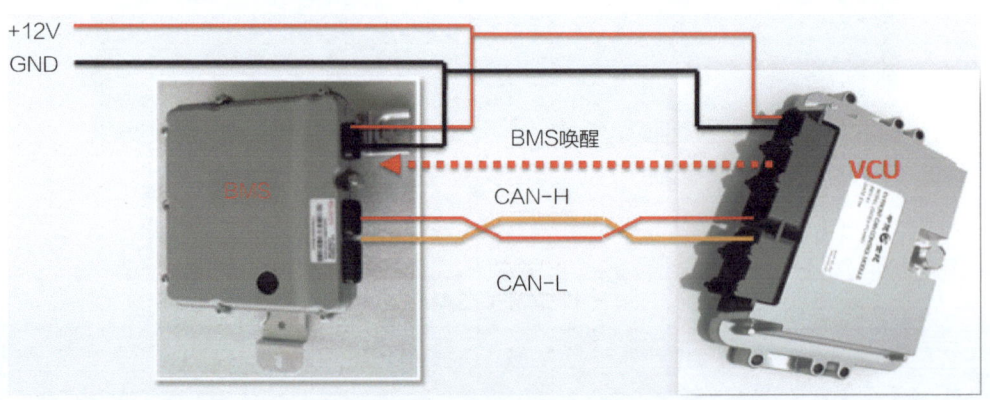

图 3-14　VCU 与 BMS 的连接关系

3. 整车控制器与车载充电器的连接

车载充电器在充电过程中与整车控制器进行通信，当充电枪接入到车辆充电口时，充电连接确认信号 CC 与 PE 接通，这时车载充电器向整车控制器发出连接确认信号，整车控制器向组合仪表发出充电连接确认信号，组合仪表充电连接指示灯点亮，同时车载充电器发出充电唤醒信号，VCU 根据 BMS 的信息确认达到充电条件后，车载充电器将 220V 交流电压转换成大于动力电池组总电压的直流电压，向动力电池充电，充电中车辆不可以行驶，因为 VCU 已经了解到充电连接确认信号。如图 3-15 所示为整车控制器与车载充电器及组合仪表的连接。

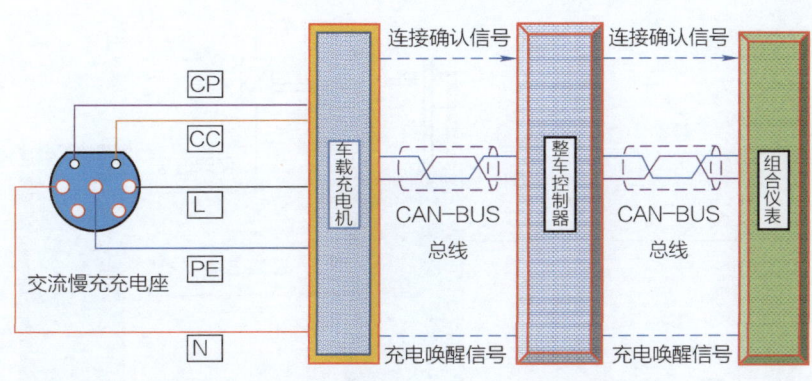

图 3-15　整车控制器与车载充电器及组合仪表的连接

4. 整车控制器 VCU 与 EAC 的连接

纯电动汽车/混合动力汽车采用电动压缩机,它与传统的机械压缩机控制策略不同。VCU 接到空调的 A/C 开关请求信号,并且确认空调压力开关信号、蒸发器温度信号、冷暖选择信号、鼓风机信号及动力电池组荷电 SOC 信号是否满足电动压缩机启动的条件,如果满足了这些条件,VCU 通过 CAN 总线发送启动电动压缩机的工作指令给电动压缩机控制器,电动压缩机控制器根据 VCU 的指令来控制电动压缩机的驱动电路,从而启动电动压缩机,并控制其工作转速。从以上的介绍中我们可以了解到,电动压缩机控制器属于变频器,很多电动汽车/混合动力汽车的电动压缩机控制器与电动压缩机都是集成在一起的。如图 3-16 所示为整车控制器与电动压缩机的连接模式。

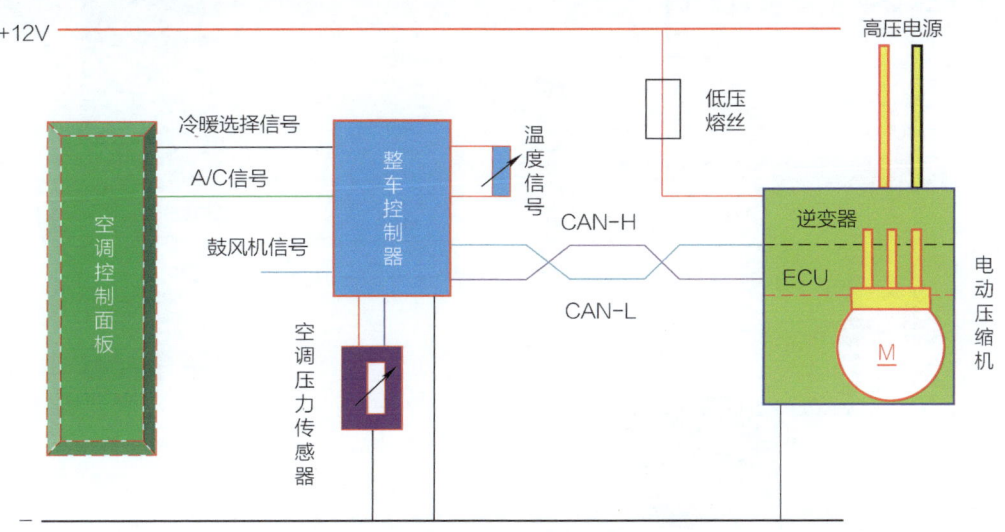

图 3-16　整车控制器与电动压缩机的连接模式

5. VCU 与 DC/DC 变换器的连接

DC/DC 变换器接收到 VCU 发出的使能信号,在充电或启动车辆时,将高压直流电转换成低压直流电向低压蓄电池充电,同时 VCU 对 DC/DC 变换器进行监控,当 DC/DC 变换器出现故障时及时通过组合仪表点亮充电指示灯。VCU 与 DC/DC 变换器的连接关系,如图 3-17 所示。

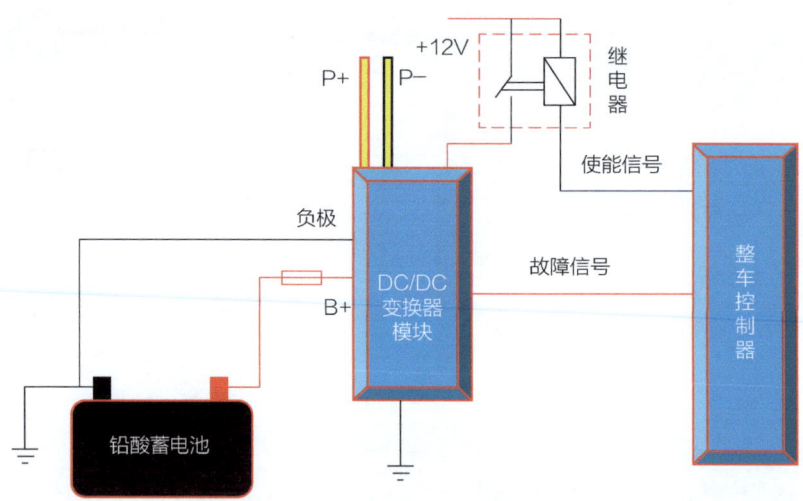

图 3-17　VCU 与 DC/DC 变换器的连接关系

6. VCU 与 MCU 的连接

VCU 向 MCU 发出转矩需求和故障通信，MCU 向 VCU 反馈电机转速、电机温度、控制器温度等信息，并通过 CAN 总线传输给 VCU。能量回收启动与停止也是由 VCU 来控制的。VCU 与 MCU 的连接关系，如图 3-18 所示。

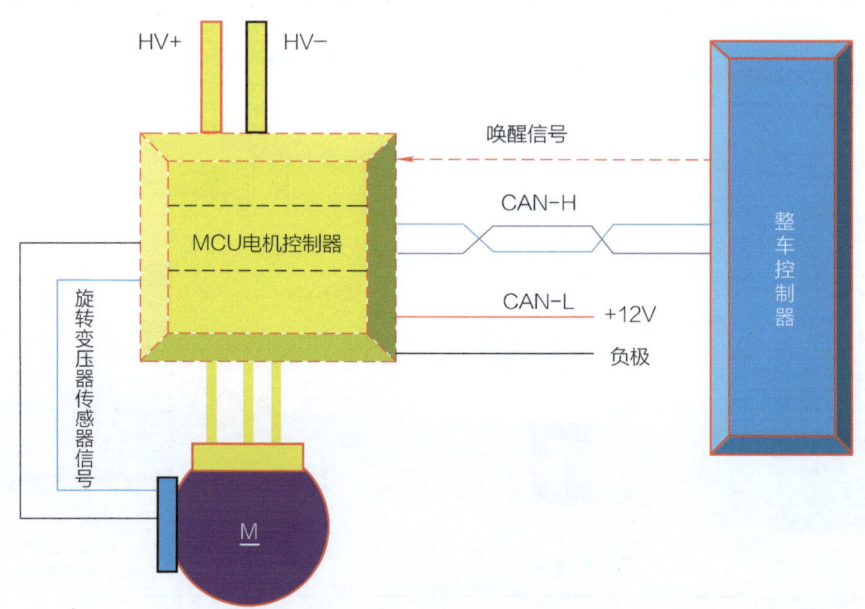

图 3-18　VCU 与 MCU 的连接关系

7. 档位控制器与 VCU 的连接

VCU 接收到从档位传感器传递过来的信号，进行运算后，通过车身 CAN 发送至组合仪表，并点亮对应的指示灯。如果档位传感器所在档位为"D"或"R"，通过动力 CAN 发送驾驶员意图，由 MCU 来控制驱动电机的前进/倒退/停止。加速踏板位置传感器向 VCU 提供驾驶员的加、减速信息，从而改变电机转矩，控制电机转速，进而改变车速。如图 3-19 所示为档位传感器与 VCU 的连接关系。

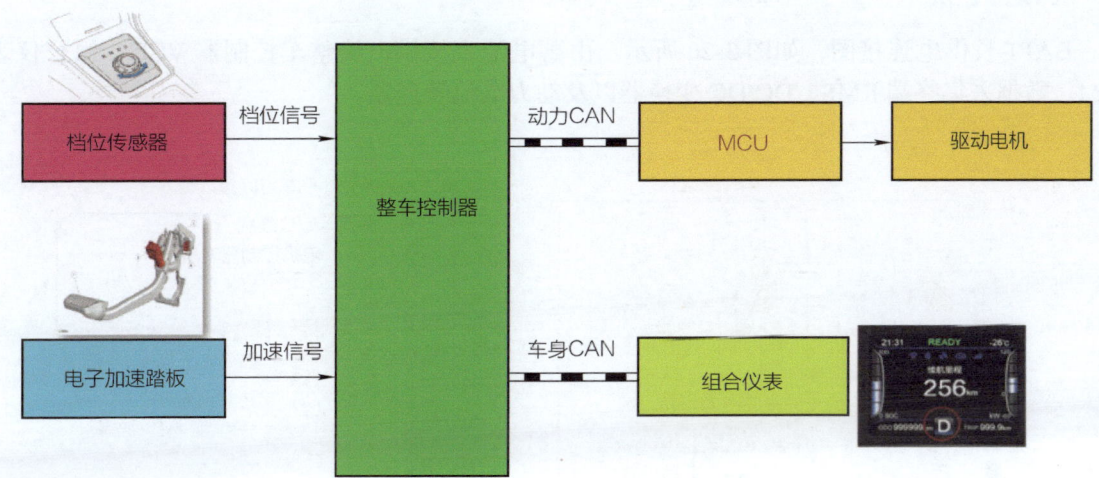

图 3-19　档位传感器与 VCU 的连接关联

第三节　整车控制低压上电与唤醒

一、整车供、断电过程概述

整车供、断电包括：低压供电与断电、唤醒与取消唤醒、高压供电（上电）与断电（下电），其中控制功能涉及整车所有控制单元。这些控制单元包括：VCU 整车控制器。电机控制器 MCU（DC/AC 变换器）、BMS 动力电池管理系统。空调系统、DC/DC 变换器、终端监控模块以及组合仪表等。整车供、断电由整车控制器进行协调。低压上电后，要进行信息交互和故障检测，在整个控制过程中必须做到逻辑严谨、过程合理以及故障检测有效。本单元主要以整车低压供电与断电以及唤醒和取消唤醒为重点。

二、低压供电及唤醒原理

若需要电动汽车 / 混合动力汽车的各控制器进行协调工作、高压上电或有效放电以及充配电等，都需要由低压蓄电池供电，为了保障供电安全，整车控制器必须在确保整车主要高、低压部件正常的情况下，才可以使车辆进行放电和充配电功能，这些功能需要先唤醒整车控制器，整车控制器被唤醒之后再将各子系统唤醒。通常整车供电与唤醒分为：BATT 供电、点火开关唤醒、快/慢充唤醒以及远程 APP 唤醒。

1. BATT 供电、点火开关唤醒

BATT 长供电连接图，如图 3-20 所示。由蓄电池直接供电给整车控制器 VCU、组合仪表 ICM、数据采集终端 RMS、DC/DC 变换器以及动力电池管理器。

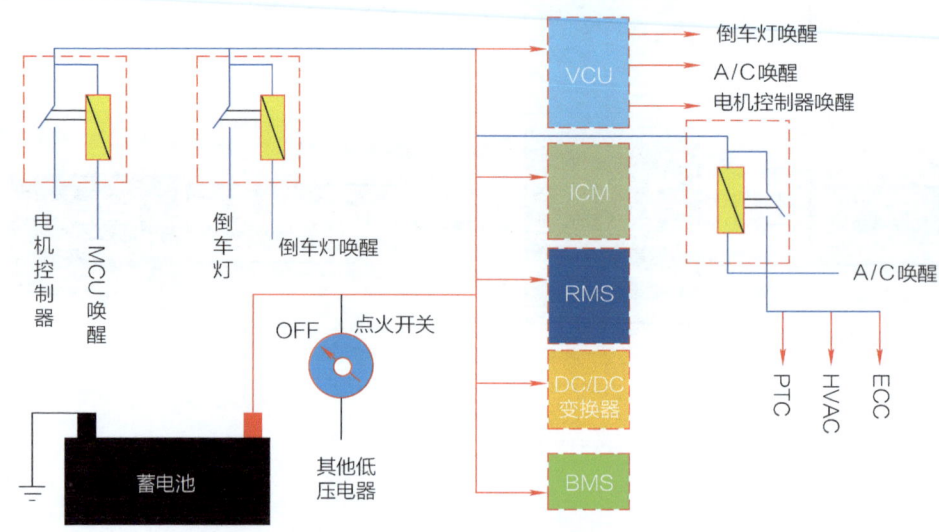

图 3-20　BATT 长供电连接图

非充电模式下各控制器唤醒原理，如图 3-21 所示。将点火开关置于"ON"档位，蓄电池向继电器线圈提供 12V 电源，通过继电器内部的电磁线圈输出与地接通，线圈产生磁场，触点闭合，继电器开始为整车控制器 VCU、组合仪表 ICM、终端监控模块 RMS 提供开关唤醒电源（DC 12V），VCU、ICM 和 RMS 有了工作唤醒电源后进行自检，VCU 自检完毕后，通过内部电路输出电压分别唤醒 BMS 与 DC/DC 变换器模块。BMS 与 DC/DC 变换器模块被唤醒后开始工作。

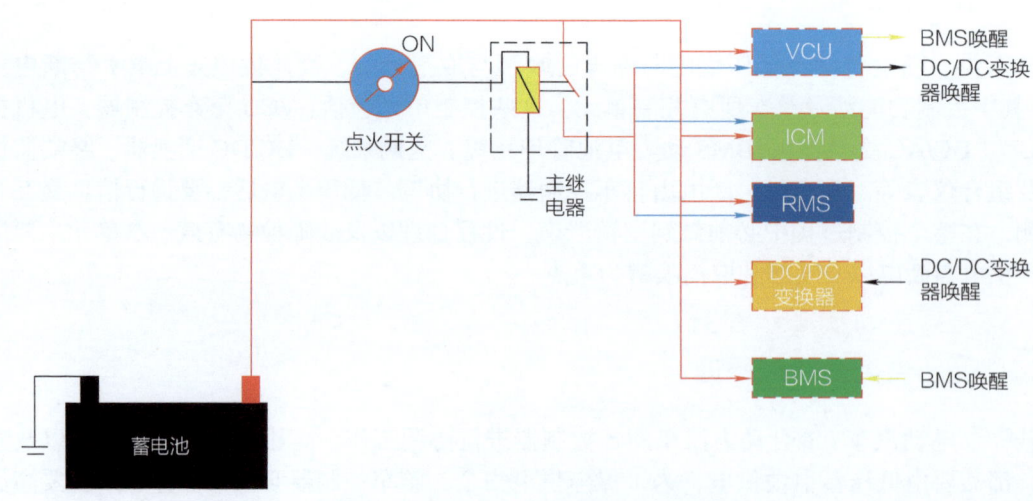

图 3-21　非充电模式下各控制器唤醒原理

2. 快/慢充唤醒

交流慢充控制器唤醒原理连接图，如图 3-22 所示。

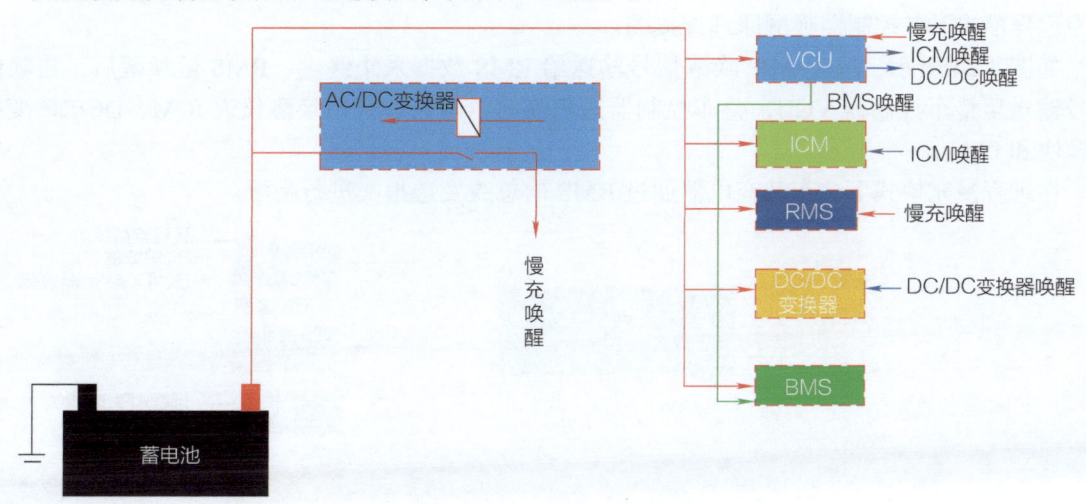

图 3-22　交流慢充控制器唤醒原理连接图

在交流慢充系统中，外部交流供电设备与车辆端交流慢充口完全连接后，车载充电器被唤醒，车载充电器控制的交流继电器工作，分别向整车控制器和终端监控模块 RMS 输送 12V 唤醒电压，VCU 和 RMS 开始工作。VCU 被唤醒后，进行自检，自检完毕后，输送唤醒电压，分别唤醒组合仪表 ICM、DC/DC 变换器模块和 BMS。BMS 被唤醒后与 RMS 进行通信，采集动力电池的重要参数。

快充模式下各控制器唤醒连接电路图，如图 3-23 所示。快充唤醒信号是直流充电桩与直流充电口建立连接关系后，充电桩通过 A+ 发出唤醒信号给整车控制器和数据采集终端 RMS。整车控制器被唤醒后，再向 BMS、DC/DC 变换器以及 ICM 仪表发出唤醒信号。

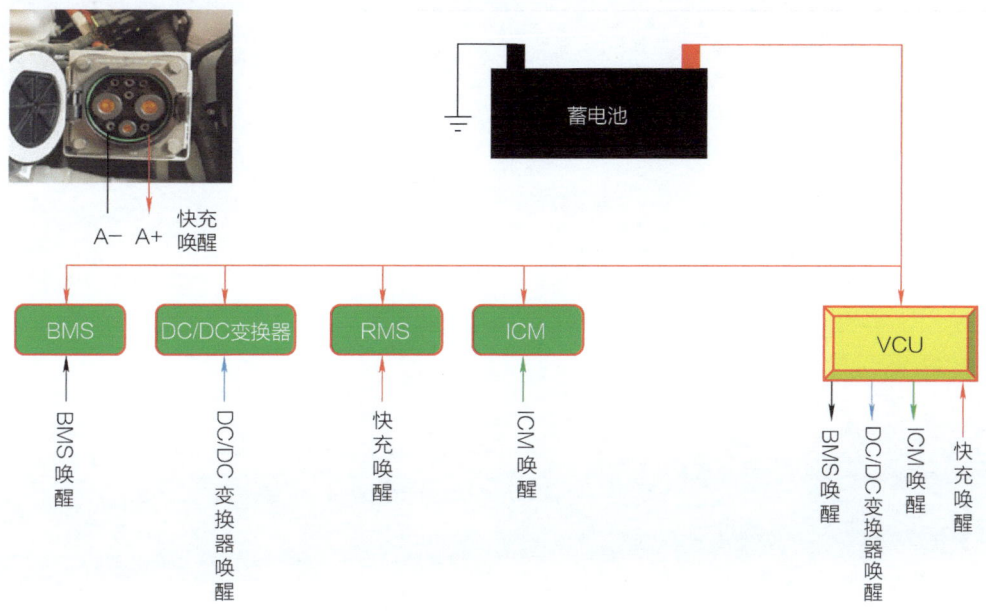

图 3-23　快充模式下各控制器唤醒连接电路图

3. 远程唤醒

在远程模式下,控制器唤醒有远程唤醒、远程 APP 唤醒和整车控制器唤醒。如图 3-24 所示为远程模式下各控制器唤醒原理连接图。

如图 3-24 所示,远程 APP 唤醒信号输送给 RMS 数据采集终端,RMS 被唤醒后,将唤醒信号输送至整车控制器 VCU,整车控制器送出唤醒信号后,开始唤醒仪表 ICM、DC/DC 变换器模块和 BMS。

在远程慢充模式下,车载充电器通过 BMS 向总线发送报文进行唤醒。

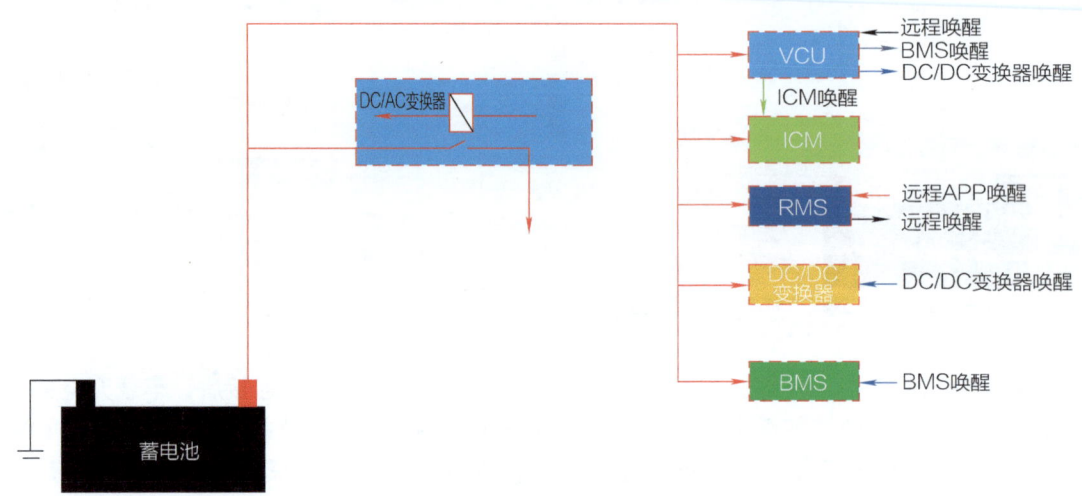

图 3-24　远程模式下各控制器唤醒原理连接图

第四章
高压系统组成与高压配电系统

第一节 电动汽车高压系统组成与分解

电动汽车/混合动力汽车均使用高压动力电池和高压电器部件,这些高压电器部件的作用与功能有哪些?通过阅读本项目可以让读者轻松地了解和掌握。

一、电动汽车高压系统组成

以分体式高压系统组成分解进行说明:

如图4-1、图4-2所示为众泰Z500 EV机舱上、下侧高压部件布置。

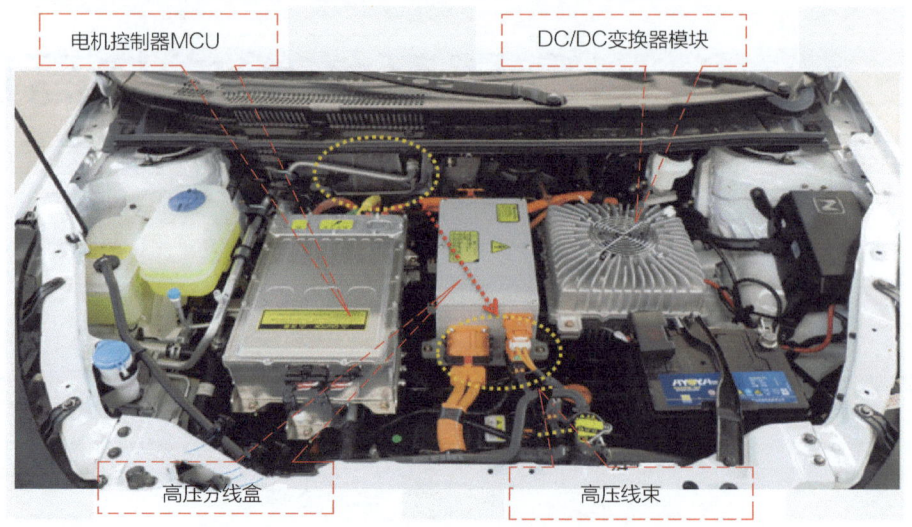

图4-1 众泰Z500 EV机舱上侧高压部件布置

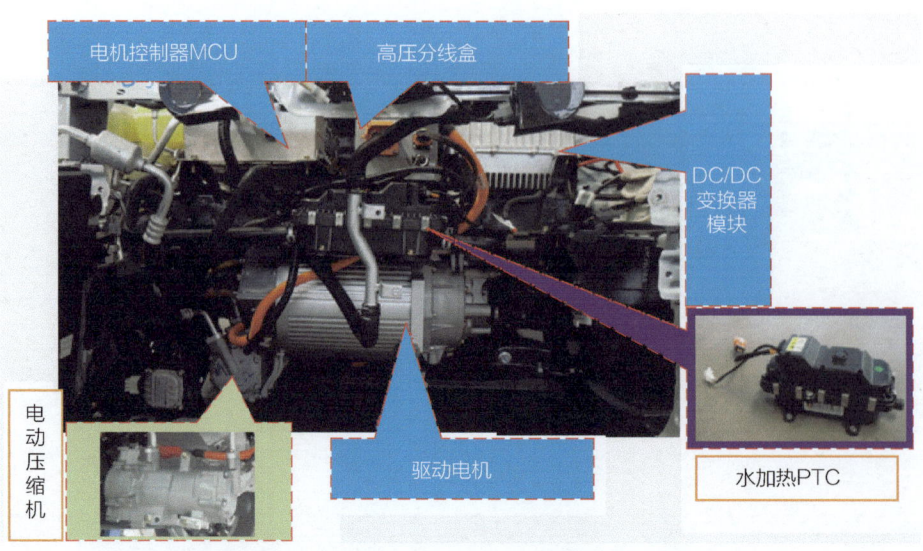

图4-2 众泰Z500 EV机舱下侧高压部件布置

图 4-3 所示为众泰 Z500 EV 动力电池及交、直流充电口位置布置。

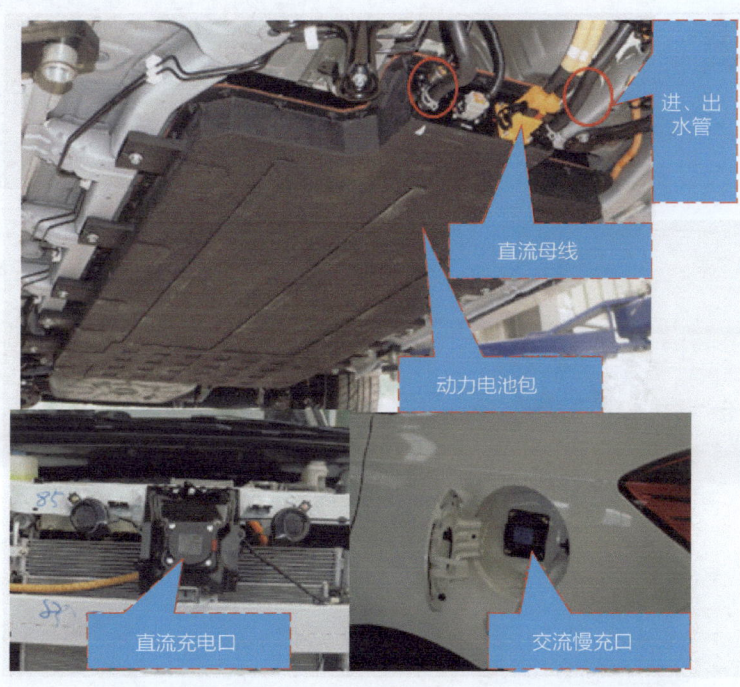

图 4-3　众泰 Z500 EV 动力电池及交、直流充电口位置布置

Z500 EV 车型配备有高压手动维修开关 MSD，此开关安装于副仪表板下方位置，用于连接动力电池内部的电池模组，使电池模组构成串联回路并对外输出电力。在对车辆进行相关售后服务及维修工作时，可以通过断开 MSD 开关让动力电池内部的电池模组开路，直接通过机械方式断电，可以最大限度保证动力电池绝对的断电，提高高压安全性。MSD 开关上也具备高压互锁功能。如图 4-4 所示为众泰 Z500 EV MSD 维修开关位置布置图。

图 4-4　众泰 Z500 EV MSD 维修开关位置布置图

高压线束结构及插接件端子形状与互锁连接端子示意图，如图 4-5 所示。

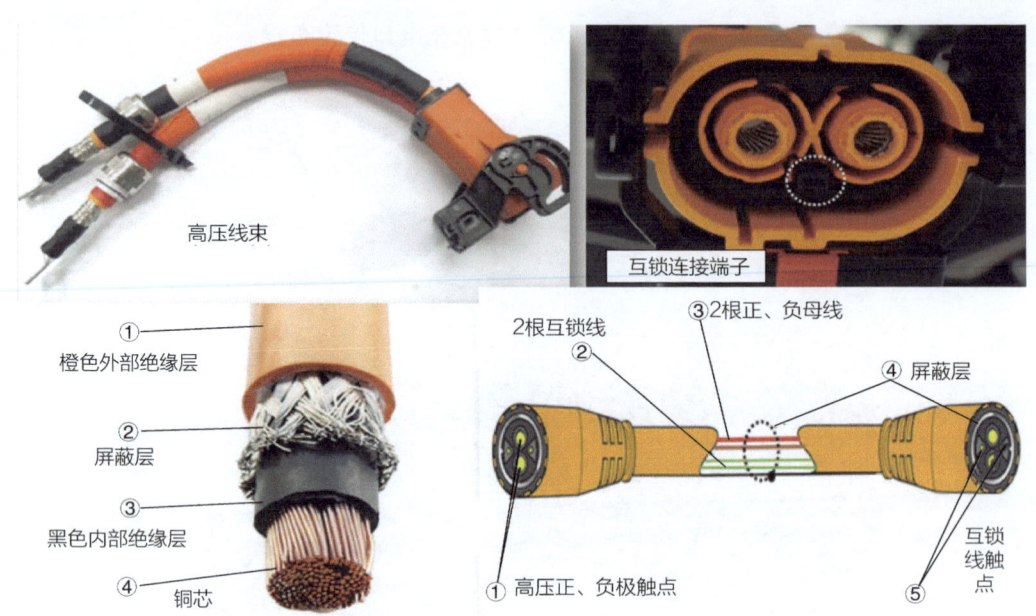

图 4-5　高压线束结构及插接件端子形状与互锁连接端子示意图

二、电动汽车高压系统的功能

1. MSD 维修开关功能

在检修电动汽车/混合动力汽车的高压系统时，为了操作安全，在维修时需要断开动力电池的 MSD 检修开关，这样整个车辆的电能就被切断，降低维修触电的风险。在 MSD 维修开关里设计了高压熔丝，通常这个熔丝的安培数是 250~350A。并且此熔丝是串联在动力电池包内部的模组与模组之间，断开此开关，动力电池组的回路会被切断。如图 4-6 所示为 MSD 开关串联示意图。

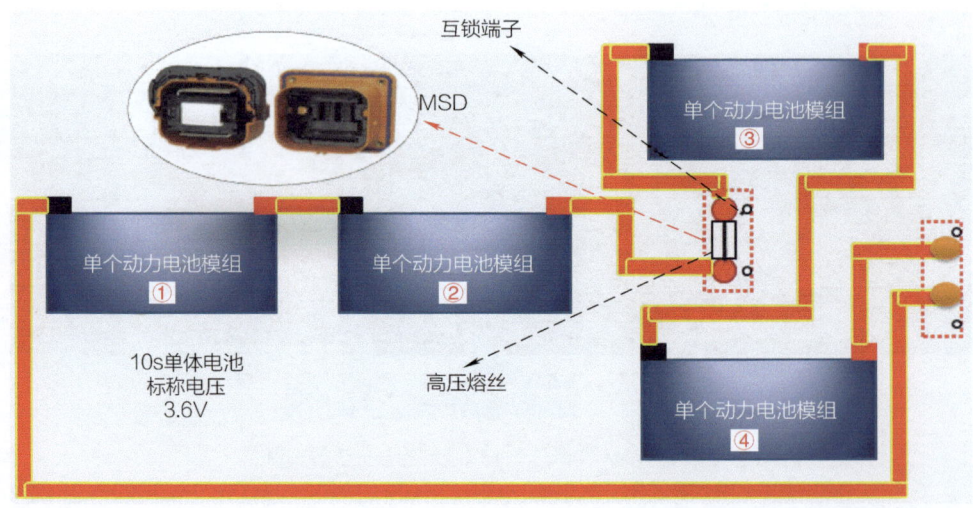

图 4-6　MSD 开关串联示意图

2. 动力电池功能

动力电池是全车能量供给的供应源，一方面为驱动电机和所有高压组件提供电能；另一方面通过 DC/DC 变换器降压成 DC 12V 的低压电为整车低压系统供电，还可以为低压蓄电池充电。动力电池系统主要由动力电池模组、BMS、动力电池箱体以及辅助元器件四部分组成，内部设有动力电池管理器（或外置）、温度传感器和电压传感器。因为动力电池有温度和电压的限制要求，因此动力电池要有温度和电压采样线对动力电池进行数据采集，然后将数据传送至动力电池管理器进行判断。如图 4-7 所示为丰田系列镍氢动力电池结构。

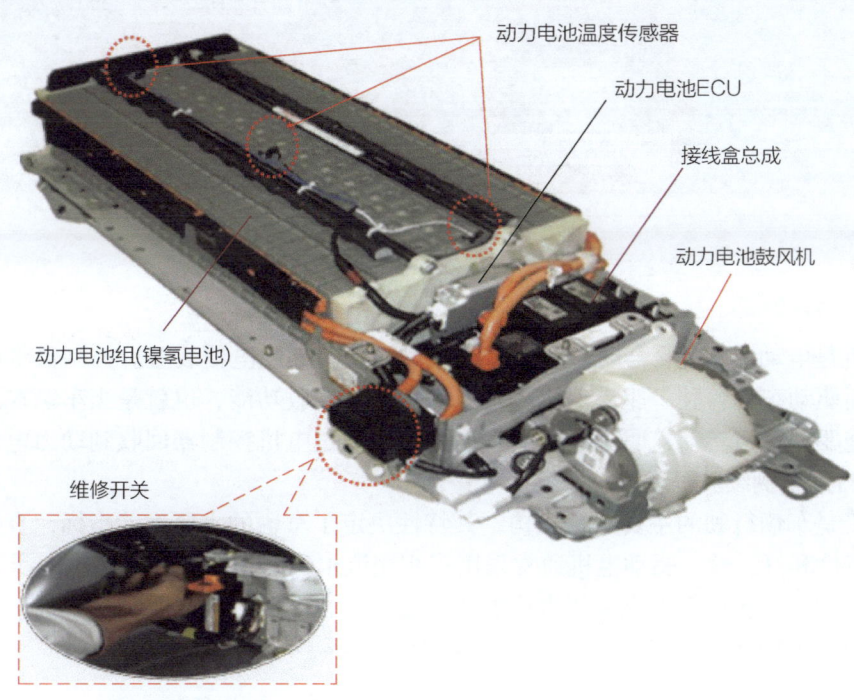

图 4-7 丰田系列镍氢动力电池结构

动力电池组上的 MSD 开关配有高压熔丝，如图 4-8 所示。若 MSD 开关内部高压熔丝断路后，动力电池管理器无法采集动力电池的总电压，就会储存对应故障码，并且在组合仪表上显示"故障信息"提醒驾驶员进行检测与维修。如图 4-9 所示为动力电池系统故障码。

图 4-8 MSD 检修开关状态图

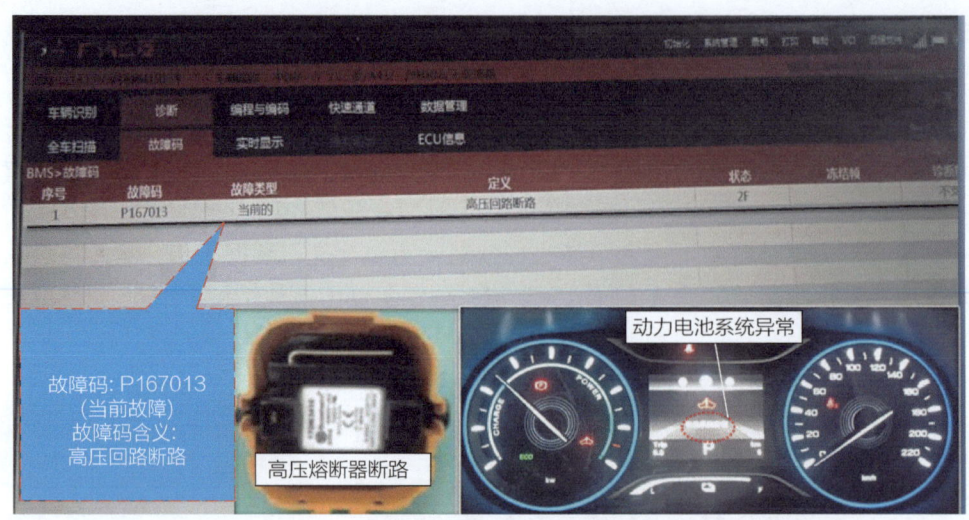

图 4-9　动力电池系统故障码

3. 驱动电机功能

驱动电机是电动汽车/混合动力汽车进行能量转换的高压电器装置。控制器将电能转换为机械能，从而驱动车辆行驶。驱动电机还可以实现能量回收功能，也就是当车辆在滑行或制动时，车轮反拖驱动电机转动，驱动电机所发出的电能通过电机控制器回收到动力电池中，从而延长 15% 左右的车辆续驶里程。

驱动电机是车辆行驶的主要执行机构，其特性决定了车辆的主要性能指标，直接影响车辆动力性、经济性和舒适性。驱动电机通常采用三相交流永磁同步电机，电机控制器（MCU）可调整输出电流和电机转速，电机采用水冷方式降温来防止温度过高。驱动电机外部形状与内部结构简图，如图 4-10 所示。

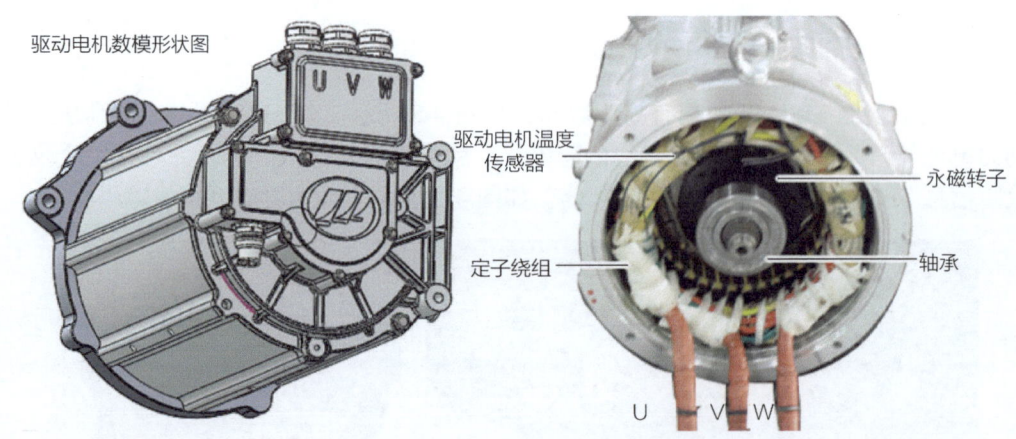

图 4-10　驱动电机外部形状与内部结构简图

4. 电机控制器功能

电机控制器简称"MCU"，它将动力电池的直流电转化为交流电，所以又称为"DC/AC 变换器"，将逆变的交流电压输出给驱动电机，通过驱动电机的正转来实现加速、减速；通过驱动电机的反转来实现倒车；通过控制逻辑，控制动力总成以最佳的方式协调工作。电机控制器对所有的输入信号进行处理，并且将驱动电机控制系统运行状态信息发送给整车控制器（VCU）。如图4-11所示为电机控制器内部结构图与运行状态信息。

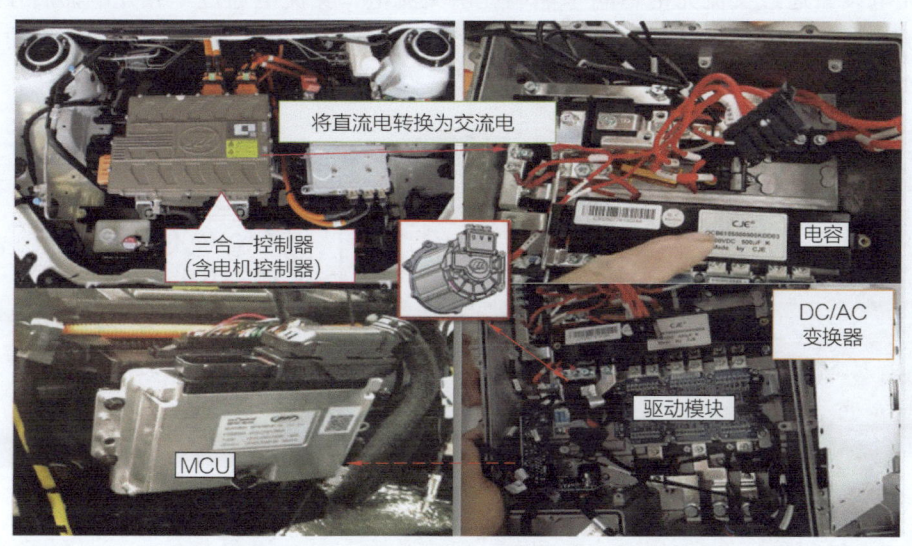

图4-11　电机控制器内部结构图与运行状态信息

5. 车载充电器功能

电动汽车/PHEV插电式混合动力汽车都配有车载充电器，用于向动力电池充电，车载充电器连接车辆的充电口（交流慢充口）。车载充电器具有通信功能，收到BMS允许充电信号后，外部的交流供电设备输入AC 220V交流电，经过车载充电器的升压、降压电路及整流电路，输出合适的电压电流为动力电池充电。如图4-12所示为车载充电器/交流充电口/交流充电设备图。

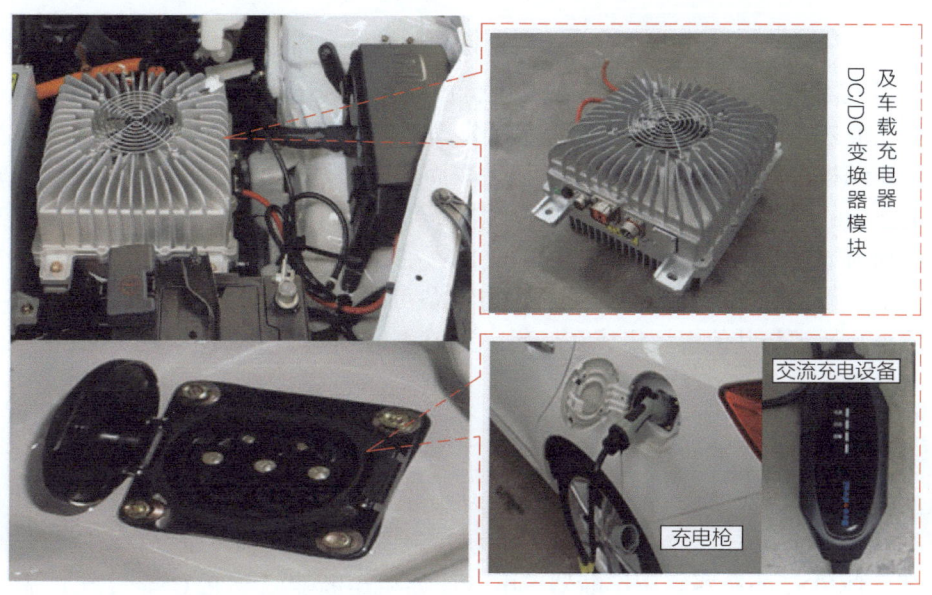

图4-12　车载充电器/交流充电口/交流充电设备图

6. 直流充电口功能

电动汽车（不含混合动力汽车）含有直流充电口，在充电时由直流充电口向动力电池充电。外部充电设备通过交流充电口向车辆端提供交流电，交流电通过车载充电器后才可以向动力电池包充电。而直流充电功能是通过外部的充电桩向车辆端直接提供直流电为动力电池充电。如图 4-13 所示为直流充电连接示意图。

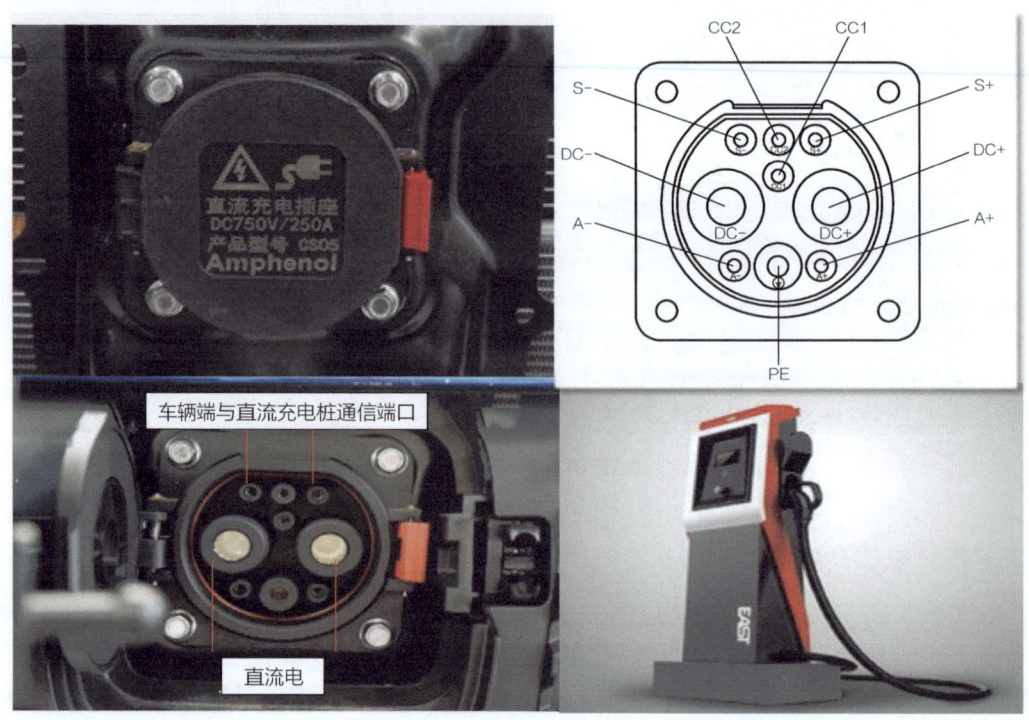

图 4-13　直流充电连接示意图

7. DC/DC 变换器功能

电动汽车/混合动力汽车的高压系统是由低压来控制高压工作，并且在车辆上有很多低压设备需要蓄电池来提供电能。电动汽车取消了发动机，也没有了传统发电机；混合动力汽车虽然没有取消发动机，但同样也取消了发电机，取而代之的是 DC/DC 变换器模块，DC/DC 变换器将动力电池中的电能传递至低压蓄电池，对低压蓄电池补充电能。它的主要功能是在车辆上高压电后将动力电池输入的高压电转换成 DC 14V 左右的低压电，向低压系统供电的同时对低压蓄电池充电，以保证车辆在行车时低压用电设备可以正常工作。由于 DC/DC 变换器模块的功率相对较小，通常与其他模块集成在一起。如图 4-14 所示为 DC/DC 变换器充电模块及充电示意图。

8. 高压配电盒功能

高压配电盒又称为"高压分线盒"，通常内部设计有主正接触器、主负接触器、预充接触器以及预充电阻和直流充电接触器（含正、负极接触器）等，内部还设置有高压熔丝（含 OBC 高压熔断器、DC/DC 变换器高压熔断器、电动压缩机熔断器以及 PTC 熔断器）。高压配电盒的功能是对动力电池的电源进行输出和能量分配，实现对各分支电路的电源供给与切断。如

图 4-15 所示众泰 Z500 EV 高压配电盒内部结构图。

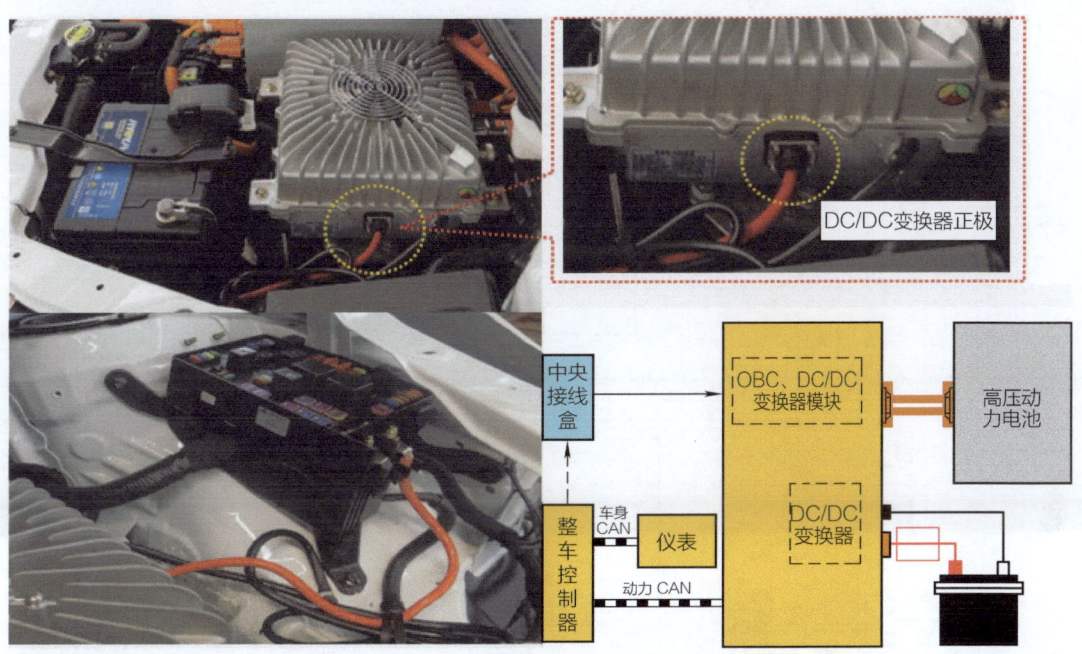

图 4-14　DC/DC 变换器充电模块及充电示意图

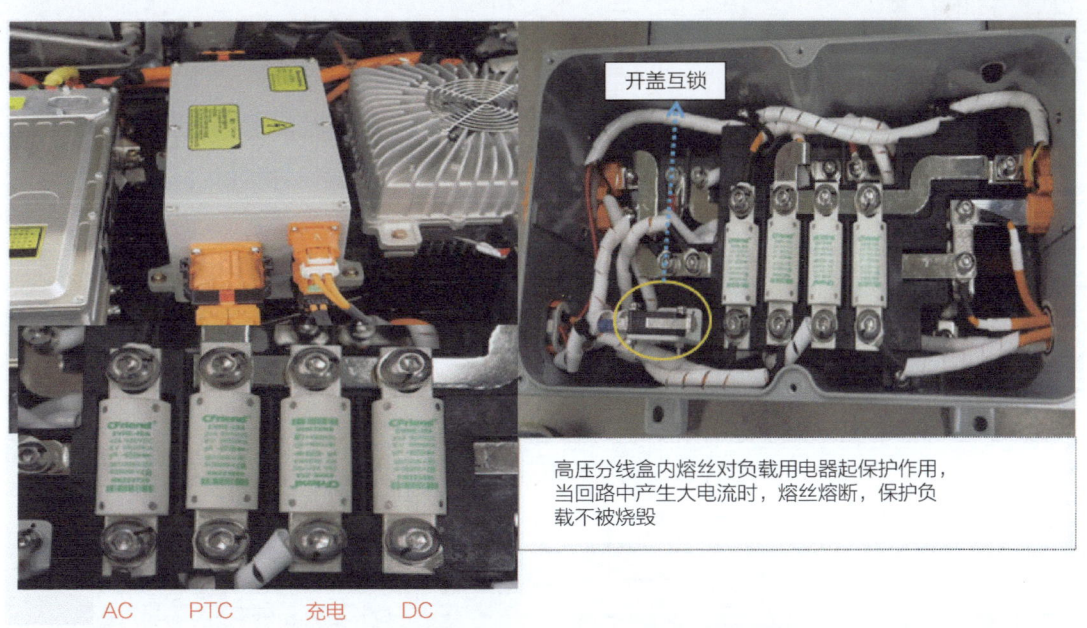

图 4-15　众泰 Z500 EV 高压配电盒内部结构图

考考你：下面是高压分线盒内部结构原理图，你能不能说出其工作原理？如果可以说出，说明你对汽车电路较精通，如果说不明白也不要灰心，在后面的项目中会进行详细的分析。如图 4-16 所示为众泰 Z500 EV 高压分线盒内部原理示意图。

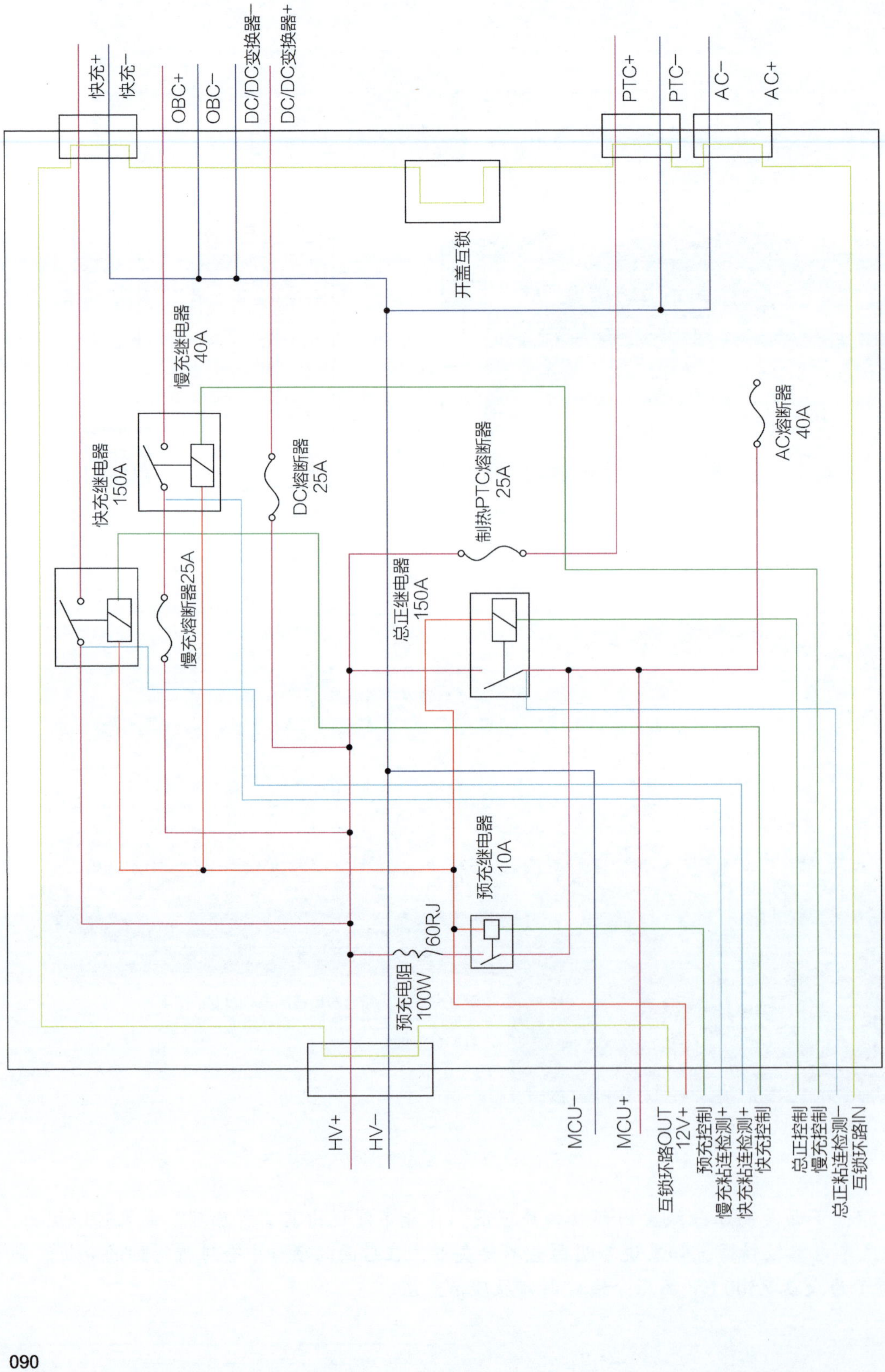

图 4-16 众泰 Z500 EV 高压分线盒内部原理示意图

9. 空调系统功能

空调有制冷系统和暖风系统。制冷系统由电动压缩机、冷凝器总成、膨胀阀及蒸发箱总成等组成。暖风加热系统主要由加热元件高压 PTC 加热模块组成。如图 4-17 所示为空调系统制冷部分组成。

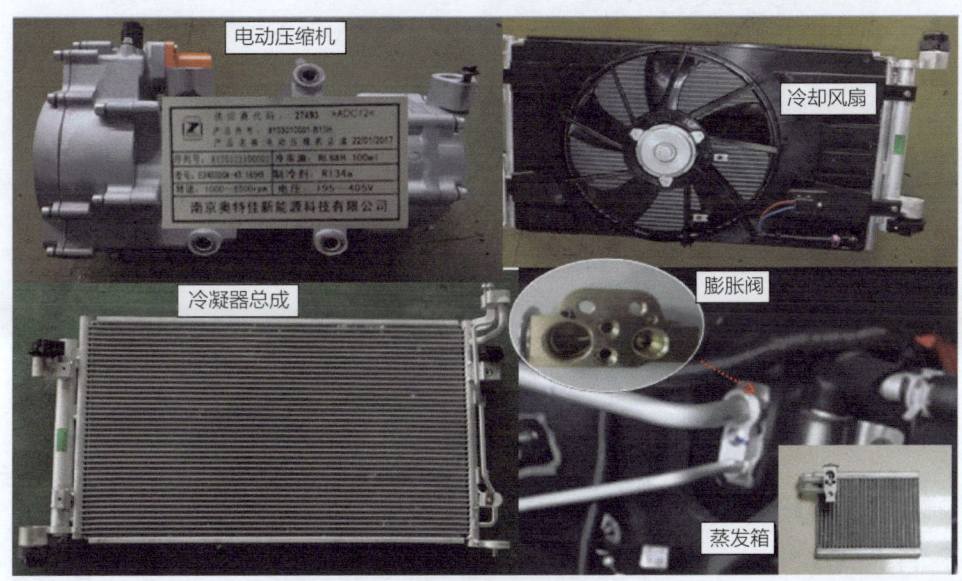

图 4-17　空调系统制冷部分组成

暖风制热系统有两种方式：风加热 PTC 系统和水加热 PTC 系统。风加热 PTC 模块安装位置及形状如图 4-18 所示。图 4-19 所示为水加热 PTC 系统组成与形状。

图 4-18　风加热 PTC 模块安装位置及形状

下面以分体式高压部件线束原理框架图为例，分析高压线束段落重点定义。如图 4-20 所示为众泰 Z500 EV 高压线束原理框架图。

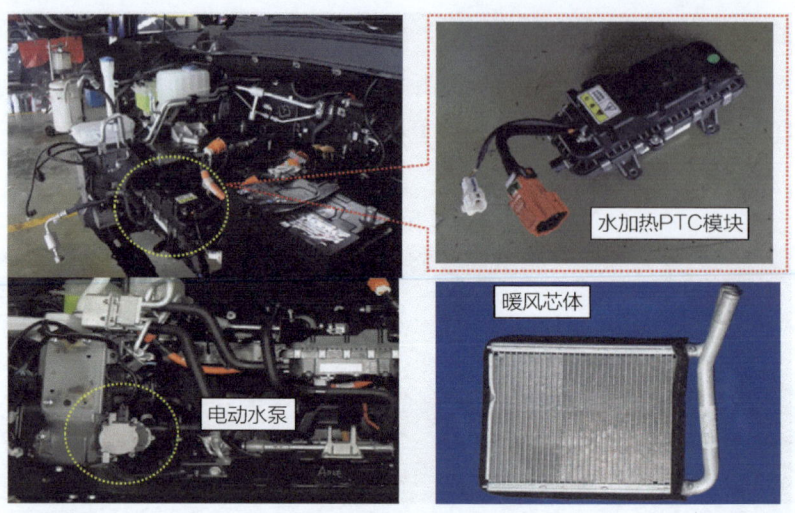

图 4-19　水加热 PTC 系统组成与形状

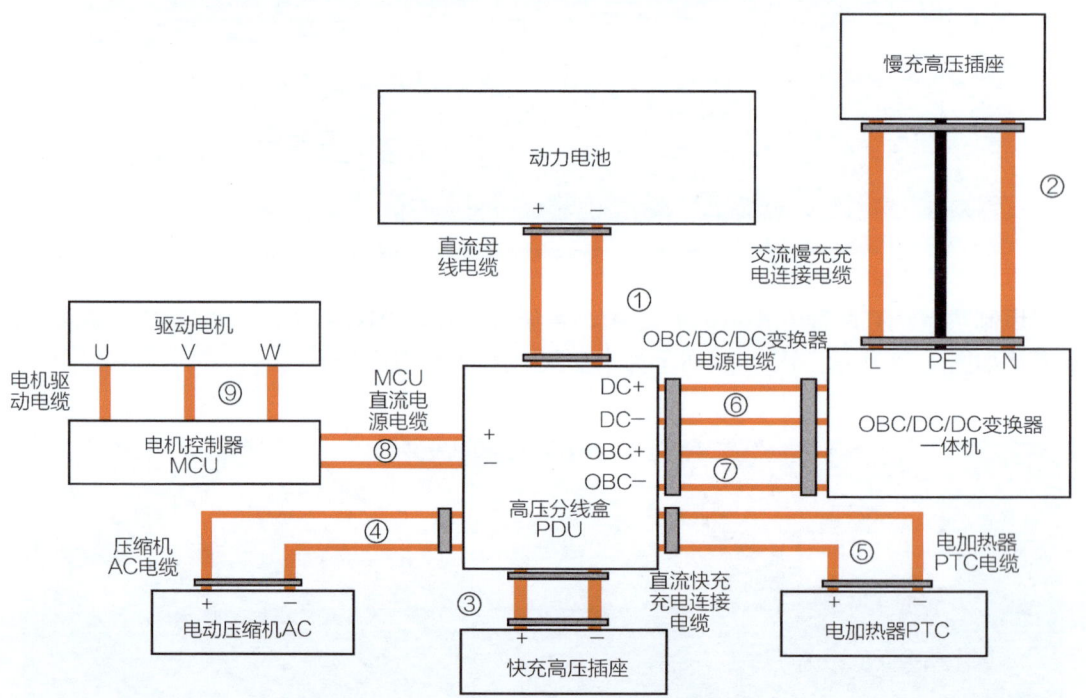

图 4-20　众泰 Z500 EV 高压线束原理框架图

三、高压电控总成

1. 高压电控总成概述

以上分析为分体式高压部件的作用及分布，下面分析高压电控总成（以比亚迪 e5 为例），如图 4-21 所示为比亚迪 e5 高压电控箱总成布置图。

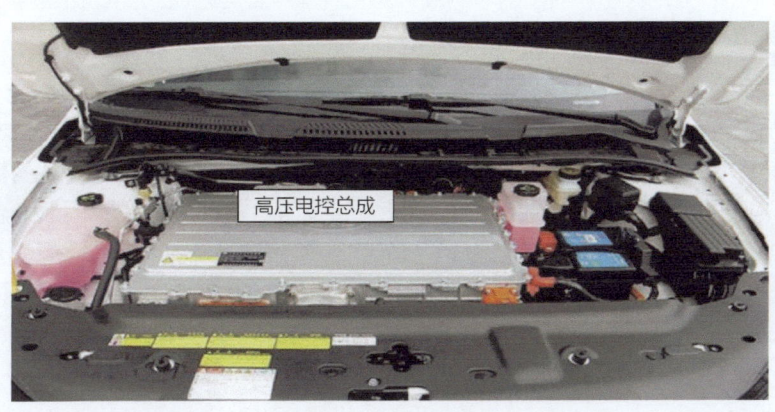

图 4-21 比亚迪 e5 高压电控箱总成布置图

比亚迪 e5 高压电控总成又称"四合一",集成双向交流逆变式电机控制器模块、车载充电器模块、DC/DC 变换器模块和高压配电模块,内部还装有漏电传感器。其功能如下:

1)控制高压交/直流电双向逆变,驱动电机运转,实现充、放电功能(VTOG、车载充电器)。

2)实现高压直流电转化为低压直流电,为整车低压电器系统供电(DC/DC 变换器)。

3)实现整车高压回路配电功能以及高压漏电检测功能(高压配电模块、漏电传感器)。

4)实现 CAN 通信、故障处理记录、在线 CAN 烧写及自检等功能。

2. 高压电控总成及结构分解

前部高压线束插接件功能如图 4-22 所示。

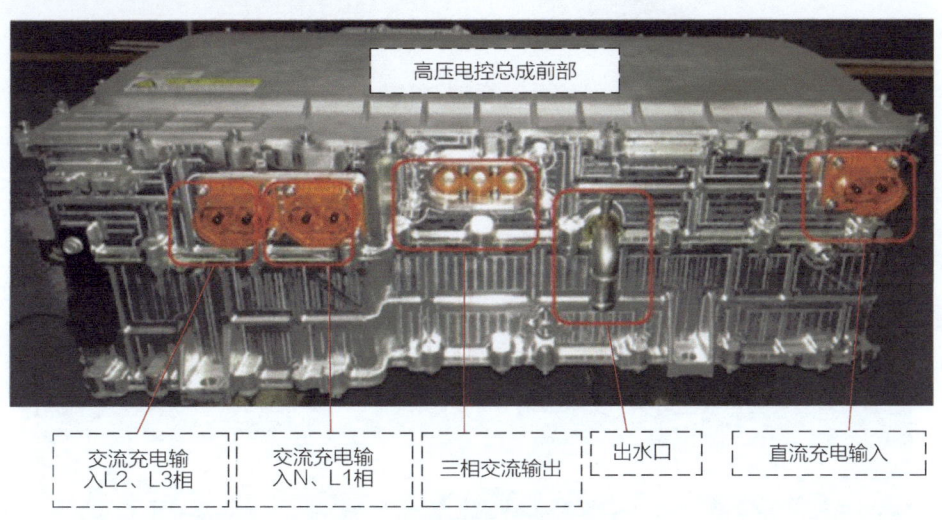

图 4-22 前部高压线束插接件功能

左侧高压线束插接件功能,如图 4-23 所示。

32A 空调熔丝——给电动压缩机和 PTC 水加热器供电。

DC/DC 变换器低压输出——与低压蓄电池并联给整车低压系统提供 13.8V 电源。

后部高/低压线束插接件功能和动力电池管理器位置如图 4-24 所示。

右侧低压线束插接件及进水口布置图如图 4-25 所示。

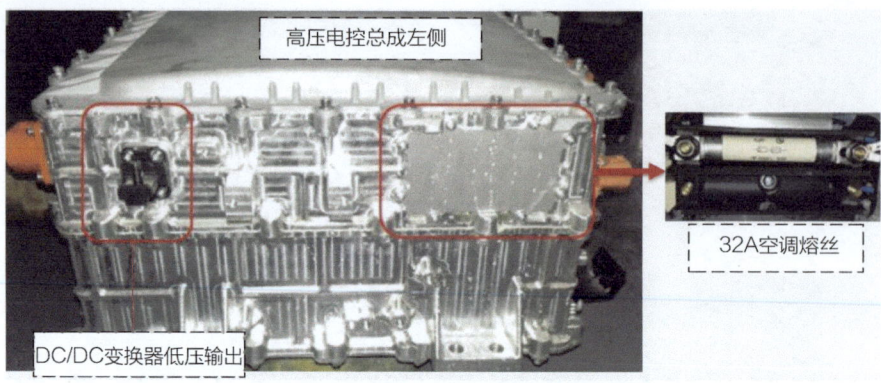

图 4-23　左侧高压线束插接件功能

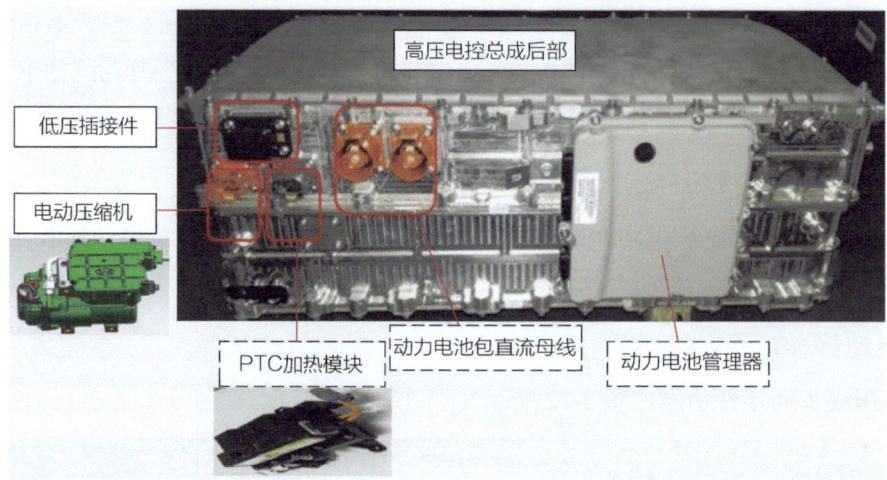

图 4-24　后部高/低压线束插接件功能和动力电池管理器位置

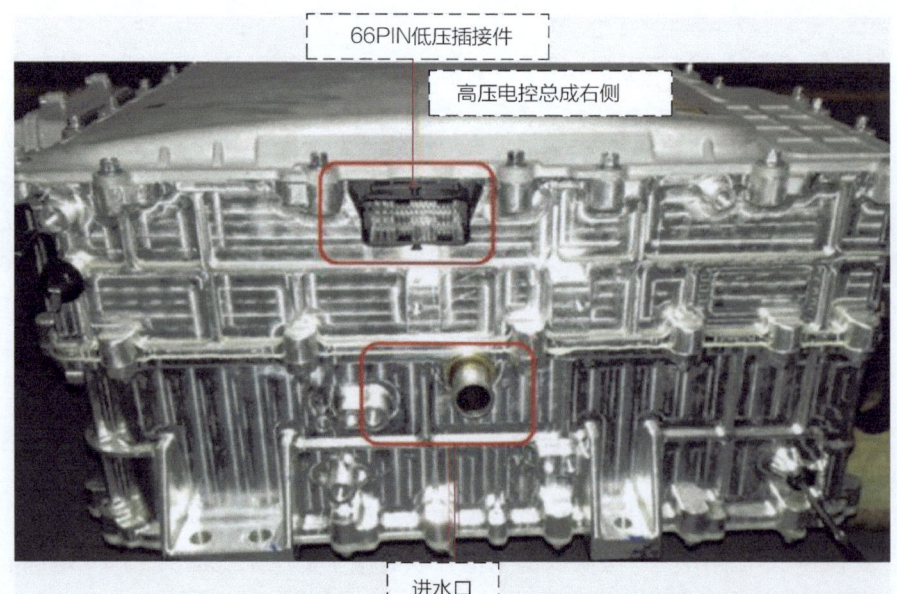

图 4-25　右侧低压线束插接件及进水口布置图

比亚迪 e5 内部模块分布说明，如图 4-26 所示。
高压配电箱部件布置图，如图 4-27 所示。

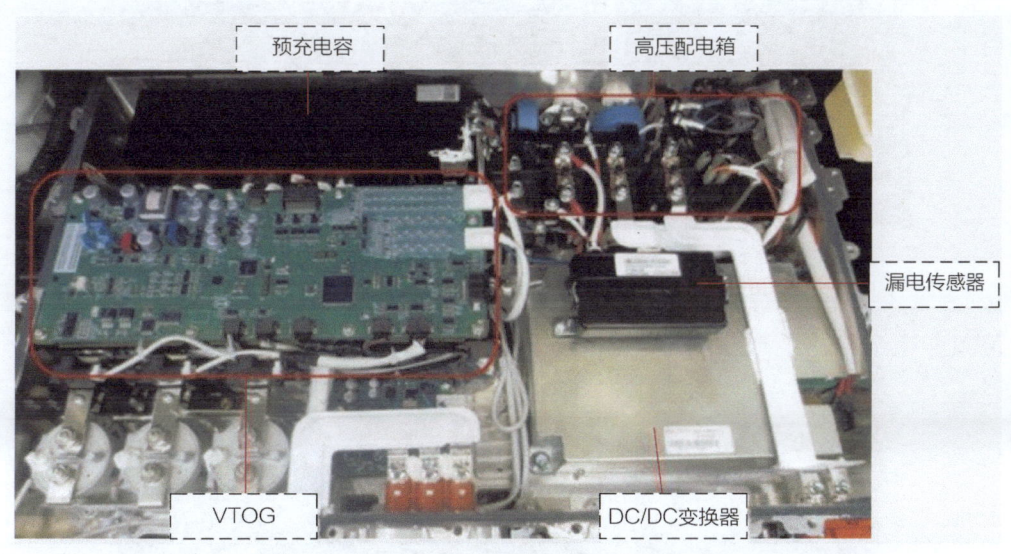

图 4-26　比亚迪 e5 内部模块分布说明

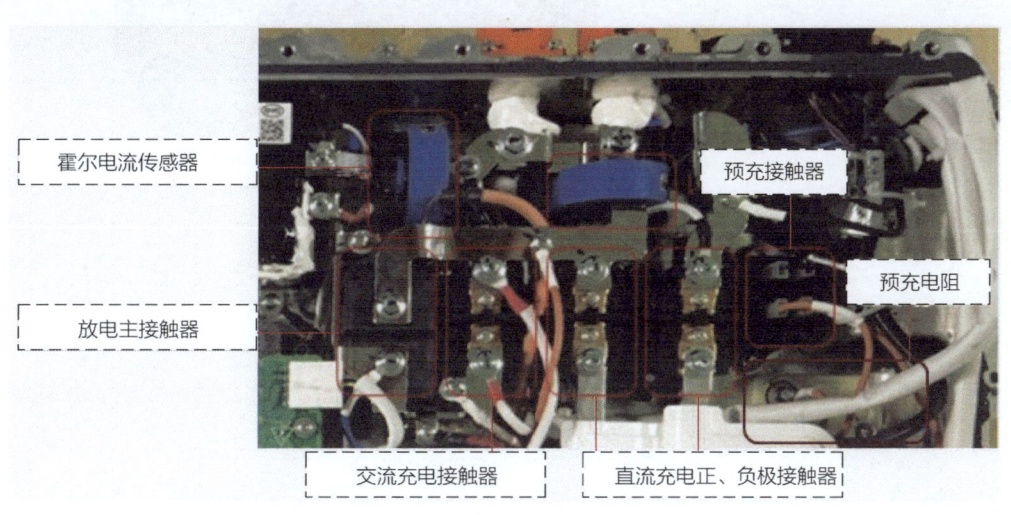

图 4-27　高压配电箱部件布置图

DC/DC 变换器总成低压输出框架示意图，如图 4-28 所示。

注意：DC/DC 变换器的输出正极通过正极熔丝盒直接与低压蓄电池正极相连，而 DC/DC 变换器的输出负极则是通过高压电控总成壳体搭铁。

在高压配电箱总成内部设置有电机控制器，输出到电机控制器的三相交流电 A、B、C 三相线与电机控制器 IGBT 驱动模块之间配置有三个接触器，如图 4-29 所示。

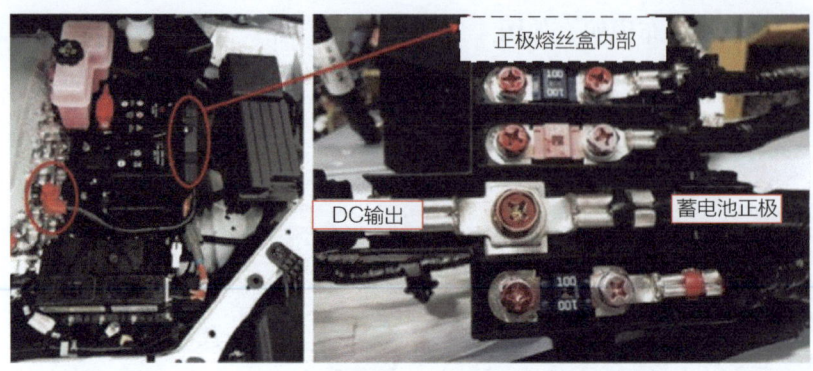

图 4-28 DC/DC 变换器总成低压输出框架示意图

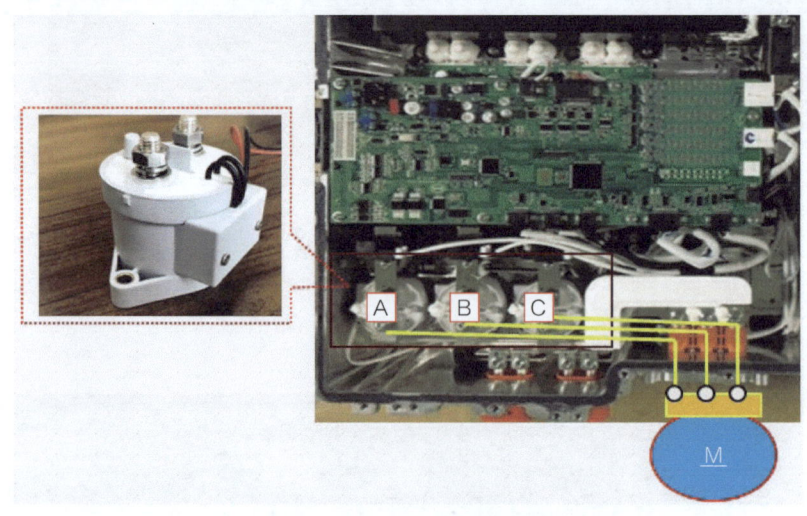

图 4-29 三个接触器布置图

第二节 高压配电系统

一、高压配电系统概述

电动汽车/混合动力汽车需要将动力电池的电能分配到各高压电器，因此高压配电系统就是其中的"桥梁"，上游是动力电池包，下游是各高压电器。车辆在充电时无论是直流快充还是交流慢充，充电电流基本上都通过高压配电箱，因而高压配电箱在新能源汽车中是一个非常重要的高压部件，如图 4-30 所示为众泰 Z500 EV 高压配电箱配电框架图。

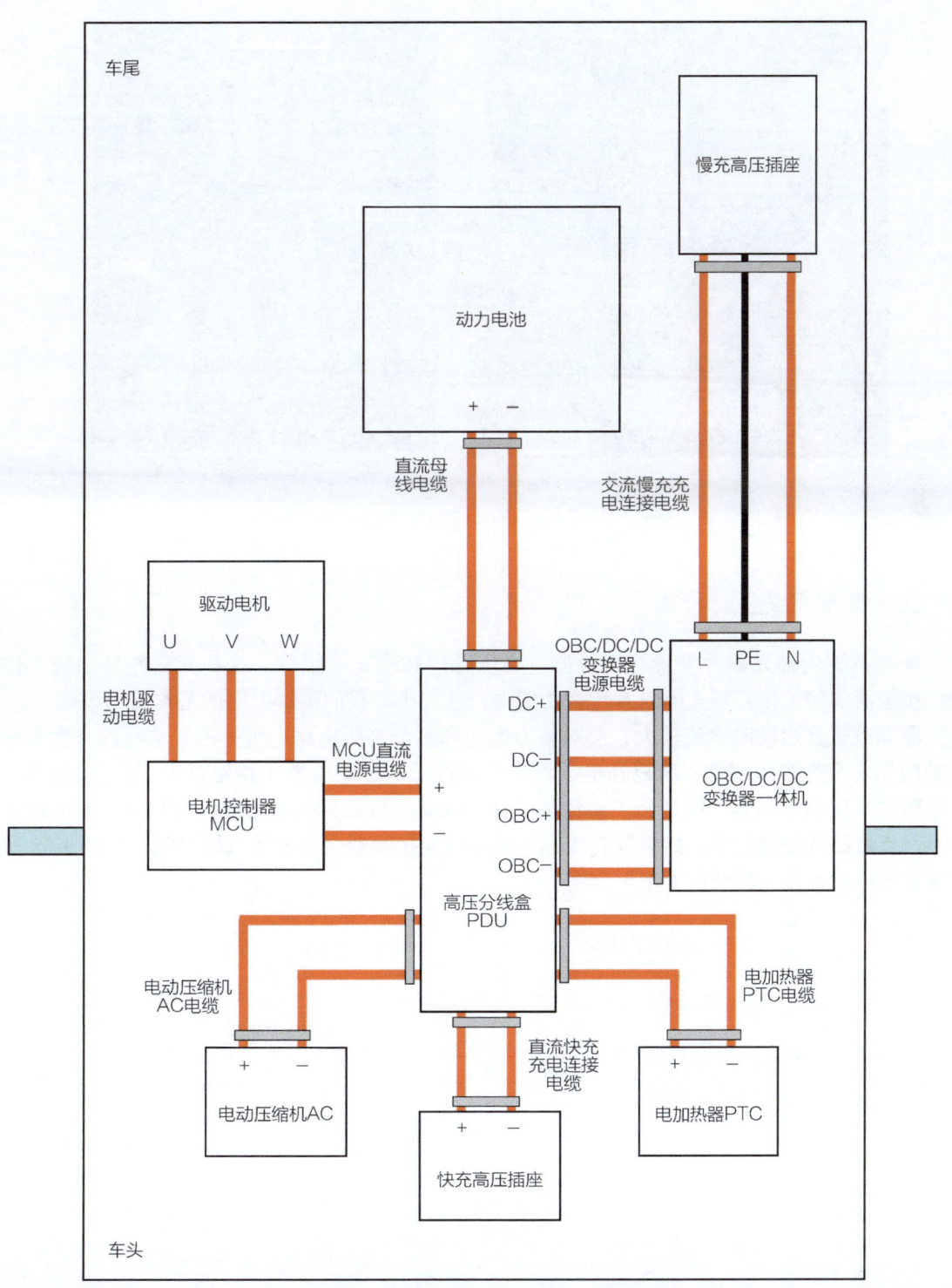

图 4-30 众泰 Z500 EV 高压配电箱配电框架图

如图 4-31 所示为众泰 Z500 EV 高压配电箱基本结构。

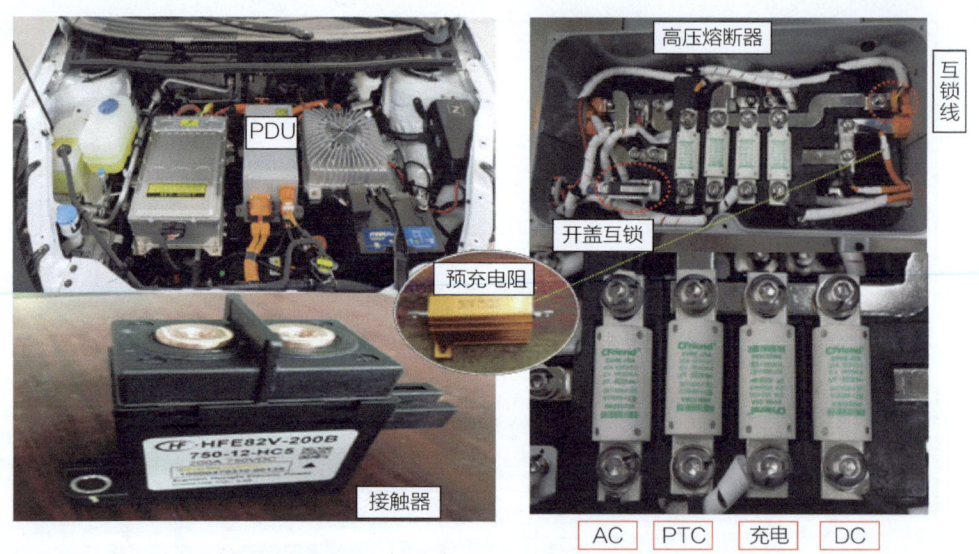

图 4-31 众泰 Z500 EV 高压配电箱基本结构

二、配电系统工作原理

配电系统内部元器件配置有接触器、高压熔丝和预充电阻等。这些元器件是如何工作的呢？接触器如何工作？预充电阻有什么功能呢？这一小节我们讲解上电的基本控制策略。

驱动电机在启动时电流较大，会对动力电池和整个高压电路产生冲击。这些冲击会影响车辆的使用安全性和耐用性，所以在电动汽车中设计了高压继电器（接触器）、预充接触器、预充电阻和高压预充电容，就是为了避免高压冲击及减少接触器接触时的火花拉弧，从而避免接触器触点烧结及烧蚀现象。如果没有预充电阻和预充接触器会造成什么后果呢？如图 4-32 所示为无预充电阻及预充接触器上电原理图。

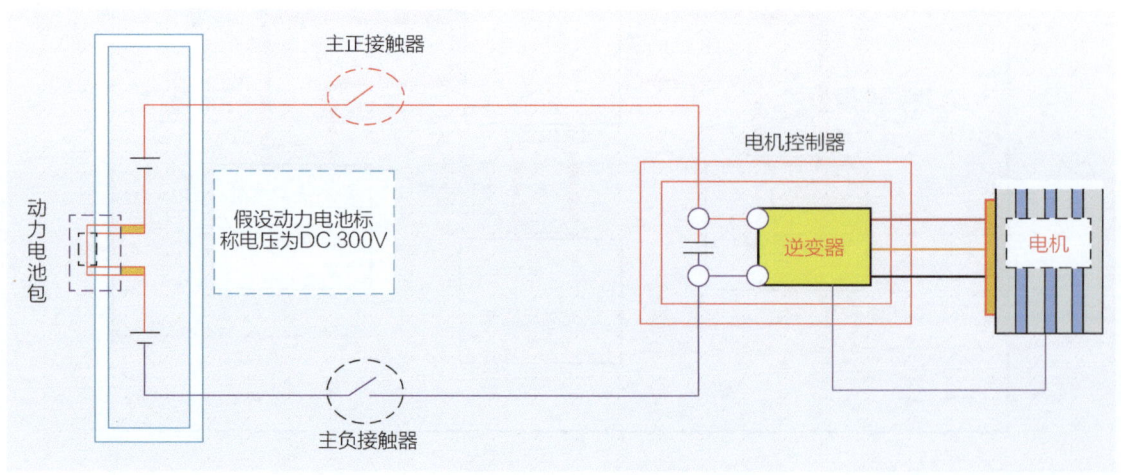

图 4-32 无预充电阻及预充接触器上电原理图

当上电时，BMS 控制主负接触器线圈通电，主负接触器触点闭合，此时为上电第一步。如图 4-33 所示为主负接触器触点闭合。

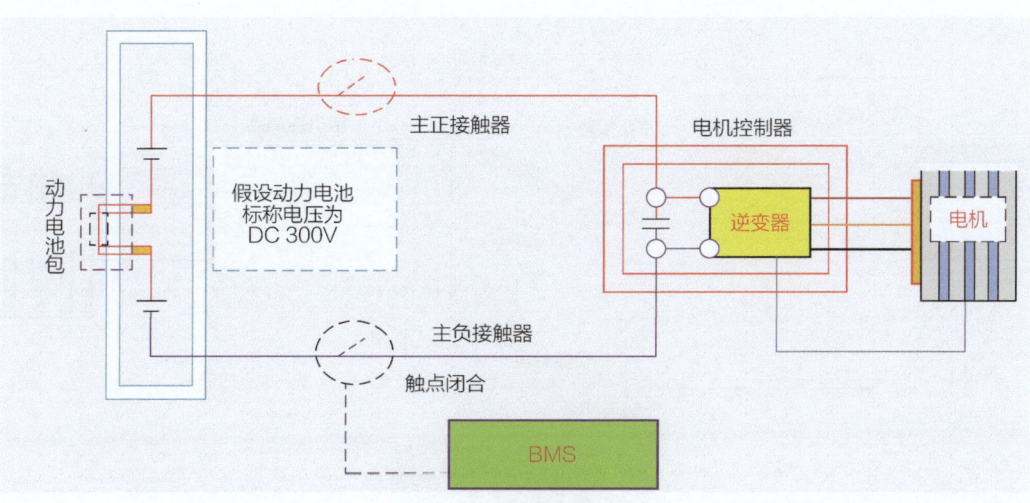

图 4-33 主负接触器触点闭合

当主负接触器触点闭合之后,进行下一步操作,BMS 控制主正接触器线圈通电,主正接触器触点闭合。如图 4-34 所示为主正接触器触点闭合。

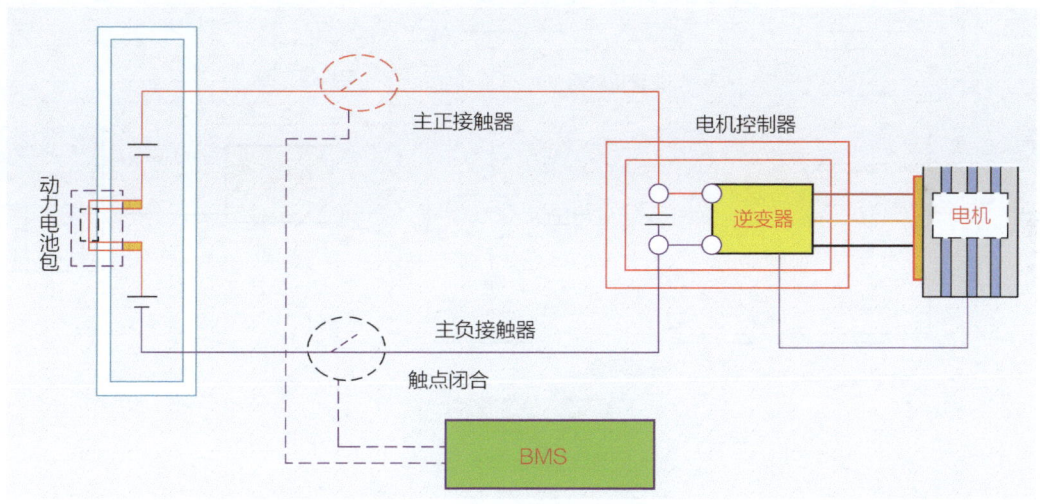

图 4-34 主正接触器触点闭合

当主负接触器与主正接触器触点闭合后,此时动力电池的电能回路路径为:P+ →主正接触器触点→电机控制器内部高压电容→电容→电容输出→电机控制器输出→主负接触器→主负接触器输出→动力电池包 P−。如图 4-35 所示为动力电池电能回路过程图。

当电能回路完成后,由于此时高压电容内部无残余电压(特别是在冷态启动时),内部无电压的电容相当于内部短路,所以在通电回路过程中,由于电容相当于一根直导线,通常线路电阻和触点的闭合电阻仅为 20mΩ,根据欧姆定律,那么瞬间电流 I=300/(20/1000)=15000A,主正继电器和主负继电器的触点在闭合瞬间会产生电弧,造成触点之间烧结,如图 4-36 所示。

车辆在高压上电控制流程中设计了预充继电器和预充电阻,可以完全避免主正继电器和主负继电器产生拉弧和高压冲击的不良现象。

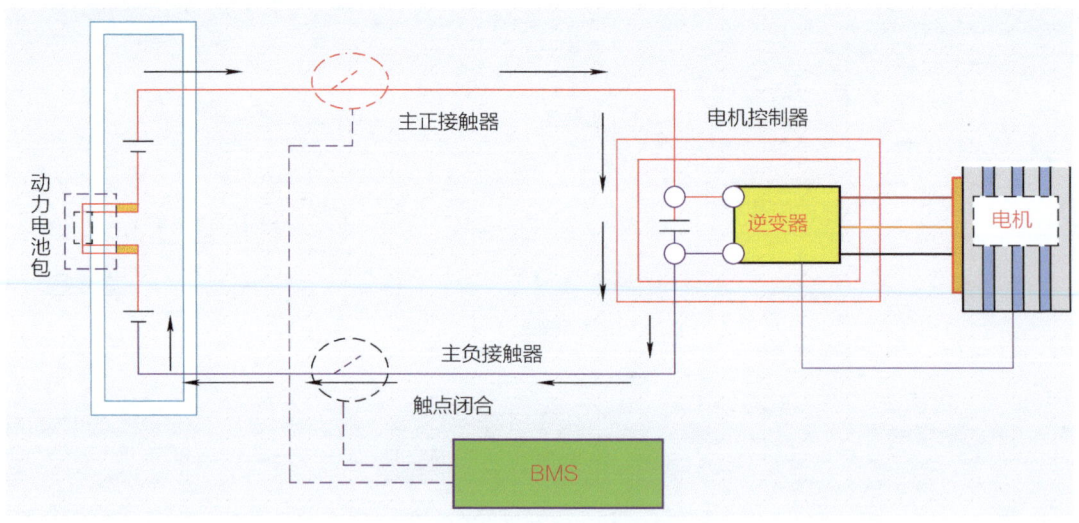

图 4-35 动力电池电能回路过程图

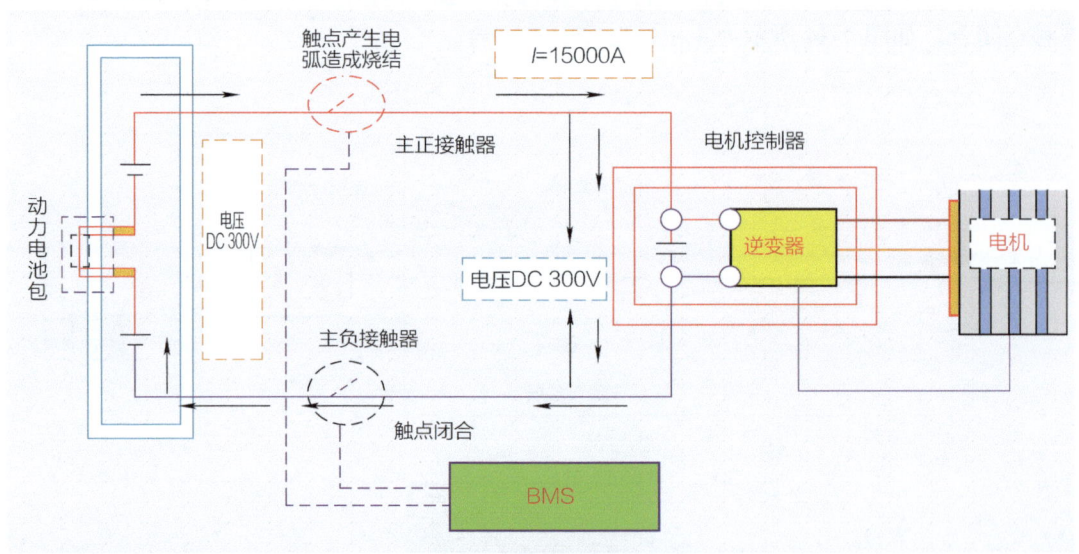

图 4-36 触点烧结过程示意图

高压配电箱框架图，如图 4-37 所示。高压配电箱（PDU）内部基本元器件包含：主负接触器（部分车型无）、主正接触器、预充接触器、预充电阻、铜排连接排以及高压熔断器（高压熔断器包括：OBC、DC/DC 变换器、EAC、PTC）等。

上电第一步，如图 4-38 所示。BMS 接收到上电唤醒信号后，首先接通主负接触器线圈通电，主负接触器触点闭合。

上电第二步，如图 4-39 所示。BMS 接通预充接触器线圈通电，预充接触器触点闭合。

上电第三步，如图 4-40 所示，预充接触器闭合后，动力电池侧的电能从 P+ 进入到高压配电箱→预充接触器→预充接触器输出→预充电阻→电机控制器→电容输入→电容输出→高压配电箱→主负接触器→动力电池 P−，此时动力电池的电能通过预充接触器及预充电阻向高压电容充电。当电容两端的电压达到当前动力电池包电压的 90% 及以上时，代表预充电压合格，合格的预充电压被电机控制器采集到后通过动力网 CAN 上报给动力电池管理器（BMS），合格的预充电压被 BMS 采集到之后执行下一步。

上电第四步，如图 4-41 所示。当 BMS 接收到预充电压合格的信息后，BMS 接通主正接触器线圈通电，主正接触器触点闭合。

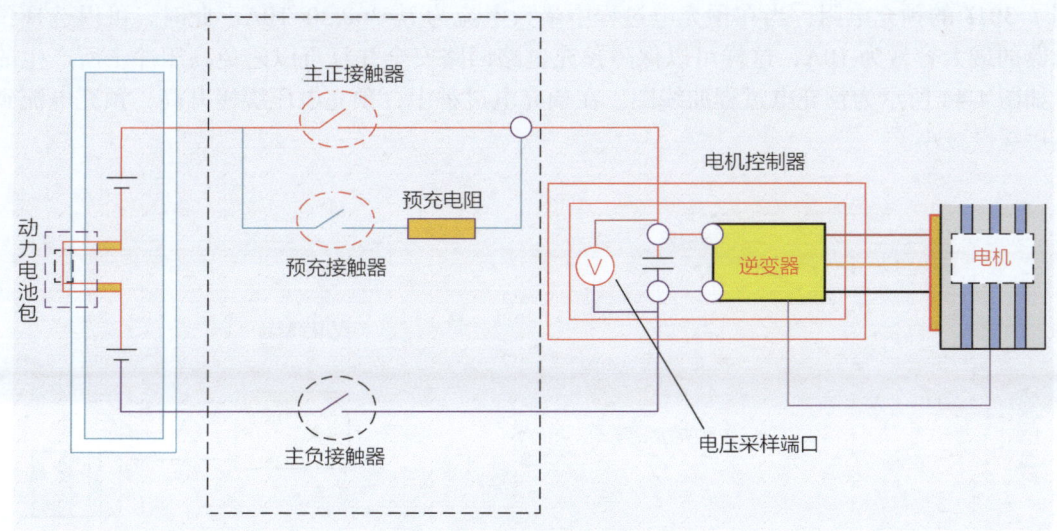

图 4-37　高压配电箱框架图

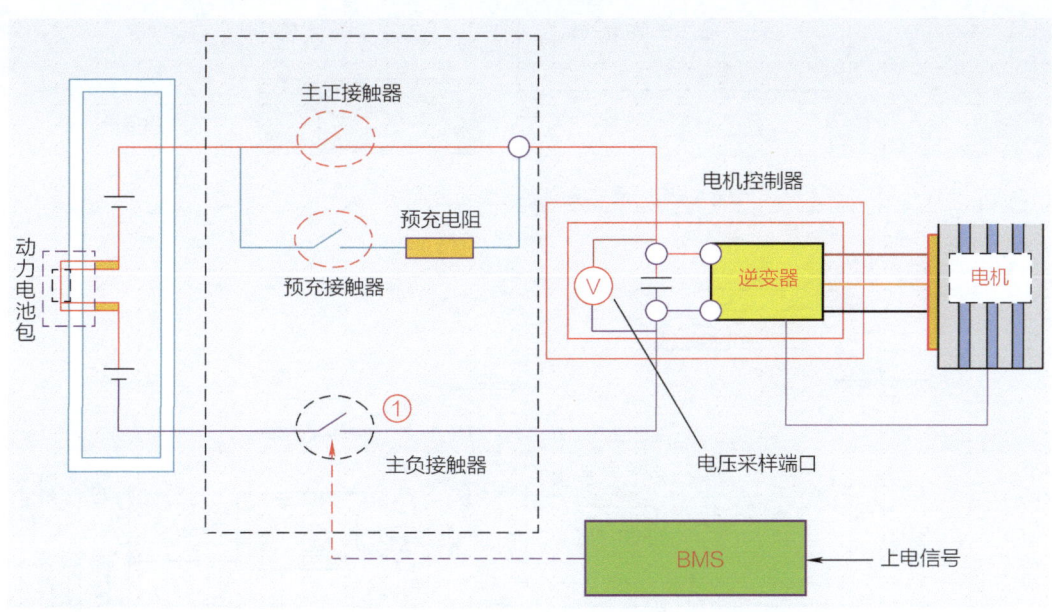

图 4-38　主负接触器触点闭合（第一步）

上电第五步，如图 4-42 所示。当主正接触器触点闭合后，电能回路从动力电池 P+→高压配电箱→主正接触器→电机控制器直流母线→高压电容输入→高压电容输出→主负接触器→动力电池 P-。高压电容两端电压约等于当前动力电池的电压，电机控制器通过动力网 CAN 上报给动力电池管理器（BMS）后进入下一步。

上电第六步，如图 4-43 所示。合格的电压上报给 BMS，BMS 断开预充接触器线圈的电源，预充接触器触点断开，上电流程完成。

上电过程中加入了预充电路,设计了预充接触器和预充电阻,上电时首先进行预充,在预充过程中,主正接触器没有参加工作,当预充电压合格后,预充电容两端的电压达到当前动力电池包电压的 90% 及以上时,此时主正接触器进行闭合,预充接触器退出工作状态。通常预充电阻的阻值大小与动力电池包的电压范围相关(通常按照最高电压进行设计),例如,本示例选用了 30Ω 的预充电阻,当在预充电过程中最大电流为 I_P=300/30=10A。此时,可以选择预充接触器的最大容量为 10A,这样可以保障预充电路回路安全并且可以避免高压冲击所产生的风险。如图 4-44 所示为预充电过程曲线图。在预充电过程中,预充电压缓慢升高,预充电流到达最高后缓慢减小。

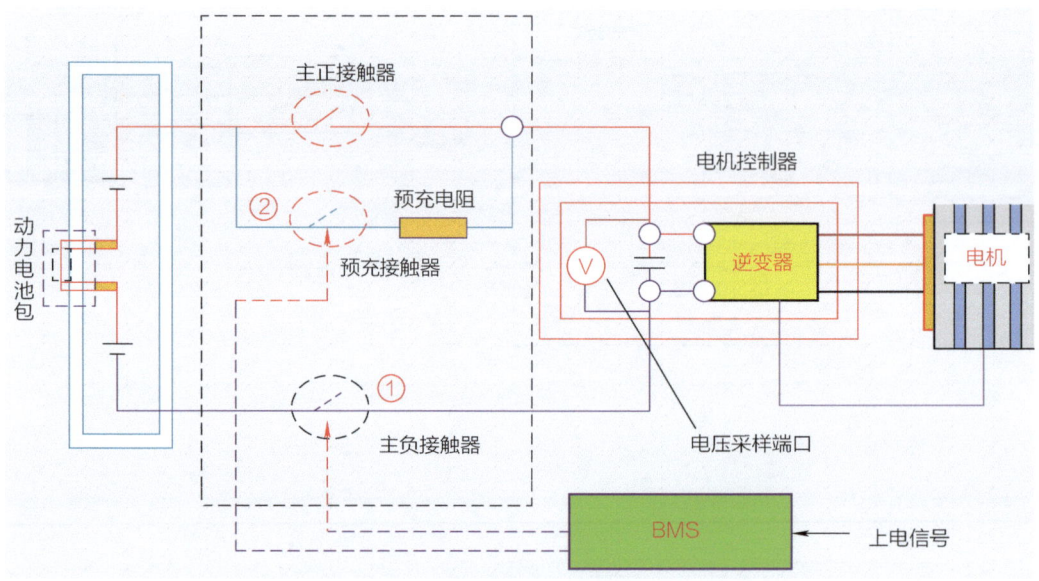

图 4-39 预充接触器触点闭合(第二步)

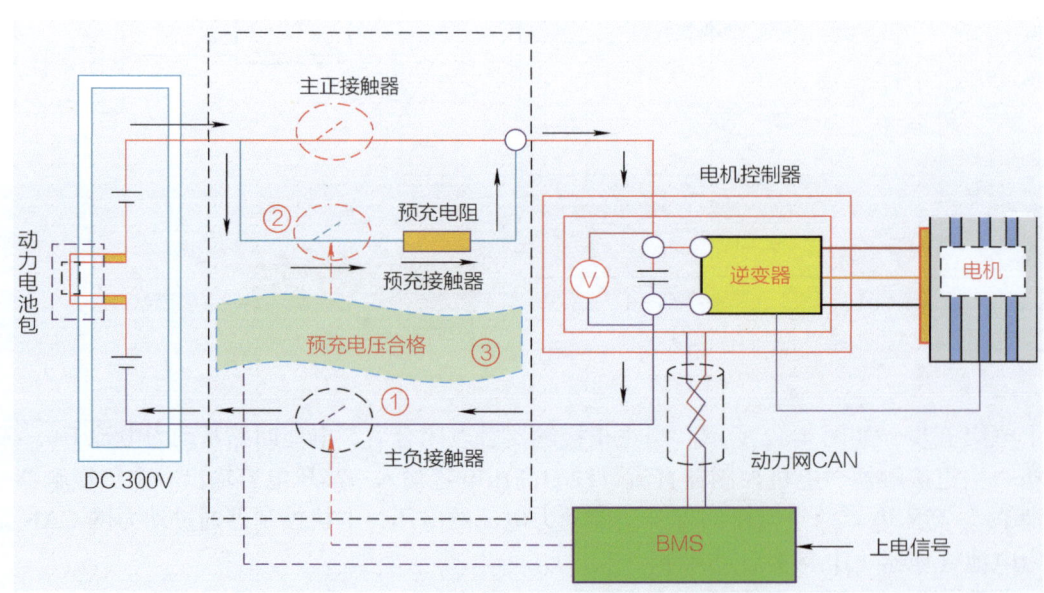

图 4-40 预充合格电压过程(第三步)

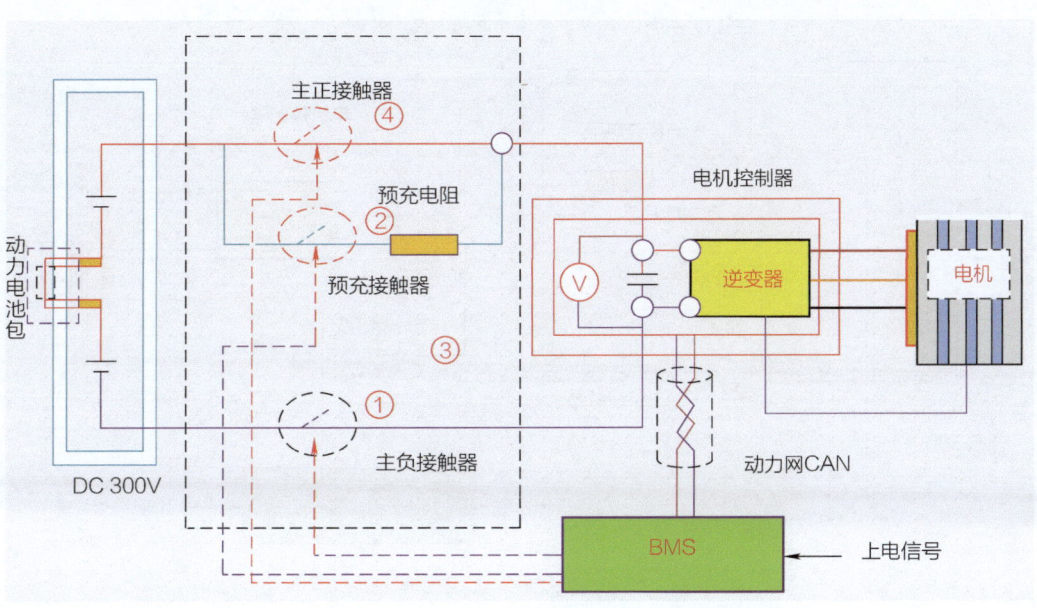

图 4-41　主正接触器触点闭合（第四步）

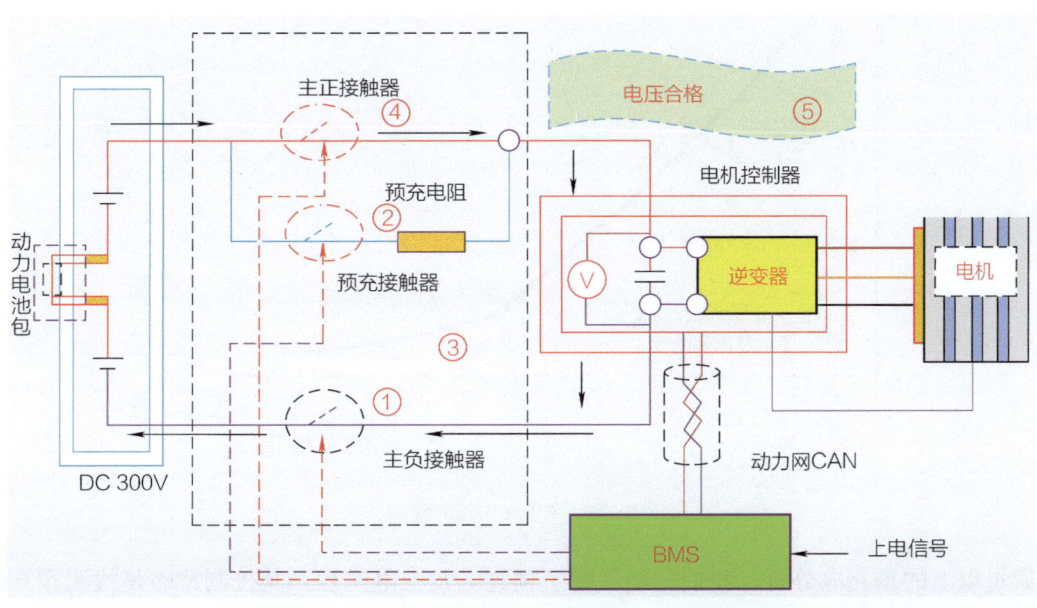

图 4-42　主正接触器闭合后的合格电压（第五步）

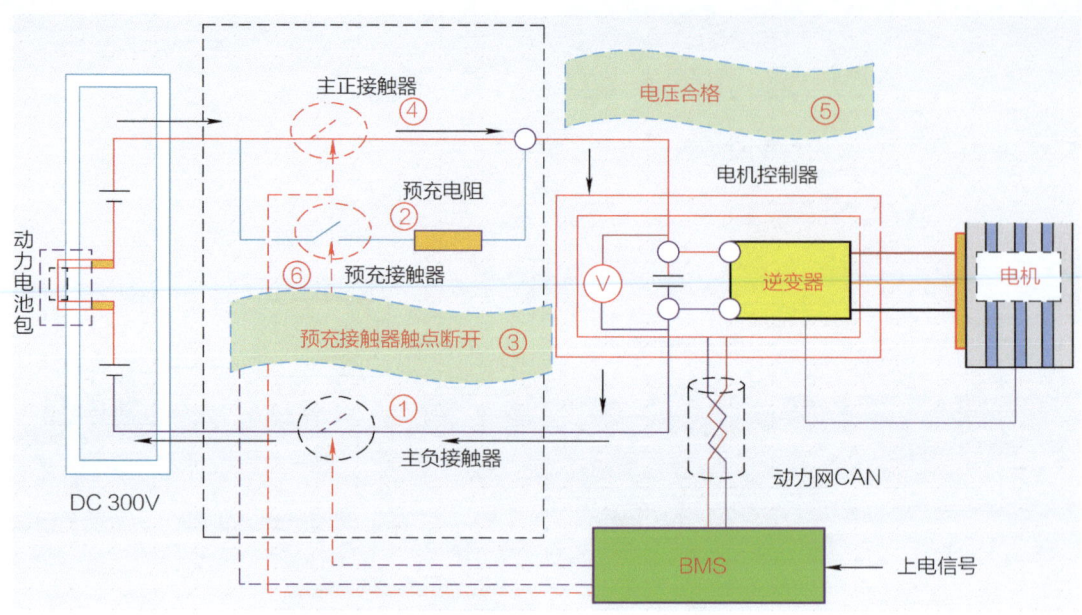

图 4-43 预充接触器断开上电完成（第六步）

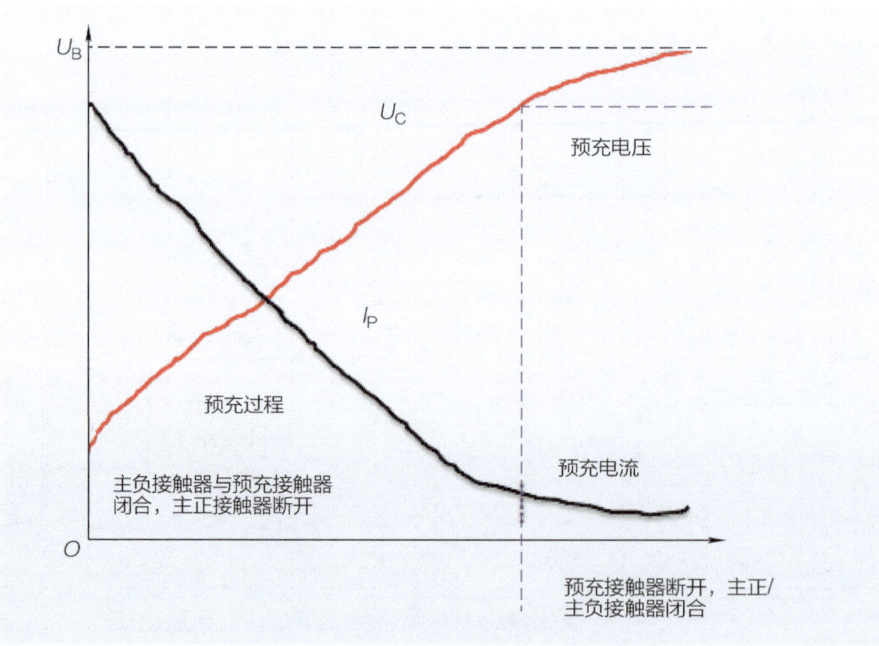

图 4-44 预充电过程曲线图

通过以上的预充电分析，我们已经了解了预充电及上电流程，其控制策略是检测预充电压是否合格，那么还有没有其他的方式检测预充电压是否合格呢？答案是肯定的，如图 4-45 所示为电流采集方式检测预充电压是否合格的控制原理图。在预充电过程中，由于初始状态电容内部的电压几乎为零，因而在充电过程中初始电流较大，初始电流最大不超过 15A，随着电容的容量逐渐变小，电流逐步变小，最小电流甚至可以达到 0A，合格的电流传递至电机控制器，电机控制器通过 CAN 传递至动力电池管理器，动力电池管理器则执行下一步操作（预充电过程与图 4-39～图 4-44 过程相同）。

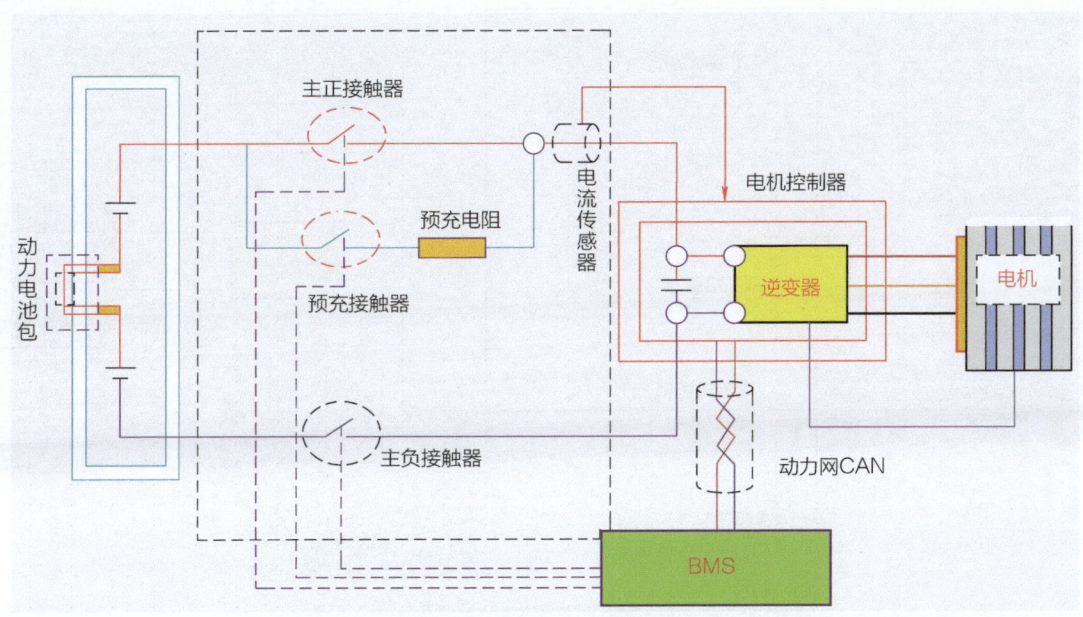

图 4-45　电流采集型检测预充电压是否合格的控制原理图

部分车型采用的预充接触器与预充电阻设计在直流母线负极一侧，因此初始闭合的接触器是主正接触器而并非是主负接触器，如图 4-46 所示为预充接触器布置在直流母线负极侧。

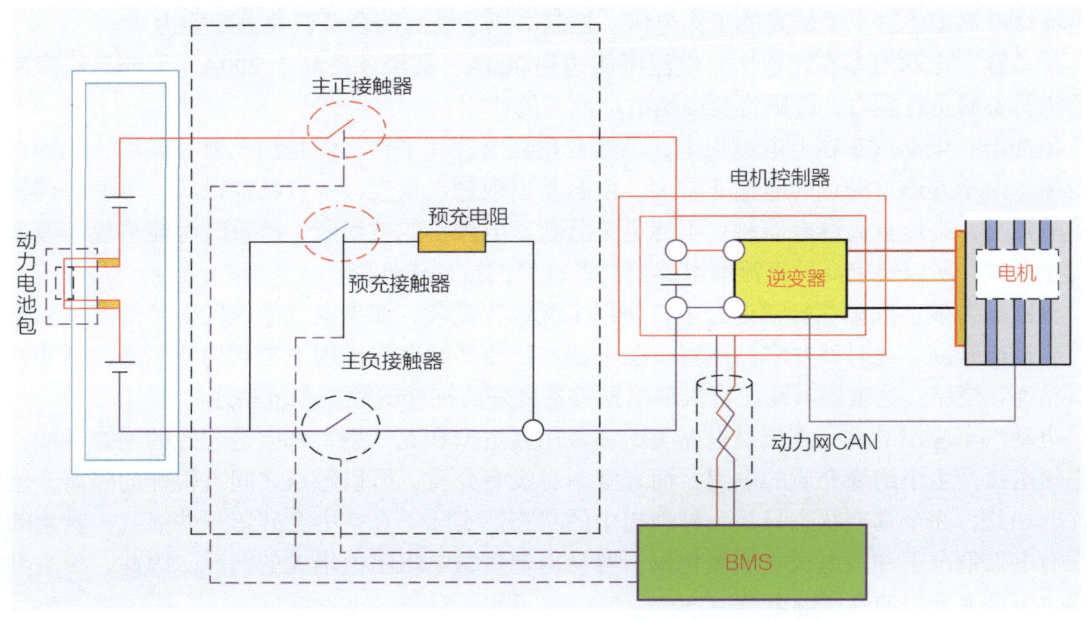

图 4-46　预充接触器布置在直流母线负极侧

一部分车型为了降低制造成本,在设计高压配电系统时省略了主负接触器,而只使用了预充接触器、预充电阻、主正接触器,如图4-47所示。

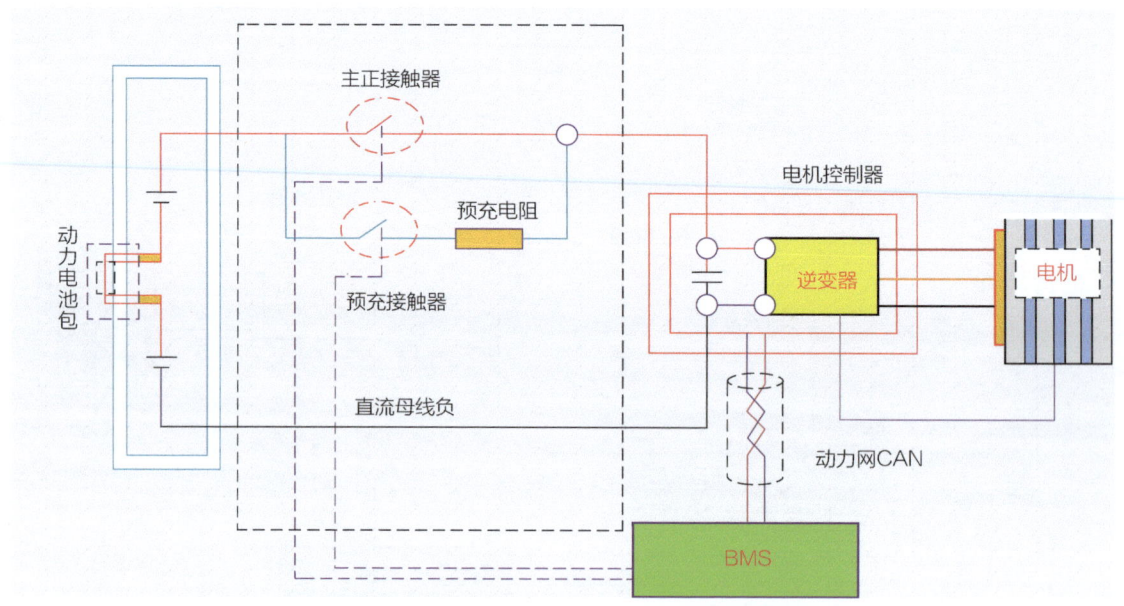

图4-47 高压配电系统无主负接触器电路原理图

高压直流继电器的功能:

一般在新能源汽车中配备的高压直流继电器,需具备耐高压、耐负载、耐冲击、灭弧能力强和分断能力强的特点。

耐高压:电动汽车的工作电压都比较高,远远高于传统燃油汽车的12V/24V,因此要求高压直流继电器需能够承受较高的工作电压、控制高压系统的闭合及快速分断能力。

耐负载:电动汽车在运行中,电流可能达到200A,甚至还要高于200A,因此高压直流继电器需具备耐负载能力,否则将会影响电动汽车的使用。

耐冲击:电动汽车在上电过程中,虽然有预充电管理平台,但是预充电完成后,车辆正常运行中,由于其通过触点的电流非常大,极容易出现触点粘连,一旦粘连以后,车辆出现其他严重故障时,高压直流继电器触点不能迅速分断,电源不能被切断,严重时可能造成车毁人亡的安全事故,所以要求高压直流继电器要具备良好的抗冲击性能。

分断能力强:汽车在日常运行中,使用工况较为复杂,如果电气系统发生了短路,回路中电流会迅速升高,此时就要求高压直流继电器在比较高的电流作用下顺利切断电路,不能发生触点粘连和烧结。这就要求高压直流继电器具备良好的抗冲击性能和抗粘连的能力。

电动汽车应用的高压直流继电器类型多采用真空型和充气型,真空是理想的绝缘环境,由于高压电弧产生于绝缘介质的电离,而真空本身没有介质,所以触点之间有很好的隔离,但事实并非如此,完全真空状态只是一种理想中的状态,实际上真空中会残留一些氧气,剩余的氧气在有电弧情况下和铜电极生成氧化铜,容易出现接触电阻阻值增大的情况。因此,真空型继电器也不是太理想的高压继电器。

目前电动汽车主要应用的是充气型继电器,充气型继电器主要采用氢气和氮气进行灭弧,同时拥有优秀的抗冲击及分断的能力。

直流接触器内部结构及外部形状,如图 4-48 所示。图 4-49 所示为接触器解剖图。

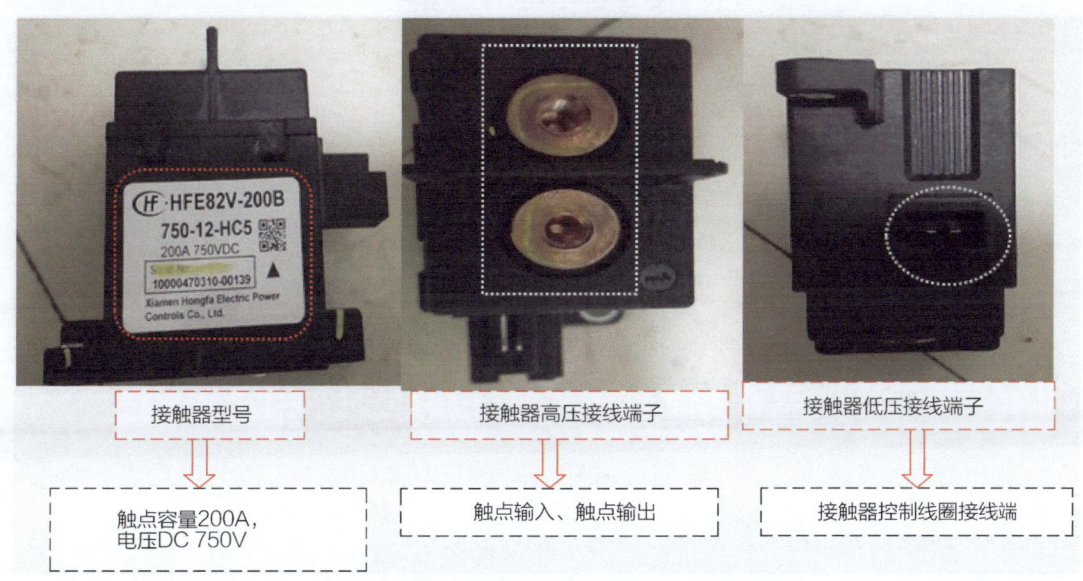

图 4-48　直流接触器内部结构及外部形状

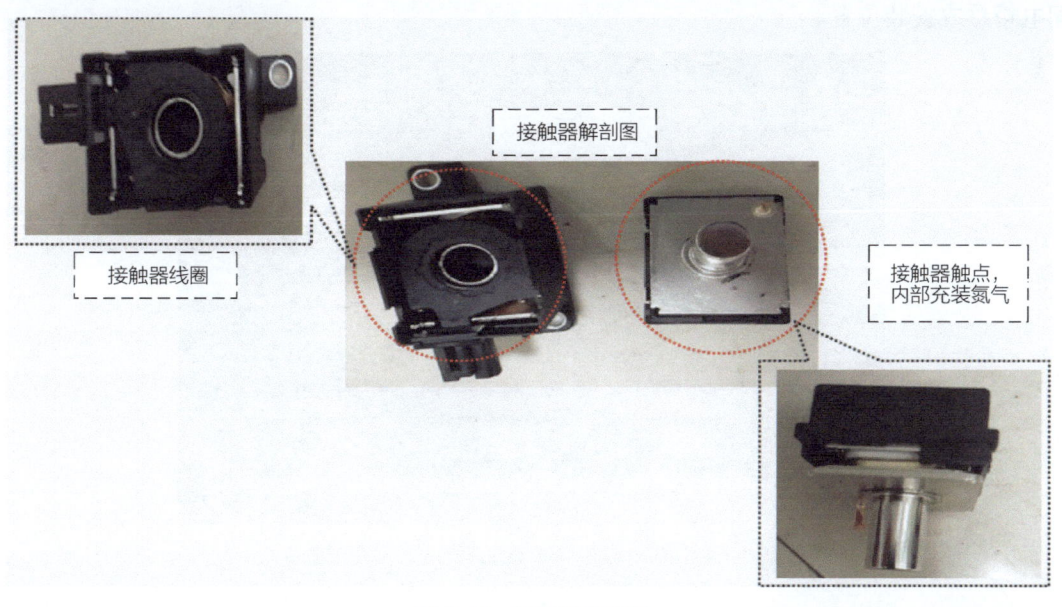

图 4-49　接触器解剖图

接触器工作示意原理图,如图 4-50 所示。

电动汽车/混合动力汽车的接触器安装位置有以下 3 种类型:与动力电池组集成在一体、单独的高压配电箱、与高压配电箱总成集成在一起。为了便于大家理解和掌握,下面以比亚迪秦 DM(2014 款)为例进行分析。

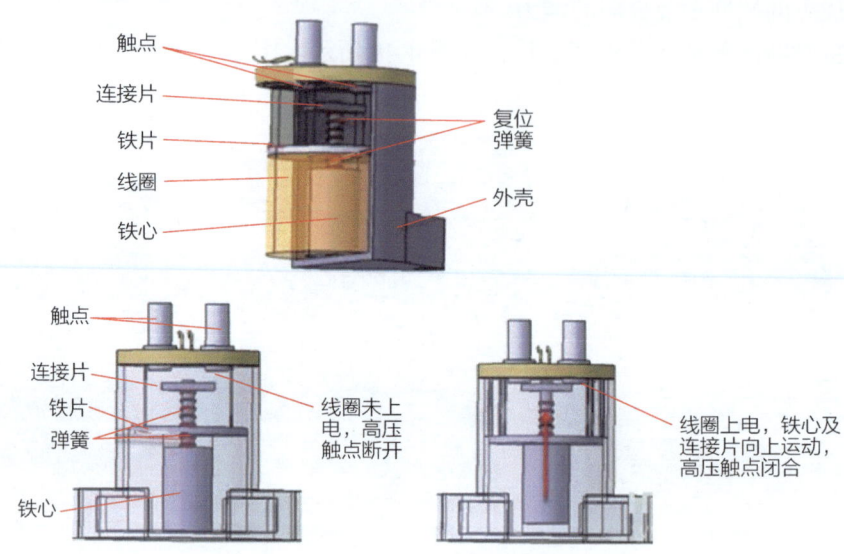

图 4-50 接触器工作示意原理图

三、2014 款秦 DM 高压配电箱总成

1）安装位置。位于后行李舱动力电池包支架右上方。如图 4-51 所示为 2014 款秦 DM 高压配电箱总成安装位置。

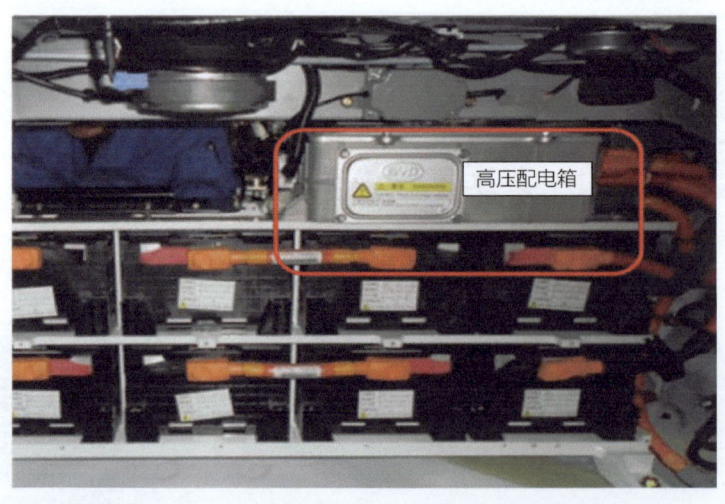

图 4-51　2014 款秦 DM 高压配电箱总成安装位置

2）功能介绍。将动力电池包的高压直流电分配给整车高压电器使用，其上游是动力电池包，下游包括驱动电机控制器及 DC/DC 变换器总成、PTC 水加热器、电动压缩机、漏电传感器；也将车载充电器的高压直流电分配给动力电池包。如图 4-52 所示为 2014 款秦 DM 高压配电箱系统框架图。

3）2014 款秦 DM 高压配电箱内部电路原理示意图，如图 4-53 所示。

4）2014 款秦 DM 高压配电箱内部结构图，如图 4-54 所示。

第四章 高压系统组成与高压配电系统

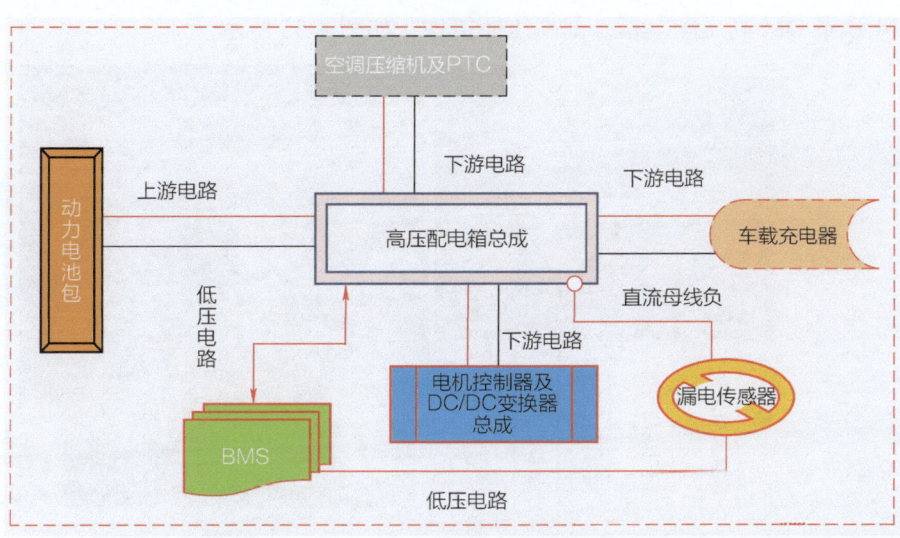

图 4-52　2014 款秦 DM 高压配电箱系统框架图

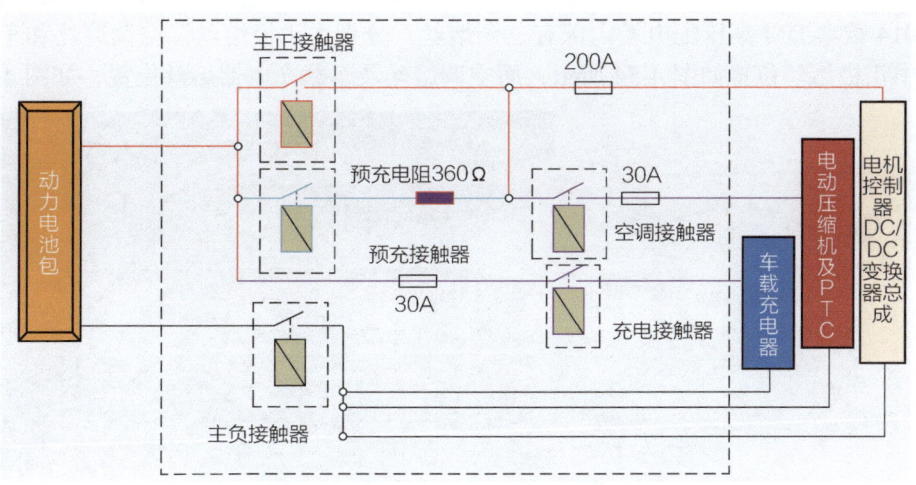

图 4-53　2014 款秦 DM 高压配电箱内部电路原理示意图

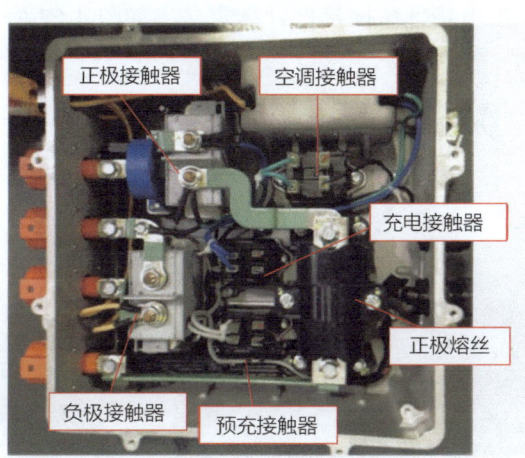

图 4-54　2014 款秦 DM 高压配电箱内部结构图

109

5）2014 款秦 DM 高压配电箱外部高压插接件，如图 4-55 所示。

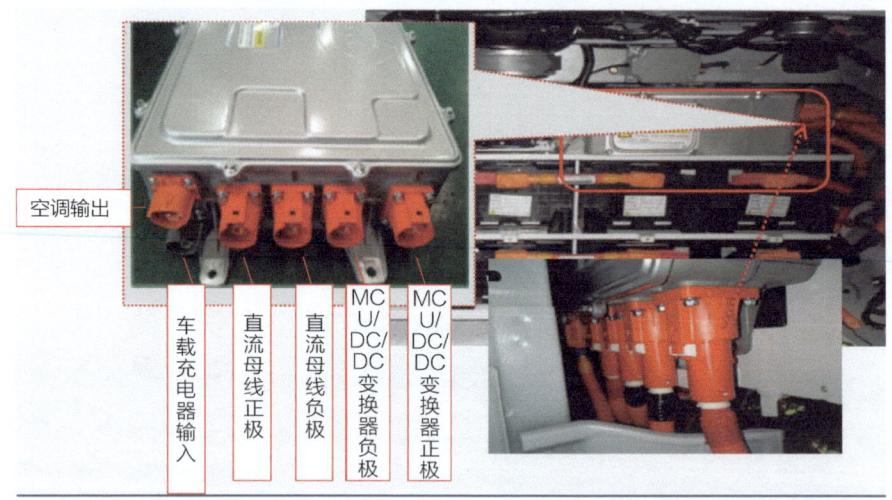

图 4-55　2014 款秦 DM 高压配电箱外部高压插接件

6）2014 款秦 DM 高压配电箱内部有三个熔丝，分别为正极熔丝、空调熔丝和车载充电器熔丝，其中正极熔丝位置如图 4-54 所示，而空调熔丝及车载充电器熔丝位置，如图 4-56 所示。

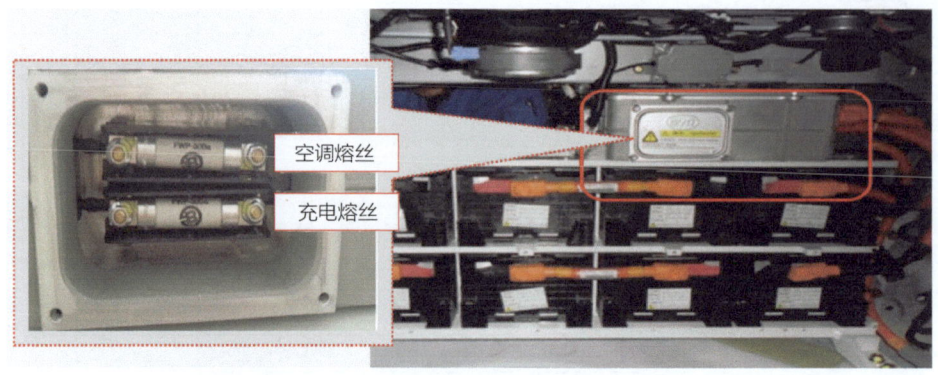

图 4-56　空调熔丝及车载充电器熔丝位置

7）2014 款秦 DM 高压配电箱低压插接件针脚定义，如图 4-57 所示。

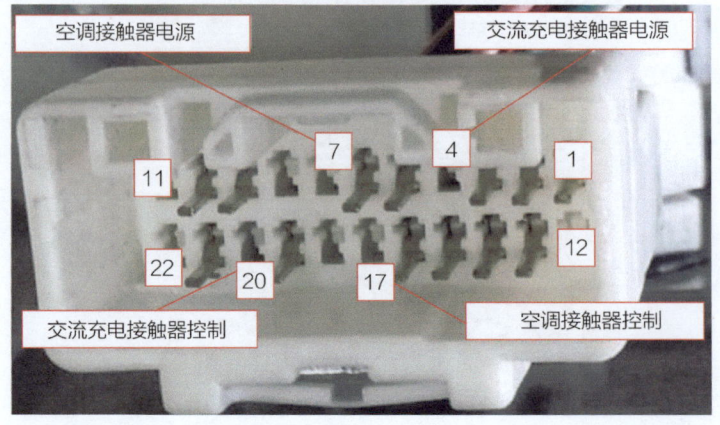

图 4-57　2014 款秦 DM 高压配电箱低压插接件针脚定义

2014 款秦 DM 高压配电箱针脚定义及解析见表 4-1。

表 4-1　2014 款秦 DM 高压配电箱针脚定义及解析

端子号	端子定义	端子号	端子定义
1	预充接触器电源	13	预充接触器控制
3	正极接触器电源	14	正极接触器控制
4	交流充电接触器电源	17	空调接触器控制
5	负极接触器电源	19	霍尔电流传感器 +15V
7	空调接触器电源	20	交流充电接触器控制
9	霍尔电流信号	21	霍尔电流传感器 −15V
10	负极接触器控制	其余	空脚

技术小贴士：2015 款秦 DM 高压配电箱内部取消了空调接触器和充电接触器，根据前面的内容分析，在充电和开空调时都有哪些接触器参与了工作呢？如图 4-58 所示为 2015 款秦 DM 高压配电箱内部结构图。

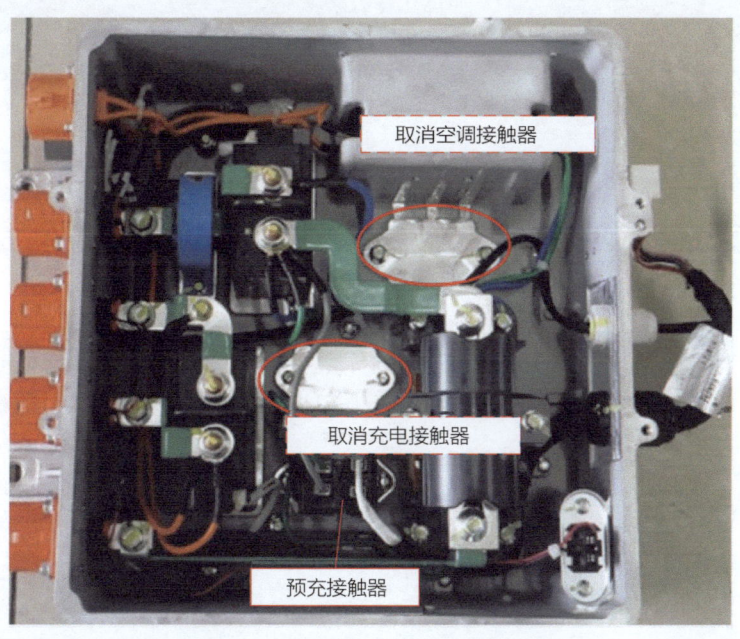

图 4-58　2015 款秦 DM 高压配电箱内部结构图

数据流技术知识扩展：

如图 4-59 所示为接触器断开状态数据流。

如图 4-60 所示为预充电过程数据流。

如图 4-61 所示为预充完成时主正、主负、预充接触器同时吸合数据流。

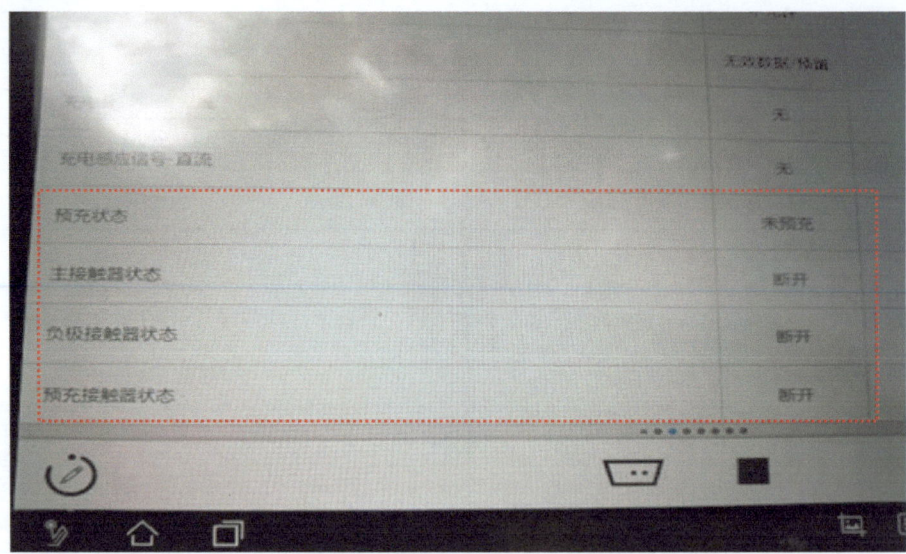

图 4-59　接触器断开状态数据流

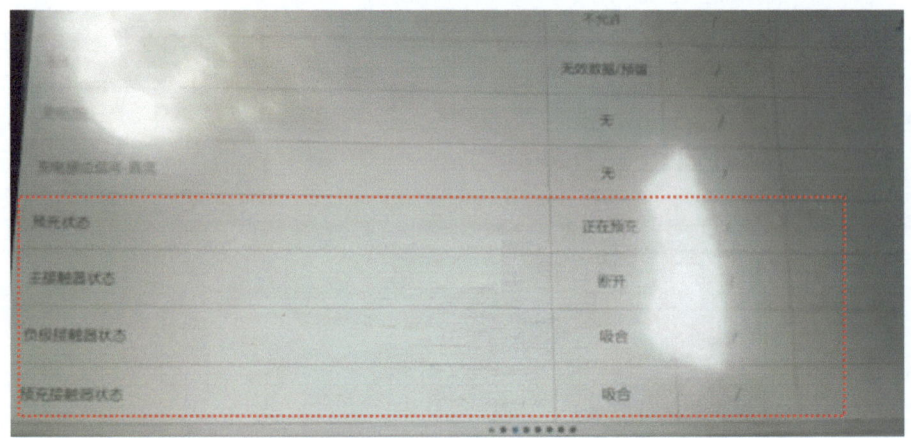

图 4-60　预充电过程数据流

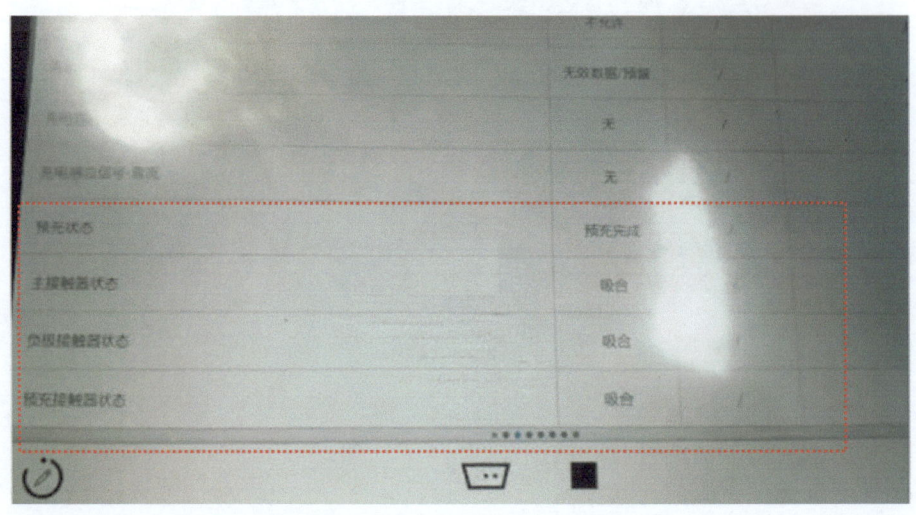

图 4-61　预充完成时主正、主负、预充接触器同时吸合数据流

如图 4-62 所示为预充完成主正、主负接触器吸合，预充接触器断开数据流。

图 4-62　预充完成主正、主负接触器吸合，预充接触器断开数据流

比亚迪元 EV360（EB 款）的高压配电箱与动力电池包集成在一起，因此在高压配电箱内部集成了正极、负极和预充接触器，预充电阻及霍尔电流传感器，如图 4-63 所示。

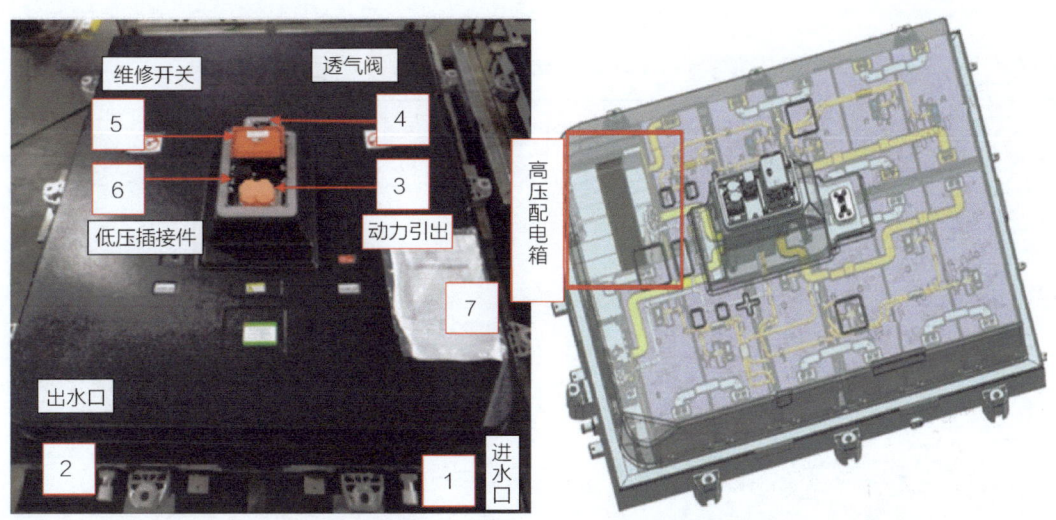

图 4-63　比亚迪元 EV360（EB 款）高压配电箱位置

图 4-64 所示为高压配电盒与动力电池一体式设计及连接示意图。由于高压配电盒在动力电池组内部，在高压配电盒内部没有集成高压熔丝，其高压熔丝集成在充配电总成内部，充配电总成内部原理示意图如图 4-65 所示。图 4-66 所示为充配电总成内部结构及熔丝位置。

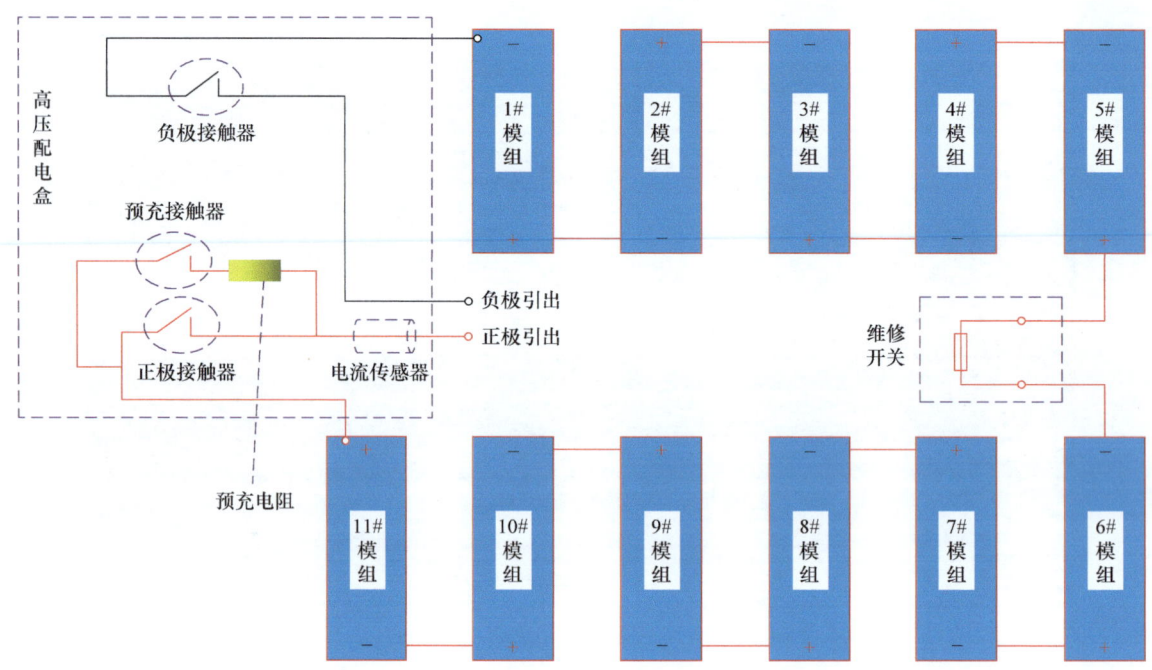

图 4-64 高压配电盒与动力电池一体式设计及连接示意图

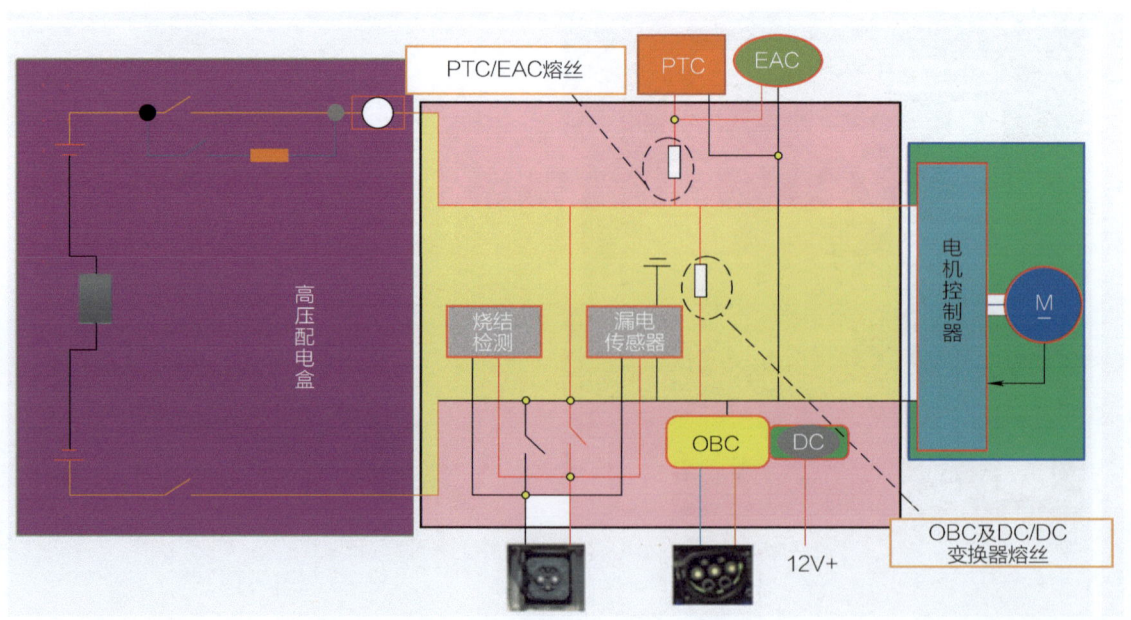

图 4-65 充配电总成内部原理示意图

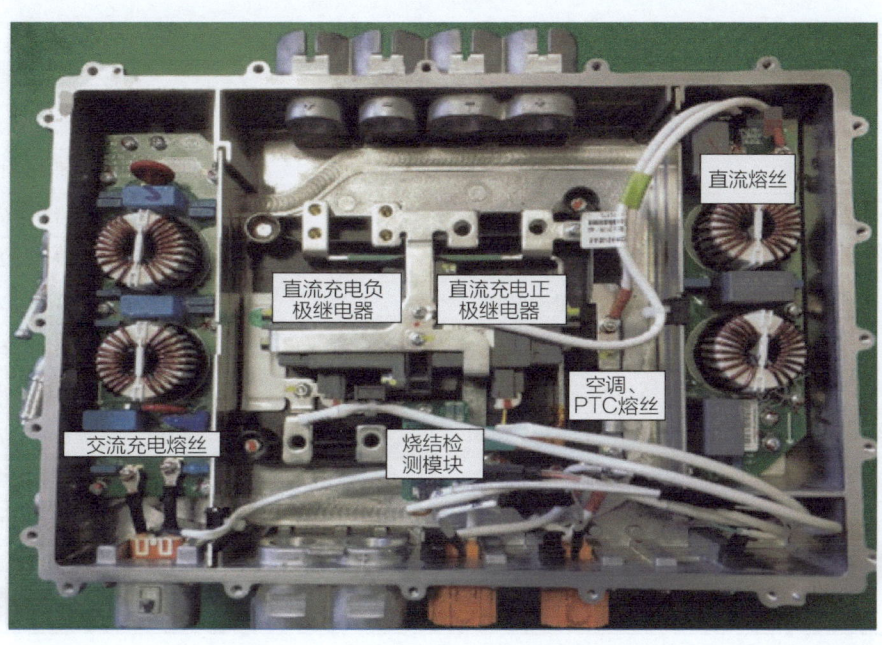

图 4-66 充配电总成内部结构及熔丝位置

为后续检修与诊断奠定基础,现以比亚迪元 EV360(EV 款)的动力电池包内部接触器为例,进行检查与诊断。首先讲解 K46 动力电池包连接线束及针脚排列,如图 4-67 所示,针脚定义见表 4-2。

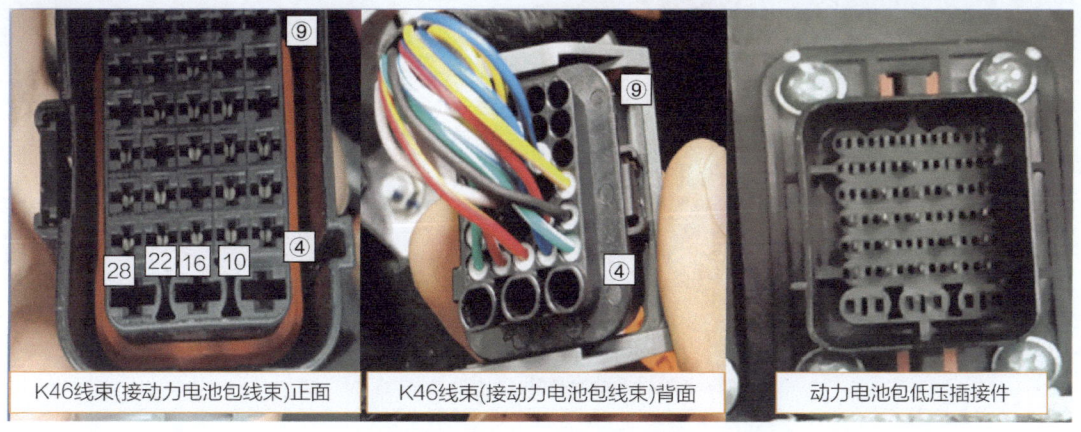

图 4-67 K46 动力电池包连接线束及针脚排列

表 4-2 动力电池包针脚定义

端口号	端口名称	线束接法
4	级联模块 CAN-L	动力电池管理器 01-10
5	级联模块屏蔽地	动力电池管理器 01-02
6	负极接触器电源	动力电池管理器 01-16
10	级联模块 CAN-H	动力电池管理器 01-01
11	级联模块供电 +12V	动力电池管理器 01-03

（续）

端口号	端口名称	线束接法
13	负极接触器控制	动力电池管理器 01-29
16	级联模块供电地	动力电池管理器 01-11
18	正极接触器电源	动力电池管理器 01-07
19	正极接触器控制	动力电池管理器 01-22
20	预充接触器电源	动力电池管理器 01-07
22	霍尔电流信号	动力电池管理器 01-26
23	霍尔电流信号屏蔽地	动力电池管理器 01-19
24	霍尔电流 +15V 电源	动力电池管理器 01-27
25	霍尔电流 -15V 电源	动力电池管理器 01-18
28	预充接触器控制	动力电池管理器 01-21
29	高压互锁输出	充配电总成
30	高压互锁输入	动力电池管理器 02-04

车辆上电（高压上电）控制系统的控制条件框架如图 4-68 所示。

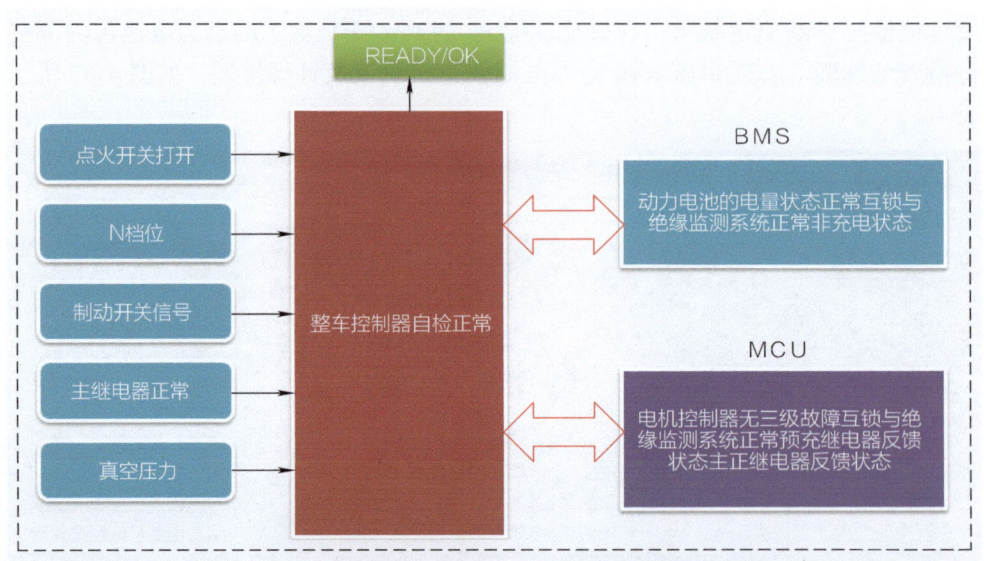

图 4-68　车辆上电（高压上电）控制系统的控制条件框架

车辆下电包括：正常下电、故障下电、充电下电、碰撞下电等，如图 4-69 所示。

车辆无论在什么状态下下电，均是首先断开主负接触器，然后再断开主正接触器，并且在正常下电时 BMS 会记忆下电前的接触器状态，然后在下次上电时进行自检（通过电压进行检测），检查接触器是否存在烧结粘连等故障，若通过自检判断出接触器触点烧结后，系统会点亮组合仪表故障指示灯，并且上电失败，此时纯电动汽车无法行驶，混合动力汽车由于无法上高压电，发电机/起动机无法驱动发动机，车辆同样也不可以使用 EV 模式/燃油模式行驶。但对于比亚迪混合动力汽车有最后一道安全保障：采用外挂低压起动机，一旦高压系统出现故障，在控制系统的作用下由低压蓄电池来驱动起动机，然后起动机驱动发动机，发动机可以正常运转,车辆可以使用燃油模式应急行驶。如图 4-70 所示为比亚迪秦 Pro 动力系统组成框架(系统带有 BSG 电机发电 / 启动用)、电机(MG2)以及起动机。

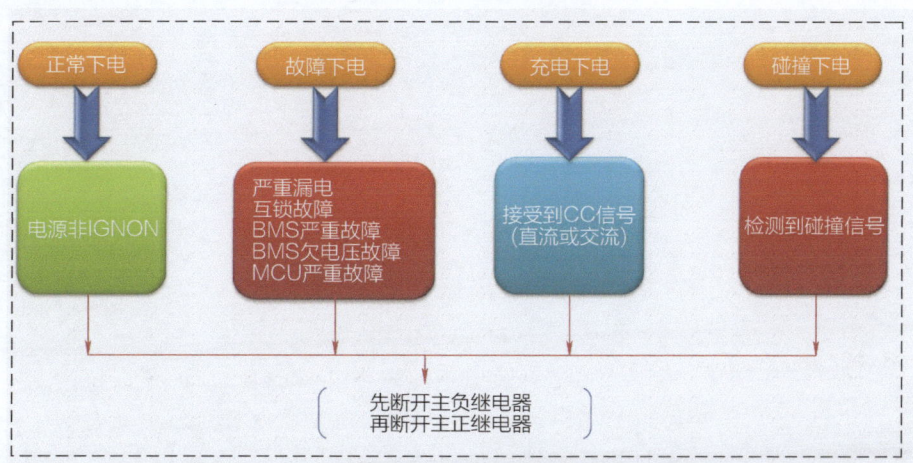

图 4-69　车辆下电图示

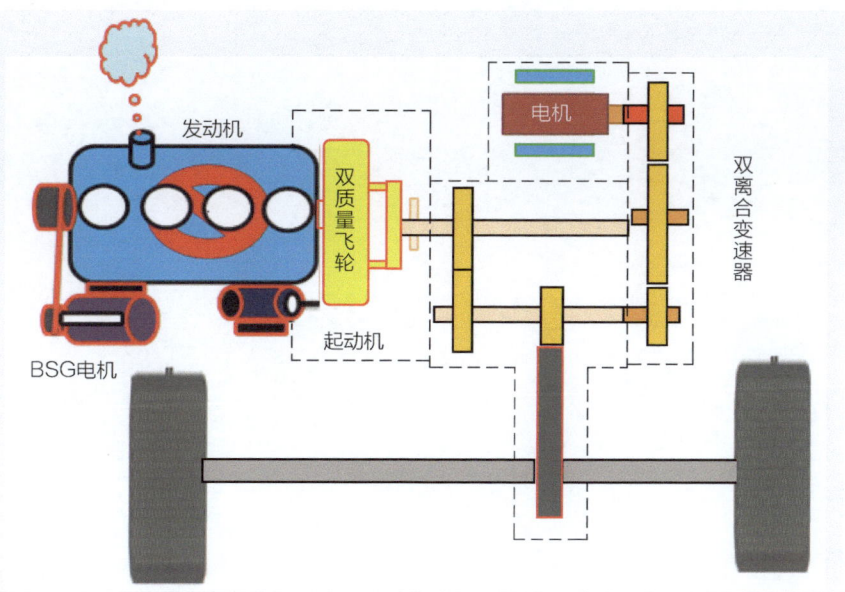

图 4-70　比亚迪秦 Pro 动力系统组成框架、电机(MG2)以及起动机

第五章

电动汽车/混合动力汽车充电系统与能量回收技术

充电系统是电动汽车主要的能源供给系统,为车辆持续行驶提供能源;根据动力电池的实时状态,控制启动充电和停止充电;根据动力电池的电量和温度控制充电电流和热管理系统。

充电系统可分为常规充电(交流慢充)和快速充电(直流快充),能量回收与低压蓄电池充电系统。如图 5-1 所示为纯电动汽车充电系统分类。

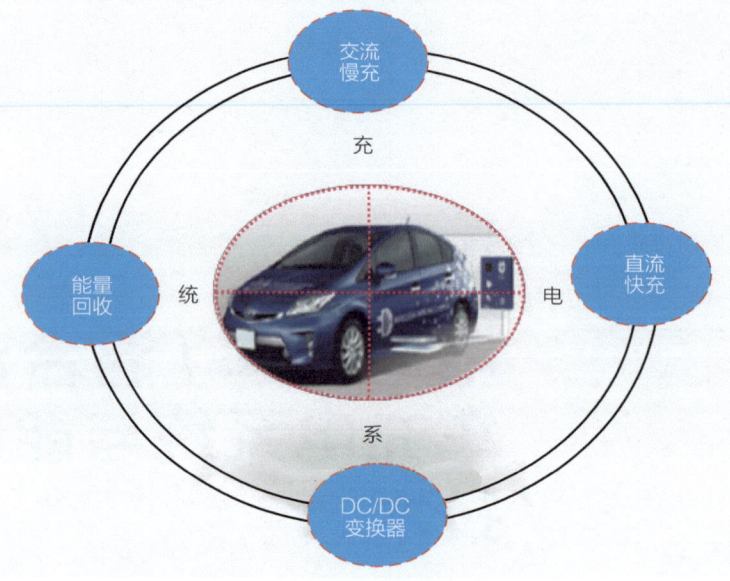

图 5-1　纯电动汽车充电系统分类

混合动力汽车分为非插电式混合动力汽车和插电式混合动力汽车,这两种混合动力汽车的充电系统有相同的充电方式也有不同的充电方式。如图 5-2 所示为插电式混合动力汽车(PHEV)与非插电式混合动力汽车(HEV)充电的区别与相同点。

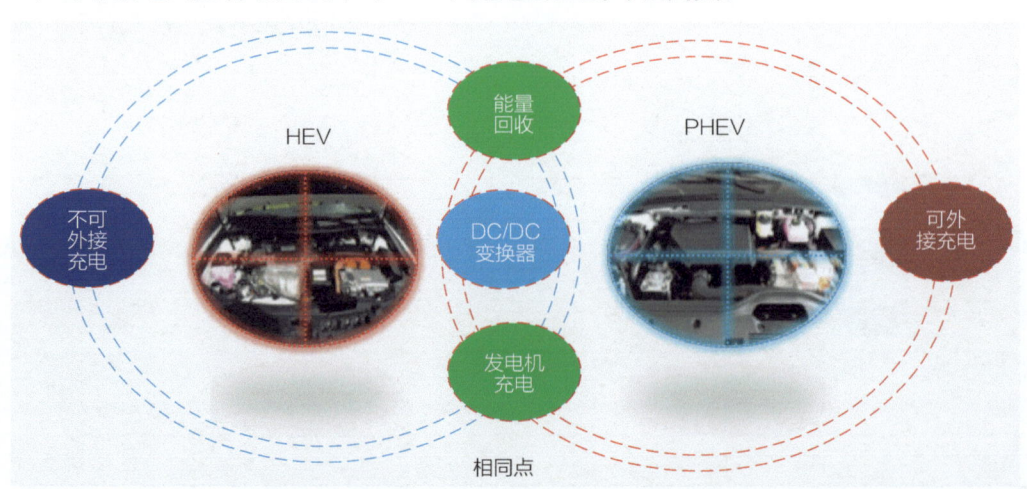

图 5-2　插电式混合动力汽车(PHEV)与非插电式混合动力汽车(HEV)充电的区别与相同点

插电式混合动力汽车虽然可以外接充电,但由于混合动力系统的空间制约、成本制约以及在使用 EV 模式下本身就是一套辅助功能,所以混合动力车型的动力电池容量小,不宜使用直流快充系统进行充电,但只能采用交流慢充进行充电。

第一节 交流慢充系统

一、交流慢充系统的结构组成

交流慢充系统使用交流 AC 220V 单相电,通过车载充电器整流升压(或降压),将交流电转换成高压直流电为动力电池充电。交流慢充系统充电流程示意图,如图 5-3 所示。

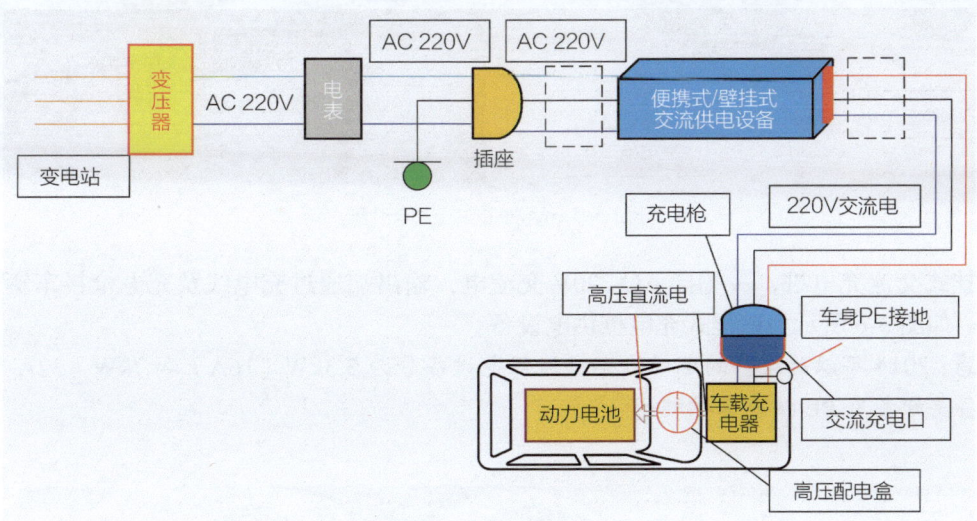

图 5-3 交流慢充系统充电流程示意图

1. 供电设备

慢充系统的供电设备主要有便携式充电器、壁挂式充电桩以及充电线(含充电枪),直接供电等形式。

由于直接供电无安全保护措施,一般不采用该方式,如图 5-4 所示。

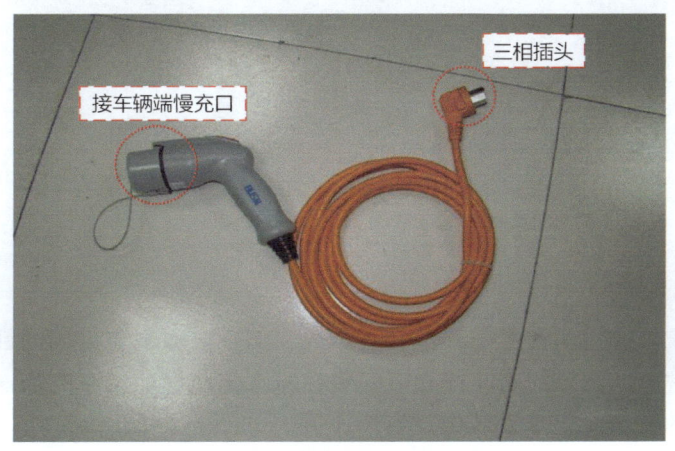

图 5-4 充电线

便携式充电器，一端接三相插座；另一端接车辆端交流慢充口，如图5-5所示为便携式交流供电设备。

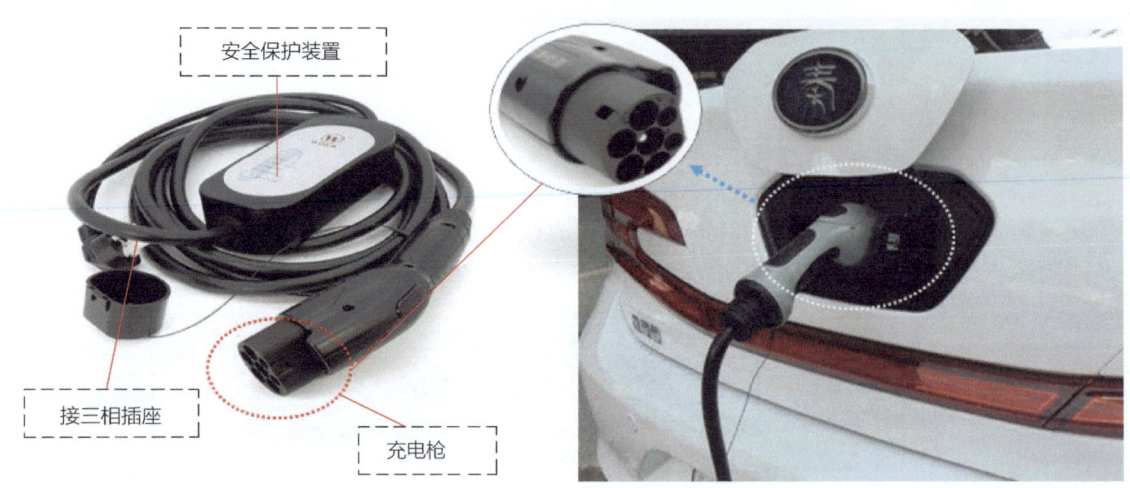

图5-5　便携式交流供电设备

壁挂式交流充电桩，一端接AC 220V交流电，输出端通过充电线及充电枪接车辆端交流慢充口。如图5-6所示为壁挂式充电桩供电设备。

注意：2014年以后生产的电动汽车交流供电设备分为3.3kW（16A）和7kW（32A），并且充电设备要配备有PE接地保护端子。

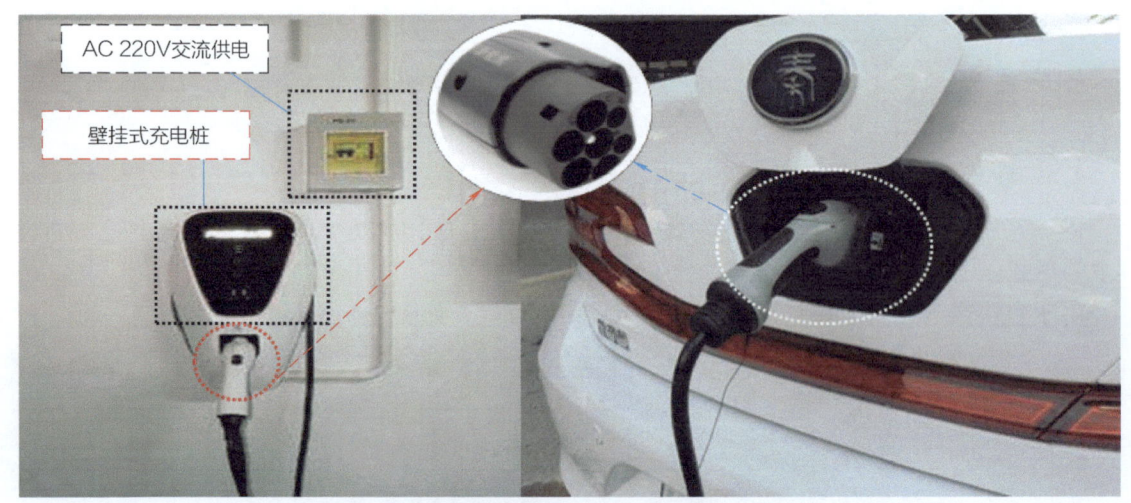

图5-6　壁挂式充电桩供电设备

2. 慢充口

车型不同，交流慢充口的布置位置也有所不同，但交流充电口采用的都是7芯端口，并且端口定义相同。通常电动汽车的交流慢充口安装在原来传统燃油汽车的加油位置，但是混合动力汽车（插电式）的交流慢充口安装位置有所不同。如图5-7所示为交流慢充口位置及7芯端口状态图。

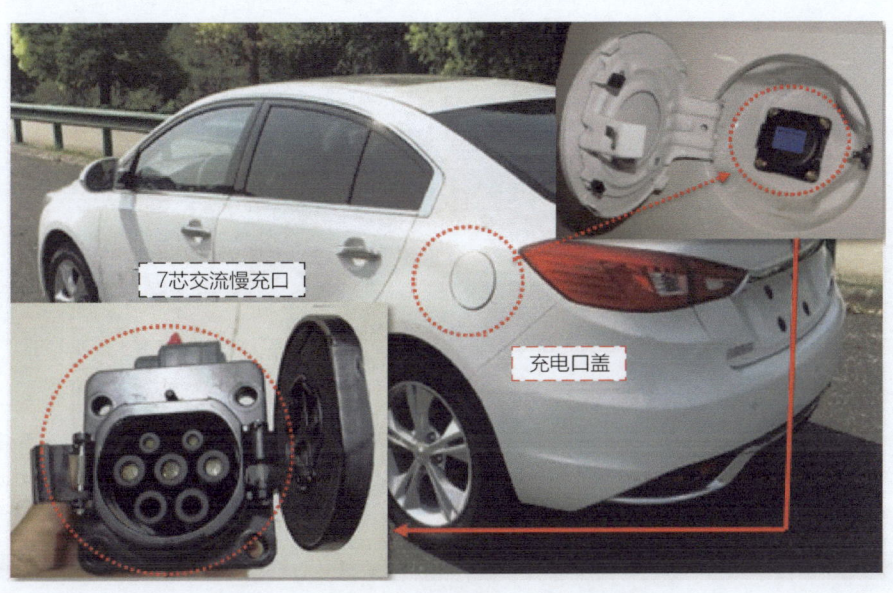

图 5-7　交流慢充口位置及 7 芯端口状态图

3. 慢充线束

连接慢充口与车载充电器之间的线束，它的作用就是将交流慢充充电设备输入的 AC 220V 交流电输送到车载充电器。如图 5-8 所示为慢充线束与充电口连接图。

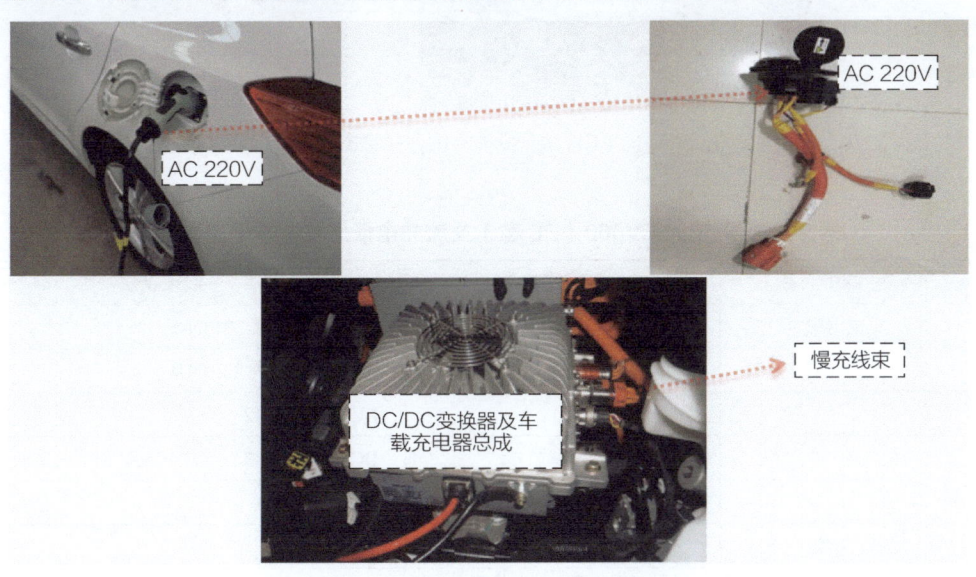

图 5-8　慢充线束与充电口连接图

慢充线束一端接交流充电口；另一端接车载充电器。交流电压输入要通过交流慢充口及交流电压线束输出至车载充电器，如图 5-9 所示为比亚迪元 EV535 交流输入高压端子定义及输入部件端子位置。

比亚迪元 EV360（EB 款）交流充电低压线束端子图示及端子定义说明，如图 5-10 所示。

比亚迪元 EV360（EB 款）交流充电低压线束端子定义说明见表 5-1。

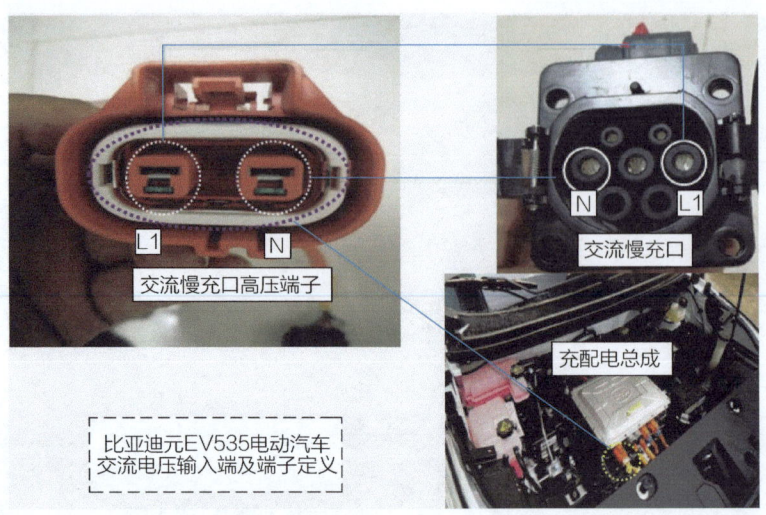

图 5-9 比亚迪元 EV535 交流输入高压端子定义及输入部件端子位置

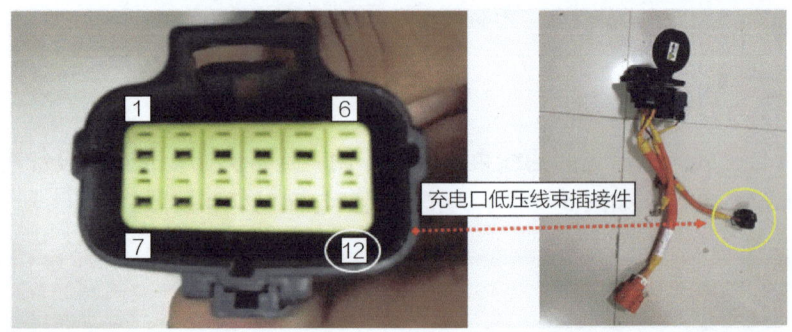

图 5-10 比亚迪元 EV360（EB 款）交流充电低压线束端子图示及端子定义说明

表 5-1 比亚迪元 EV360（EB 款）交流充电低压线束端子定义说明

引脚号	端子名称	端子定义	线束接法
1	CP	充电控制确认	接充配电总成 33PIN-5
2	CC	充电连接确认	接充配电总成 33PIN-4
3		闭锁电源	BCMD 端口 -2
4		开锁电源	BCMD 端口 -3
5		闭锁状态检测	接 BCM-14
6	空		
7		温度传感器高	接充配电总成 33PIN-7
8		温度传感器低	车身接地
9~12	预留		
备注	在充电口内部设置一个温度传感器，作用就是在充电时时刻监控充电口的温度。一旦充电口 L1 与 N 端子和充电枪对应端子接触不良，就会产生热量，若温度过高，则可能会造成充电口自燃。常温下（20℃）电阻阻值在 9kΩ 左右，如图 5-11 所示。将万用表调至 20kΩ 档位，两支表笔分别测量低压线束插接件 7 和 8PIN，测量的数据为温度传感器的阻值			

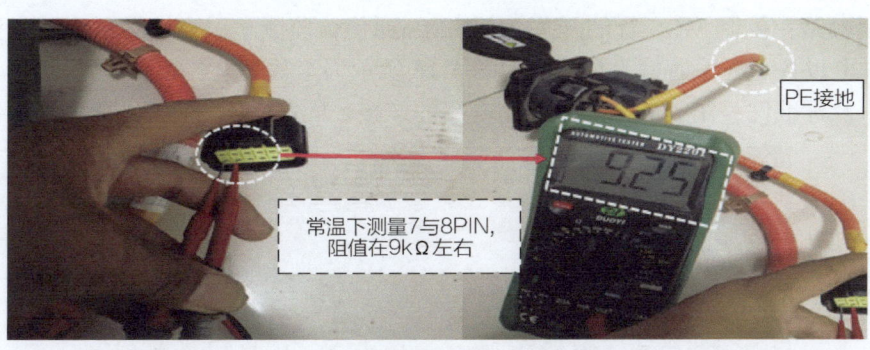

图 5-11 温度传感器测量数据图

如图 5-12 所示为交流慢充端口布置及端口定义。

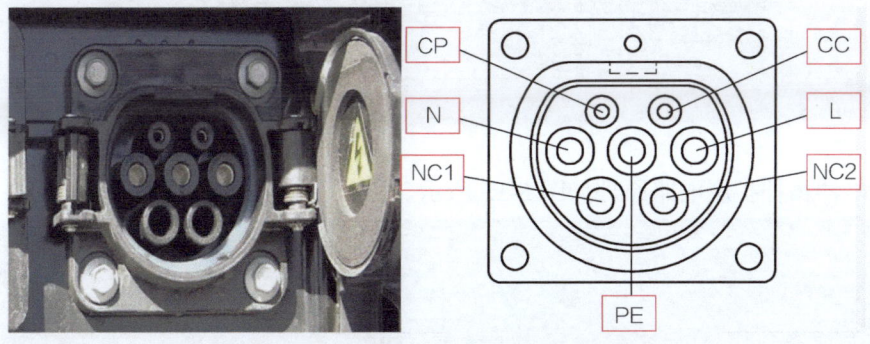

图 5-12 交流慢充端口布置及端口定义

CC—慢充连接确认线　CP—慢充控制确认线　N—交流电源　L—交流电源　PE—车身搭铁　NC1、NC2—预留

4. 车载充电器

车载充电器内部可分为 3 部分，分别是主电路、控制电路、线束及标准件。

1）主电路：前端将交流电转换为恒定电压的直流电，主要由全桥电路+PFC 电路经 DC/DC 变换器后，将前端转换出的直流高压电变换为合适的电压及电流供给动力电池，如图 5-13 所示为车载充电器主电路部分。

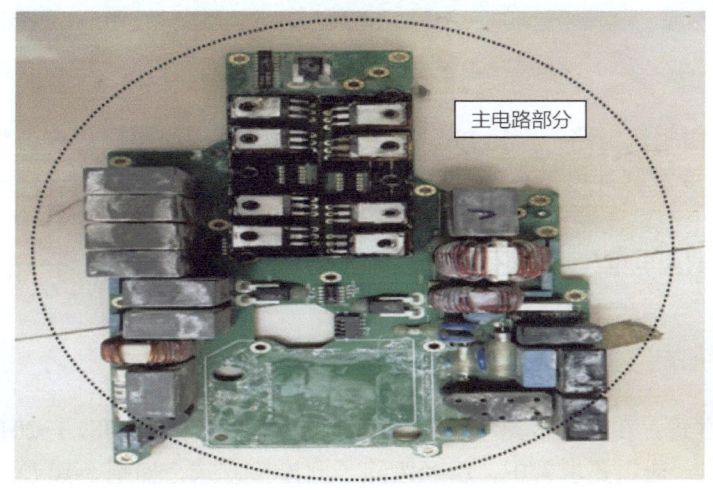

图 5-13 车载充电器主电路部分

2）控制电路：控制 MOS 管的开关，与 BMS 通信，监测车载充电器状态及交流供电设备（外部交流供电设备）握手通信等功能。如图 5-14 所示为车载充电器控制电路板。

3）线束及标准件：用于主电路及控制电路的连接，固定元器件及电路板。

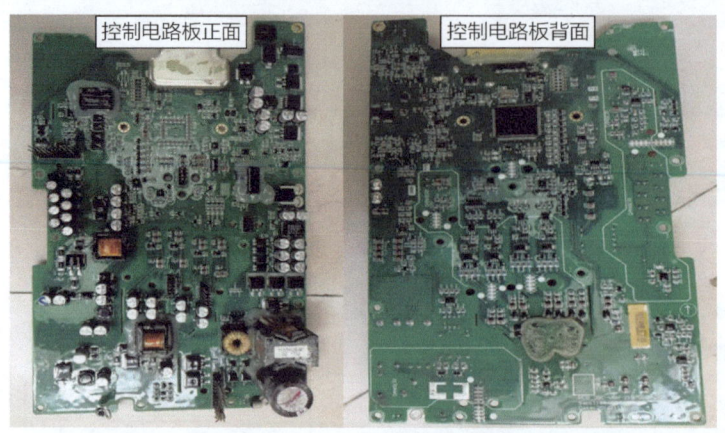

图 5-14　车载充电器控制电路板

车载充电器拓扑扩展电路原理如图 5-15 所示。

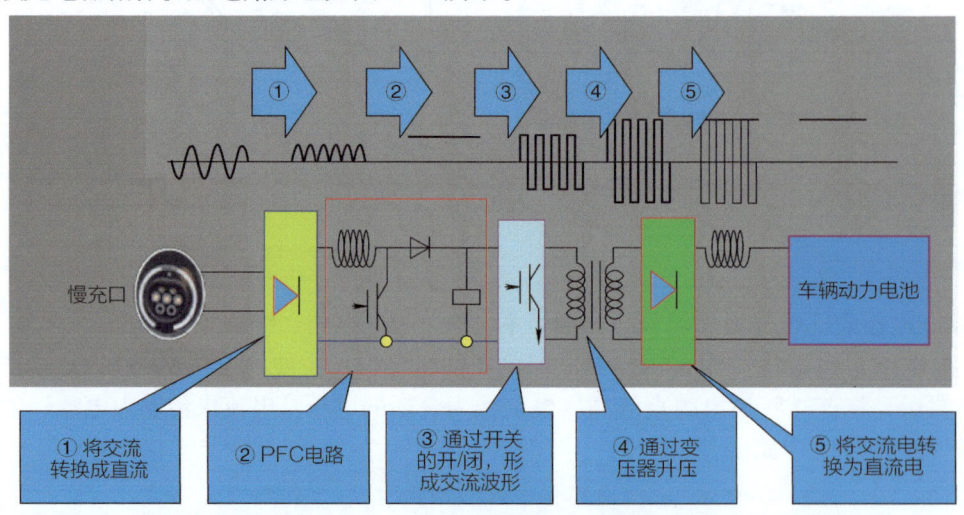

图 5-15　车载充电器拓扑扩展电路原理

整机功率拓扑由整流电路、交错 PFC 升压电路和 LLC 谐振电路组成。整流电路将输入的 AC 220V 交流电转变成脉冲电流，经过 PFC 电路后变为直流电，然后进行逆变升压，最后将变压器输出的交变电流整流滤波后输入到动力电池进行充电。在充电过程中，车载充电器根据 VCU 或 BMS 发送的充电电压、充电电流指令等进行工作。

二、慢充系统的连接方式

1）一般连接方式：在充电线路中没有安全控制盒，在 GB/T18487.1—2015《电动汽车传导充电系统 第 1 部分：通用要求》中，已经废除了此连接方式，如图 5-16 所示为交流慢充一般连接方式。

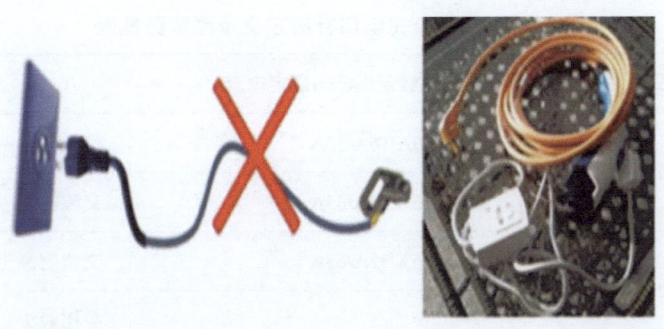

图 5-16 交流慢充一般连接方式

2)其他的连接方式:便携式充电器、壁挂式充电桩(交流供电设备)、直流充电桩的充电形式。如图 5-17 所示为其他充电连接方式。

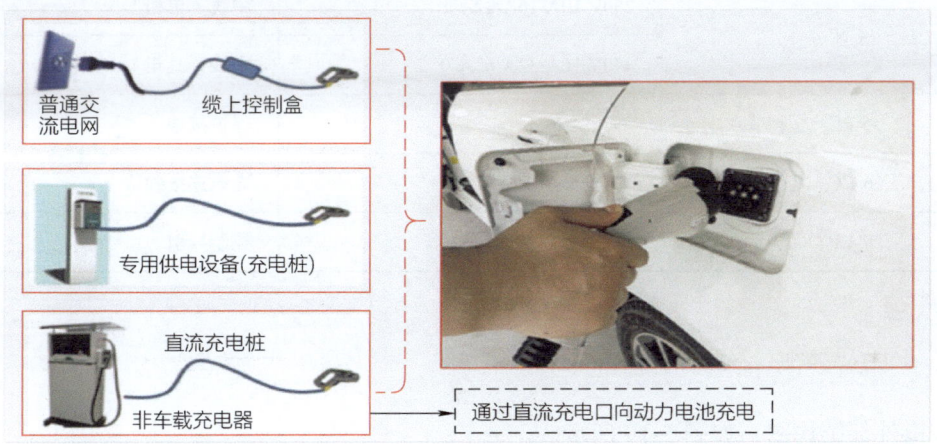

图 5-17 其他充电连接方式

壁挂式交流充电桩有一种特殊的连接方式,即壁挂式交流充电桩与充电线(充电枪)为分体式设计,充电线(供电插头)与壁挂式交流充电桩(供电插座)可以分开,如图 5-18 所示。

图 5-18 供电插头与供电插座分体式示意图

交流充电口针脚定义及额定数据表,见表 5-2。

表 5-2　交流充电口针脚定义及额定数据表

编号/标识	额定电压与额定电流	功能定义
1-L（L1）	250V 10A/16A/32A	交流电源（单相）
	440V 16A/32A/63A	交流电源（三相）
2-NC1（L2）	440V 16A/32A/63A	交流电源（三相）
	—	备用触头
3-NC2（L3）	440V 16A/32A/63A	交流电源（三相）
	—	备用触头
4-N	250V 10A/16A/32A	中线（单相）
	440V 16A/32A/63A	中线（三相）
5-PE	—	保护接地
6-CC	30V 2A	充电连接确认
7-CP	30V 2A	控制导引

三、供电端充电枪内/外部结构

充电枪外部结构图，如图 5-19 所示。

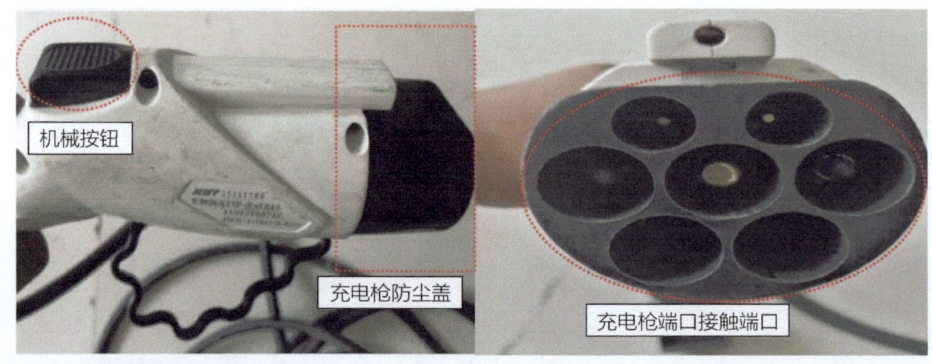

图 5-19　充电枪外部结构图

充电枪内部结构图如图 5-20 所示。分解充电枪内部可以看到按下机械按钮后，在内连接板杠杆的压力下，促动微动开关动作。在微动开关里面有两个电阻，这两个电阻分别为 RC 和 R4 电阻。

在分解充电枪前端后，还可以获知：左上端口为 CC，右上端口为 CP。在下排的排列阵脚中，中间为 PE 端口，PE 左侧为 L1，右侧为 N。其中 PE 金属部位最长，所以充电枪与交流充电口的 PE 端口首先接触，这样设计可以防止操作人员触电。如图 5-21 所示为 PE 与 L1/N 金属长度对比。

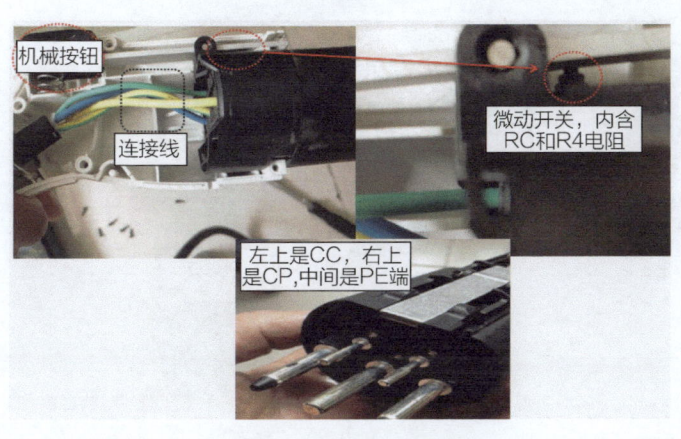

图 5-20　充电枪内部结构图　　　　图 5-21　PE 与 L1/N 金属长度对比

车辆端如何识别交流供电设备的充电功率（充电电流）呢？在车辆端，车载充电器通过识别 RC 和 R4 的阻值就可以获取供电设备的最大输出功率和电流，通常交流供电设备的电缆容量分别为：10A、16A、32A 和 63A 这几种类别，识别电缆容量可以通过测量充电枪连接状态的阻值来获取。具体测量方法见表 5-3。

表 5-3　车辆端识别交流供电设备的充电功率的具体测量方法

额定电流	连接状态	S3 机械开关	RC	R4	备注
10A	半连接	按下（断开）	1.5kΩ	1.8kΩ	RC+R4=3.3kΩ
	全连接	松开（闭合）	1.5kΩ	—	
16A	半连接	按下（断开）	680Ω	2.7kΩ	RC+R4=3.38kΩ
	全连接	松开（闭合）	680Ω	—	
32A	半连接	按下（断开）	220Ω	3.3kΩ	RC+R4=3.52kΩ
	全连接	松开（闭合）	220Ω	—	
63A	半连接	按下（断开）	100Ω	3.3kΩ	RC+R4=3.40kΩ
	全连接	松开（闭合）	100Ω	—	
备注	电阻 RC、R4 精确度为 ±3%，按下开关，充电枪内部微动开关断开；松开开关，内部微动开关连接。如图 5-22 与图 5-23 所示为 16A 充电枪不同微动开关状态测量示意图				

如图 5-22 所示，以 16A 的交流供电设备为例，把万用表调整到 20kΩ 档位，两支表笔分别测量充电枪的 PE 与 CC 端子，按下 S3 机械开关，内部微动开关处于断开状态（若充电枪与充电口已连接，车载充电器就确认充电枪与充电口为半连接状态）所测量的阻值为 RC+R4 的阻值，通常在 3.38kΩ 左右。

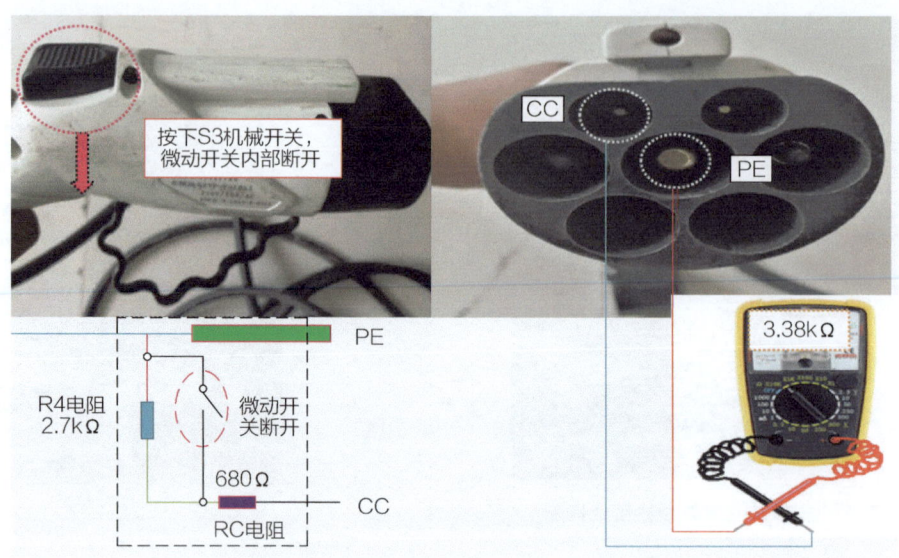

图 5-22 16A 充电枪微动开关断开测量示意图

如图 5-23 所示,当松开 S3 机械按钮时微动开关闭合,微动开关与 R4 电阻并联,其阻值变为 0Ω,这时万用表所测量的阻值只是 RC 的电阻值,以 16A 充电设备为例,阻值为 680Ω 左右。

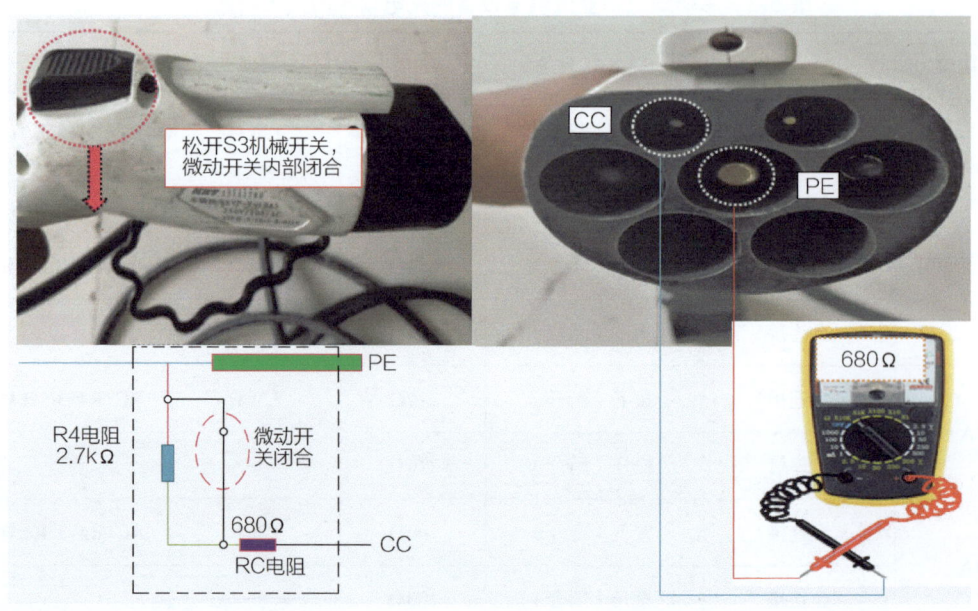

图 5-23 16A 充电枪微动开关闭合测量示意图

四、交流慢充系统物理连接步骤

在掌握物理连接状态前还要掌握一个基础知识,车载充电器在充电条件不满足的情况下无法向动力电池包充电。充电条件见表 5-4。

表 5-4 交流慢充系统充电条件

序号	条件
1	充电线连接确认信号正常
2	车载充电器提供的 AC 220V 电压和 DC 12V 电压正常，车载充电器工作正常
3	充电唤醒信号电压 12V 输出正常
4	OBC、VCU、BMS 之间通信正常，主继电器闭合、发送电流强度需求
5	动力电池电芯温度大于 0℃且小于 55℃
6	单体电池的最高电压与最低电压压差小于 300mV
7	单体电池最高温度与最低温度差小于 15℃
8	绝缘性能大于 500Ω/V
9	高低压电路连接正常，远程控制开关关闭/预约充电功能关闭
10	实际单体最高电压与额定单体电压压差不大于 400mV

下面分析交流慢充系统工作原理与物理连接步骤，以国家标准 GB/T 18487.1-2015 的 16A 电缆容量为例，壁挂式充电设备与充电线为分体式。

（1）充电原理图内部元器件解读

如图 5-24 所示为交流充电桩与车辆端电路原理图。

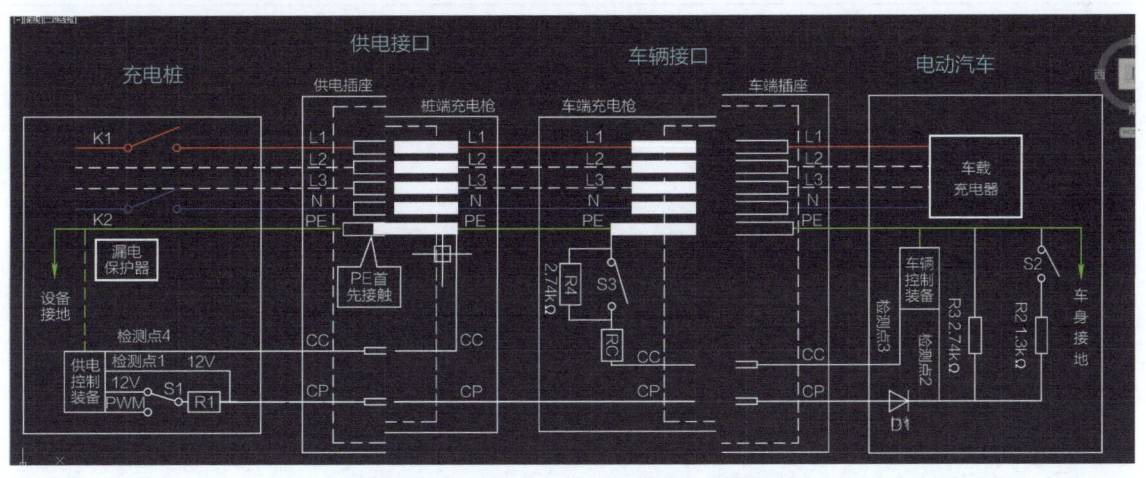

图 5-24 交流充电桩与车辆端电路原理图

充电桩内部包括：K1、K2 接触器（由供电控制装备控制接触器闭合和断开）、供电控制装备、降压变压模块、漏电保护器、CP 充电确认信号（导引信号）、供电插座（7 芯）充电插头（含充电枪）、车辆端充电口、充电连接线束。车载充电器内部包含：充电器（包含升压整流电路）、车辆控制装备、S2 开关等。

（2）交流慢充系统充电枪与车辆端慢充口物理连接步骤

物理连接第一步说明见表 5-5。

表 5-5 交流慢充系统物理连接步骤分解（一）

物理连接步骤	技术解析	备注
第一步	在充电时，交流充电设备充电插座与插头 PE 首先进行接触连接	充电插头与插座 PE 先连接，目的是降低安全风险

物理连接第二步，如图 5-25 所示。

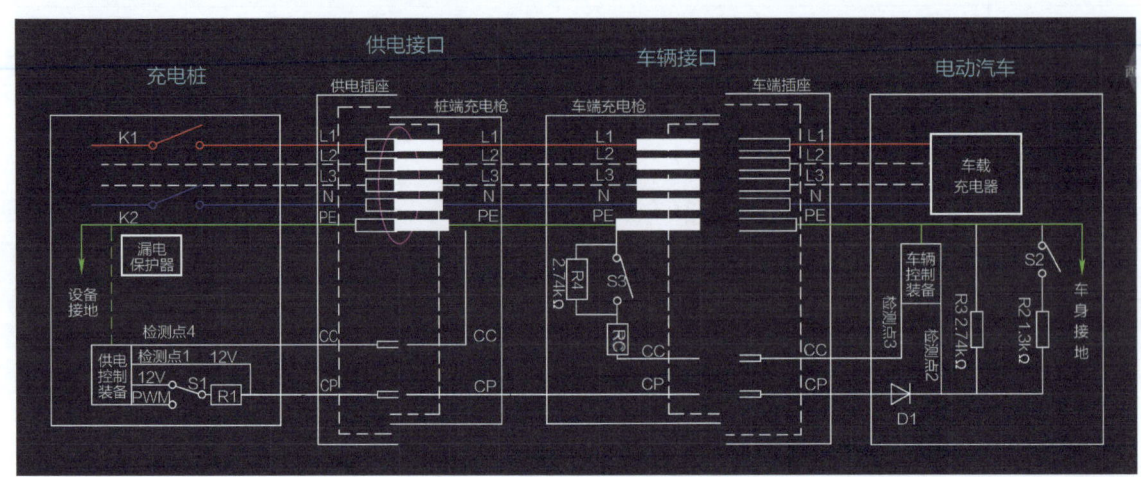

图 5-25　物理连接第二步

物理连接第二步说明，见表 5-6。

表 5-6 交流慢充系统物理连接步骤分解（二）

物理连接步骤	技术解析	备注
第二步	桩端供电插头与供电插座 L1、L2、L3、N 端口接触连接	此时 L1、L2、L3、N 以及 PE 这五个端子连接

物理连接第三步，如图 5-26 所示。

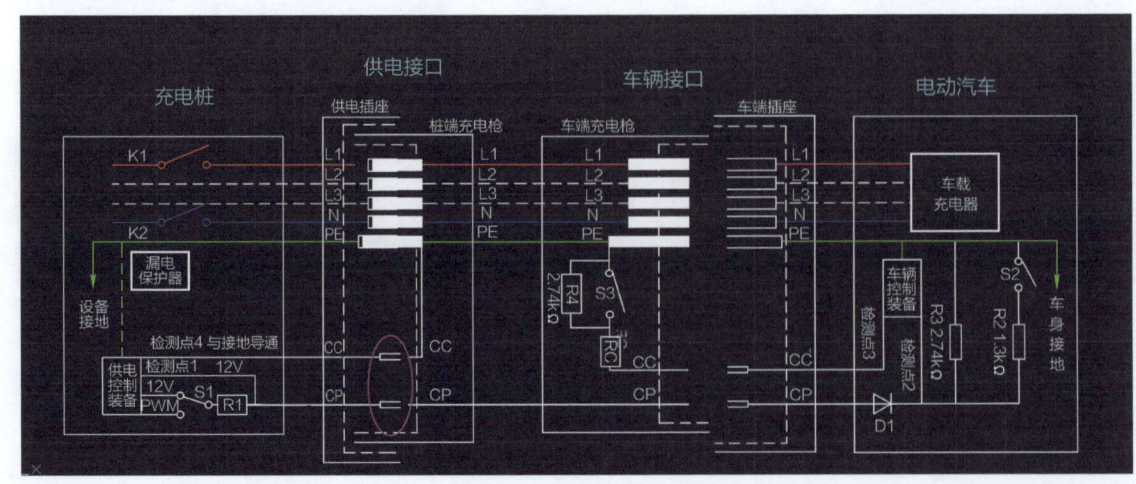

图 5-26　物理连接第三步

物理连接第三步说明，见表 5-7。

表 5-7 交流慢充系统物理连接步骤分解（三）

物理连接步骤	技术解析	备注
第三步	桩端供电插头与供电插座 L1、L2、L3、N 端口接触连接完毕后，充电插座与插头 CC、CP 进行接触。桩端通过 CC 端子输出至 PE 端口接地，由 DC 12V 变为 0V，桩端供电控制装备确认供电插座与供电插头已经完全连接。如图 5-27 所示	桩端供电插座与充电线供电插头 CC 相连接后，桩端供电控制装置的 12V 正极电压通过内部上拉电阻输出，由于 CC 端子接通后与 PE 接地接通，检测点 4 的电压由 12V 被拉低变为 0V

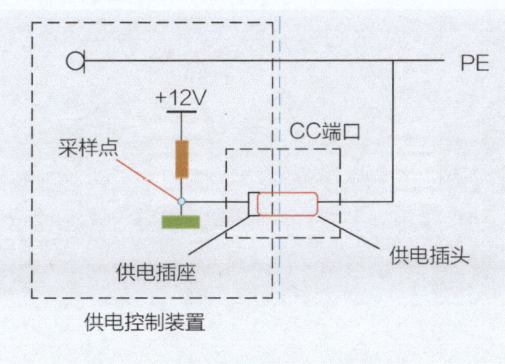

图 5-27 充电插座与充电插头 CC 连接状态说明

物理连接第四步，如图 5-28、图 5-29 所示。

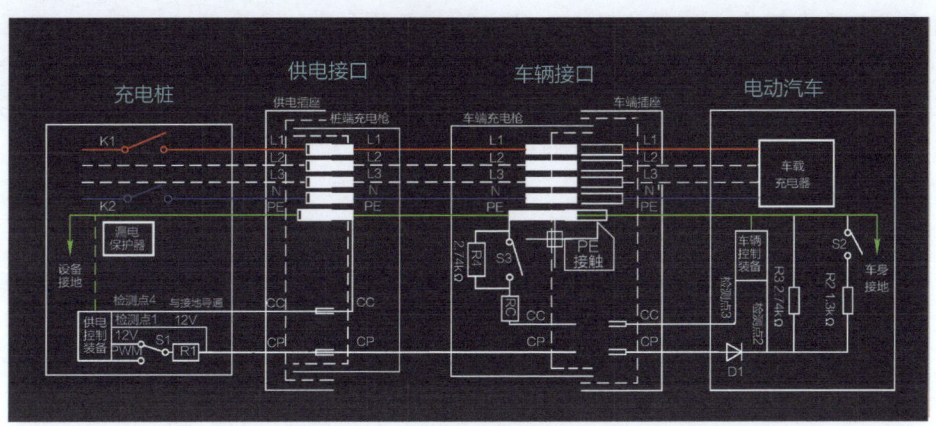

图 5-28 物理连接第四步（一）

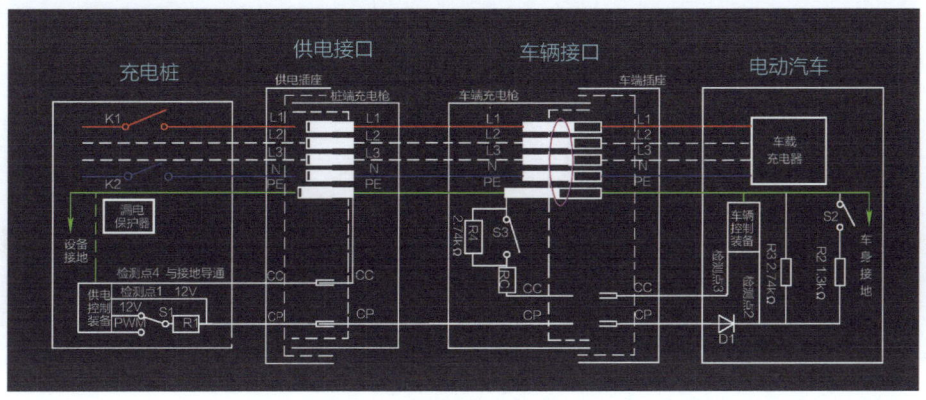

图 5-29 物理连接第四步（二）

物理连接第四步说明：当充电桩的供电插座与供电插头连接完毕后，按下充电枪 S3 机械按钮开关，充电枪 PE 与充电口 PE 端口首先接触，然后继续操作充电枪，使 L1、L2、L3、N 相连接，此时的充电枪与充电口已经有 5 芯端口连接，然后进入下一步。

物理连接第五步，如图 5-30 所示。当 L1、L2、L3、N、PE 连接完毕后进行下一步，连接充电枪的 CC、CP，同时与充电口 CC、CP 相连接。此时 S3 开关仍旧处于按下状态，内部的微动开关处于断开状态。车辆端的控制装备通过检测点 3 输出至 CC，经充电口 CC 端子至充电枪 CC 端，然后由充电枪内部到达 RC 电阻，经 R4 电阻输出至 PE 接地。

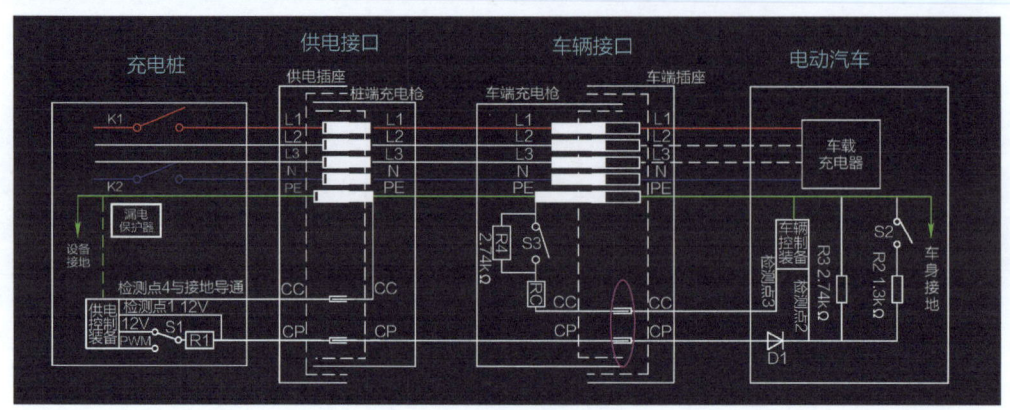

图 5-30　物理连接第五步

注意：车载充电器内部控制装置有 2 种工作电源版本，一种是 12V；另外一种是 5V。我们以 5V 电源供电系统为例，这时检测点 3 的电压由原来的 5V 转变为约 DC 2.5V。此时，车辆端控制装置根据检测点 3 的电压判断充电枪与充电口为半连接状态（S3 开关处于断开状态），并且车辆端控制装置通过电压已经判断出充电设备的最大额定电流。检测点 3 的检测方式电路图，如图 5-31 所示。

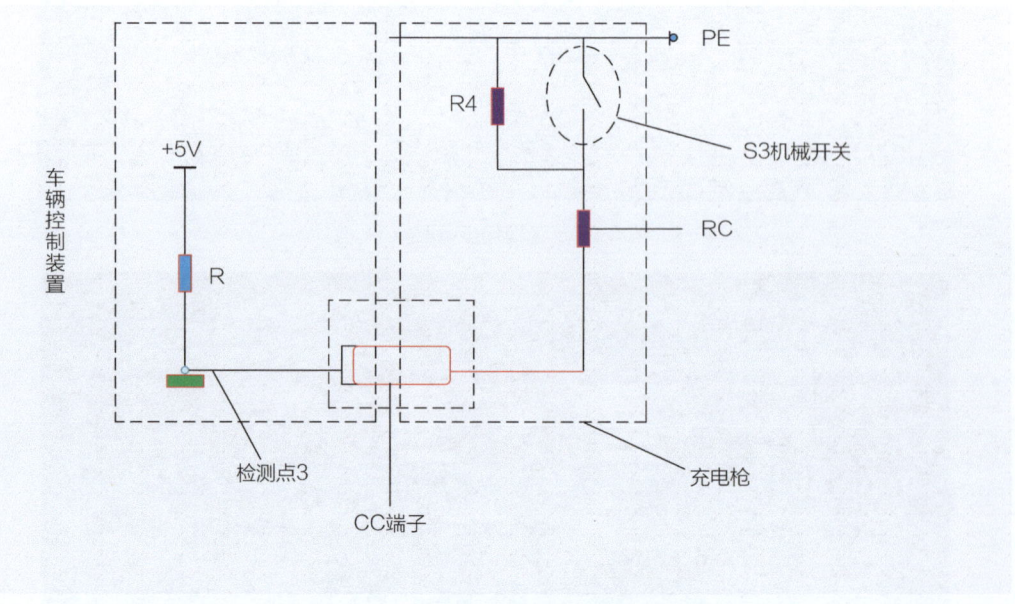

图 5-31　检测点 3 的检测方式电路图

物理连接第六步，如图 5-32 所示。当 CC 连接的同时，CP 也进行了连接，供电桩内部控制装置的 12V 电压通过 S1 开关经过 R1 电阻输出并分为两路：一路到达充电桩的控制装置检测点 1；另外一路为充电线→充电枪→充电口→CP→车载充电器。D1 二极管输出分为两路：一路到达车载充电器控制装置；另一路通过 R3 电阻后与 PE 接地。检测点 1 的电压由原来的 12V 被拉低至 9V 后，供电桩控制装置就确认充电枪与充电口已完全连接。车辆端的检测点 2 有 9V 的电压信号传递至车辆控制装置，同时充电口与充电枪也已经完全连接。

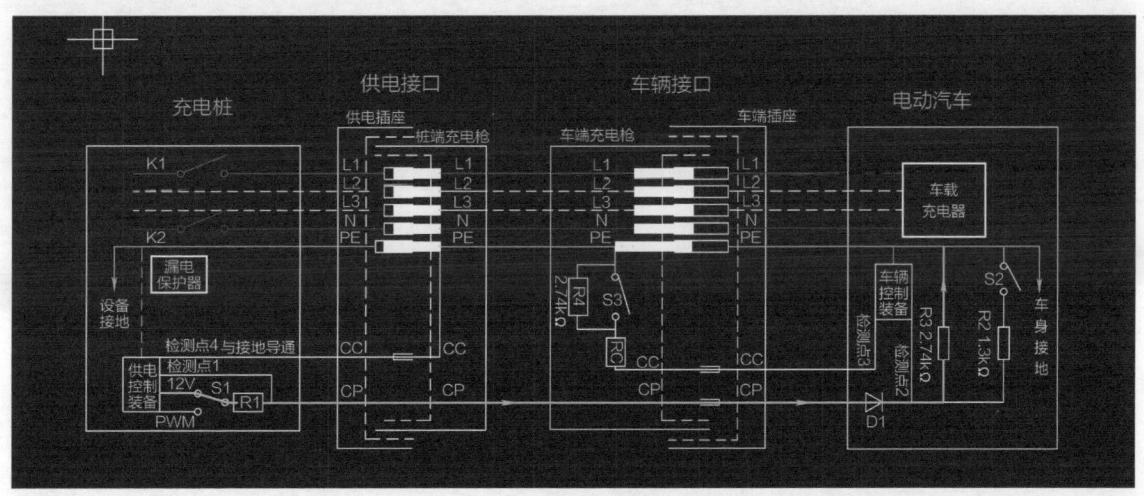

图 5-32　物理连接第六步

物理连接第七步，如图 5-33 所示。当供电桩通过检测点 1 检测到充电枪与充电口完全连接后，控制装置控制 S1 开关进行转换，转变为 9V PWM 脉宽调制信号，这时充电桩控制装置的检测点 1 与车辆端的检测点 2 由原来 9V 直流电转变成 9V 脉宽调制信号，桩端与车端的控制装置确认连接。但此时充电枪的 S3 开关与车端 S2 开关处于断开状态。

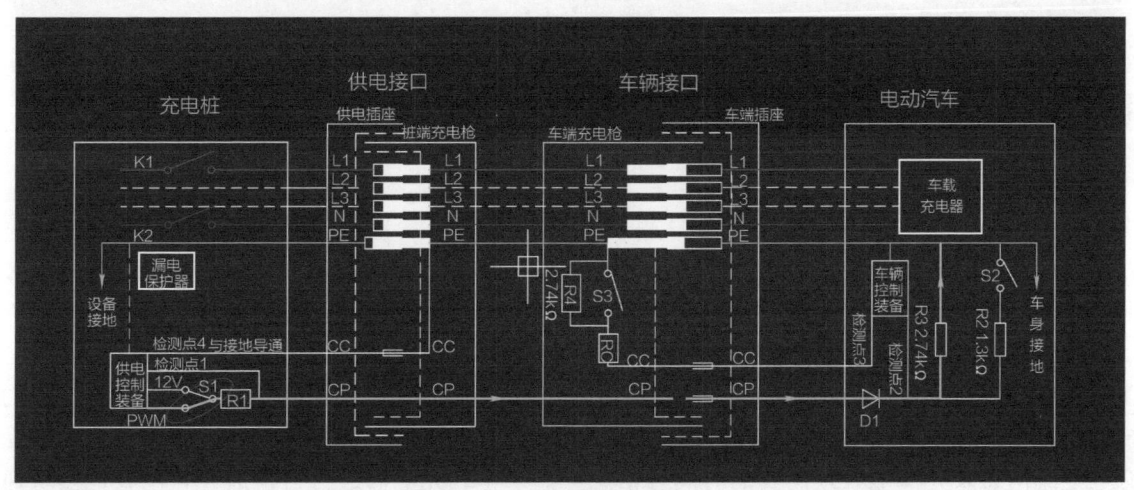

图 5-33　物理连接第七步

物理连接第八步，如图 5-34 所示。S3 机械按钮处于按下状态，此时 S2、S3 开关仍处于断开状态。车载充电器判断为半连接状态，分析方法请参照第五步的技术说明。

135

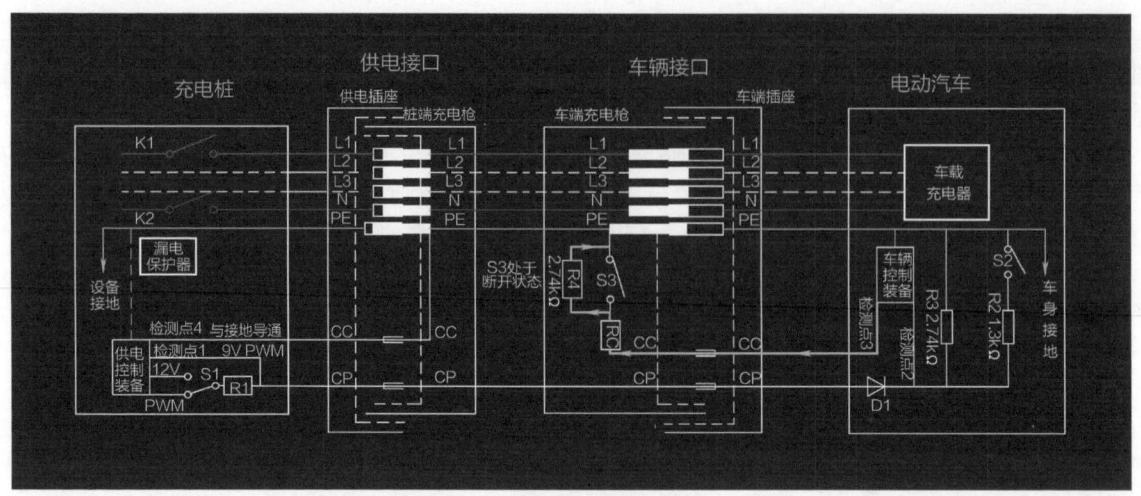

图 5-34 物理连接第八步

物理连接第九步,如图 5-35 所示。第八步连接完毕后,松开 S3 机械按钮,充电枪机械按钮恢复原位,微动开关内部的开关闭合。

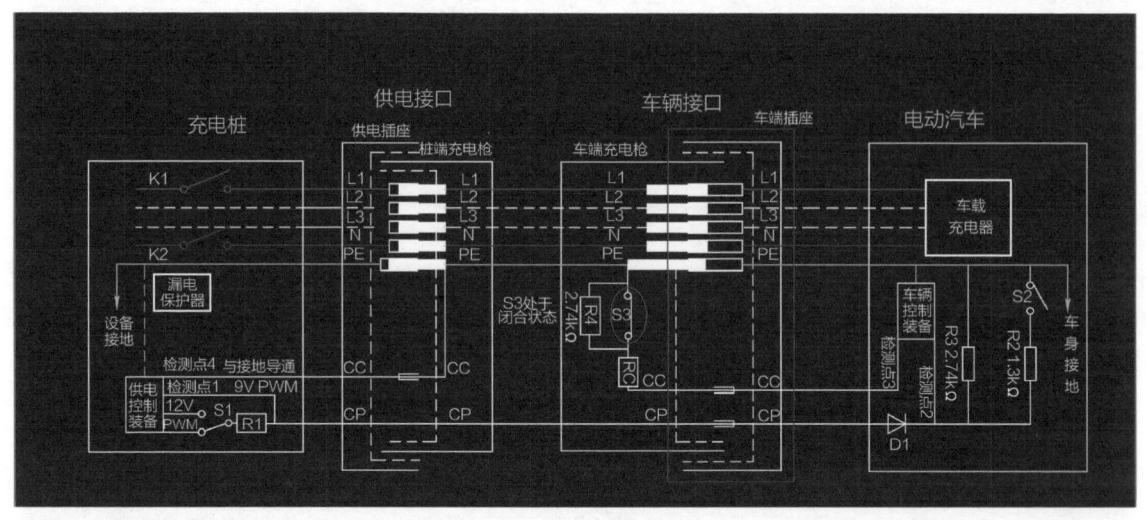

图 5-35 物理连接第九步

物理连接第十步,如图 5-36 所示。当 S3 开关闭合后,检测点 3 的电压再次被拉低,检测点 3 检测到的电阻只有 RC 电阻(680Ω),检测点 3 的电压约为 0.3V,车辆控制装置检测到 0.3V 电压后,确认 S3 开关闭合的同时也会再次确认交流供电设备的电缆容量电流。

物理连接第十一步,如图 5-37 所示。车辆控制装置判断充电枪和充电口已经完全连接,OBC 车载充电器发出唤醒信号,BMS 动力电池管理器被唤醒后进行自检,判断动力电池包的单体电池电压、温度以及 SOC,然后通过 CAN 通信线与 BMS、VCU 进行通信,发送和接受充电电流信息及充满电大致需要的时间等信息。如果车载充电器进行自检后并且与其他模块通信正常,则车辆确认可以充电。车辆端控制装置控制 S2 闭合。9V 脉宽调制信号的电压被拉低转变为 6V,检测点 1(充电桩端)检测到 6V 脉宽调制信号后确认车辆端可以充电。检测点 2 同时也检测到 6V 脉宽调制信号,车载充电器的控制装置确认 S2 开关关闭。车辆端与供电端通过 CP 的脉宽调制信号确认车辆端准备就绪,请求充电。

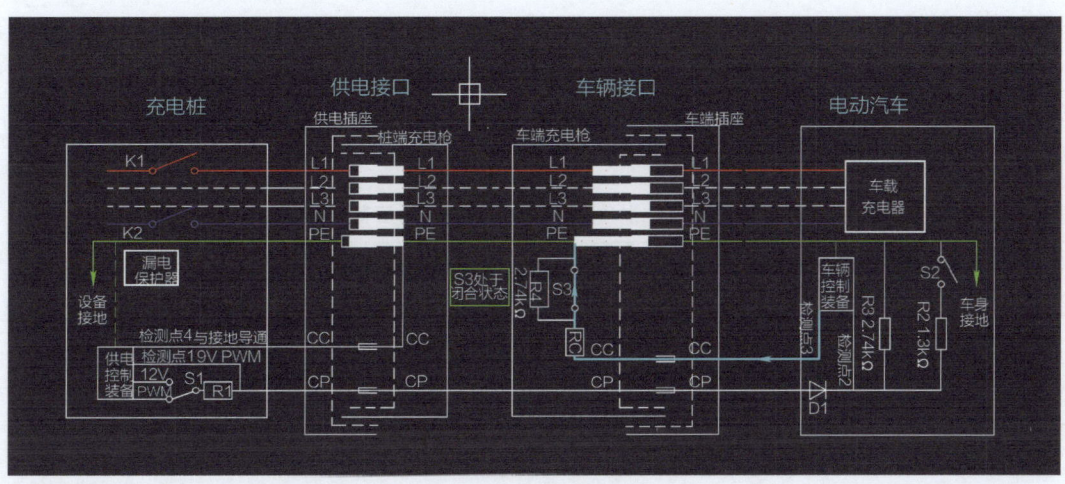

图 5-36 物理连接第十步

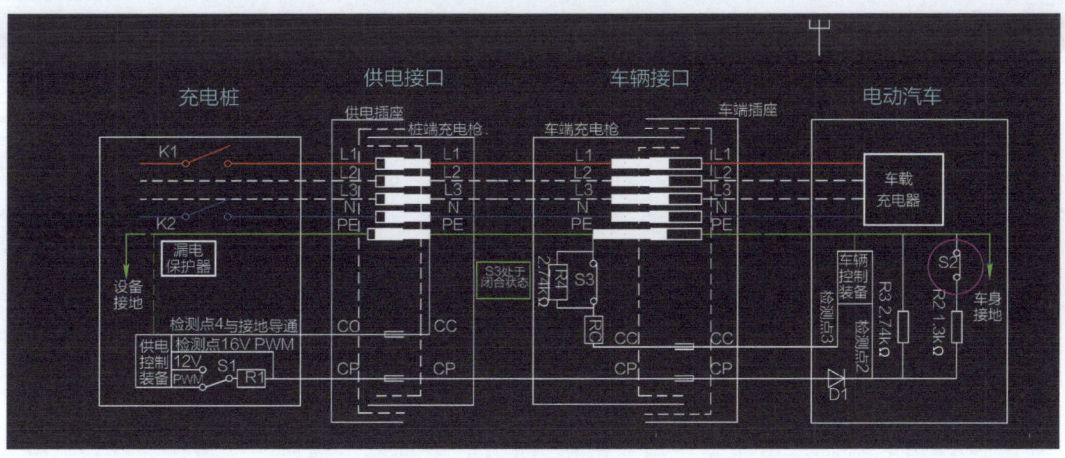

图 5-37 物理连接第十一步

物理连接第十二步,如图 5-38 所示。当充电桩的检测点 1 检测到 6V 脉宽调制信号后,确认车辆充电准备就绪,请求充电,供电桩控制 K1、K2 接触器吸合,向车辆控制器提供 AC 220V 电源。

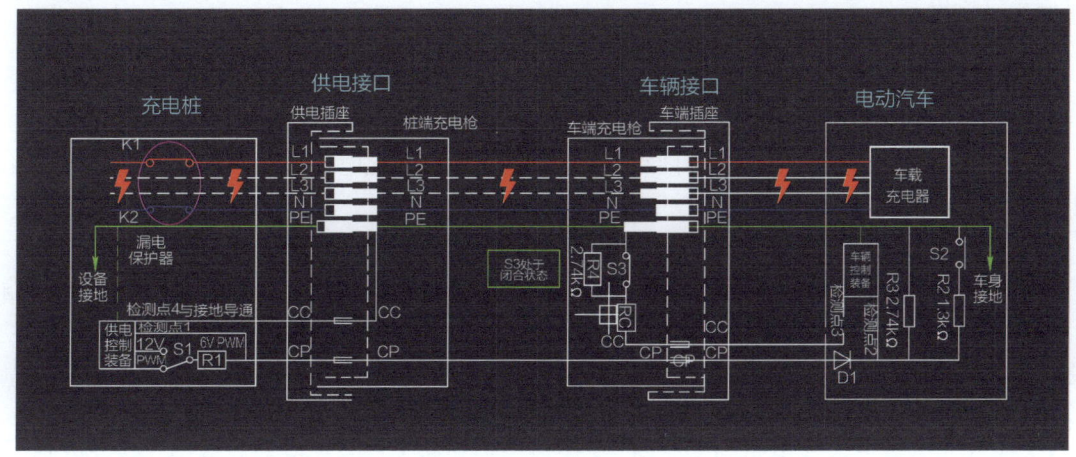

图 5-38 物理连接第十二步

技术同步解析：检测点 1 和检测点 2 的信号检测属于同步状态检测，在充电握手通信阶段，检测点 1 和检测点 2 的 PWM 脉宽调制信号通常在 10%～85% 时为有效值；若为 0% 或 100% 时，则为无效值。

交流供电设备 CP 脉宽调制信号百分比对应额定电缆容量电流，见表 5-8。

表 5-8　交流供电设备 CP 脉宽调制信号百分比对应额定电缆容量电流表

CP 端口脉宽调制信号	载流能力（最大允许通过电流）
10%	10A
20%	16A
40%	32A
78%	63A

检测点 1 的电压信号状态见表 5-9。

表 5-9　检测点 1 的电压信号状态

充电过程状态	充电连接装置是否连接	S2	检测点 1 电压	技术说明
状态 1	否	断开	12V	充电枪与充电口未连接
状态 2	是	断开	9V	S1 切换至 PWM 连接状态，R3 被检测到
状态 3	是	闭合	6V	OBC 及供电设备处于正常工作状态

五、众泰 Z500 EV 电动汽车交流慢充分析

1. 系统概述

充电与 DC/DC 变换器电源系统由充电机/DC/DC 变换器一体机、交流慢充接口、交流慢充充电连接电缆、直流快充接口、直流快充充电连接电缆、高压配电盒、车载充电枪（包含充电枪、电缆和缆上控制盒）等组成。

整个系统用于动力电池的快充和慢充功能，使车辆获得电网的供电补充；同时具备 DC/DC 变换器（直流-直流）转换功能，使高压动力电池的高电压转变为低电压，为车载 12V 低压电源系统供电。

2. 系统说明

充电与 DC/DC 变换器电源系统具备以下功能：

交流慢充功能（通过使用随车附带的车载充电枪进行慢充电，必须使用接地线且支持 16A 以上的 220V 插座供电）。

直流快充功能（通过使用符合国家标准的直流充电桩进行快速充电）。

DC/DC 变换器转换功能（全车上电后，自动把动力电池提供的高压电转换成低压电并输送至低压电源系统）。

3. 充电上下电策略

1）插入充电枪后，充电机与 DC/DC 变换器一体机被 CP 信号唤醒。输出 12V_out 信号唤醒 BMS 和 VCU。

2)充电机与 DC/DC 变换器一体机依据 BMS 发送的电流、电压及工作指令进行电流输出。

3)充满电后,BMS 给充电机与 DC/DC 变换器一体机发送停止充电指令,充电机/DC/DC 变换器一体机进入待机模式,关断 12V_out 输出,并进入休眠模式。

4)未充满电拔枪,充电机与 DC/DC 变换器一体机进入待机模式,并断掉 12V_out 输出,BMS 和 VCU 进入休眠模式。

系统原理如图 5-39 所示。

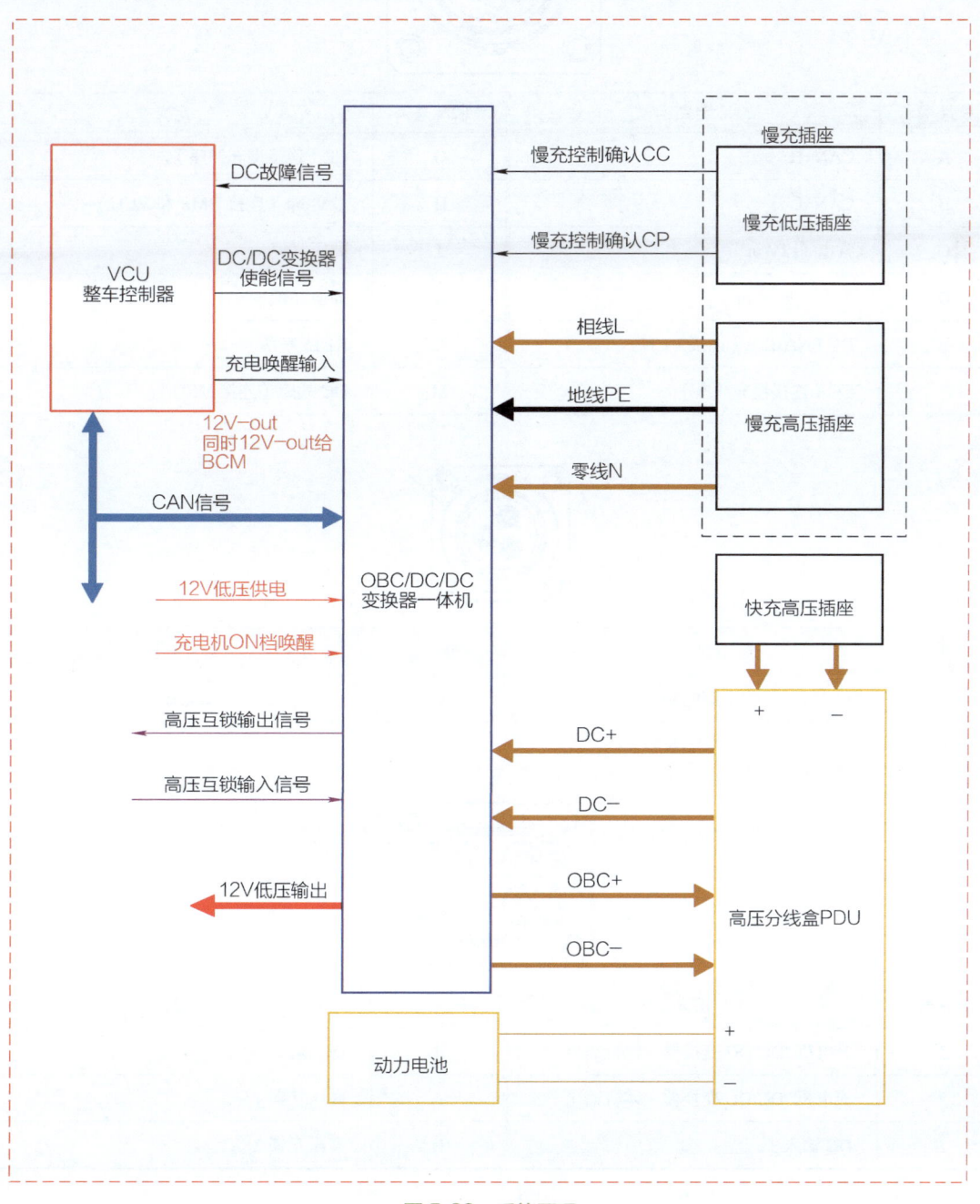

图 5-39 系统原理

OBC 与 DC/DC 变换器一体机信号插接件说明，见表 5-10。

表 5-10　OBC 与 DC/DC 变换器一体机信号插接件说明表

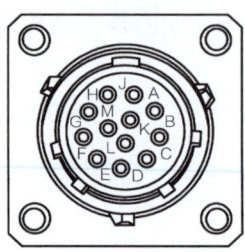

PIN 号	定义	PIN 号	定义
A	CAN-H	G	CP（连接慢充插座）
B	CAN-L	H	12V-out（连接 BMS 和 VCU）
C	常电 +12V-in	J	高压互锁 +
D	常电 - 地线 in	K	高压互锁 -
E	DC ENABLE（连接 VCU）	L	KL15 唤醒
F	CC（连接慢充插座）	M	DC 故障（连接 VCU）

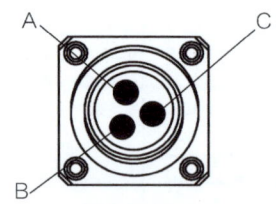

PIN 号	定义	PIN 号	定义
A	交流电源 L	C	地线 PE
B	中线 N		

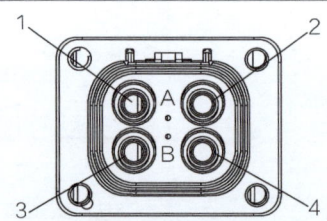

PIN 号	定义	PIN 号	定义
1	充电机 /DC/DC 变换器一体机输出 +	4	DC 输入 -
2	充电机 /DC/DC 变换器一体机输出 -	A	高压互锁 1
3	DC 输入 +	B	高压互锁 2

OBC/DC/DC 变换器一体机插接件布置图，如图 5-40 所示。

第五章 电动汽车/混合动力汽车充电系统与能量回收技术

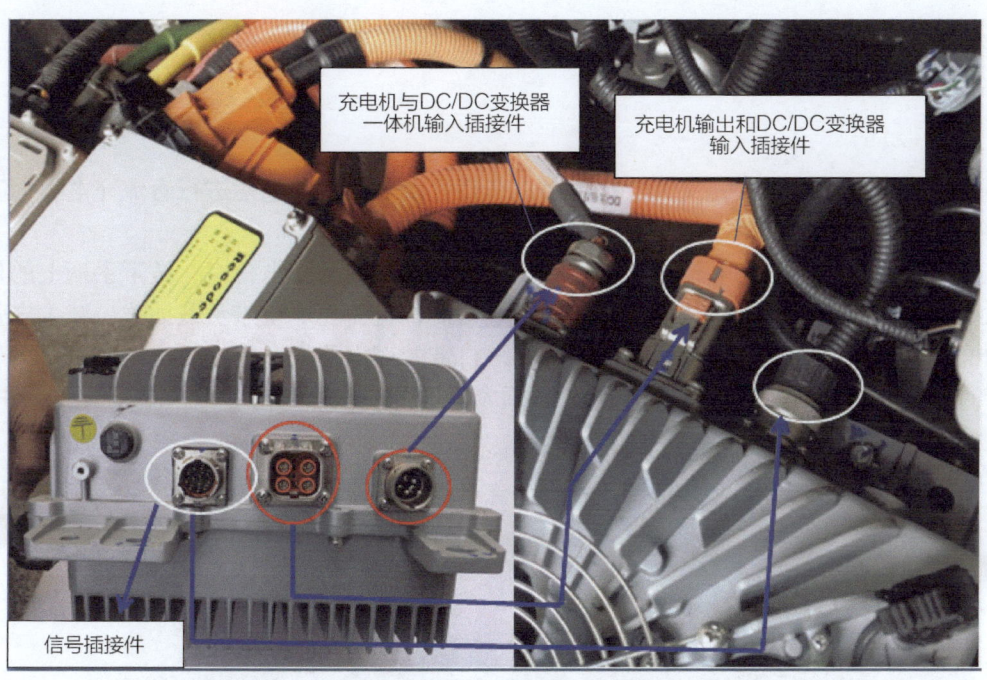

图 5-40 OBC/DC/DC 变换器一体机插接件布置图

OBC 充电器技术参数表，见表 5-11。

表 5-11 OBC 充电器技术参数表

项目	规格
输入功率	3.3kW
输入电压	AC 220（1±15%）
输入电流	≤ 15.2A
输入频率	45 ~ 65Hz
启动冲击电流	≤ 130% 输入最大电流
纹波系数	±1%
输出电压范围	240 ~ 420V
最大输出电流	12A
12V 辅助电源电压输出	11 ~ 14V
12V 辅助电源电流输出	1A
功率因数	> 0.99
充电效率	> 94%
冷却方式	风冷
IP 防护等级	IP67
工作温度	−30 ~ 55℃
储藏温度	−40 ~ 105℃
相对温度	5% ~ 95%
工作噪声	55dB
一体机重量	< 10kg

充电机 +DC/DC 变换器总成	
型号：VCDC01-A	生产日期：2016.12.28
充电机输入电压：AC 220V	充电机输出电压：DC 240V ~ 409.5V
充电机最大输出电流：10A	充电机额定功率：33kW
DC 输入电压：DC 240 ~ 420V	DC 输出电压：DC 13.8V
DC 额定输出电流：100A	DC 额定输出功率：1.4kW
出厂编号：VCDC161207964	

六、荣威 R550 插电式混合动力汽车交流慢充系统

1. 系统概述

通过交流充电接口充入的交流电，再经过车载充电器为动力电池进行直流充电，同时还可以输出 12V 低压电为低压蓄电池补充能量。

充电系统可以检测到充电枪与车辆之间的连接状态。拔下充电枪时，按下手柄上的机械按钮，系统可以立刻检测连接状态，及时停止充电功能，避免充电枪带负载插拔，减少电弧的产生及触电的风险。该充电系统既可以采用充电桩自带的充电枪对车辆进行充电，也可以通过随车自带的便携式充电枪直接接通 220V/16A 普通家用电源充电。充电口位置图，如图 5-41 所示。

图 5-41 充电口位置图

充电口与车载充电器相连接，固定在车身侧围（左）上，主要作为 220V 民用电的充电器连接端口，将 220V 交流电源，通过此充电口，提供给车载充电器。

车载充电口定义及端子数据，如图 5-42 所示。

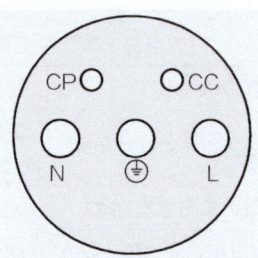 

N: 220V零线
L: 220V交流电源线
CP: 充电枪连接信号接地
CC: 充电枪连接信号

CC 端子电压测量：
- 点火开关ON档，5V
- 点火开关OFF档，0V

图 5-42 车载充电口定义及端子数据

2. 车载充电器功能与技术参数

（1）车载充电器功能

1）提供与动力电池管理系统之间的 CAN 通信。
2）根据动力电池管理系统的需求，在最大功率范围内为高压动力电池充电。
3）高压安全：提供输出反接保护、高压端口残压控制、故障自关断功能。
4）热管理：以风冷方式进行冷却。

（2）技术参数表，见表 5-12。

表 5-12 技术参数表

项目	参数
输入电压	50Hz AC 110V/AC 220V
最大持续输入电流	11A
最大输出功率	2kW
防护等级	IP55
固定螺栓装配转矩	7~10N·m

3. 车载充电系统

1）车载充电器布置位置如图 5-43 所示。

图 5-43 车载充电器布置位置图

2）车载充电器外部线束布置及线束接法如图 5-44 所示。

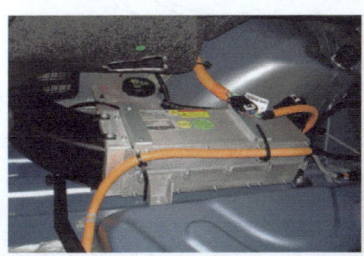 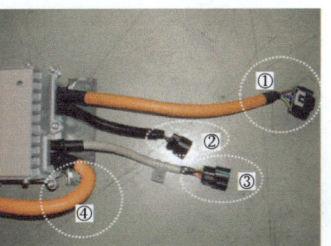

图 5-44 车载充电器外部线束布置及线束接法

图 5-44 右图所示的数字含义：
① 车载充电接口连接线，3 根线为 220V 交流电。

② 黑色 2 根线为充电连接线，连接输入开关信号。

③ BY060 连接器，与 BMS 模块等进行通信。

④ 310V 高压直流电线束，连接高压动力电池包。

3）充电系统电路原理与分析如图 5-45 所示。

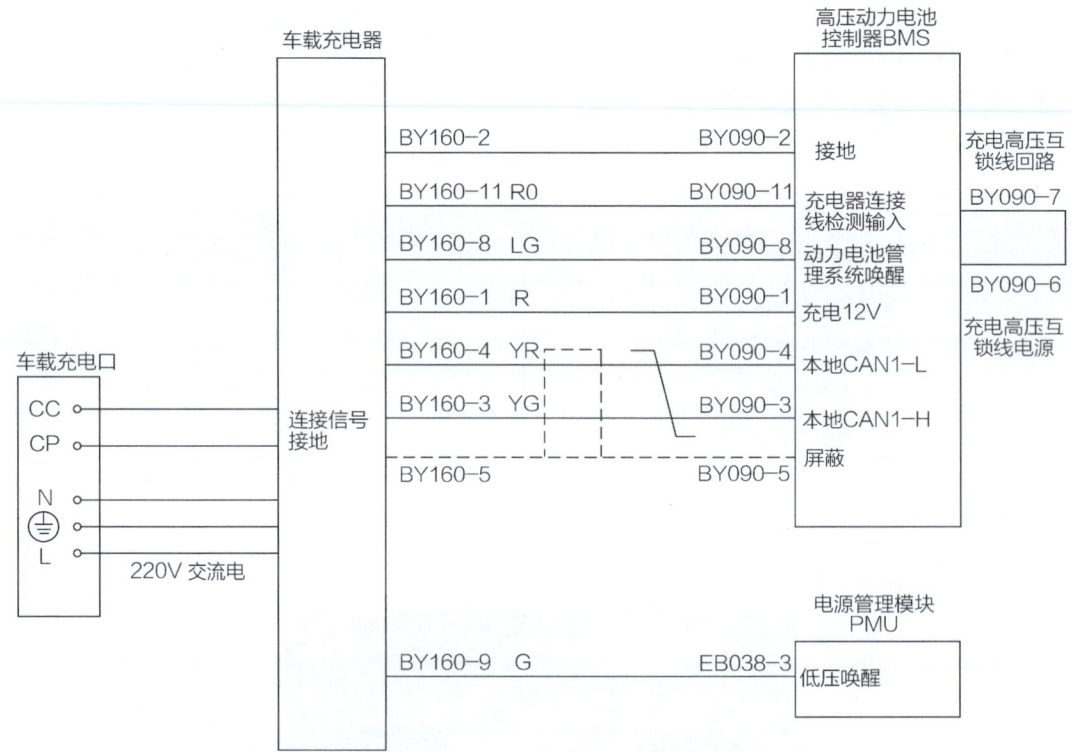

图 5-45　充电系统电路原理与分析

4）组合仪表充电状态指示灯 / 充电连接指示灯如图 5-46 所示。

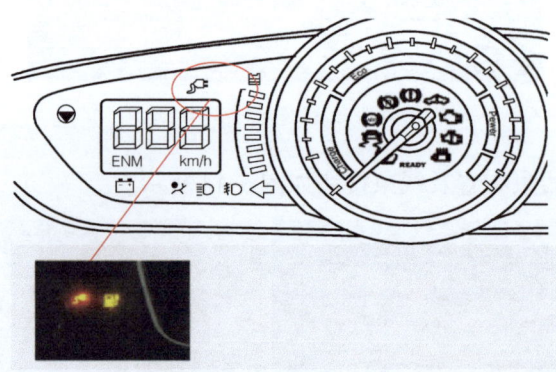

图 5-46　组合仪表充电状态指示灯 / 充电连接指示灯

指示灯说明：其中左侧指示灯为充电连接指示灯；右侧指示灯为充电状态指示灯，对高压动力电池充电时，此指示灯点亮。高压动力电池充满后，两指示灯都熄灭。

荣威混合动力汽车采用的均衡方式为充电均衡，均衡充电无需特殊操作，是指在充电完成后继续充电一段时间，高压动力电池包管理系统会对各个锂电池单体进行均衡操作。均衡充电方式可以使各个锂电池单体的电压达到基本一致,从而保证高压动力电池包的整体性能。常温状态下,一般至少需要 8 个小时才能完成均衡充电。

5)电路图主要端子数据说明:

BY160-8/9：慢充唤醒信号。先将慢充线手柄与慢充口连接好,如慢充线插头插入 220V 交流电源插座,信号电压为 10V；如慢充线插头未插入 220V 交流电源插座,信号电压为 0V。

BY160-1：由 BMS 提供的 12V 直流电源。

BY160-11：慢充连接指示灯信号线。

当满足以下情况中的任一个,信号电压均为 3.8V。

① 慢充线手柄与慢充口连接好后,点火开关 ON,未供 220V 交流电。

② 慢充线手柄与慢充口连接好后,点火开关 OFF,供 220V 交流电。

七、2014 款比亚迪秦 DM 交流慢充系统

车载充电器（On-BoardChargerAssy.）简称 OBC,位于行李舱右部,如图 5-47 所示。

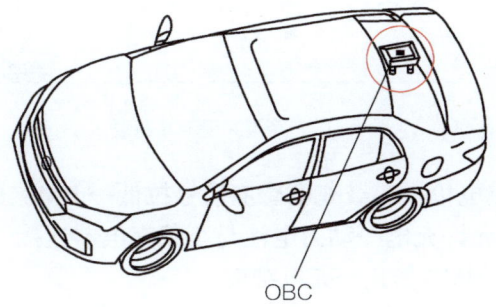

图 5-47　2014 款比亚迪秦车载充电器安装位置

车载充电器外部插接件如图 5-48 所示。

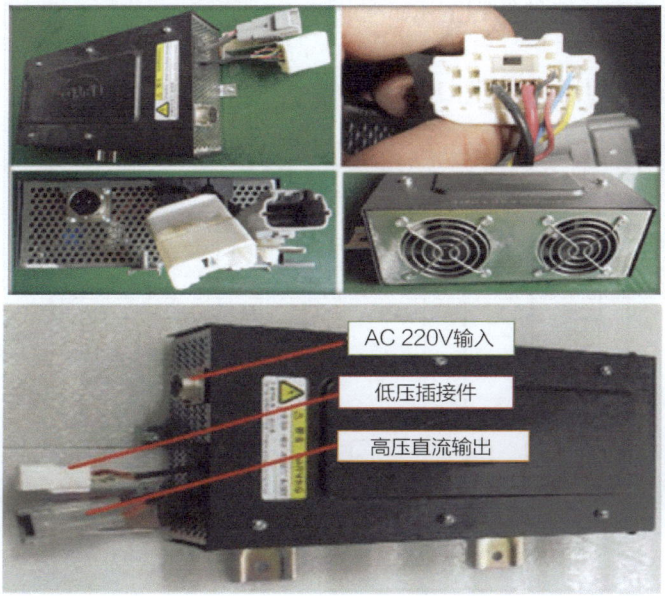

图 5-48　车载充电器外部插接件

交流充电电路原理，如图 5-49 所示。

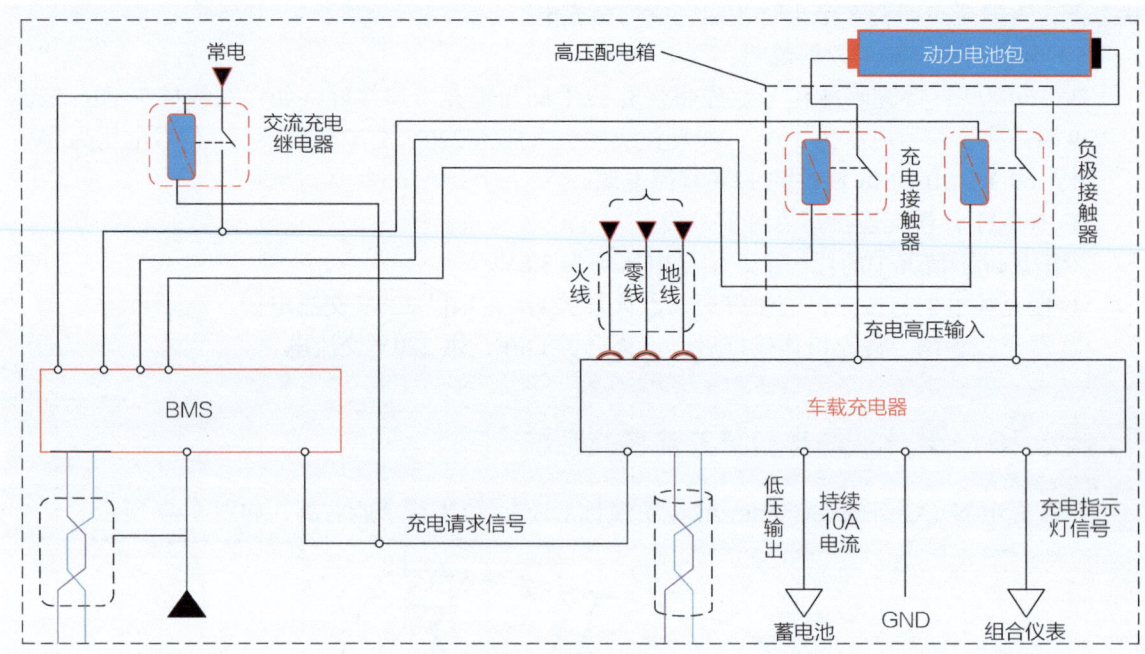

图 5-49　交流充电电路原理

充电过程描述：插上充电枪→车载充电感应信号拉低→BMS 工作→仪表显示插枪信号→发送充电请求信号→BMS 允许充电→动力电池与车载充电器连接→供电设备供电→（预约充电）充电→动力电池充满→BMS 禁止→充电结束。

车载充电器满足执行充电的条件：

①检测到充电枪；② BMS 允许；③检测连接到动力电池；④供电设备给的 CP 信号正常；⑤有交流电的输入。

车载充电器低压线束插接件针脚图示，如图 5-50 所示。

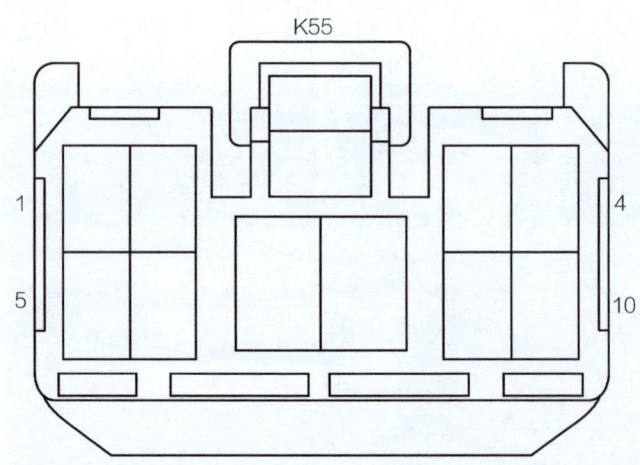

图 5-50　车载充电器低压线束插接件针脚图示

低压线束插接件针脚定义表，见表 5-13。

表 5-13 低压线束插接件针脚定义表

引脚号	定义
3	CAN-L
4	充电指示灯信号
7	接地
8	持续 10A 电流
9	CAN-H
10	充电感应信号
其余	空脚

第二节 直流快充系统

一、快充系统结构组成

快充系统采用工业用 AC 380V 三相电为直流充电桩供电，通过直流充电桩转换为高压直流电经过高压线束以大电流向动力电池充电。

直流快充系统主要组成部件有：直流充电桩、快充口、快充线束、高压分线盒、动力电池连接高压线束以及动力电池等。

直流快充系统充电流程图如图 5-51 所示。

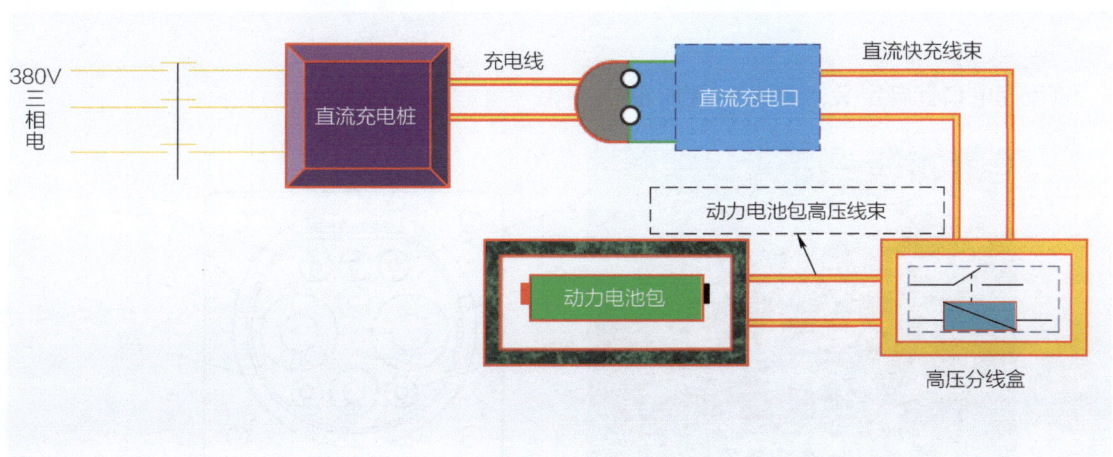

图 5-51 直流快充系统充电流程图

直流充电系统部件组成如图 5-52 所示。

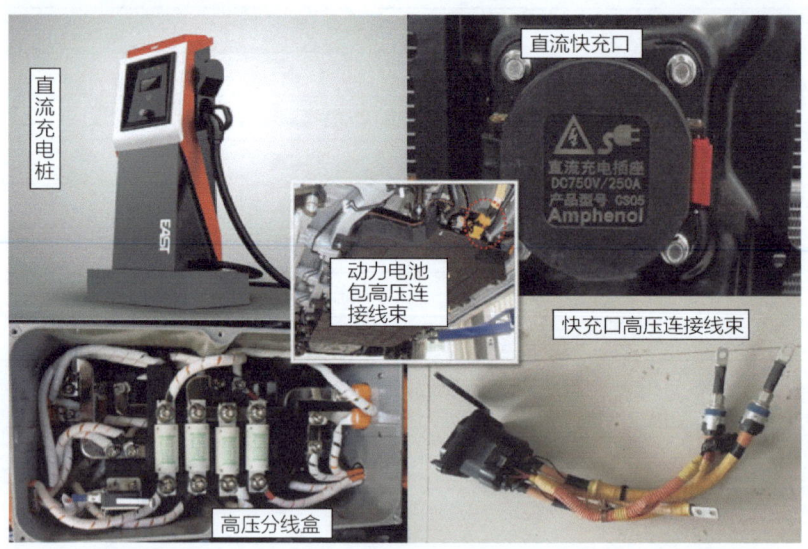

图 5-52　直流充电系统部件组成

1）直流充电口：直流充电口一般位于前机舱车标内部，主要用于与直流充电枪连接，如图 5-53 所示。

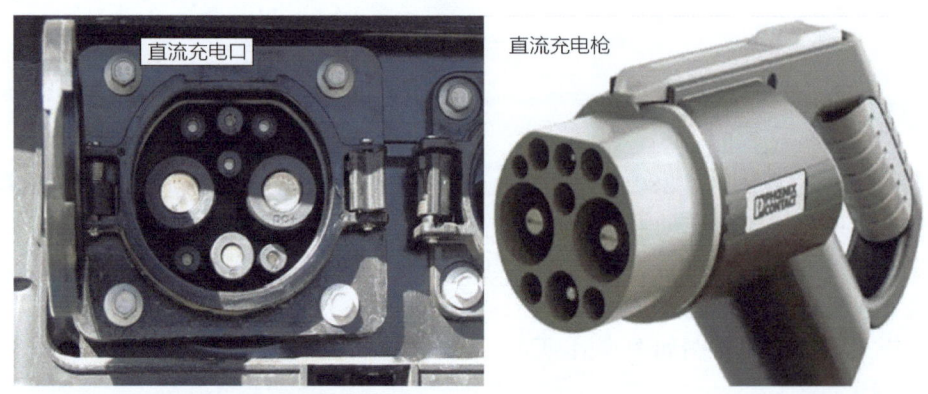

图 5-53　直流充电口与充电枪外部示意图

直流充电口针脚定义，如图 5-54 所示。

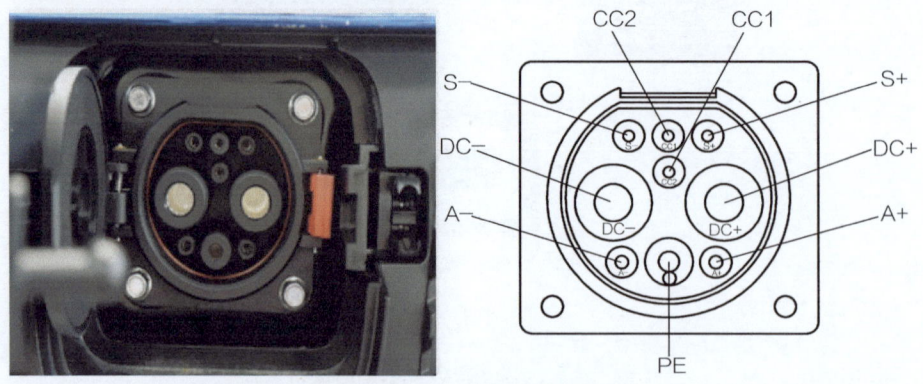

图 5-54　直流充电口针脚定义

直流充电口针脚定义表，见表 5-14。

表 5-14 直流充电口针脚定义表

编号 / 标识	额定电压与额定电流	功能定义
1-DC+	750V/1000V 80A/125A/200A/250A	直流电源正极
2-DC-	750V/1000V 80A/125A/200A/250A	直流电源负极
3-PE	—	保护接地
4-S+	30V 2A	充电通信 CAN-H
5-S-	30V 2A	充电通信 CAN-L
6-CC1	30V 2A	充电连接确认 1
7-CC2	30V 2A	充电连接确认 2
8-A+	30V 2A	低压辅助电源正
9-A-	30V 2A	低压辅助电源负

2）直流快充控制导引电路原理图的内部元件说明：

直流充电控制导引电路原理图（2015 国家标准），如图 5-55 所示。

K1、K2 为直流充电桩高压正、负继电器，K3、K4 为充电桩低压唤醒正、负继电器，车辆端的 K5、K6 为高压动力电池的正、负继电器，检测点 1 为 CC1，用于充电桩检测快充充电枪与车辆连接状态识别信号；检测点 2 为 CC2，用于车辆控制器检测快充充电枪与车辆连接状态的识别信号，K0 为直流充电桩的高压接触器。

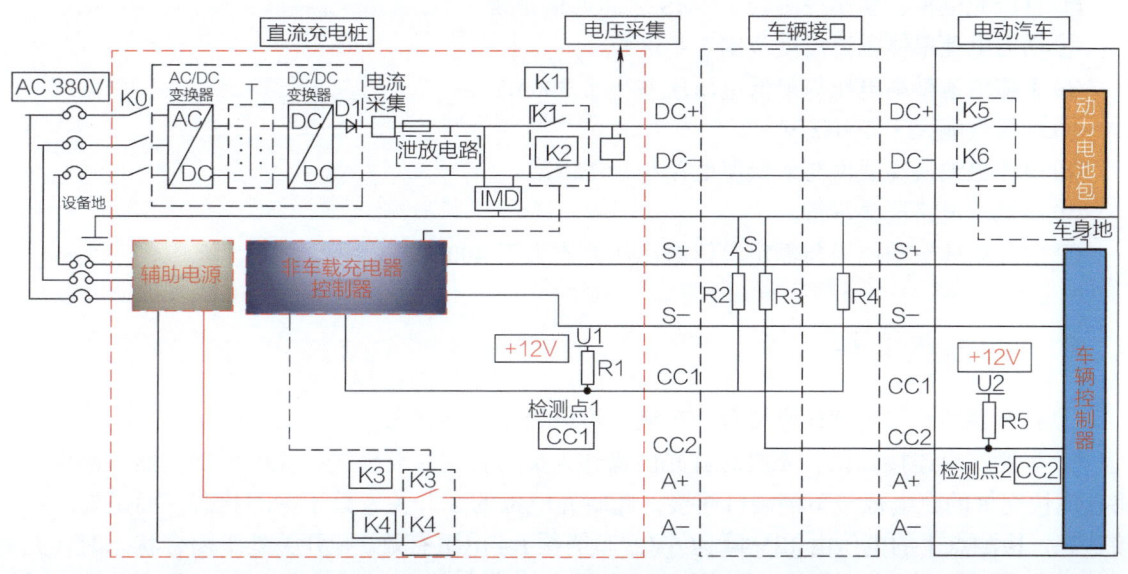

图 5-55 直流充电控制导引电路原理图（2015 国家标准）

直流充电桩内部包括：①基本辅助电源，将三相交流电转换为 12V 的低压直流电，通过 K3、K4 向车辆控制器提供工作电压；②非车载充电器控制器，当满足条件时，可以控制 K1、K2 以及 K3、K4 继电器的工作；③车辆控制器，当满足条件时，控制 K5、K6 继电器的工作；

④在充电时，车辆控制器的电源由 K3、K4 继电器提供。

直流充电控制导引电路参数，见表 5-15。

表 5-15 直流充电控制导引电路参数

对象	参数名称	符号	单位	标准值	最大值	最小值
直流充电桩	R1 等效电阻	R1	Ω	1000	1030	970
	上拉电压	U1	V	12	12.6	11.4
	测试点 1 的电压	U1a	V	12	12.8	11.2
		U1b	V	6	6.8	5.2
		U1c	V	4	4.8	3.2
充电枪端	R2 等效电阻	R2	Ω	1000	1030	970
	R3 等效电阻	R3	Ω	1000	1030	970
车辆端	R4 等效电阻	R4	Ω	1000	1030	970
	R5 等效电阻	R5	Ω	1000	1030	970
	上拉电压	U2	V	12	12.6	11.4
	测试点 2 电压	U2a	V	12	12.8	11.2
		U2b	V	6	6.8	5.2

二、直流快充系统的充电条件

① 充电连接信号 CC1、CC2 正常。

② BMS 供电电源 12V 正常。

③ 充电唤醒信号 12V 输出正常。

④ 直流充电桩、整车控制器、BMS 之间通信正常。

⑤ 动力电池单体电池温度范围 5～45℃。

⑥ 单体电池最高电压与最低电压压差小于 300mV。

⑦ 绝缘性能大于 500Ω/V。

⑧ 单体电池最高温度与最低温度差小于 15℃。

⑨ 高低压电路连接正常。

⑩ 实际单体电池电压与额定单体电压压差不大于 400mV。

三、充电控制过程

① 将车辆插头与车辆插座接合，车辆不可以处于行驶状态。

② 车辆端口连接确认：充电时首先由操作人员对直流快充桩进行充电设置，然后操作人员将直流快充桩的充电枪与车辆端口连接，此时充电枪的 S 开关未处于关闭状态，而是处于半连接状态，检测点 1 的电压由 12V 降为 6V，车辆端 R4 电阻有效。S 开关处于闭合状态时，充电桩的 R2 和车辆端的 R4 同时有效，检测点 1 的电压降为 4V，此时充电桩上的非车载充电器控制器则判断充电枪与车辆端口连接完毕。

③ 充电桩内非车载充电器自检：车辆接口完全连接后，闭合 K3 和 K4，使低压辅助电源供电回路导通，充电桩通过充电口 A+、A- 向车辆控制器提供 12V 的低压唤醒电源，车辆控制器被唤醒后，车辆控制装置的检测点 2 的电压值为 6V，此时车辆控制器判断充电桩的充电

枪与车辆端口已经连接完毕。车辆控制器等待充电器发送握手报文（通过端口 S+、S-），接收到充电器的握手报文后，车辆控制器周期发送握手报文。握手通信成功后，由充电桩控制闭合 K1 和 K2，进行绝缘检测，绝缘检测时的输出电压应为车辆通信握手报文的最高允许充电总电压和供电设备额定电压中的较小值。绝缘检测完成后，断开 K1 和 K2，非车载充电器自检完毕，将 IMD（绝缘检测）以物理方式从强电回路中分离，并且将充电输出的高电压进行安全释放（备注：绝缘监测指的是 DC+ 与 PE 之间的最小电阻值，以及 DC- 与 PE 之间的最小电阻值。其标注如下：$R > 500\Omega/V$，安全；$100 < R \leq 500\Omega/V$，报警，仍可充电；$R \leq 100\Omega/V$，故障，停止充电）。

④ 充电准备就绪：车辆控制装置与非车载充电器控制装置在配置阶段时，车辆控制装置闭合 K5、K6，此时充电回路导通；非车载充电器控制装置检测到车辆端电压正常后闭合 K1、K2，使直流充电回路导通（备注：非车载充电控制装置电压确认，通过比较车辆发送报文的电压与此端电压，动力电池电压误差范围 $\leq \pm 5\%$，并且大于车载充电器最低输出电压且小于车载充电器的最高输出电压）。

⑤ 充电阶段：在充电阶段，车辆控制装置向非车载充电器控制装置发送动力电池的需求参数。调整充电电流下降时，$\Delta I \leq 20A$，最长在 1s 内将充电电流调整到与指令数值相同；$\Delta I > 20A$，最长在 $\Delta I/dImins$（dImin 为最小充电速率，20A/s）内将充电电流调整到与指令数值相同，非车载充电器控制装置根据动力电池需求参数，实时调整充电电压和充电电流，在充电过程中，通过 S+、S- 不断地发送各自的状态信息。

⑥ 正常条件下充电结束：车辆控制器根据动力电池管理器发送的信息，判断是否达到满充状态或是否收到"充电器中止充电报文"，由此来判断是否结束充电。满足以上充电结束条件后，车辆控制器开始周期发送"车辆控制器（动力电池管理系统）中止充电报文"，确认充电电流小于 5A 后，先断开 K5 和 K6，再断开 K1 和 K2，此时非车辆控制装置启动安全释放电路。安全条件满足后，再断开 K3 和 K4，此时充电完成。

通过以上分解充电流程可以总结：

a. CC1 检测充电枪，其中在步骤中的 CC1 电压，即检测点 1 的电压变化情况见表 5-16。

表 5-16 检测点 1 的电压变化情况

检测点 1 的电压	S 开关（枪头）	枪头与座的状态	备注
12V	断开	断开	S 开关按下
6V	闭合	断开	
6V	断开	闭合	
4V	闭合	完全结合	S 开关闭合

b. CC2 检测充电枪枪头与插座的结合情况，并向车辆控制装置进行反馈。此时检测点 2 的电压变化情况见表 5-17。

表 5-17 检测点 2 的电压变化情况

检测点 2 的电压	枪头与车辆直流快充口状态
12V	断开
6V	完全结合

四、直流充电系统 CC1、CC2 解析

充电枪与充电口处于接触状态的信息传递至直流充电桩内部的非车载充电器控制器中，非车载充电器控制器根据 CC1 信号状态，来确定充电枪与充电口的状态。状态分别为：未连接、半连接、全连接三种。因此在直流充电口内部，CC1 与 PE 之间串联一个 1000Ω 的电阻，即电路图中的 R4，如图 5-56 所示。

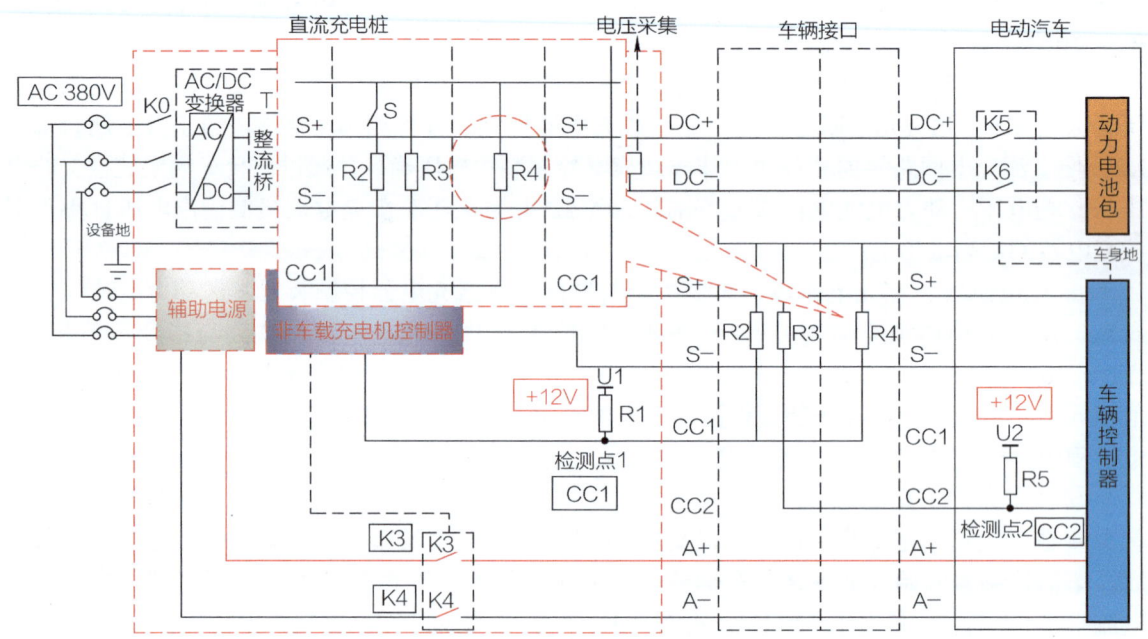

图 5-56　充电口 CC1 与 PE 之间串联的 R4 电阻

测量充电口 CC1 示意图如图 5-57 所示。

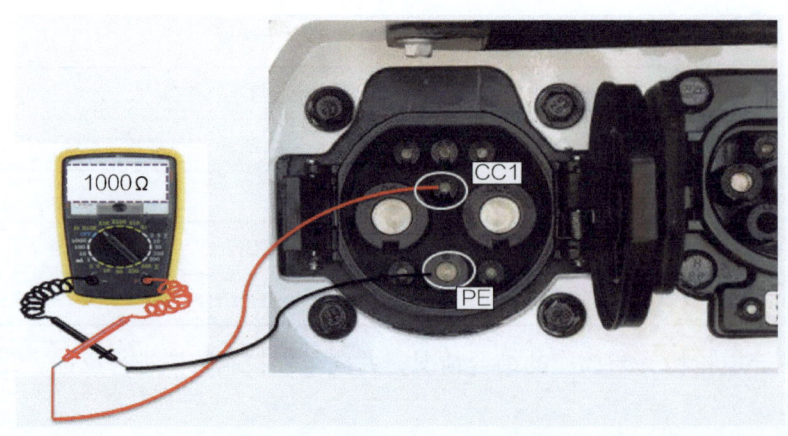

图 5-57　测量充电口 CC1 示意图

充电枪 CC1 端口内部的 R2 电阻与 PE 相连接，在其间串联一个机械开关，当按下此机械开关，R2 与 PE 断开；松开开关，R2 与 PE 接通。测量充电枪内部 R2 的阻值，如图 5-58 所示，未按下充电枪 S 开关时，R2 阻值为 1000Ω；当按下充电枪的机械开关时，S 开关断开，由于 S

开关串联在 R2 与 PE 之间，所以测量的阻值为无穷大，如图 5-59 所示按下充电枪 S 开关。

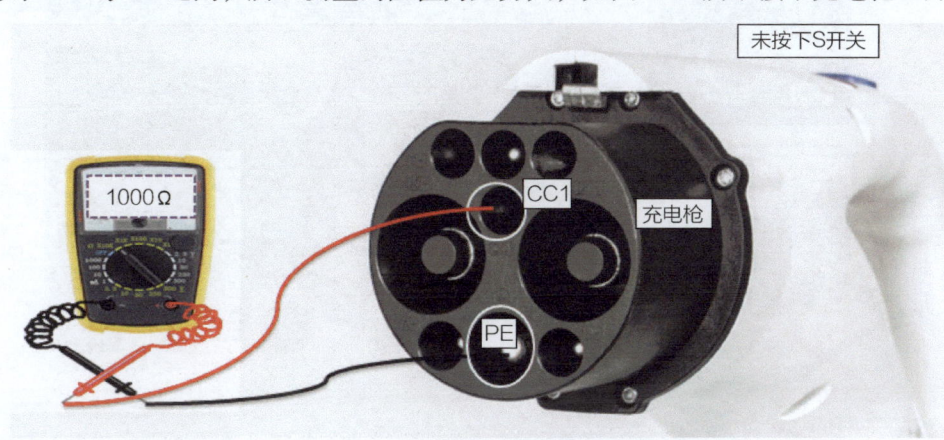

图 5-58 未按下充电枪 S 开关

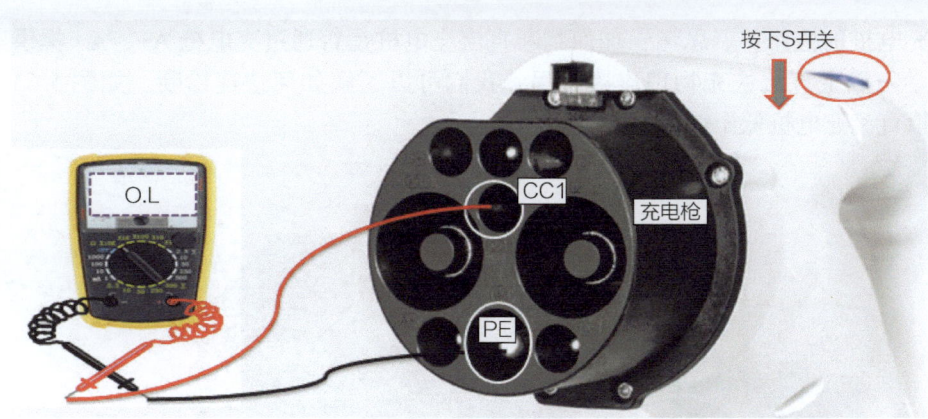

图 5-59 按下充电枪 S 开关

在充电枪上的 CC2 端口与 PE 之间串联一个电阻 R3，使用万用表测量 CC2 与 PE 之间阻值为 1000Ω，若测量的结果为无穷大，说明 R3 电阻断路。如图 5-60 所示为充电枪 CC2 的电阻值。

将车辆端的点火开关旋至 ON 档位，测量直流充电口 CC2 与 PE 之间的电压，正常状态下应为 DC 12.00V。如图 5-61 所示为测量直流充电口 CC2 的电压。

图 5-60 充电枪 CC2 的电阻值

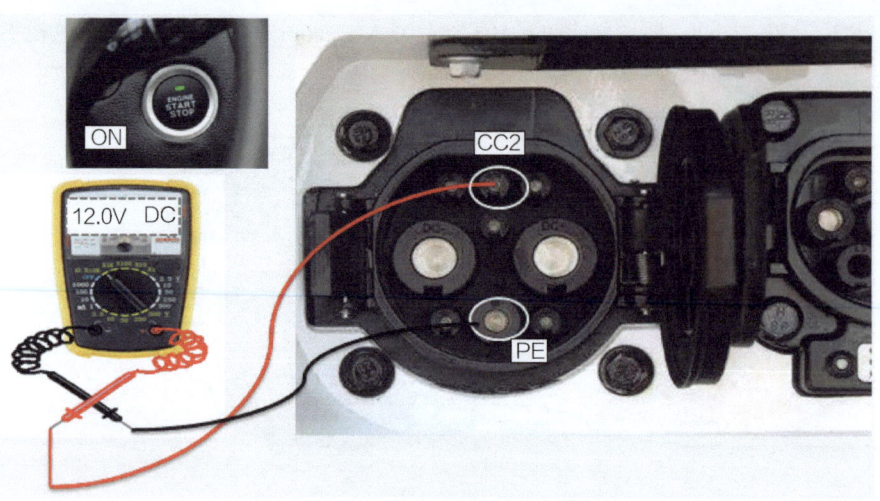

图 5-61　测量直流充电口 CC2 的电压

直流充电桩的检修扩展思考：如何判断直流充电桩是否通过充电枪 A+、A− 提供工作电压呢？通过学习以上直流快充物理连接流程，我们可以了解如何快速诊断。如图 5-62、图 5-63 所示为模拟直流充电桩低压辅助电源电压。

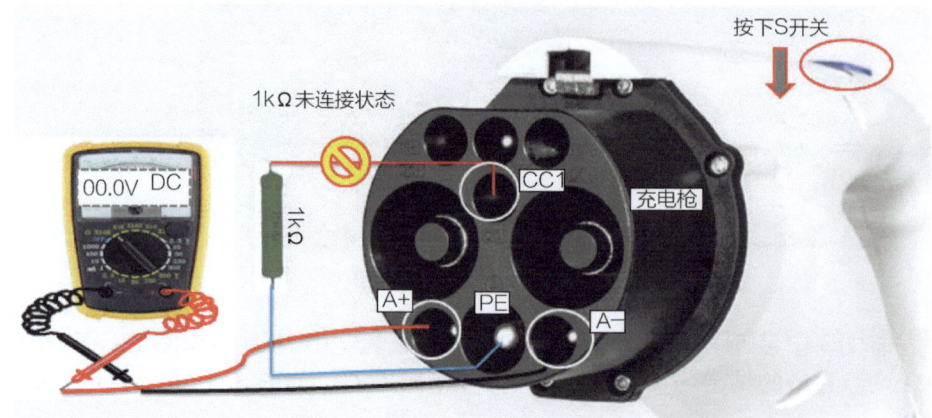

图 5-62　在 CC1 与 PE 之间未连接 1kΩ 电阻，A+、A− 无电压

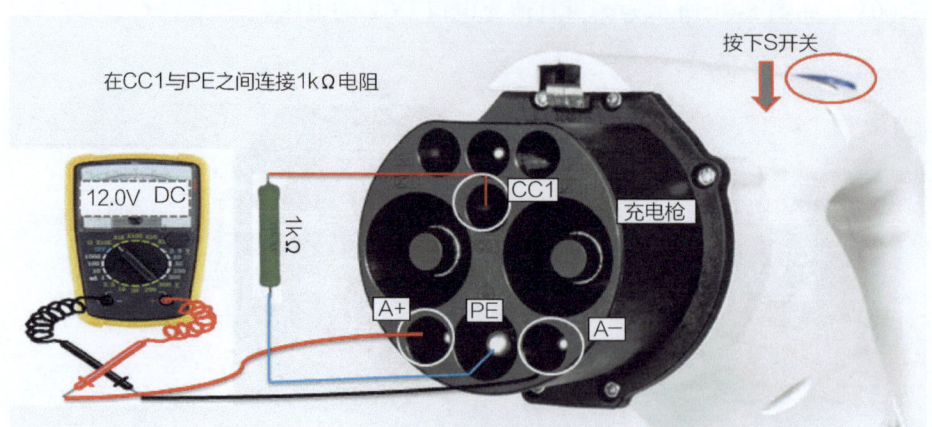

图 5-63　在 CC1 与 PE 之间连接 1kΩ 电阻，A+、A− 有 12V 电压

五、比亚迪元 EV360（3+3 平台）电动汽车直流快充系统分析

比亚迪元 EV360（EB）款直流充电口安装在前通风网格栅处，左侧为交流慢充口，右侧为直流快充口。如图 5-64 所示为直流快充口位置。

图 5-64　直流快充口位置

3+3 平台交直流充电线束布置与充配电总成连接位置如图 5-65 所示。

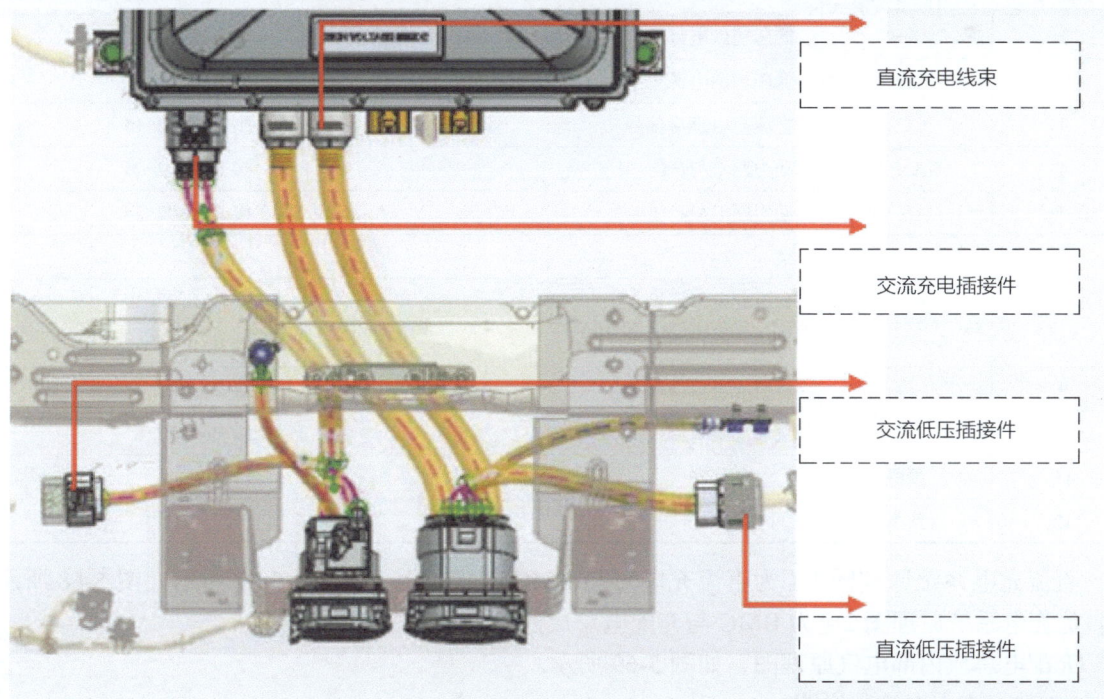

图 5-65　3+3 平台交直流充电线束布置与充配电总成连接位置

此前已经了解了比亚迪元 EV360（EB 款）交流充电低压插接件针脚定义，本章节讲述直流充电低压线束插接件的定义，低压插接件的针脚，如图 5-66 所示。

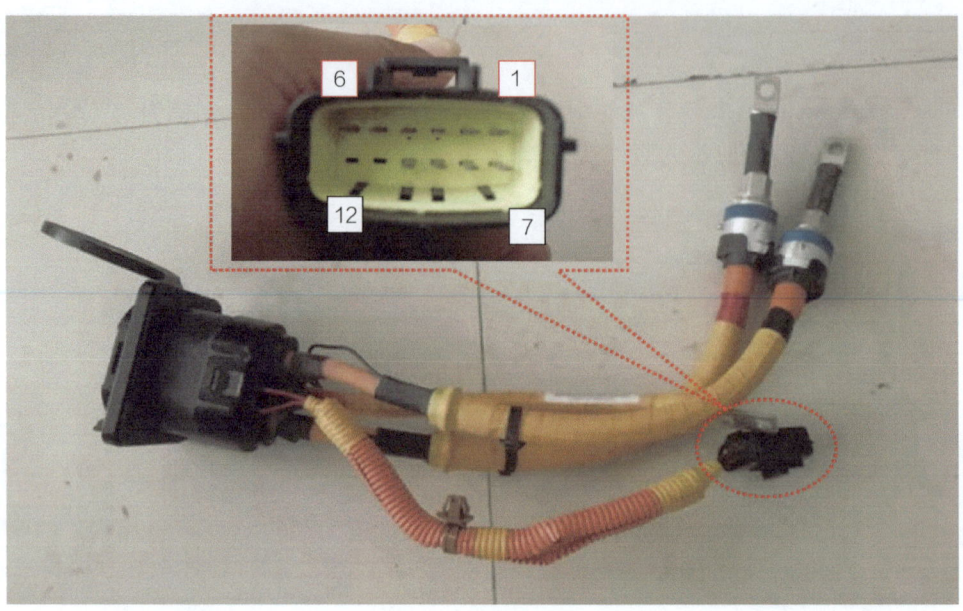

图 5-66 低压插接件的针脚

直流充电口针脚定义说明见表 5-18。

表 5-18 直流充电口针脚定义说明

引脚号	端口名称	端口定义	线束接法
1	A-	低压辅助电源负	车身地
2	A+	低压辅助电源正	接 BMC01-6
3	CC2	直流充电感应信号	接 BMC02-15
4	CAN-L	动力网 CAN-L	接 BMC02-25
5	CAN-H	动力网 CAN-H	接 BMC02-24
6		空	
7		直流充电口温度 1	接 BMC02-19
8		直流充电口温度低 1	接 BMC02-12
9		直流充电口温度 2	接 BMC02-13
10		直流充电口温度低 2	接 BMC02-6
11	预留		
12	预留		

直流充电系统原理图 1（为直流充电口与 BMC 连接电路），如图 5-67 所示。图 5-68 所示为直流充电系统原理图 2（为 BMC 与充配电总成连接）。

充配电总成内部电气原理图，如图 5-69 所示。

EB 款直流充电流程说明：

车辆接口通过 CC1 电压来判断是否连接，充电桩启动 12V 辅助电源，通过充电口连接到 BMS，BMS 被唤醒工作。BMS 被唤醒后，通过检测 CC2 确认充电连接并完成自检（包括动力电池包的故障检测），并通过 CAN 网络与直流充电桩握手通信，握手通信成功之后发出指令到 BCM，由 BCM 控制 IG3 继电器工作，BMS 与直流充电桩交互各自参数（动力电池最大允许充电电压、充电桩最大输出能力等）之后，BMS 命令吸合直流充电正、负极接触器并进行预充，完成吸合主接触器后进入整车绝缘检测，绝缘检测完毕后，BMS 发送充电电流、电压等需求，并发送动力电池电压、电流、SOC 状态报文，BMS 巡检动力电池组状态（动力电池故障等），此时充电开始。动力电池充满后，结束充电（充电过程中检测到故障，也会停止充电）。

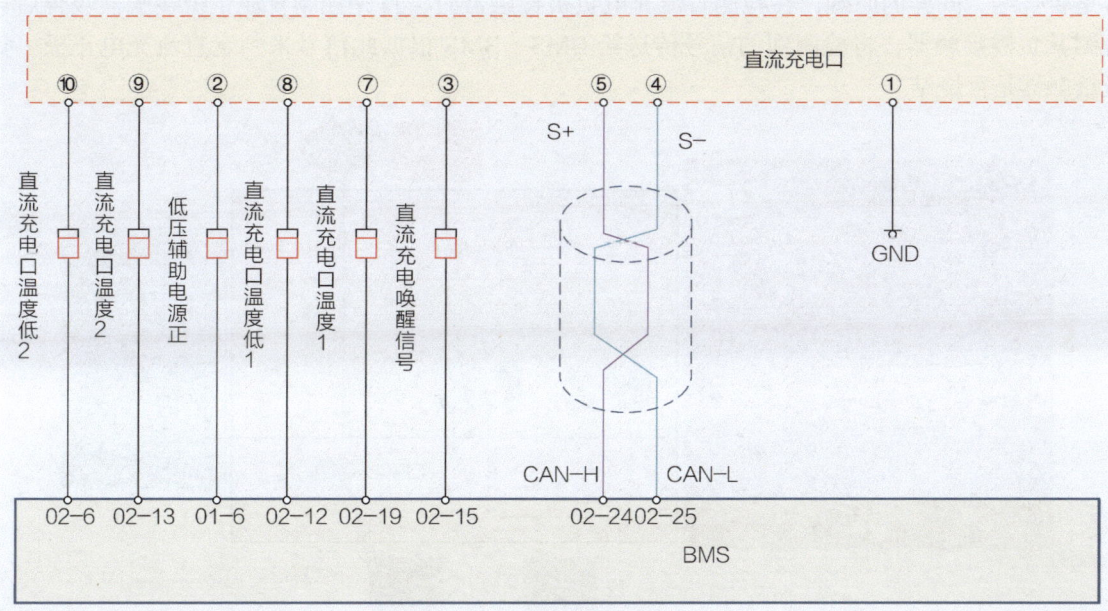

图 5-67　直流充电系统原理图 1

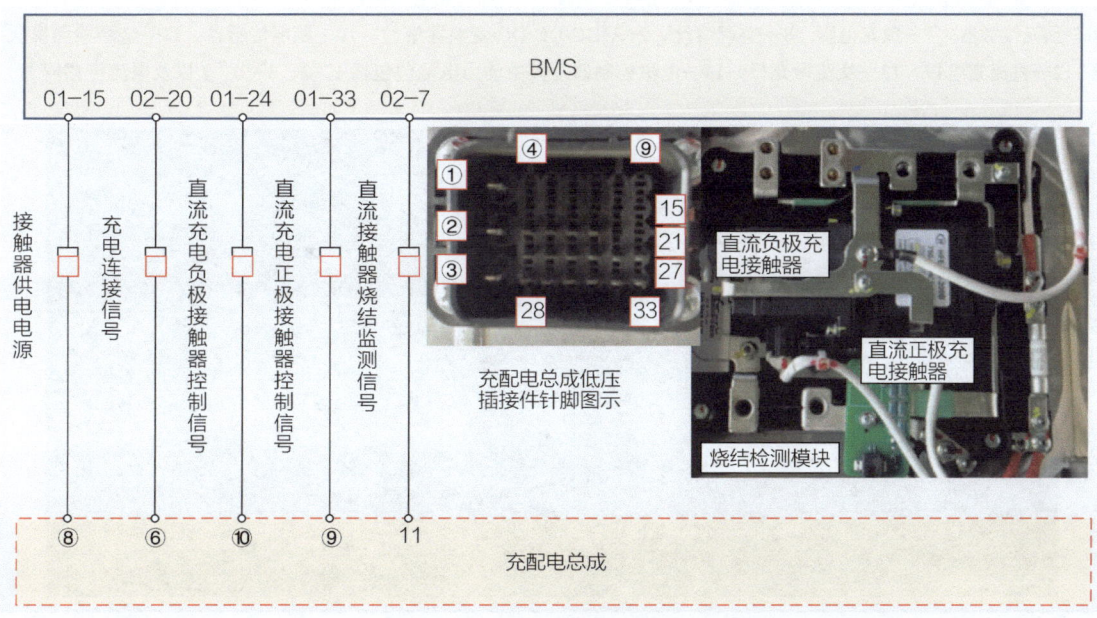

图 5-68　直流充电系统原理图 2

在图 5-68 和图 5-69 中的充配电总成模块里有一个烧结检测模块，这个烧结检测模块是如何工作的呢？它主要检测直流充电正、负极接触器是否烧结，如图 5-70 所示为直流正极、负极接触器烧结检测原理图。在原理图中有一个光耦检测元件，它由一个电阻与发光管串联，电阻阻值通常在 150～400kΩ 之间，其工作原理就是当 BMS 被唤醒时，控制负极接触器吸合后并且进行预充，预充电压合格后主正接触器吸合，此时 BMS 开始检测直流充电正、负极接触器是否烧结。检测过程：BMS 首先控制直流充电负极接触器吸合后，再检测直流正极接触器是否烧结。同样的原理，在检测直流充电负极接触器时，首先控制直流正极接触器吸合后再检测其负极接触器，将检测到的信号传送给 BMS。BMS 根据此信号来判定直流充电正极、负极接触器是否烧结。

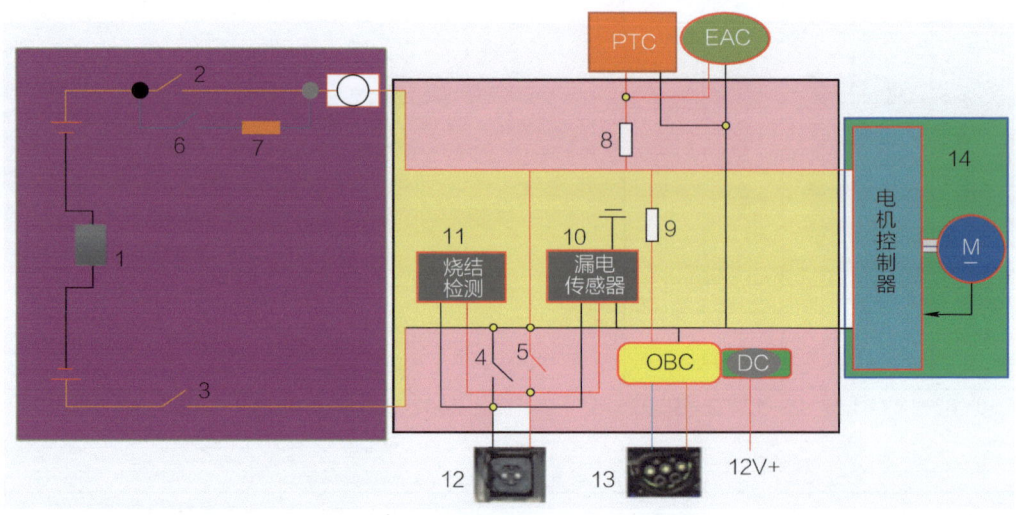

图 5-69　充配电总成内部电气原理图

1—MSD 检修开关　2—主正接触器　3—主负接触器　4—直流充电负极接触器　5—直流充电正极接触器　6—预充接触器　7—预充电阻　8—空调熔丝　9—OBC/DC/DC 变换器熔丝　10—漏电传感器　11—烧结检测模块　12—直流充电口　13—交流慢充口　14—电机控制器（其中动力电池包括 1、2、3、6、7 以及电流传感器）

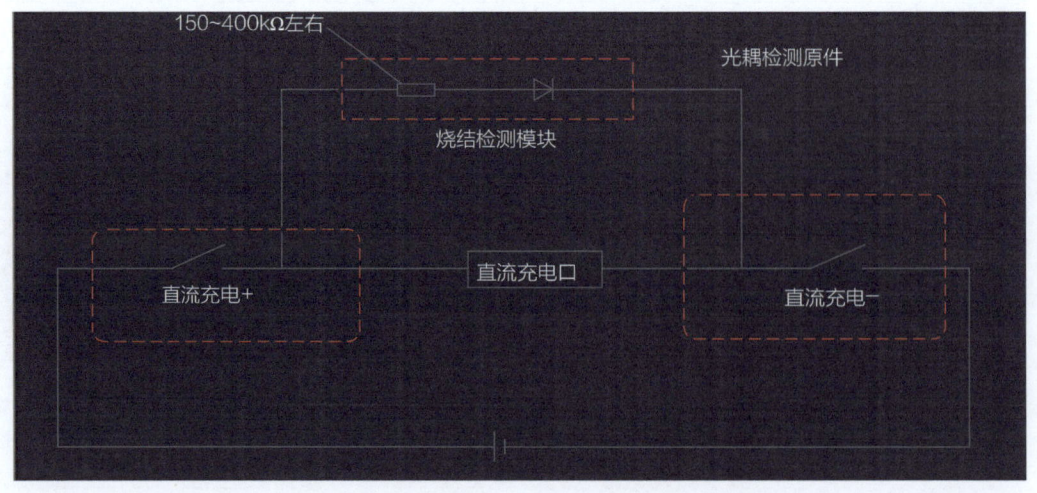

图 5-70　直流正极、负极接触器烧结检测原理图

EB 款交、直流充电都需要经过充配电总成向动力电池包进行电能传输，充配电总成的内部结构，如图 5-71 所示。

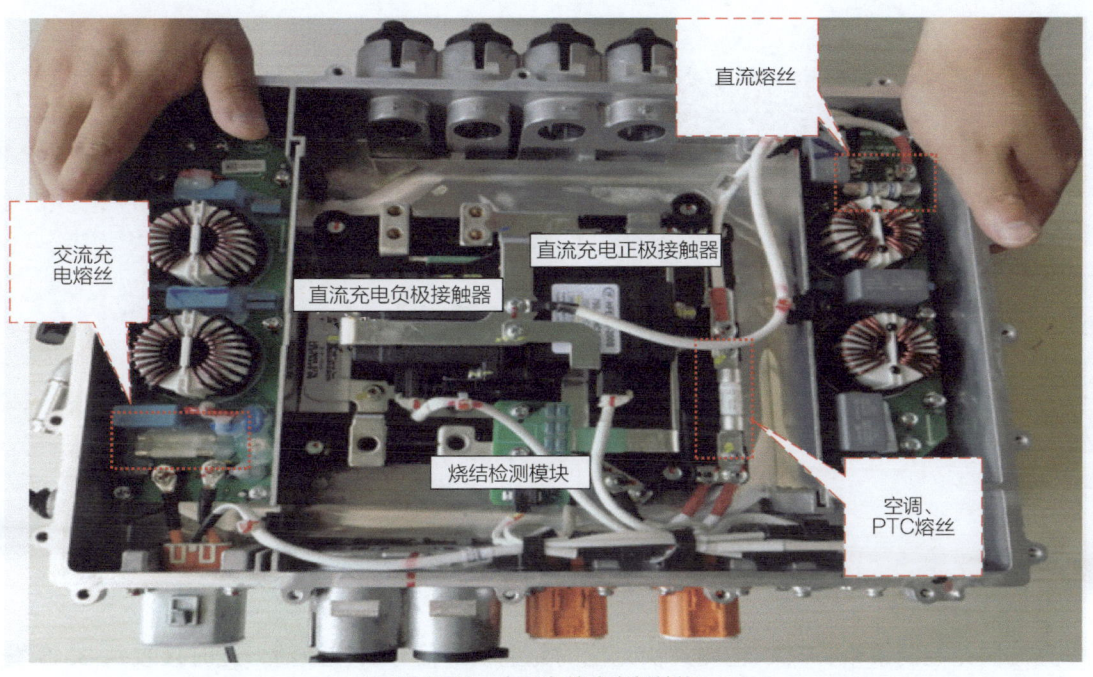

图 5-71 充配电总成内部结构

六、众泰 Z500 EV 电动汽车直流充电系统组成与分析

直流快充插座与高压分线盒 PDU 通过直流快充充电连接电缆相连，同时高压分线盒 PDU 与动力电池通过直流母线相连。

当使用直流充电桩对车辆充电时，充电桩电源输出的正、负极与动力电池的正、负极是直接相连的，这样就需要充电装置的输出电压不低于动力电池额定电压 310V，才能有效地给动力电池充电。同时，由于工作电压高，同样电流下功率大，充电快，因此快充需要使用专用的直流充电桩。

如图 5-72 所示为高压分线盒外部插接件布置图，图 5-73 为高压分线盒内部结构图，图 5-74 为高压分线盒内部电路原理图。

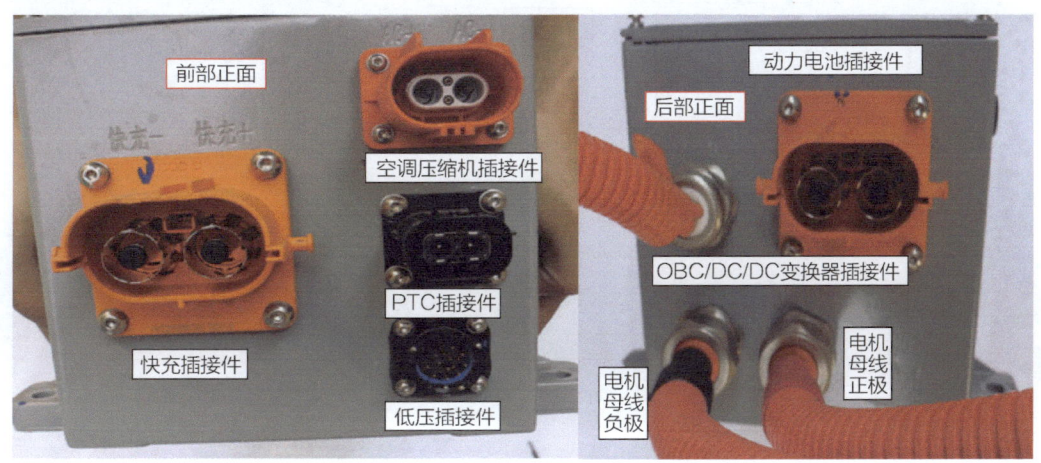

图 5-72 高压分线盒外部插接件布置图

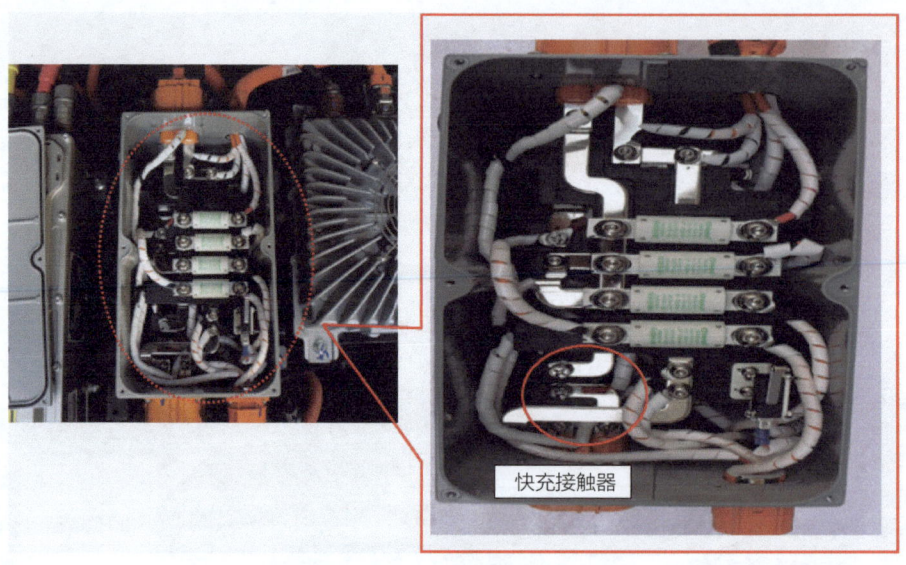

图 5-73　高压分线盒内部结构图

直流快充控制策略：VCU 检测到快充枪的充电唤醒信号后被激活，此时接收到 BMS 发送的充电枪连接信号为连接状态且 BMS 无一级故障，发送充电使能信号给 BMS，允许动力电池充电。

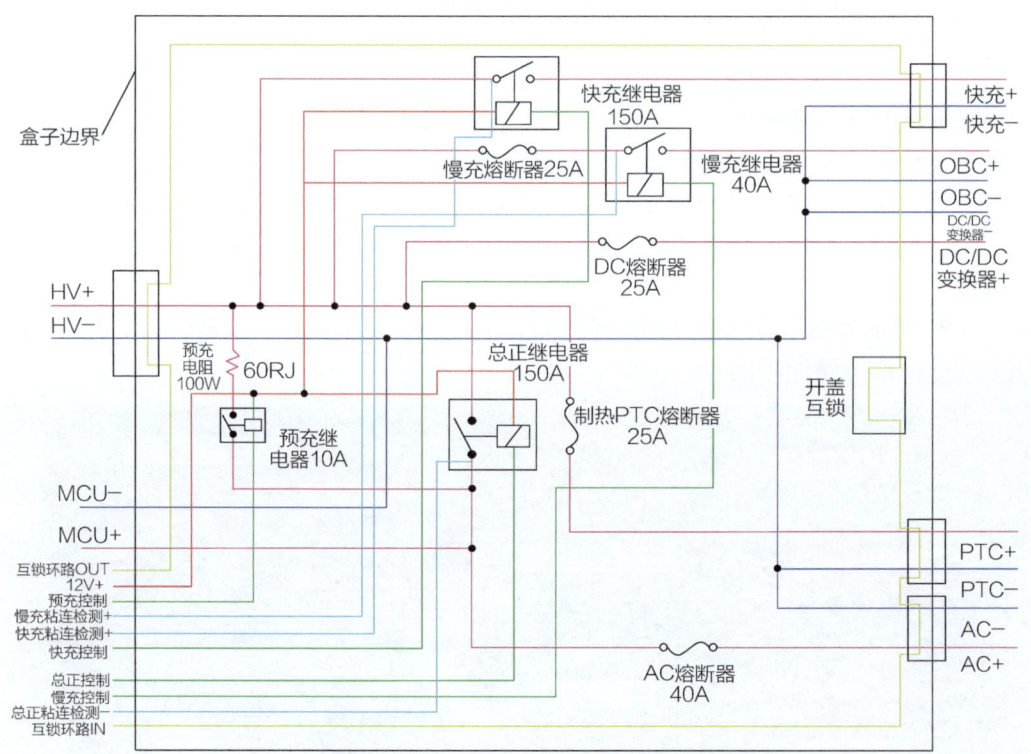

图 5-74　高压分线盒内部电路原理图

第三节 DC/DC 变换器充电系统

电动汽车/混合动力汽车的电源系统除了动力电池高压系统以外，还有一套低压系统，低压系统由一个 12V 辅助蓄电池供电，它主要给汽车低压电器设备提供电源，例如灯光系统、仪表系统、电动车窗以及各种控制器等。12V 低压直流电由动力电池的高压直流电经过 DC/DC 变换器模块转换而来，所以此系统也称为高、低压直流转换系统。

一、高低压直流转换系统的组成

此系统主要部件包含动力电池、高压连接线束、高压分线盒、高压附件线束、DC/DC 变换器转换模块、低压正极/负极线束、蓄电池。如图 5-75、图 5-76 所示为 DC/DC 变换器充电系统组成。

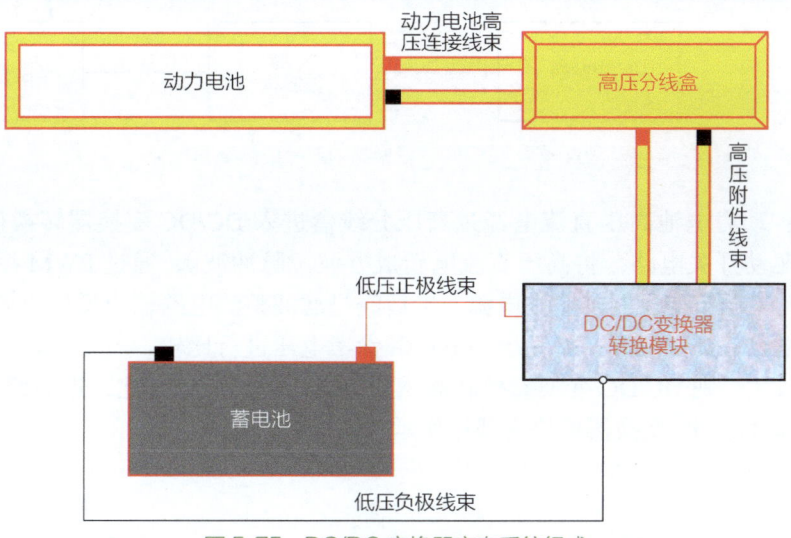

图 5-75　DC/DC 变换器充电系统组成

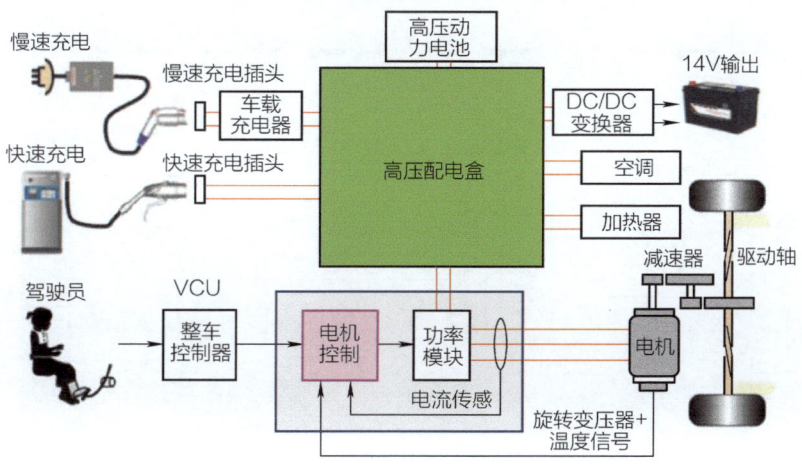

图 5-76　系统组成框架图

二、DC/DC 变换器模块控制转换技术

DC/DC 变换器模块转换技术在转换中有两种方式，一种是线性调节方式；另外一种是开关调节方式。目前电动汽车最常用的是开关调节方式。

1）DC/DC 变换器模块转换技术分析，其 DC/DC 变换器内部组成框架图如图 5-77 所示。

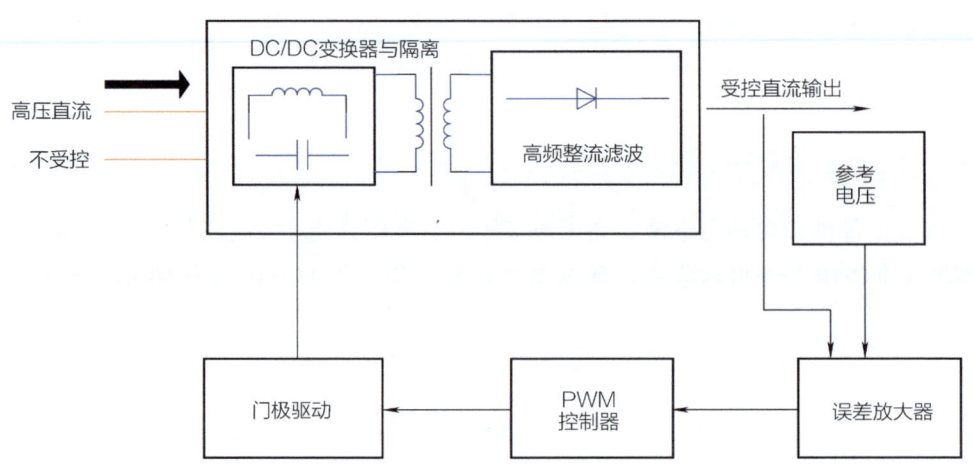

图 5-77　DC/DC 变换器内部组成框架图

工作原理：动力电池高压直流电经过高压分线盒进入 DC/DC 变换器转换模块的变压器，通过内部门极驱动开关电路，将高压直流电斩成方波（脉冲波），通过 PWM 控制器调节方波的占空比，由此来调节变压器的输出电源，然后经过滤波整流电路输出低压直流电，向低压蓄电池和低压用电设备提供电源。将输出的电压和参考电压进行比较，若实际输出的电压与参考电压相比误差较大，则 DC/DC 变换器控制器驱动门极开关调节占空比，进而调节输出的电压。如图 5-78 所示为 DC/DC 变换器模块内部运作示意图。

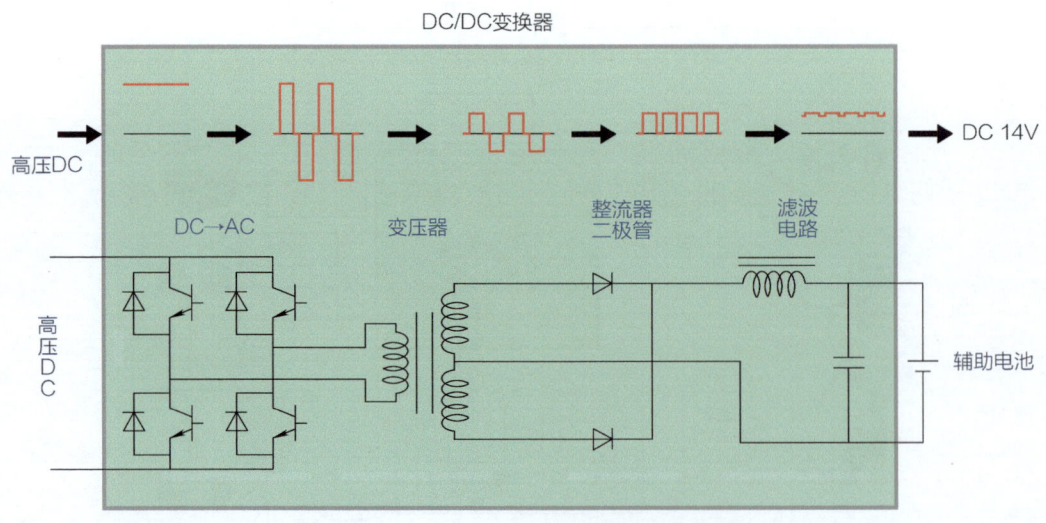

图 5-78　DC/DC 变换器模块内部运作示意图

DC/DC 变换器内部结构，如图 5-79 所示。

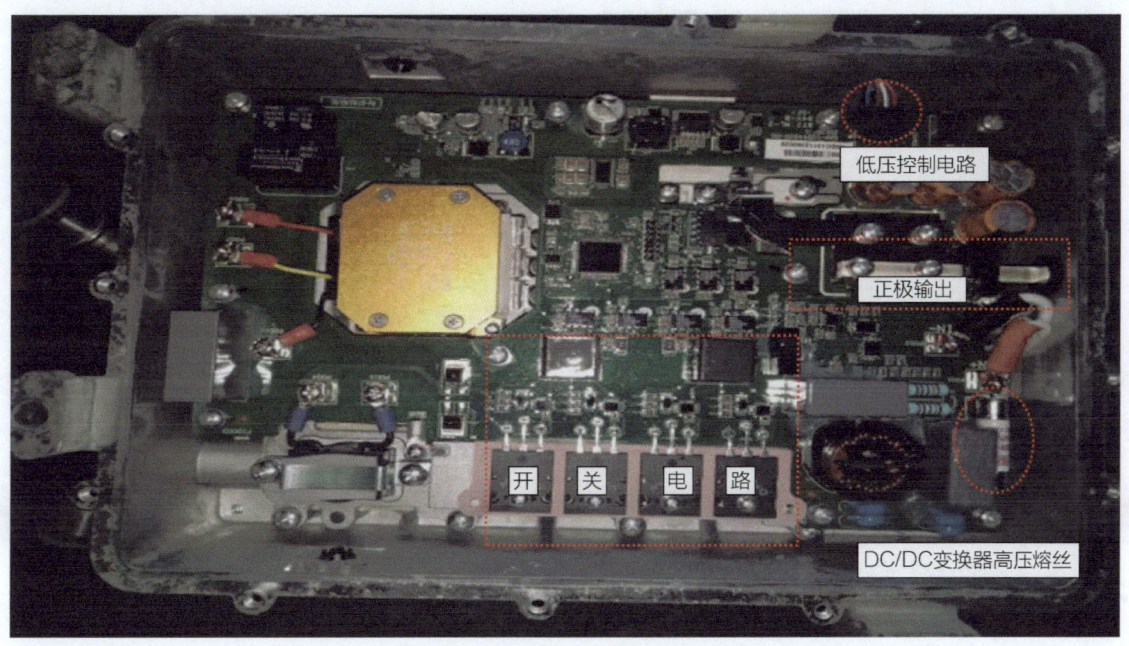

图 5-79　DC/DC 变换器内部结构

2）DC/DC 变换器控制策略，如图 5-80 所示。
① VCU 被唤醒后，通过硬线唤醒 DC/DC 变换器。
② DC/DC 变换器依据 VCU 发送的工作模式进行输出或停止。
③ 断掉高压后，VCU 通过硬线关断 DC/DC 变换器。

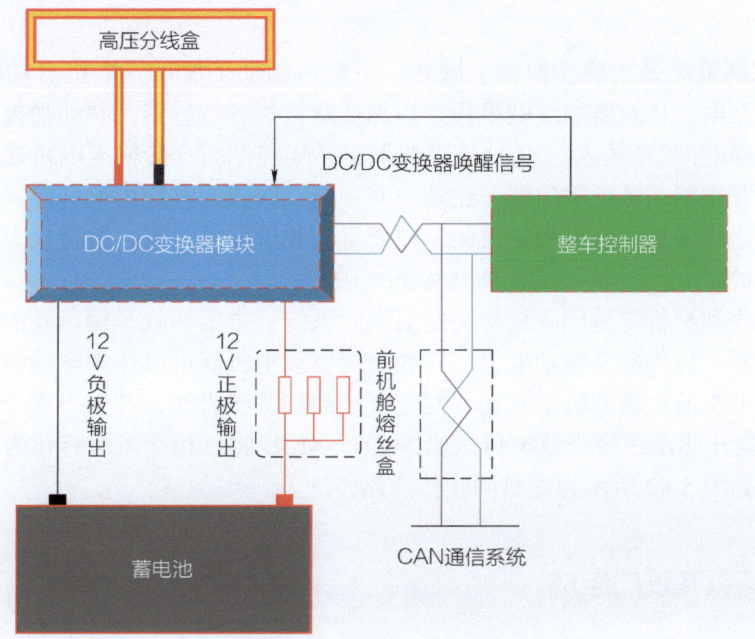

图 5-80　DC/DC 变换器控制策略

3）比亚迪秦 EV450 低压蓄电池接线如图 5-81 所示。

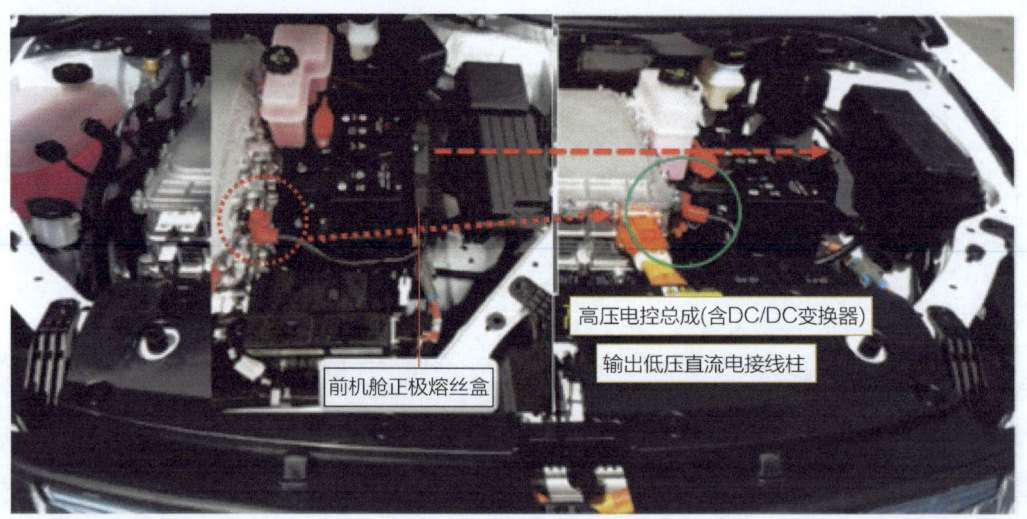

图 5-81　比亚迪秦 EV450 低压蓄电池接线

第四节　能量回收系统技术分析

能量回收控制策略是车辆在滑行、减速、下坡或制动工况下，电机自动回收电能，并且对动力电池进行充电，从而增加续驶里程。以加速踏板位置传感器、制动踏板开关以及档位信号作为整车控制器的 VCU 输入，VCU 将电机制动转矩控制指令传输至电机控制器，进而控制电机通过传动装置将制动转矩输出至车轮端，其中电机回收的电能由电机控制器整流滤波回充至动力电池包，达到增加续驶里程的目的。在能量回收阶段可以通过组合仪表上的电流显示出来，充分利用能量回收，最多可以增加 15% 的续驶里程。

制动能量回收和滑行能量回收统称为能量回收系统，主要回收车辆行驶的动能及势能，由车轮传递至减速器，再传递至驱动电机，三相交流驱动电机既可以作为电动机使用，也可以作为发电机使用，电机的永磁体转子转动，使定子线圈切割磁力线，产生三相交流电，并通过电机的 U、V、W 高压驱动线将交流电传送给 MCU，MCU 将三相交流电转化为直流电向动力电池组进行充电。如图 5-82 所示为能量回收传递路径。

一、能量回收系统的组成

能量回收系统的组成包括：动力电池包、高压分线盒、整车控制器、电机控制器、驱动电机、高压连接线束、电机控制器高压母线、驱动电机 U、V、W 高压连接线、制动踏板信号、加速踏板信号、车速信号、档位信号及唤醒使能电源信号，如图 5-83 所示。

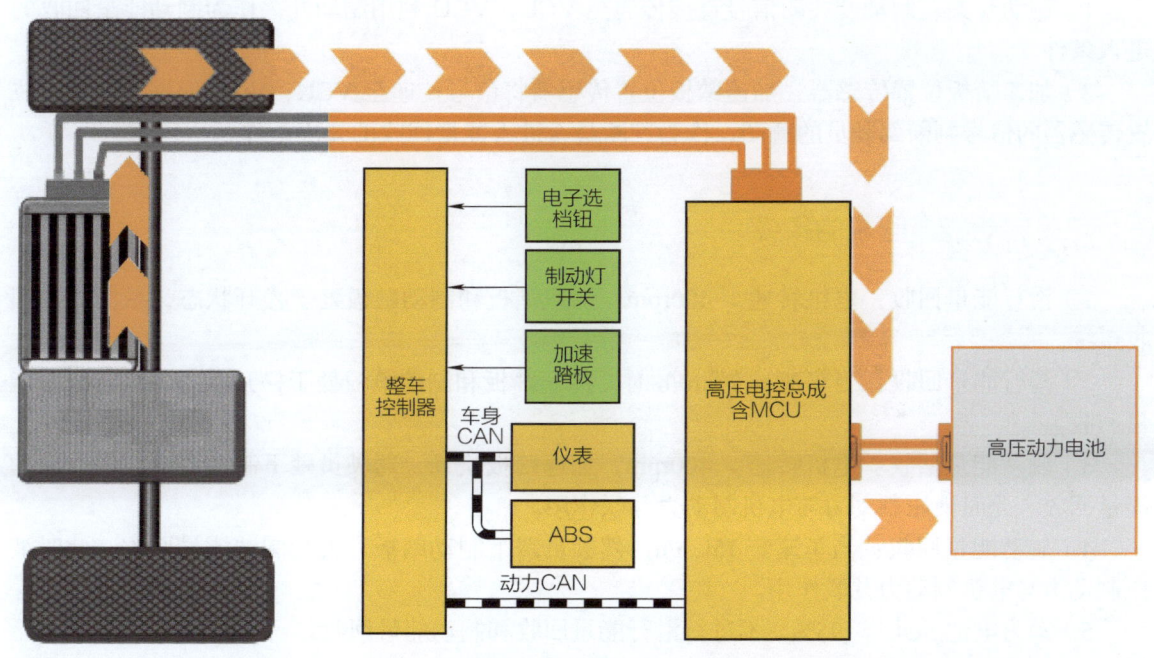

图 5-82　能量回收传递路径

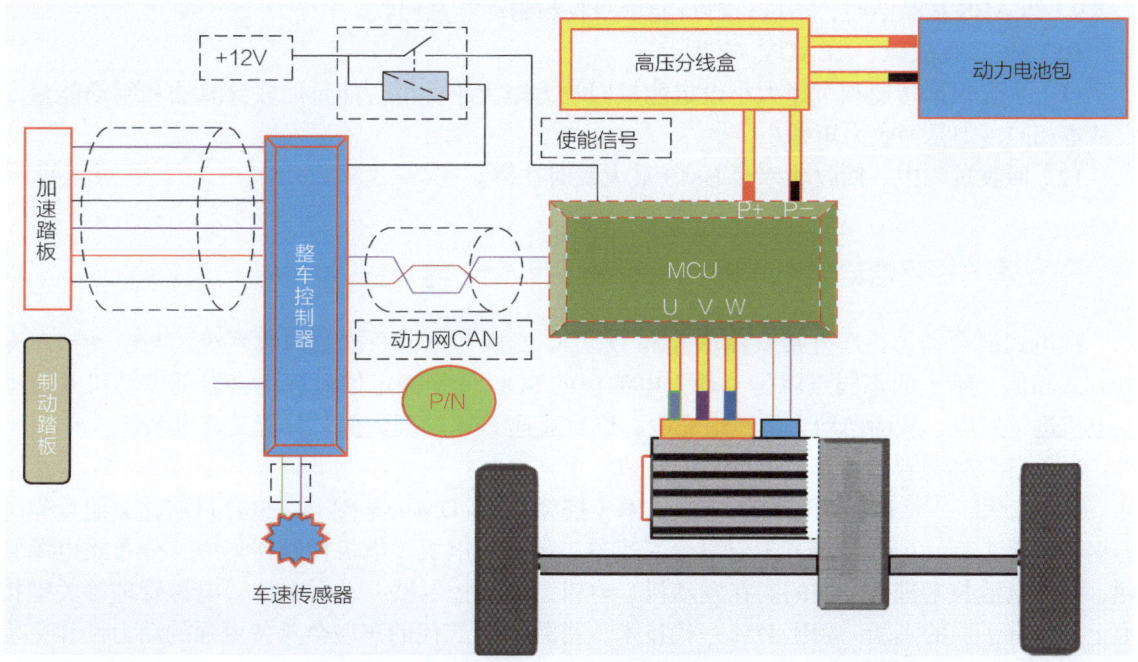

图 5-83　能量回收系统的组成

二、能量回收基本组件功能

1）制动开关：制动开关的信号直接传递至 VCU，VCU 利用制动开关作为制动能量回收的进入条件。

2）加速踏板位置传感器：加速踏板位置传感器将信号传递至 VCU，VCU 根据加速踏板位置传感器的信号判断驾驶员的意图，作为判断是否进入能量回收的先决条件。

三、启动能量回收的条件

1）滑行能量回收：电机转速 > 400rpm，加速踏板和制动踏板处于松开状态，激活能量回收系统。

2）滑行能量回收：当车速 > 20km/h 时，加速踏板和制动踏板处于松开状态，进行滑行能量回收。

3）制动能量回收：电机转速 > 400rpm，加速踏板松开，驾驶员踏下制动踏板，进行制动能量回收。此时液压制动力与电机制动力并联作用。

4）制动能量回收：当车速 > 15km/h，驾驶员踩下制动踏板，进行制动能量回收。此时液压制动力与电机制动力并联作用。

5）动力电池 SOC > 95%，不进行滑行能量回收和制动能量回收。

6）R 档位、N 档不进行能量回收。

7）单体电池最低温度 > 0℃进行能量回收。

8）无绝缘漏电故障，方可进入能量回收。

9）当 ABS 被激活时，不进行滑行能量回收和制动能量回收。

10）MCU 无故障，READY 有效。

11）系统根据转速和车速大小设定能量回收力矩大小，滑行能量回收计算法和制动能量回收基本相同，但是回收力矩稍小。

12）回收过程中，回收功率 ≤ BMS 最大瞬时功率。

四、插电式混合动力汽车的充电系统

插电式混合动力汽车外接交流慢充和 DC/DC 变换器充电及能量回收系统，与电动汽车充电方式相似，唯一的不同点就是当动力电池包的 SOC 低于额定值时，将会启动发动机并带动发电机进行发电，从而向动力电池组充电，以比亚迪 DM 车型为例，分析其充电系统。

（1）秦 DM 混合动力车型动力系统组成

DM 二代技术是比亚迪在 DM 一代技术（搭载于 F3 DM）基础上，整合目前比亚迪最先进的涡轮增压（Ti）发动机、DCT 双离合变速器、高转速电机、电机控制器集成、分布式电源管理、动力电池技术进行开发的。在发动机、电机、电机控制器、动力电池、电源管理等关键技术上，都有了质的飞跃。相比 DM 一代技术，搭载 DM 二代的车型会具备更强的动力性和更优的经济性。如图 5-84 所示为比亚迪秦 DM 混合动力驱动系统框架图。

（2）EV 纯电动模式

在纯电动工作模式下，动力电池提供电能，供电机驱动车辆，可以满足各种工况行驶，如起步、倒车、怠速、急加速、匀速行驶等。如图 5-85 所示为比亚迪秦 DM 混合动力系统 EV 纯电驱动模式（图中绿色箭头表示能量及动力传递路径）。

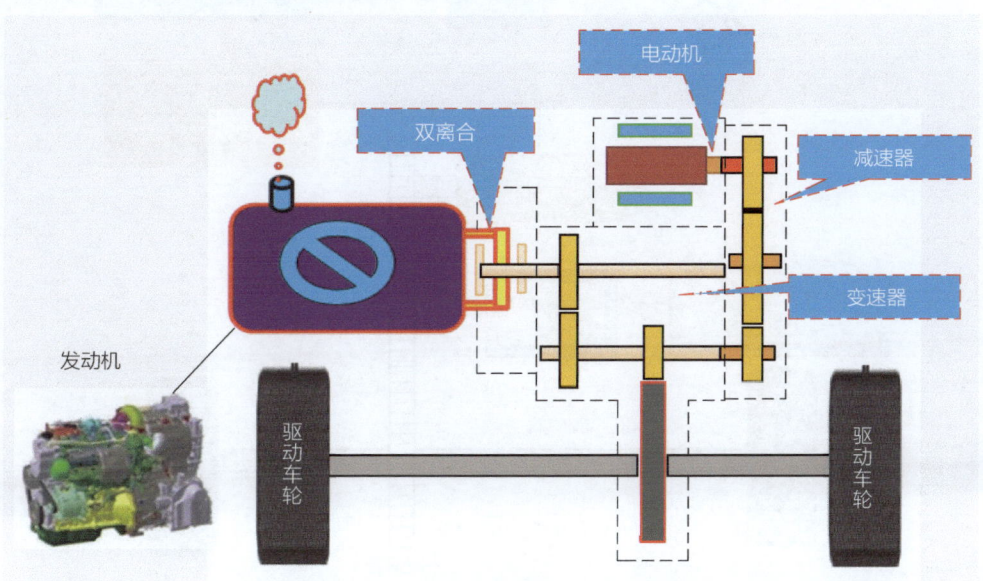

图 5-84　比亚迪秦 DM 混合动力驱动系统框架图

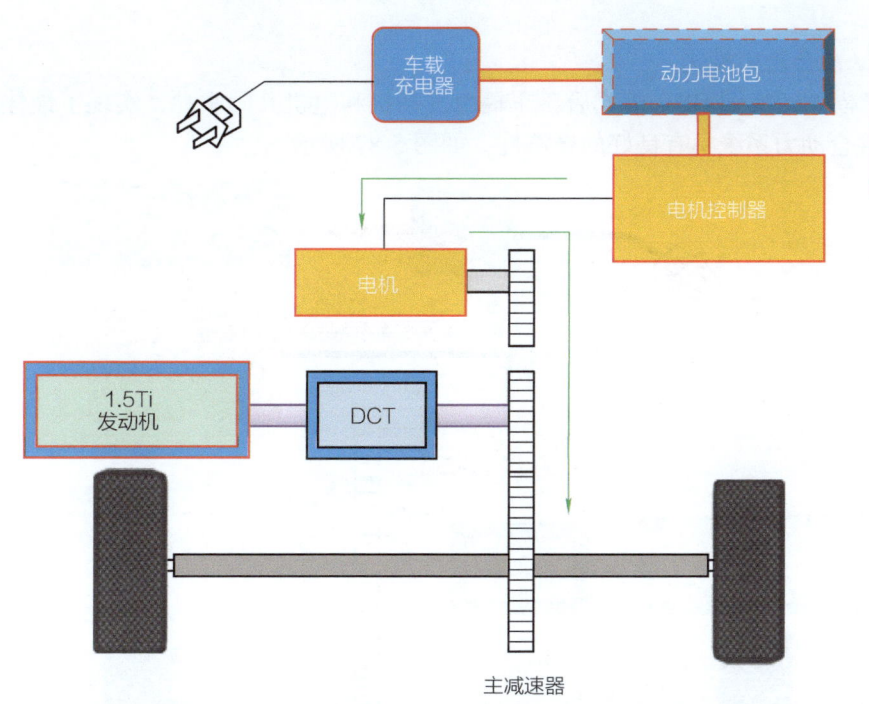

图 5-85　比亚迪秦 DM 混合动力系统 EV 纯电驱动模式

（3）HEV 稳定发电模式

当电量不足时，系统从 EV 模式自行切换到 HEV 模式，使用发动机驱动，在车辆以较稳定的速度行驶时，发动机输出的一部分转矩会驱动电机发电，并对动力电池充电。如图 5-86 所示为 HEV 稳定发电模式。

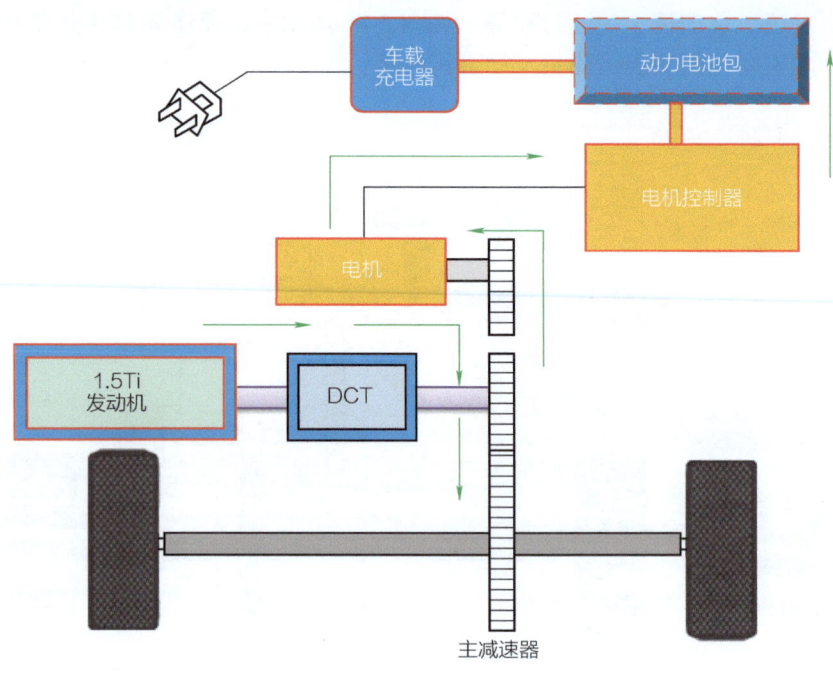

图 5-86　HEV 稳定发电模式

(4) HEV 混合动力模式

当从 EV 模式切换到 HEV 模式后,车辆由发动机和电机共同驱动,实现了最佳的动力性,但仍能保证混合动力系统具有良好的经济性,如图 5-87 所示。

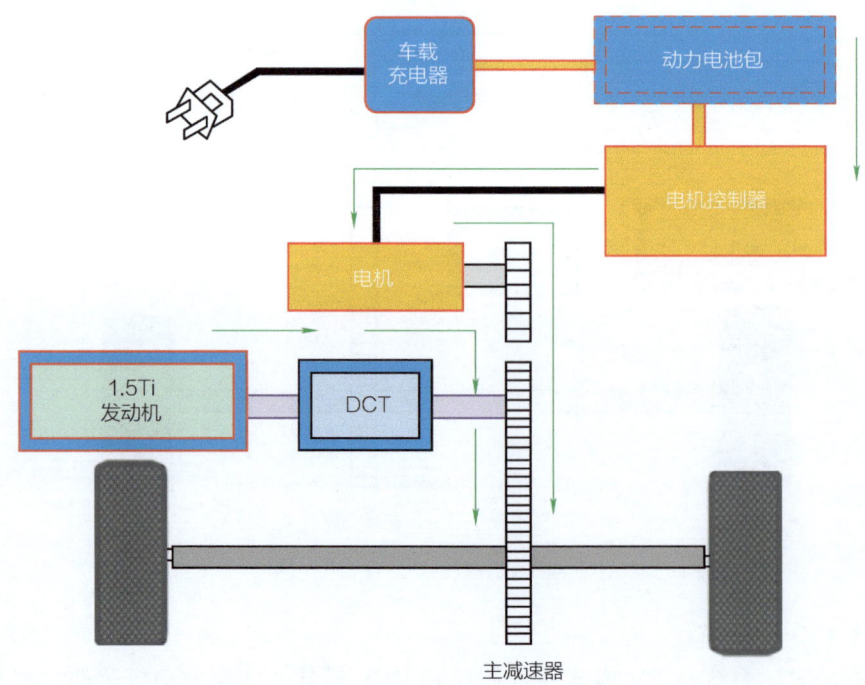

图 5-87　HEV 混合动力模式

（5）能量回收充电模式

在车辆减速时，电机将车辆需要降低的动能转化为电能储存在动力电池内，如图 5-88 所示。

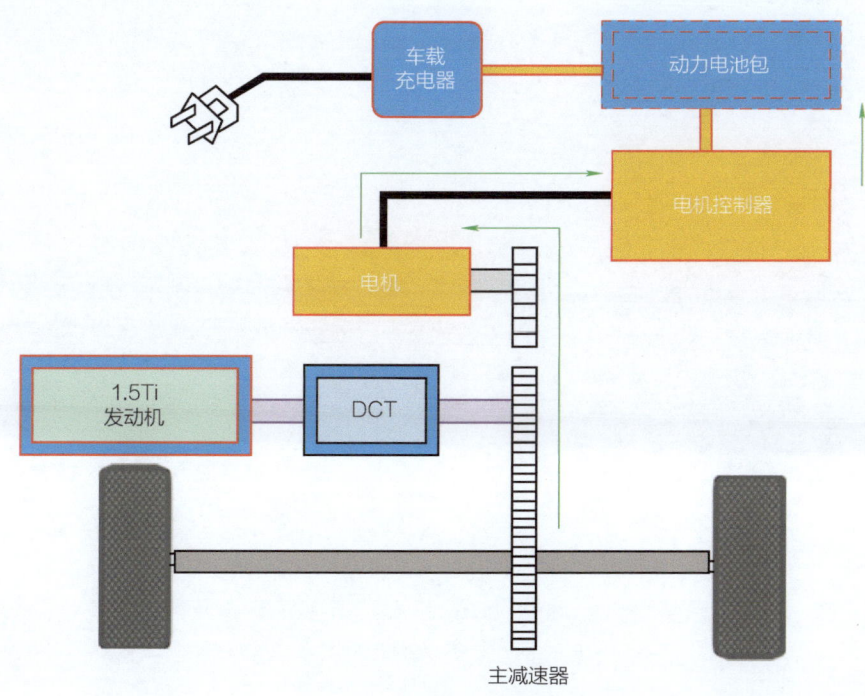

图 5-88　能量回收充电模式

（6）系统工作模式切换

① 当电量大于 20% 时，不会启动发动机。

② 电量低于 20% 时，自动启动发动机充电。

③ SOC 达到 40% 时，发动机自动停机，此后将一直按照①→②→③→①的模式循环。

EV 自动切换为 HEV：

① SOC ≤ 5%；BMS 允许放电功率 ≤ 15kW；坡度 ≥ 15%。

② EV 切换到 HEV 后，不再自动切换 EV，之后发动机工作按 HEV 策略进行。

③ SOC ≥ 75% 时，重新上电后可切换到 EV 模式。

对于其他类型的混合动力系统，虽然工作模式不同，但依然可以参考本章节的内容，因为部分车型有两个电机，其中一个电机可用于发电/启动；另一个电机用于驱动车辆。

第六章
驱动系统及其冷却方式

第一节　电动汽车/混合动力汽车驱动电机系统

电动汽车/混合动力汽车的驱动电机系统是车辆行驶的主要执行机构，驱动电机及其控制系统是新能源汽车的核心零部件（三大电：电池、电机、电机控制器）之一。它的驱动特性决定了汽车行驶的主要性能，是新能源汽车的重要部件。

电机是应用电磁感应原理运行的电磁机械，可以实现电能向机械能的转换，运行时从电源系统吸收电功率，向机械系统输出机械功率。同时驱动电机系统具备能量回收功能。

一、驱动电机系统组成

驱动电机系统主要由驱动电机、电机控制器、传感器以及电源等部分组成，并且驱动电机系统还有一套独立的减速齿轮机构。如图6-1所示为高压系统组成，图6-2所示为电机低压控制系统组成，图6-3所示为驱动电机变速器机械机构。

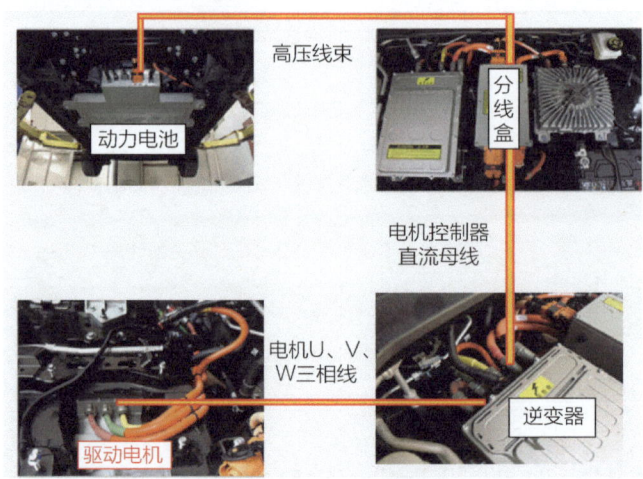

图6-1　高压系统组成

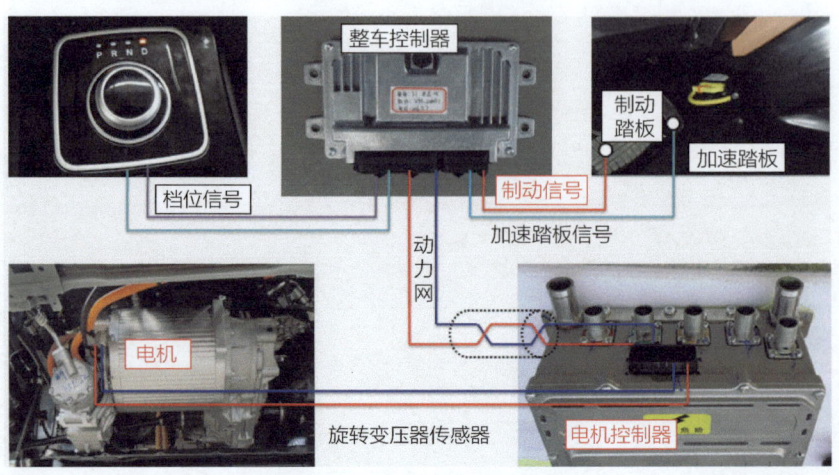

图6-2　电机低压控制系统组成

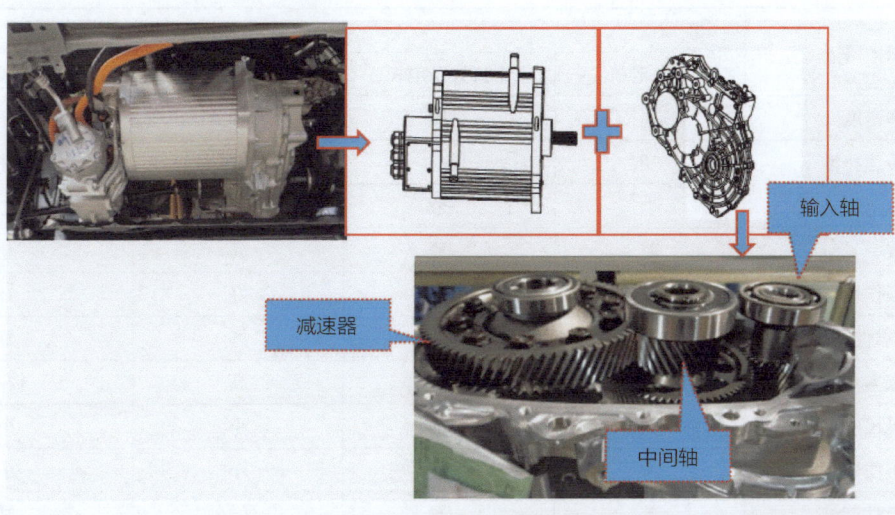

图6-3 驱动电机变速器机械机构

二、电机的分类

驱动电机是电动汽车的核心驱动装置之一，其性能的好坏将会直接影响到电动汽车的驱动性能，驱动电机及其驱动系统的功能是将电能转换为机械能，因此对驱动电机的起动转矩、调速范围、质量以及噪声都有一定的要求，同时还要达到车辆各种行驶工况的使用要求，需要满足最高车速、加速能力、爬坡能力三大性能指标。

从目前来看，新能源汽车的驱动电机包括以下几类，如图6-4所示。

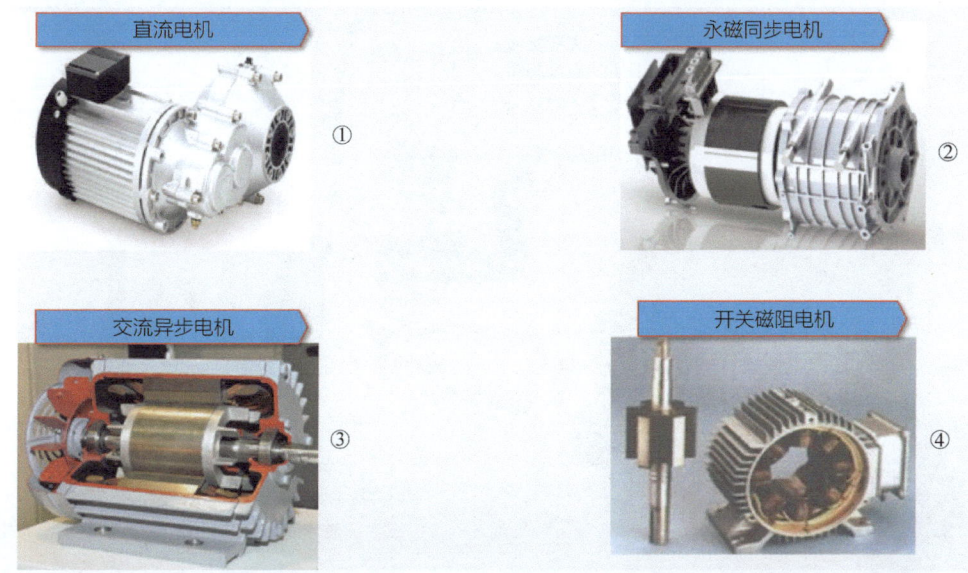

图6-4 驱动电机分类

电机性能比较见表6-1。

表 6-1　电机性能比较

比较内容	电机类型			
	直流电机	交流异步电机	永磁同步电机	开关磁阻电机
功率密度	差	一般	好	一般
转矩转速特性	一般	好	好	好
转速范围	小	一般	大	最大
效率	差	一般	高	一般
易操作性	最好	好	好	好
可靠性	差	好	好	好
成本	高	低	高	较高
电机尺寸	大	一般	小	小
电机质量	大	一般	小	小
综合性能	差	一般	最好	好

从表 6-1 可以看出，综合性能较好的是永磁同步电机，但是这种电机也有一定的缺点，那就是在高温下磁性会衰退。如果在电动汽车中采用了最佳的电机冷却管理技术，永磁交流电机（简称永磁同步电机）在各种技术参数上都优于其他类别的电机，所以目前使用最为广泛的电机就是交流永磁同步电机。

三相交流永磁同步电机结构爆炸图，如图 6-5 所示。

永磁同步电机是电动汽车的重要执行机构，是电能转化为机械能的重要部件，并且运行状态信息要被驱动电机控制器采集和分析。永磁同步电机主要包括：三相定子绕组、永磁转子、轴承、冷却水道、电机温度传感器、旋转变压器传感器等部件。其中，电机温度传感器用于检测定子绕组的温度，防止电机过载。

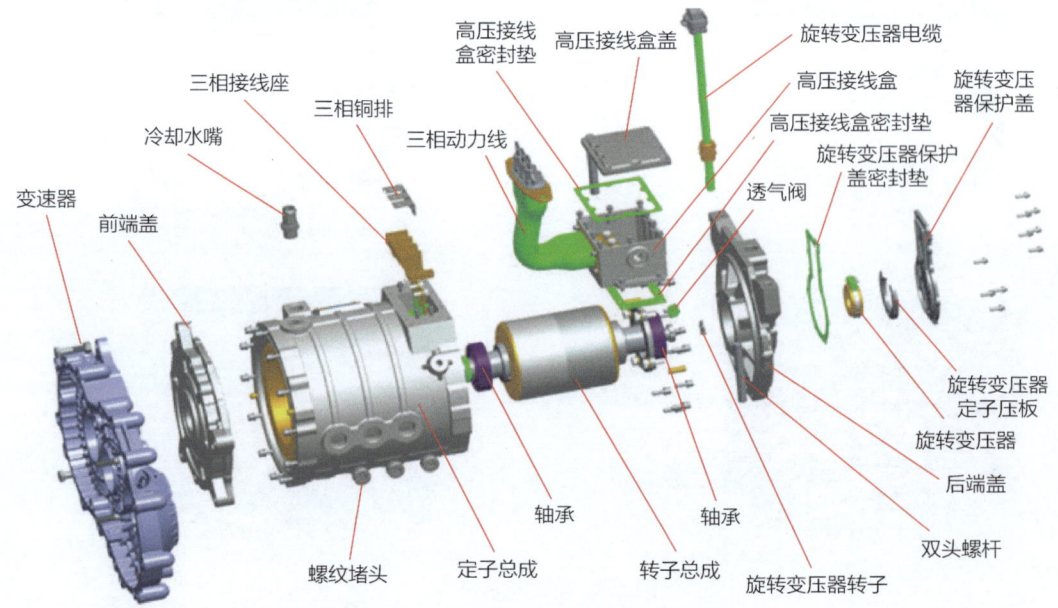

图 6-5　三相交流永磁同步电机结构爆炸图

1. 电动汽车/混合动力汽车电机主要组成结构

（1）定子

定子主要由机座、绕组铁心和绕组线圈三大组件组成。绕组铁心导磁材料采用冷轧硅钢片涂漆后叠压而成，并且进行真空压力浸漆处理，如图6-6所示。

图6-6　定子总成

（2）转子

转子主要由转轴和永磁体组成，其中转轴材料为40Cr，转子经过动平衡达到G2.5级精度，因此电机在高速运转时振动较小，如图6-7所示。

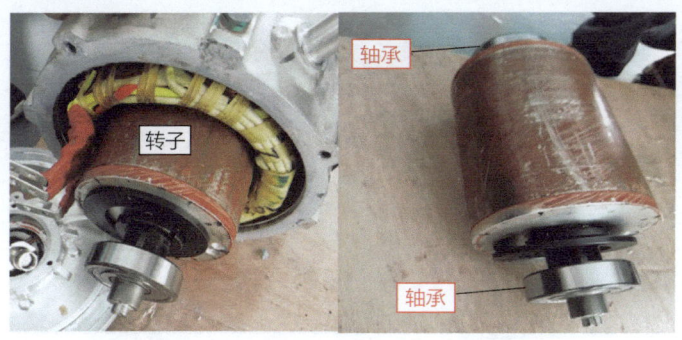

图6-7　转子总成

（3）旋转变压器传感器

旋转变压器传感器安装在后端盖上，转子安装在转轴上，当电机运行时传感器转子随着电机转子一起转动，并且把相应的信号提供给控制器，控制器根据旋转变压器传感器的信号确定电机的转速和位置信号。如图6-8所示为旋转变压器传感器定子总成，图6-9所示为旋转变压器传感器转子。

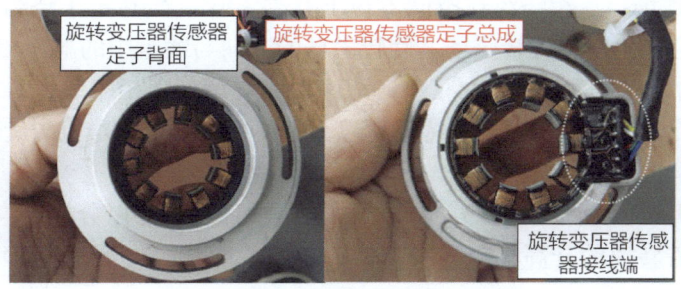

图6-8　旋转变压器传感器定子总成

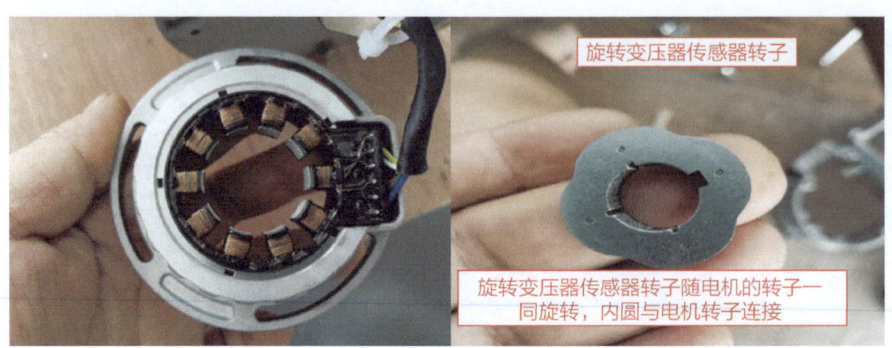

图 6-9　旋转变压器传感器转子

2. 三相交流永磁同步电机的工作原理

（1）三相交流永磁同步电机

三相交流永磁同步电机的工作电源为三相交流电源，永磁即电机的转子为永久磁铁，电机产生的旋转磁场（定子绕组所产生）与转子同步旋转，所以称为"三相交流永磁同步电机"，如图 6-10 所示。

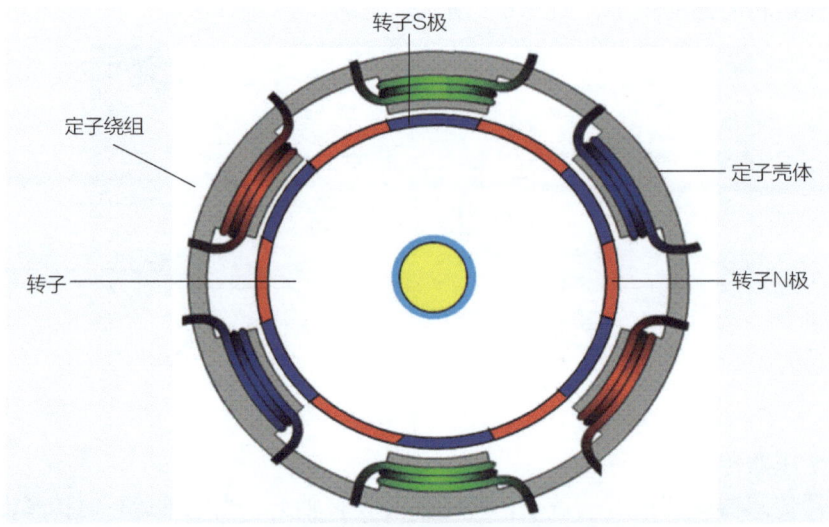

图 6-10　三相交流永磁同步电机示意图

三相交流永磁同步电机的转子旋转起来的先决条件是要有一个旋转磁场，其中，定子三相绕组就是一个旋转磁场。三相绕组在空间方位上互差 120°，当在定子绕组中接入三相交流电压时，定子绕组就会产生一个旋转磁场。旋转磁场的方向与绕组中的电流相序有关，如果按照 A、B、C 顺时针方向运转，把三相电源中任意两根线对调，则相序变为 C、B、A，那么磁场必然沿逆时针方向旋转，所以利用这个特性可以很方便地改变三相电机的旋转方向。

（2）永磁同步电机的机械特性

永磁同步电机机械特性曲线如图 6-11 所示，通过曲线特性可以分析出，永磁同步电机在低速时转矩最大，随着转速的升高转矩逐步降低。在低转速时，功率随转速增加，在高转速时，保持恒定功率。

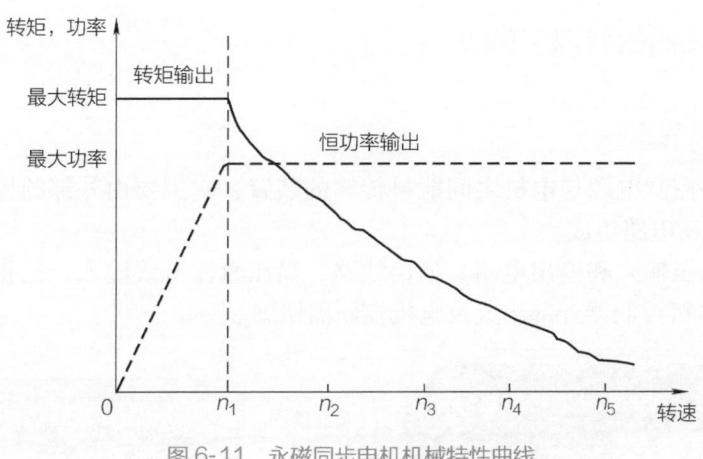

图 6-11 永磁同步电机机械特性曲线

（3）三相交流永磁同步电机的优点

① 效率高：由于励磁磁场（转子磁场）是由磁铁提供的，因此可以省去一部分励磁磁场所需的电能。

② 调速范围大：由于将永磁作为励磁磁场，因此调整电流与频率即可较大范围地调整电机的功率和转速。

③ 体积小、重量轻：由于结构简单，因此无论是体积还是重量都相对较小。

④ 发热小，密封性强，免维护。

（4）三相交流永磁同步电机的缺点

① 抗振性较差：由于现在大部分永磁材料都采用钕铁硼等强磁材料，但这些材料较为硬脆，因此受到强烈振动有可能会碎裂。

② 抗热冲击较差：由于转子采用磁性材料，电机在运行或环境温度过高的情况下会引起磁铁退磁，造成动力下降的同时驱动电流也会过大。

因为有这些缺点，所以电机供应商在设计抗振时采用了内置式磁极；为了避免电机在工作时产生振动造成电机磁极材料碎裂，并且避免电机在工作时产生高温，所以采用了水冷的方式给电机进行降温。

电机参数可以通过电机铭牌获取，如图 6-12 所示的电机铭牌中可以看到电机型号、功率、额定电压等参数。

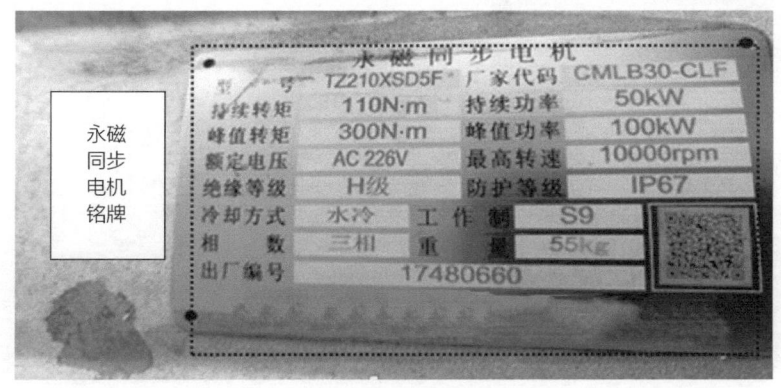

图 6-12 电机铭牌

三、电机控制器的结构与功能

1. 电机控制器的结构

电机控制器是控制电源与电机之间能量传输的装置，它主要由外部的控制信号接口电路、电机控制电路和能动电路组成。

外部组成：低压输入和输出电路、通信线路、高压直流母线输入、三相交流电压输出等，如图 6-13 所示为电机控制器外部组成及电机控制器铭牌。

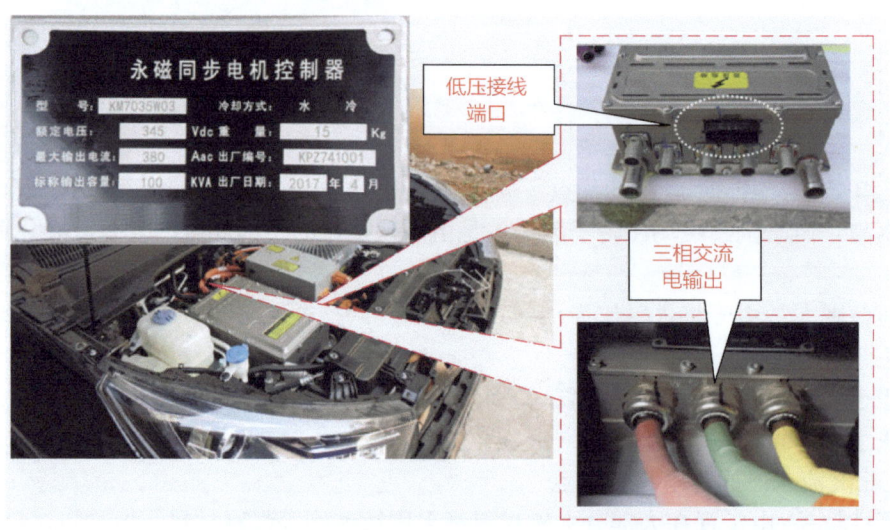

图 6-13　电机控制器外部组成及电机控制器铭牌

电机控制器根据驾驶人的意图发出指令，通过调整驱动电机的输出来实现整车的怠速工况（爬行）、前行、爬坡、倒车、停车、能量回收等功能。电机控制器（MCU）是控制电池与电机之间能量传递的必要装置，是电机驱动和控制系统的核心，相当于传统燃油汽车的 ECU。电机控制器主要组成部件如图 6-14 ~ 图 6-18 所示。

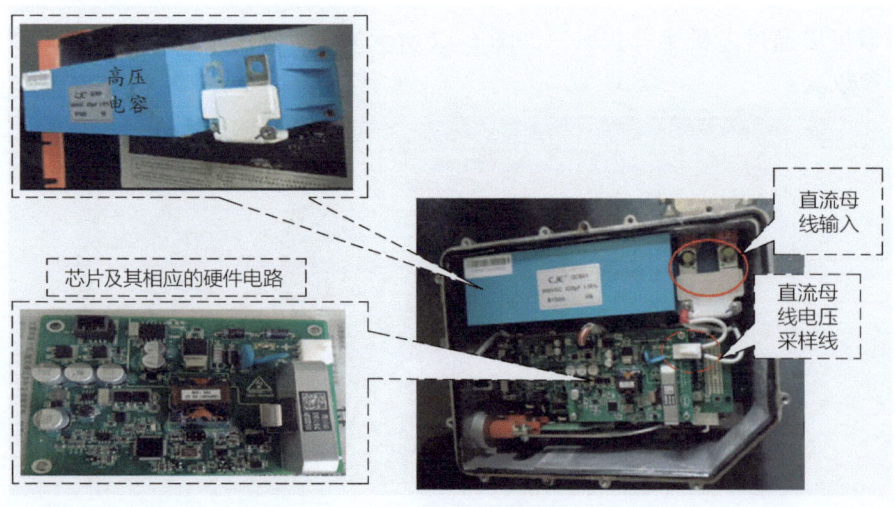

图 6-14　电机控制器内部结构（一）

第六章 驱动系统及其冷却方式

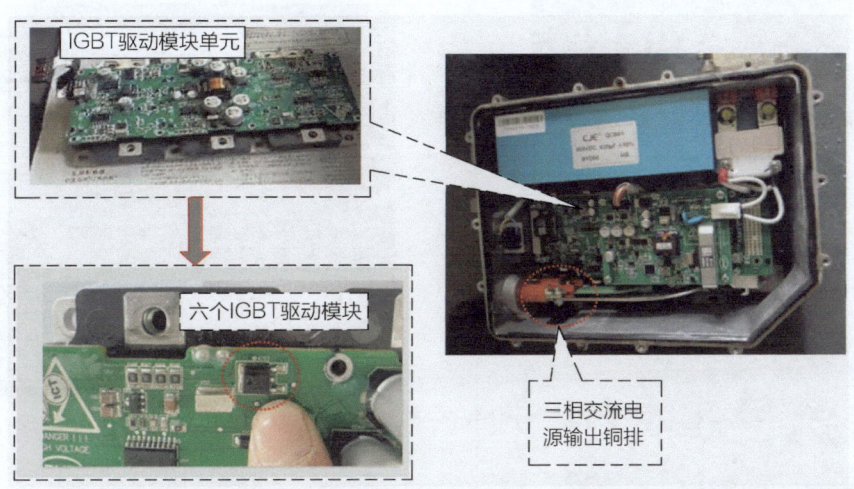

图6-15 电机控制器内部结构（二）

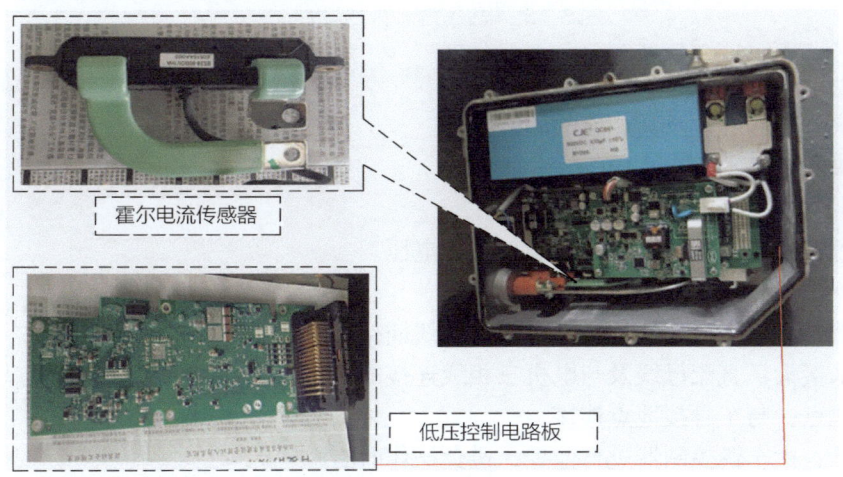

图6-16 电机控制器内部结构（三）

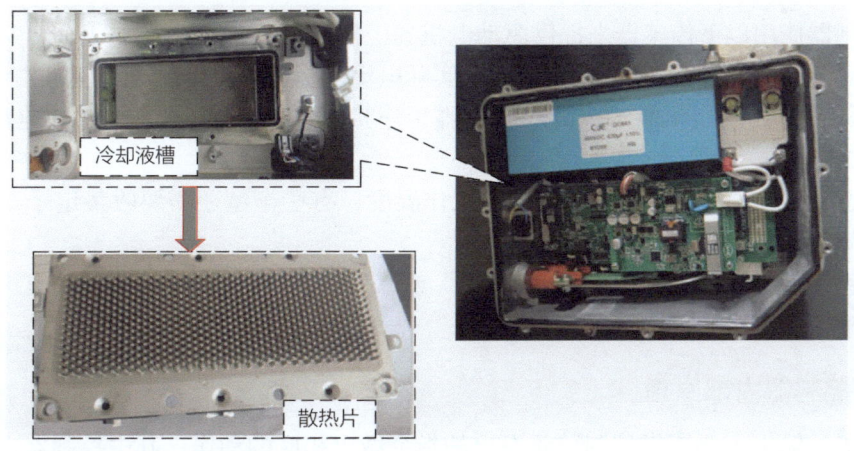

图6-17 电机控制器内部结构（四）

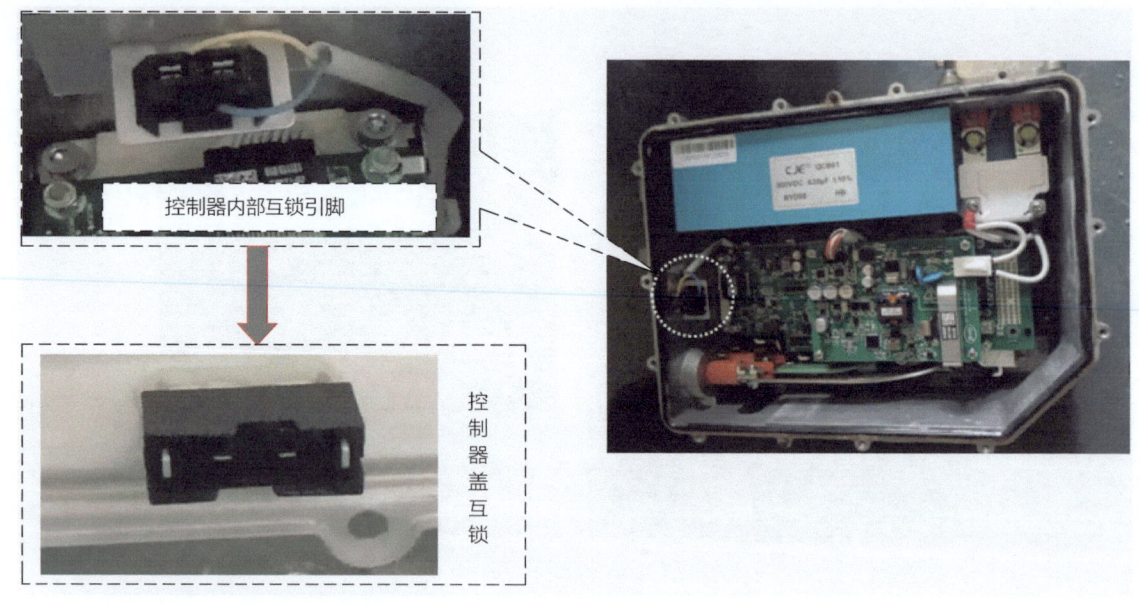

图 6-18 电机控制器内部结构（五）

通过以上结构图可以总结出：
控制模块：控制芯片及其相应的硬件电路。
驱动模块：IGBT 驱动模块单元。
IGBT 驱动模块单元：功率器件。
预充电容：防止电弧冲击及稳定驱动系统电压。
控制壳体：一体式冷却壳体单元。
低压插接件：低压线、通信线及电机信号线插接件。
高压防水接头：直流母线及与电机三相线连接的防水接头。
安全接地点：与车身接地点连接。
互锁端子：由车辆控制器进行监控，避免操作时有触电风险。

2. 电机控制器的主要功能

电机控制器使用以下传感器来提供驱动电机的工作信息：
1）电流传感器：检测驱动电机工作时的实际电流（包含直流母线电流、三相交流电）。
2）电压传感器：用于检测供给电机控制器工作状态的实际电压（包含动力电池电压、12V 低压蓄电池的电压）。
3）温度传感器：用于检测驱动电机的工作温度，有些车型还需要收集定子三线绕组的温度及电机冷却液温度。
4）旋转变压器传感器：又称为"解析器"或"分解器"，它可以检测驱动电机的转速和位置信号，保持转子与旋转磁场同步。

3. 电机控制器内部原理

驱动电机的输出主要依靠控制单元发出的指令做出相应的动作，其中控制器主要是将输入的直流电压逆变成可调的交流电压、频率。电机控制器里面有六个 IGBT 晶体管，它们实现了不同绕组之间的磁场变化,并将高压直流电转化为可供电机旋转的三相交流电。如图 6-19 所示为电机控制器内部电路原理图,原理图数字代表含义见表 6-2。

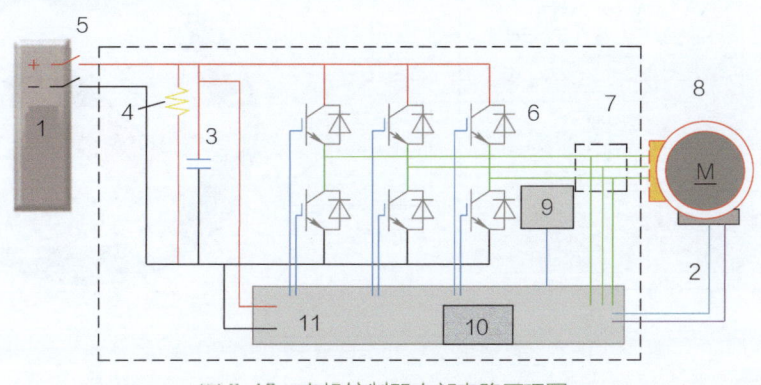

图 6-19　电机控制器内部电路原理图

表 6-2　原理图数字代表含义

1	动力电池包	7	电流传感器
2	旋转变压器传感器	8	驱动电机
3	电容 1	9	温度传感器
4	释放电阻	10	PCB 控制板
5	主正主负继电器	11	监控电路
6	IGBT		

电机控制器内部工作原理解析:

1)当 IGBT 开关 VT1 和 VT6 导通时,电流由 A 组绕组输入 B 组绕组输出,这两个绕组形成的磁场方向向上,此时规定的磁场为 0°,转子旋转角度也为 0°,如图 6-20 所示为 A 正、B 负电机转子角度。

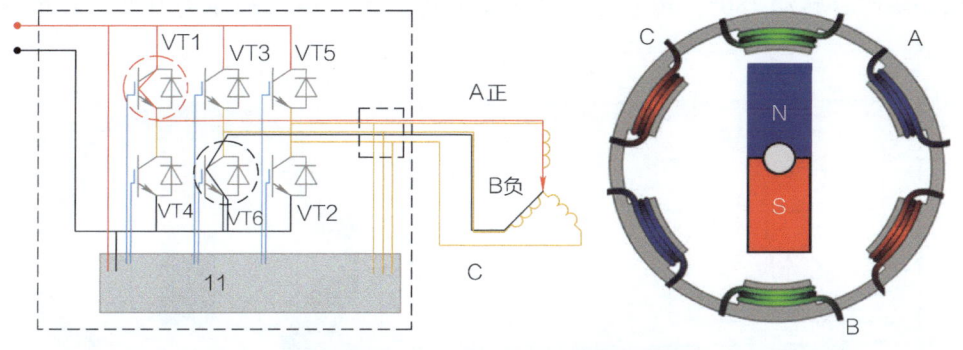

图 6-20　A 正、B 负电机转子角度(0°)

2)当 IGBT 开关 VT1 和 VT2 导通时,电流由 A 组绕组输入 C 组绕组输出,形成的磁场顺时针转动 60°,转子也随之转动 60°,如图 6-21 所示为 A 正、C 负电机转子角度(60°)。

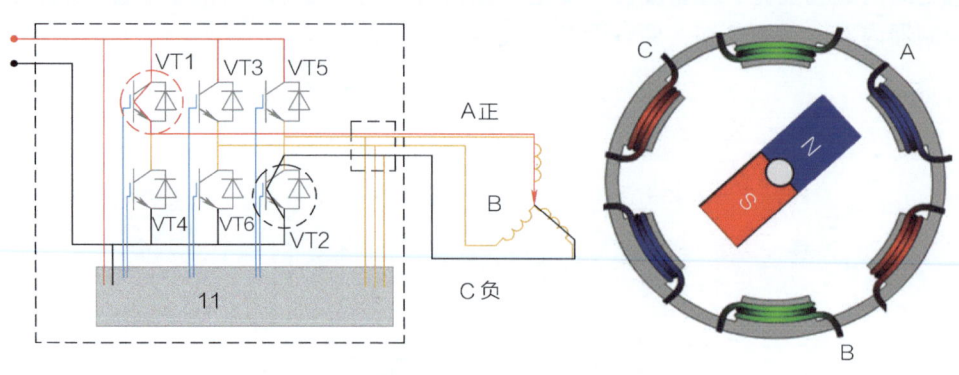

图 6-21 A 正、C 负电机转子角度（60°）

3）当转子转到 60° 时，开关 VT3 和 VT2 导通，电流由 B 组绕组输入 C 组绕组输出，形成的磁场顺时针转动 120°，转子也随之转动 120°，如图 6-22 所示为 B 正、C 负电机转子角度。

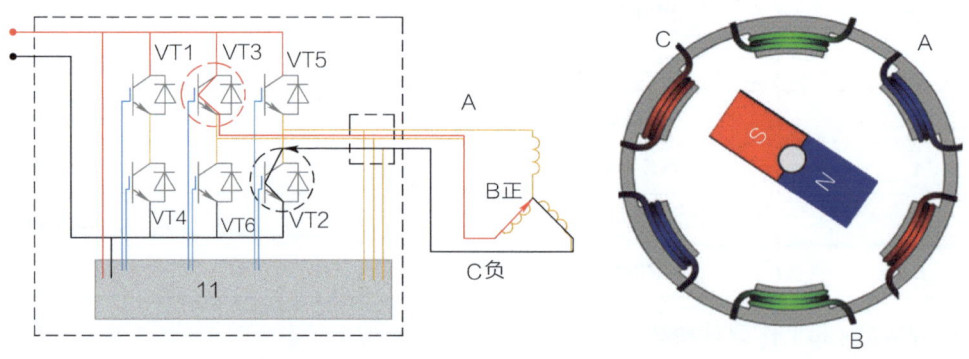

图 6-22 B 正、C 负电机转子角度（120°）

4）当转子转到 120° 时，开关 VT3 和 VT4 导通，电流由 B 组绕组输入 A 组绕组输出，形成的磁场顺时针转动 180°，转子也随之转动 180°，如图 6-23 所示为 B 正、A 负电机转子角度。

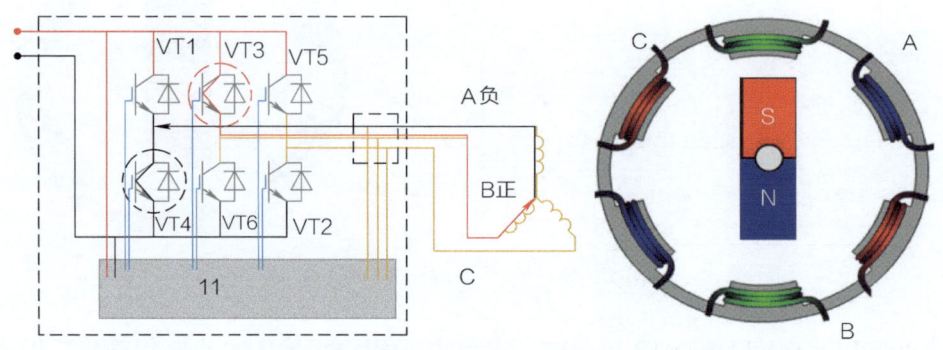

图 6-23 B 正、A 负电机转子角度（180°）

5）当转子转到 180° 时，开关 VT5 和 VT4 导通，电流由 C 组绕组输入 A 组绕组输出，形成的磁场顺时针转动240°，转子也随之转动240°，如图6-24所示为C正、A负电机转子角度。

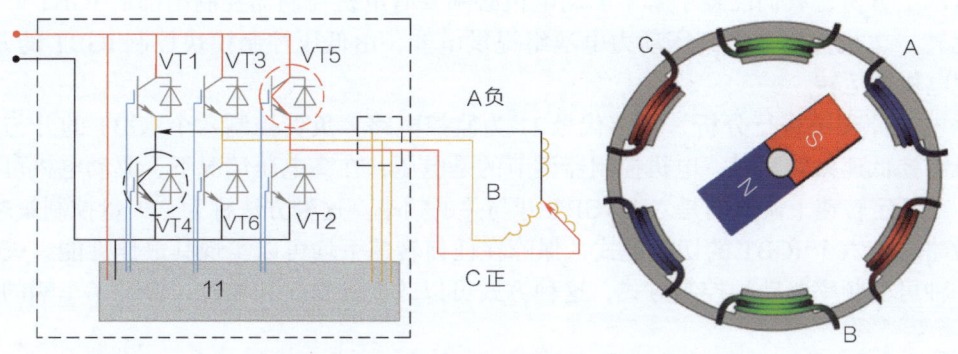

图6-24　C正、A负电机转子角度（240°）

6）当转子转到240°时，开关VT5和VT6导通，电流由C组绕组输入B组绕组输出，形成的磁场顺时针转动300°，转子也随之转动300°，如图6-25所示为C正、B负电机转子角度。

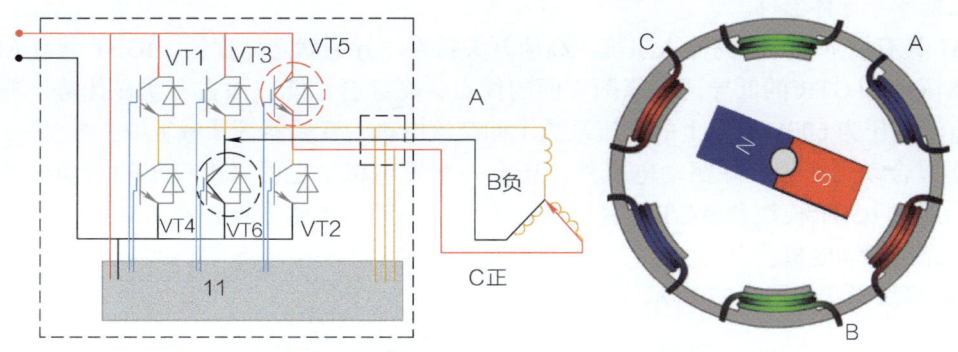

图6-25　C正、B负电机转子角度（300°）

7）当转子转到300°时，开关VT1和VT6导通，电流由A组绕组输入B组绕组输出，磁场转回0°，转子也转回0°，完成一周旋转，如图6-26所示为A正、B负电机转子角度。

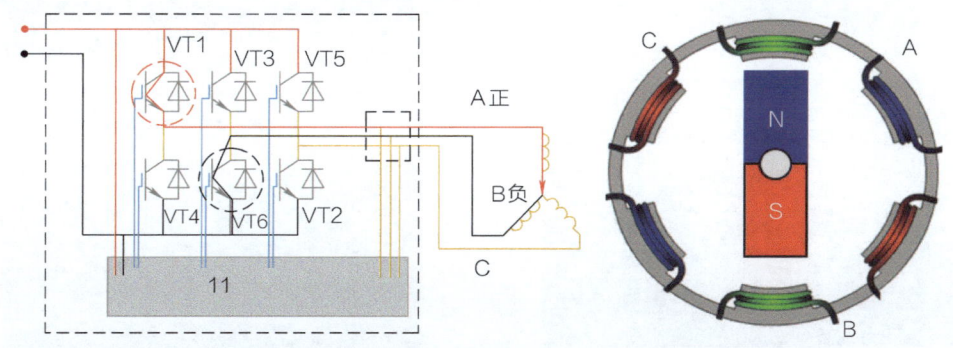

图6-26　A正、B负电机转子角度（360°即转回原位）

如果需要电机反转，将以上六个开关状态顺序反过来执行即可，但开始反转的开关状态必须与正转结束时的开关状态相衔接，而且要有缓冲时间。

以上控制方式在任何时间都是两相绕组导通,一周内有六种状态,故称为"二相导通星形三相六状态",是一种常用的控制方式。

通过以上分析,我们已经了解了驱动电机必须要有电机控制器控制内部的 IGBT 开关才可以实现运转。电机控制器由高压动力电池组提供电能,由低压控制模块控制 IGBT 的开与关,从而实现电机的运转。

根据电路原理图进行分析,数字代号 11 为监控电路,负责控制六个 IGBT 的开与关,在驱动电机需要低速大转矩时,电机控制器调节的是电压,在高电压情况下,驱动电机可以输出大转矩,在额定转速下调节的是六个 IGBT 开与关的频率。这种方法称为"矢量控制策略",矢量控制策略决定六个 IGBT 的切换模式,保障在任何转速下均可以实现其最佳性能。矢量控制策略是一种可变频率驱动的控制方式,这种方式可以改变占空比和相位,保证了车辆的平稳运行。

在 EV 功能状态下,为了产生驱动力,VCU 根据目标转矩信号要求电机控制器传送交流电给驱动电机,以达到驱动车辆运行的目的。

4. IGBT 基础知识

IGBT 是由 BJT(双极型三极管)和 MOS(绝缘栅型场效应晶体管)组成的复合全控型电压驱动式功率半导体器件。

IGBT 具有以下特点:高输入阻抗,高速开关特性,导通状态低损耗。IGBT 兼有 MOSFET 的高输入阻抗和 GTR 的低导通压降两方面的优点,在综合性能方面占有明显优势,非常适合应用于直流电压为 600V 及以上的变流系统(如交流电机、变频器等领域)中。

对于混合动力车型,除驱动电机外,还有一个发电机,它可以由汽车的发动机带动其发电,然后通过 IGBT 模块和 AC/DC 变换器转换后,向动力电池充电。在 DM 车型中,该发电机还可以充当驱动电机。

IGBT 模块形状如图 6-27 所示。

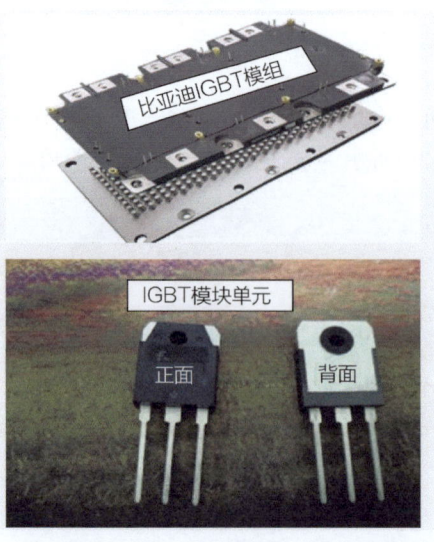

图 6-27　IGBT 模块形状

IGBT 原理示意与实物图针脚如图 6-28 所示。

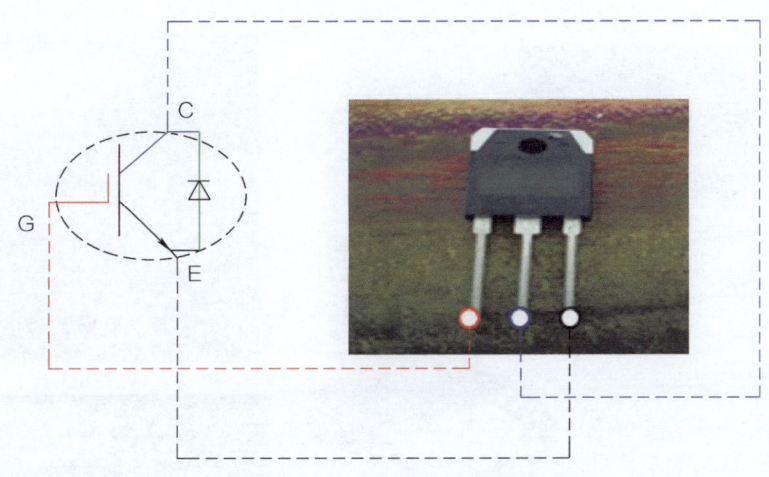

图 6-28 IGBT 原理示意与实物图针脚

（1）简易判断 IGBT 技巧

1）使用指针万用表，将表旋至 X10kΩ 档位，红色表笔测量 E 极，黑色表笔搭在 G 极上，给 IGBT 加载 DC 10V 正极电压（指针万用表独有的特点，若将万用表旋至电阻档位时，COM 黑色表笔输出正极电压，那么红色表笔则输出负极电压），然后将黑色表笔搭在 C 极上，此时应导通，并且导通阻值为 0Ω。若与测量值不符，证明 IGBT 损坏，如图 6-29 所示。

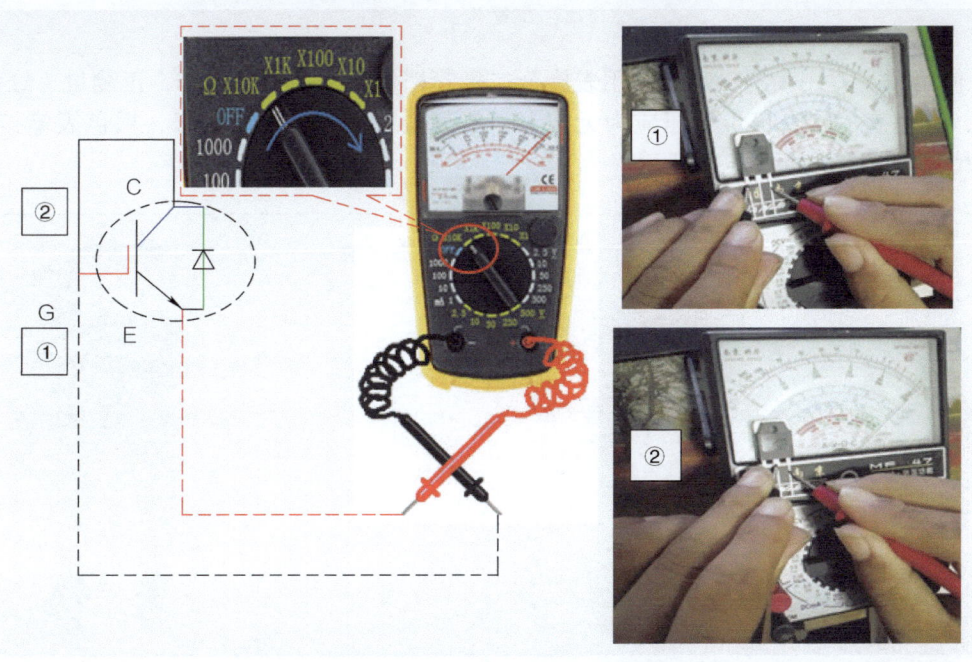

图 6-29 测量 IGBT 导通性

2）测量 IGBT 关断性，黑色表笔测量 C 极，红色表笔搭在 G 极上，给 IGBT 施加负偏置电压后，将红色表笔搭在 E 极，导通阻值为无穷大。若与测量值不符，证明 IGBT 损坏，如图 6-30 所示。

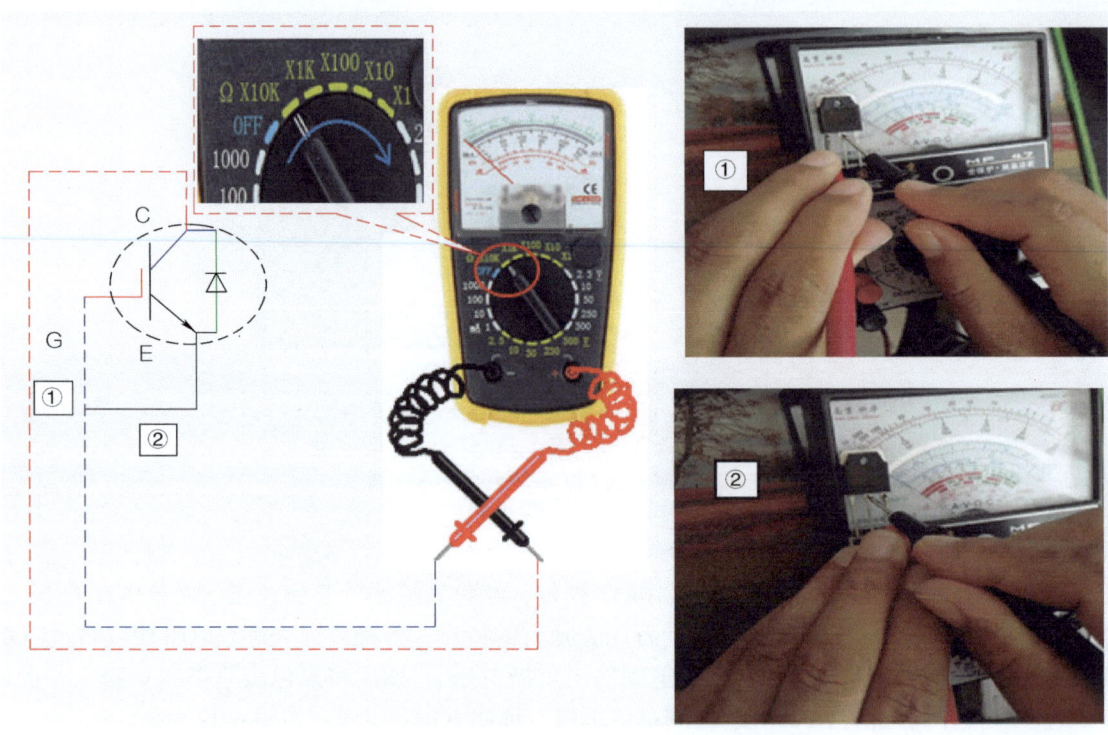

图 6-30 测量 IGBT 关断性

3）使用数字万用表测量，将万用表旋至二极管档位，测量其管压降，正测量（红色表笔接 C 极，黑色表笔接 E 极）电压应为无穷大，反测量（红色表笔接 E 极，黑色表笔接 C 极）电压应大于 400mV，如图 6-31 所示。

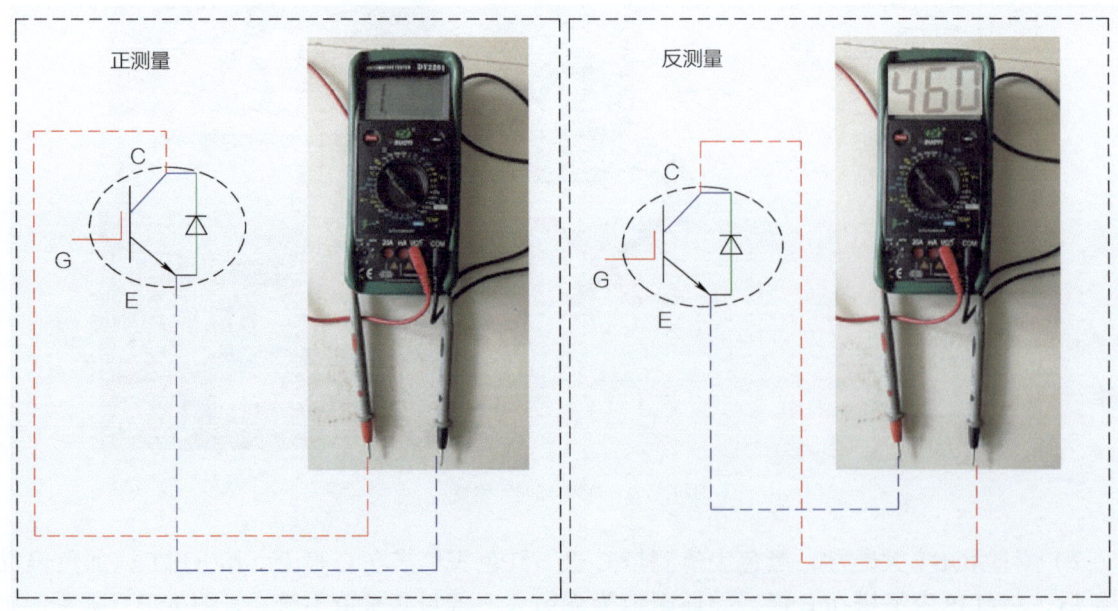

图 6-31 数字万用表二极管档位测量示意图

如何不解体简易判断电机控制器的好坏呢？我们已经了解了 IGBT 内部有六个 IGBT 晶体管，可以根据 IGBT 晶体管特性进行判断。

（2）测量方法

1）将电机控制器直流母线和电机三相线同时拆下来，并且要判断出电机控制器直流母线正和负。如图 6-32 所示为原理示意图描述的含义。

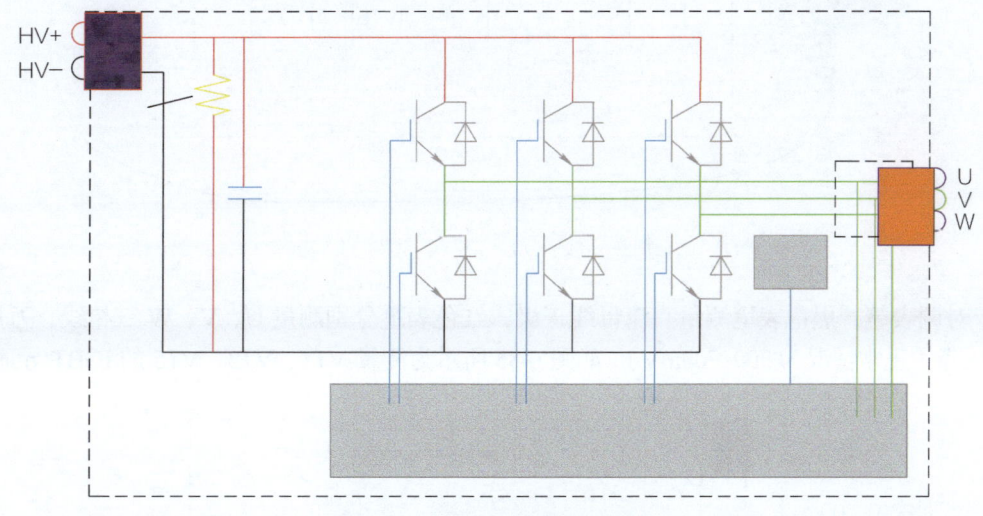

图 6-32 原理示意图描述的含义

2）红色表笔测量直流母线正极，黑色表笔分别测量 U、V、W 三相线，万用表应显示截止（正常情况下应截止，若某一个存在导通情况说明对应 IGBT 故障）。如图 6-33 所示为测量 VT1、VT3、VT5 的 IGBT 截止状态。

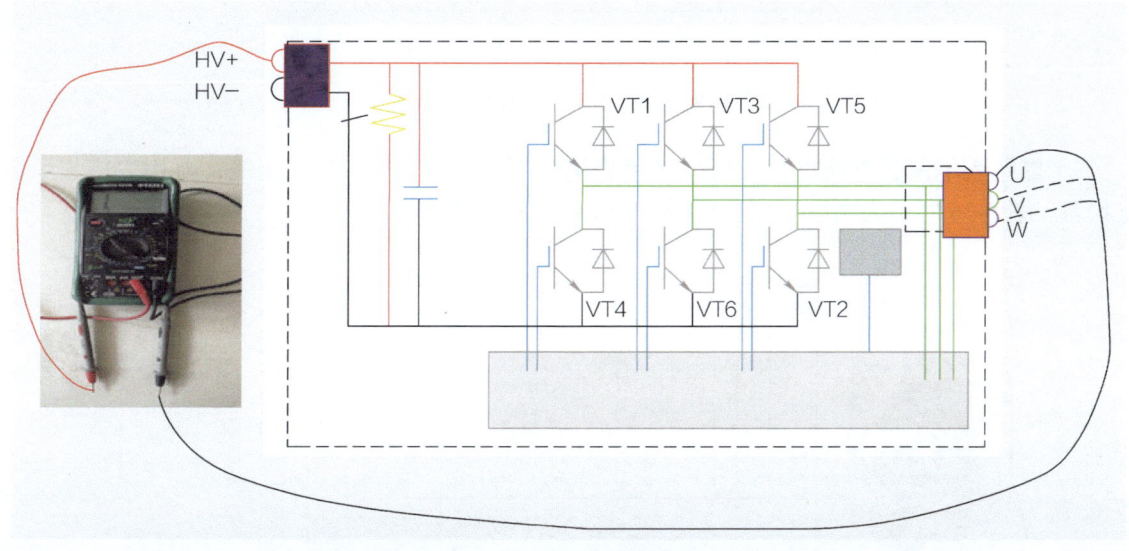

图 6-33 测量 VT1、VT3、VT5 的 IGBT 截止状态

3）红色表笔测量直流母线负极，黑色表笔分别测量 U、V、W 三相线，万用表应显示电压降（正常情况为 300~700mV），如图 6-34 所示为测量 VT2、VT6、VT4 的 IGBT 导通状态。

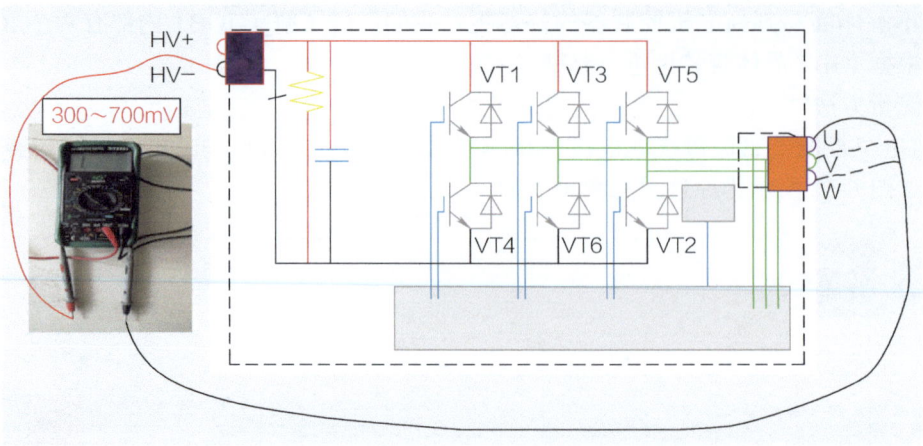

图 6-34 测量 VT2、VT6、VT4 的 IGBT 导通状态

4)对调表笔,黑色表笔测量直流母线正极,红色表笔分别测量 U、V、W 三相线,万用表应显示电压降(正常情况为 300~700mV),如图 6-35 所示为测量 VT1、VT3、VT5 的 IGBT 导通状态。

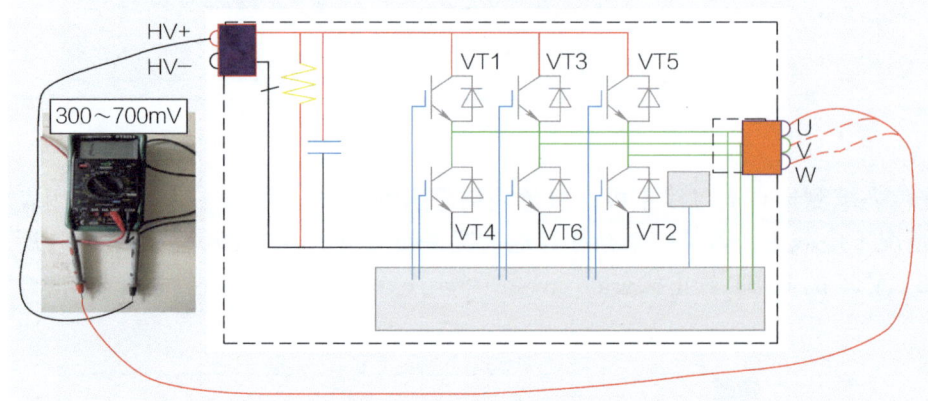

图 6-35 测量 VT1、VT3、VT5 的 IGBT 导通状态

5)黑色表笔测量直流母线负极,红色表笔分别测量 U、V、W 三相线,万用表应显示截止状态。图 6-36 所示为测量 VT2、VT6、VT4 的 IGBT 截止状态。

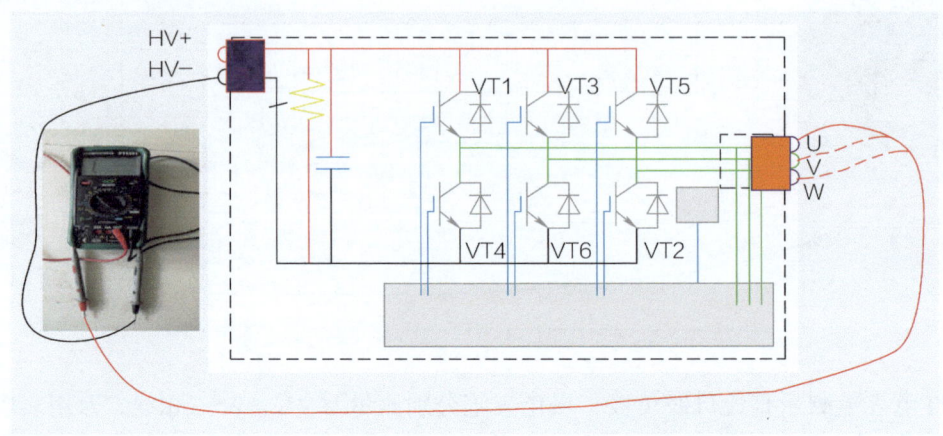

图 6-36 测量 VT2、VT6、VT4 的 IGBT 截止状态

6)万用表黑色表笔测量直流母线负极,红色表笔测量直流母线正极,应显示截止状态;对调表笔,红色表笔测量直流母线负,黑色表笔测量直流母线正极,应显示导通管压降。

注意:以上方法只适用于电机控制器内部没有升压装置,有升压装置无法进行简易判断,需要分解后方可判断。

系统报 IGBT 故障的测量方法如图 6-37 所示。

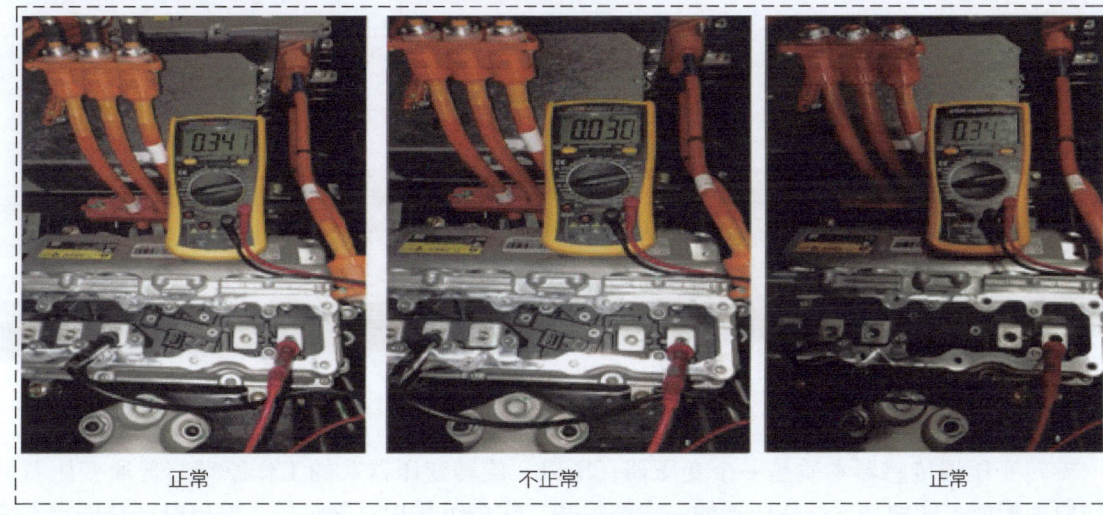

图 6-37　IGBT 故障测量图解

四、旋转变压器传感器的结构与功能

电动汽车/混合动力汽车的电机属于三相交流永磁同步电机,其中"位置传感器"的作用巨大,它通常被用于检测电机转子旋转瞬间的精准位置,涉及驱动电机的供电系统。电动汽车/混合动力汽车只有直流电源,驱动电机使用的却是三相交流电,中间需要用一个"变频器"将动力电池的高压直流电转变成三相交流电向同步电机进行供电,以适应车辆驱动时不同状况的需要。

电机控制器由车辆驱动系统的 ECU 控制,通过改变六个 IGBT 的门极驱动电路、控制三相交流电的频率及相序来改变驱动电机的转速和转向,因此逆变器的门极电路是变频器的核心。在输入 ECU 的多种信号中,精准检测驱动电机转子旋转位置的信号十分重要,而在当前的驱动电机中,常采用"磁阻式旋转变压器"作为位置传感器。如图 6-38 所示为电动汽车/混合动力汽车驱动控制电路。

1. 磁阻式旋转变压器的结构与原理

电机转子位置传感器常被称作旋转变压器,也称为分解器或解析器,它是一种电磁感应式传感器,在汽修行业常常被称作"旋变"。旋转变压器实际上是一种特殊的小型交流电机,可用来精确检测电机转子的角位移和角速度。它由定子和转子组成,其定子由高性能硅钢片叠成,其上有绕组作为变压器的一次侧接受励磁电压,转子绕组作为变压器的二次侧,通过电磁耦合在二次绕组上产生感应电压。

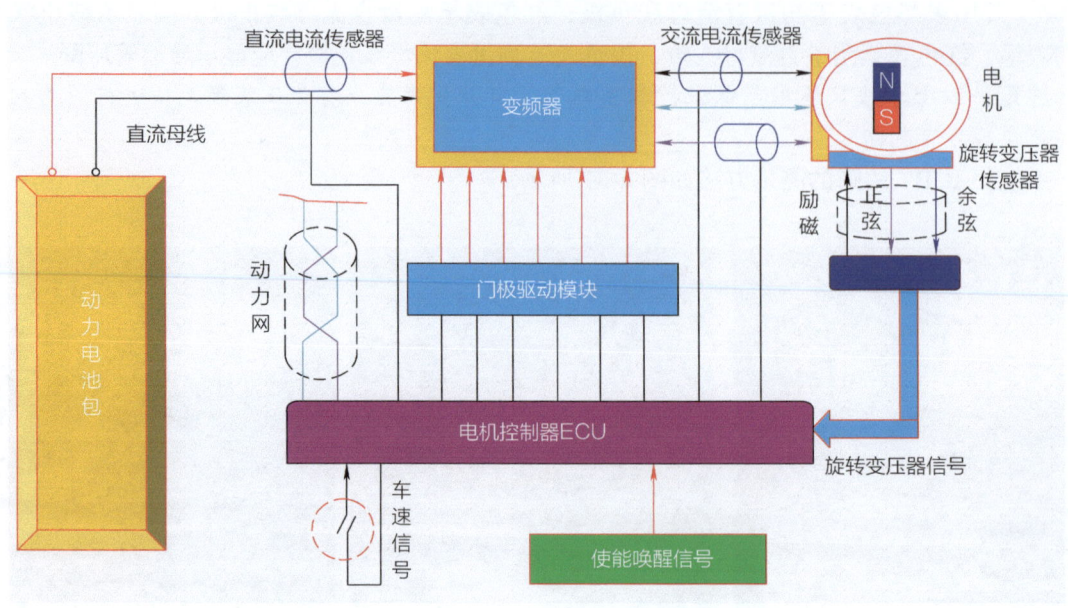

图 6-38 电动汽车 / 混合动力汽车驱动控制电路

旋转变压器传感器本质是一个变压器，所以"旋转变压器"的工作原理与普通变压器的工作原理相似，区别是普通变压器的一次绕组和二次绕组是相对固定的，输出电压是固定不变的。而旋转变压器传感器的一次、二次绕组随着转子的角位移发生相对位置的改变，因此旋转变压器传感器输出的电压大小随着转子角位移而发生变化，输出绕组的电压幅值与转子转角成正弦、余弦函数关系。普通变压器原理示意图如图 6-39 所示。

磁阻式旋转变压器的特点：

旋转变压器利用磁阻原理来实现电信号间的转换。它的特点是一次绕组与二次绕组都放在电机定子的不同槽内，且均固定不旋转。一次绕组是励磁绕组通入正弦波形的励磁电流，而二次绕组是由两相绕组产生旋转变压器输出信号，如图 6-40 所示。

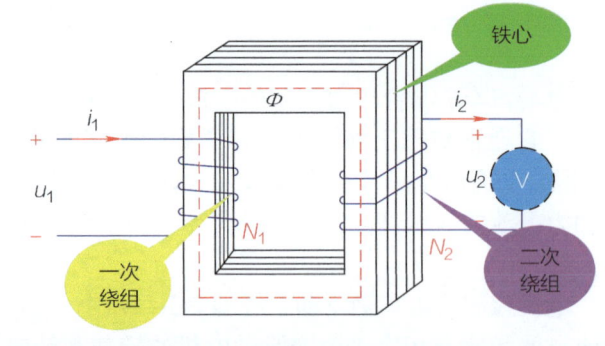

图 6-39 普通变压器原理示意图

旋转变压器定子和转子的铁心由铁镍软磁合金或冲有槽孔的硅钢片叠成。转子用非永磁材料制成，它是由驱动同步电机的永磁转子同轴带动旋转的。转子在旋转时通过磁阻原理在二次侧的两相绕组上分别感应出正弦及余弦电压信号，故称为正弦绕组和余弦绕组，产生彼此相差 90° 电角度的信号。如图 6-41 所示为正弦与余弦绕组的信号示意图。

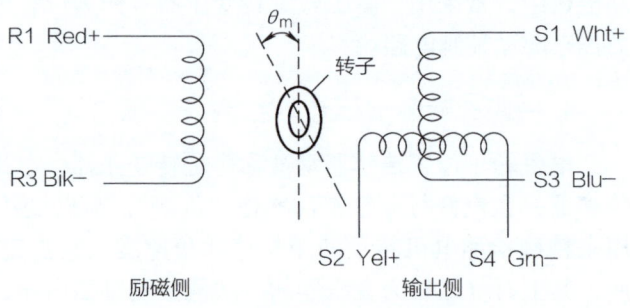

图 6-40 旋转变压器传感器工作原理示意图

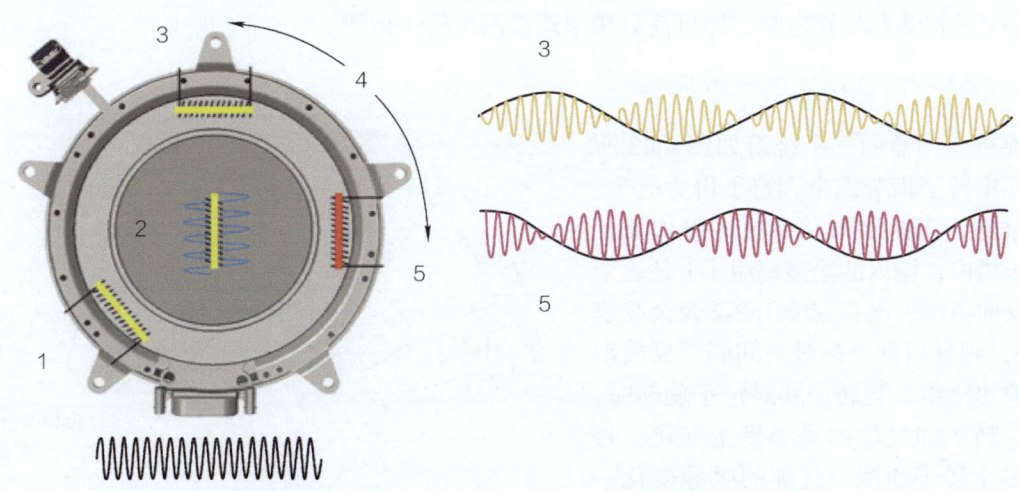

图 6-41 正弦与余弦绕组的信号示意图

1—励磁绕组 2—转子 3—正弦信号 4—旋转角度 5—余弦信号

磁阻式旋转变压器的转子采取多极形状，磁极的外形应符合能感应正弦信号的特殊要求，因此磁场气隙应近似于正弦波的形状，如图 6-42 所示。利用气隙和磁阻的变化使输出绕组的感应电压随机械转角做相应的正弦或余弦的变化，同时转子必须满足多磁极的要求，旋转变压器的定子与转子的磁极数是不相同的，定子磁极数比转子磁极数多。

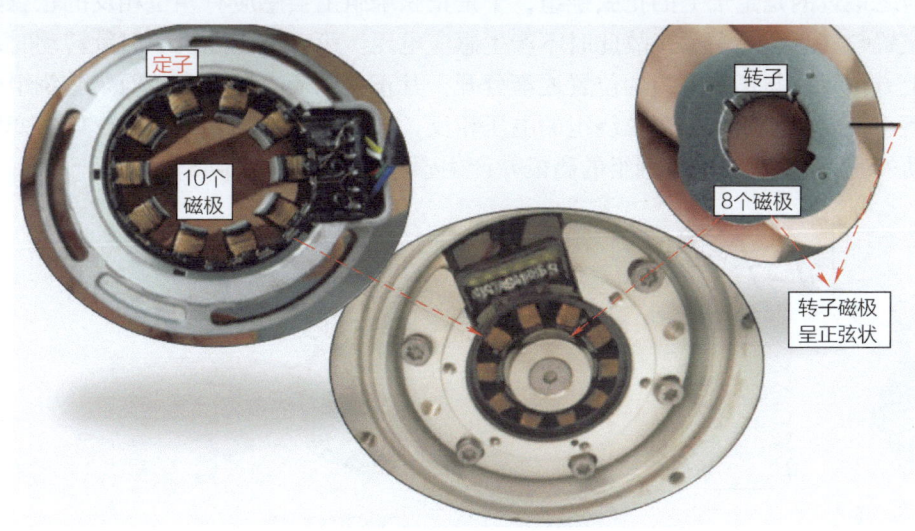

图 6-42 旋转变压器转子磁极

2. 旋转变压器传感器定子绕组的工作原理

旋转变压器有三个绕组，包括一个励磁绕组、两个正交的感应绕组，对外共有六条引线。励磁绕组接受输入的正弦型励磁电流，励磁频率通常有 400Hz、3000Hz、5000Hz 及 10000Hz 等多种频率。正交的两个感应绕组，依据旋转变压器的转子、定子的相互位置关系，调制出具有 sin 正弦和 cos 余弦包络的检测信号。如果励磁信号是 $\sin\omega t$，转子与定子间的角度为 θ，则

正弦信号为 $\sin\omega t \times \sin\theta$；而余弦信号则为 $\sin\omega t \times \cos\theta$。根据 sin、cos 信号和原始的励磁信号，通过必要的检测和比较电路，即可高分辨率地检测出转子位置。

3. 旋转变压器传感器的结构原理

旋转变压器的三个绕组如图 6-43 所示，其中转子齿为四个，定子齿为五个。励磁绕组、正弦绕组和余弦绕组均安置在定子槽内，输入的励磁绕组 1-1 是逐个磁极反向串接；而正弦绕组 2-2 及余弦绕组 3-3，则是以两个磁极为间隔，反向串接的输出绕组。当转子相对定子旋转时，定子、转子间气隙的磁导发生变化，每转过一个转子齿距，气隙的磁导变化一

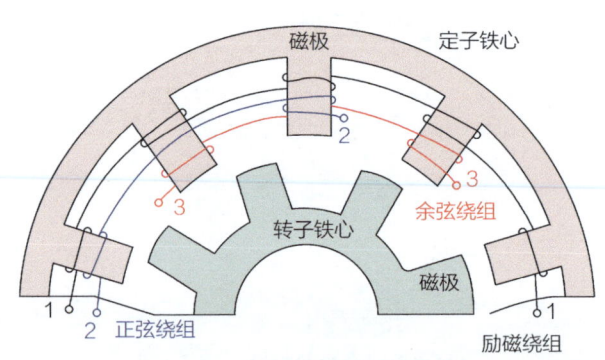

图 6-43 旋转变压器的三个绕组

个周期；当转子转过一圈时，则变化出与转子齿相同的数个周期；气隙磁导的变化导致输入和输出绕组之间互感的变化，输出绕组感应的电动势也随之发生变化。输出绕组按正弦及余弦规律变化来判断转子的瞬时位置及旋转的方向。

旋转变压器传感器如何监测电机转子的位置呢？第一，励磁绕组必须有励磁电流。第二，当电机的旋转转子静止并且处于正上方位置时，正弦绕组有感应电压，但是余弦绕组无感应电压。如图 6-44 所示为旋转转子正上方位置时的感应电压及电压信号波形，这时由于转子正对上方位置，与之最近的是定子上的正弦绕组，于是正弦绕组上会感应有相位相反的正弦电压，而余弦绕组位置与转子相差最远，故此时不产生感应电压。第三，当电机顺时针转动时，转子旋转离开正上方位置后与正弦绕组的位置逐渐分开，其正弦感应电压下降，而余弦绕组中产生的感应电压逐步变大，但相位与正弦绕组的电压相反，与励磁绕组的相位相同。旋转变压器转子顺时针转动 45°，到达正对余弦绕组的磁极并产生感应电压，如图 6-45 所示。

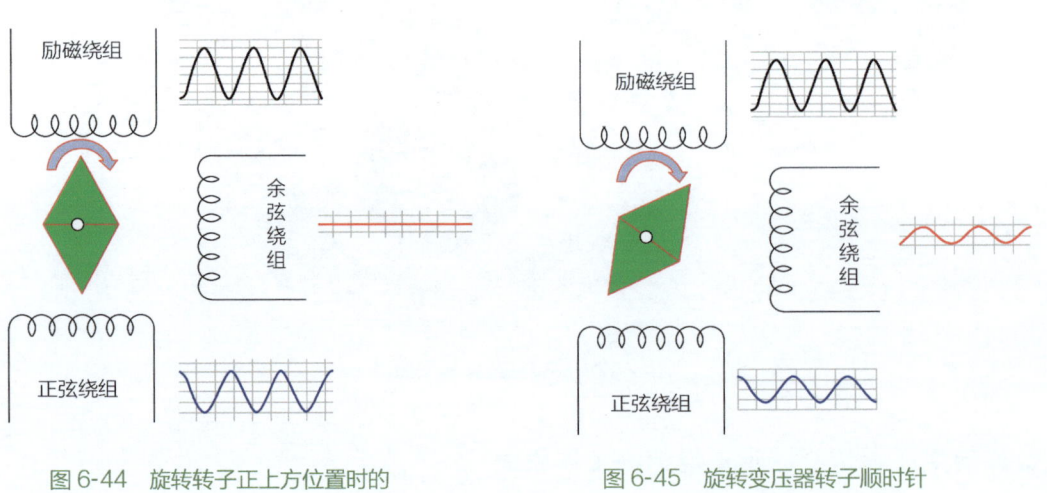

图 6-44　旋转转子正上方位置时的
　　　　感应电压及电压信号波形

图 6-45　旋转变压器转子顺时针
　　　　转动时的感应电压

旋转变压器转子逆时针转动时的感应电压：由于旋转变压器的转子逆转离开正上方的正弦绕组磁极，因此反方向会逐步接近余弦绕组的磁极。此时正弦电压下降，而余弦电压逐渐增

大，相位与励磁绕组相反，也与顺时针转动时转子的余弦电压相反，故可以借此来检测转子的旋转方向。图 6-46 所示为旋转变压器转子逆时针转动时的感应电压。

综上所述，旋转变压器传感器是采用电磁感应原理制成的旋转型感应传感器，是由定子和转子组成的。椭圆形转子与电机的永磁转子相连接，做同步运转，椭圆形转子外圆曲线代表着永磁转子的磁极位置，定子包括一个励磁绕组和两个检测绕组，两个检测绕组 S 和 C 的轴线在空间坐标上正交，电机控制器把预定频率的交流电输入到励磁绕组 A

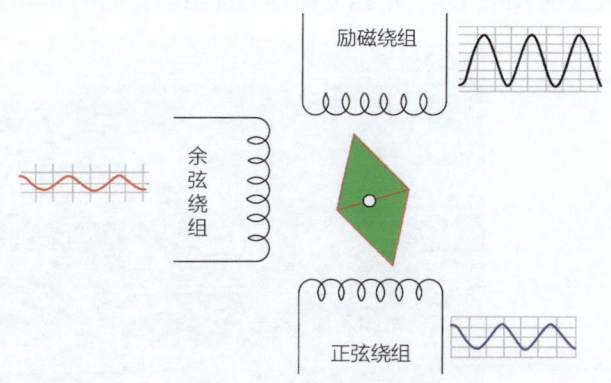

图 6-46　旋转变压器转子逆时针转动时的感应电压

中，随着椭圆形转子的旋转，转子和定子之间的气隙发生变化，就会在检测绕组 S 和 C 上感应出相位差 90° 的正弦、余弦感应电流，电机控制器根据检测绕组 S 和 C 感应出电流波形的相位和幅值以及波形的脉冲次数，可以计算出电机永磁转子的磁极位置和转速信号，作为电机控制器对电机的矢量控制策略的基础信号。

电机旋转变压器传感器由三组绕组组成，分别为励磁绕组、正弦绕组和余弦绕组，我们可以通过其阻值大小来判断传感器的好坏。由于车型不同，阻值也不同，在维修时尽可能参考维修手册数据进行。但是这三组绕组有一个规则，就是励磁绕组的阻值低于其他两组绕组，正弦绕组和余弦绕组的阻值基本接近，并且其阻值都小于 100Ω。正、余弦绕组和励磁绕组之间，以及旋转变压器信号和壳体之间阻值大于均 50MΩ。

五、比亚迪元 EV360（EB 款）电机驱动系统解析

1）电机控制器功能：具有转矩请求信号、旋转变压器信号等控制电机正向、反向驱动，正反转发电功能；具有高压输出、电压和电流控制、限制功能，具有电压跌落、过电流、过温、IPM 过温、IGBT 过温保护以及功率限制、转矩控制限制等功能，同时具备电控系统防盗、能量回收控制、主动释放、被动释放控制等功能。电机控制器安装位置及电机单档变速器集成图如图 6-47 所示。

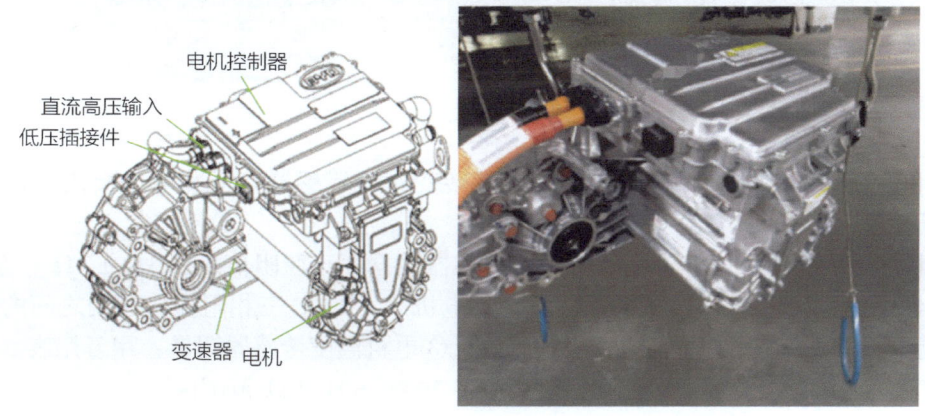

图 6-47　电机控制器安装位置及电机单档变速器集成图

2）单档变速器。①变速器总减速比：8.5；②变速器润滑器油量：4.08L；③润滑油类型：道达尔 APIGL-4。单档变速器内部结构，如图 6-48 所示。

图 6-48　单档变速器内部结构

3）电机定子、转子如图 6-49 所示。

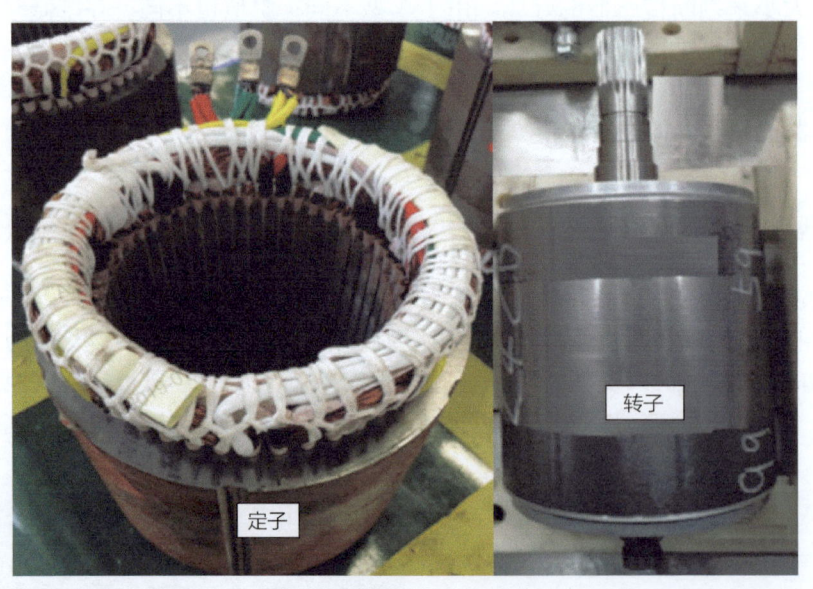

图 6-49　电机定子、转子图

4）电机旋转变压器传感器布置位置、旋转变压器传感器转子和电机交流线输入图，如图 6-50 所示。

5）电驱动系统测量值。①旋转变压器传感器数据：正弦阻值，13.3Ω±4Ω；余弦阻值，13.3Ω±4Ω；励磁绕组阻值，6.3Ω±2Ω。②电机 A、B、C 三相阻值：两两之间的阻值小于 1Ω，并且 A、B、C 三相分别与电机壳体绝缘。③电机温度传感器测量：用万用表欧姆档位测量温度传感器低压插接件的对应针脚，阻值应在 30.84~604.5kΩ 范围内。

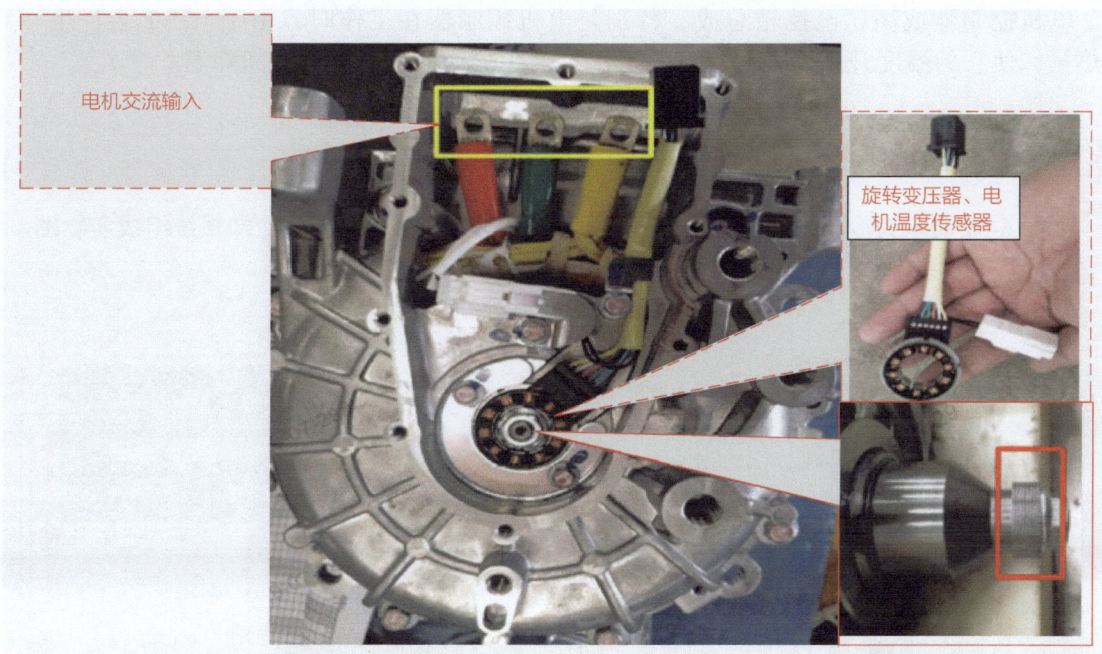

图 6-50 电机旋转变压器传感器布置位置、旋转变压器传感器转子和电机交流线输入图

旋转变压器传感器技术要点解析：检测旋转变压器传感器，需两两测量旋转变压器传感器一端，两组绕组电阻相等的为正弦绕组和余弦绕组，剩余的一个为励磁绕组。然后在对应线束端测量电压，在励磁绕组插接件上测量，将万用表调整到交流电压档 AC 20V，将点火开关旋至"ON"后测量，正常情况下应该有电压；如果无电压，应检查电机控制器的供电和唤醒信号。测量正弦（余弦）绕组，将万用表调整到直流电压档，一支表笔测量正弦（余弦）绕组任意一端子，另一支表笔测量车身接地，正常情况下应有 DC 2V 左右的电压，如无电压，需检查电机控制器的低压线束。

第二节 驱动冷却系统

一、驱动冷却系统概述

驱动电机在工作时，由于有较强的电流和较高的电压来驱动电机运转，因此驱动电机会产生热量，驱动电机的转子上安装有磁铁，磁铁一旦高温会造成磁性衰退，容易出现电机动力不佳，同时电机消耗电流大于正常车辆，所以要对驱动电机进行冷却。

电机控制器或高压电控箱总成,特别是电机控制器在工作时,由于 IGBT 会产生一定的热量,使它的温度升高,影响自身的工作,因此驱动系统要进行冷却降温。

二、冷却系统组成

如图 6-51 所示为冷却系统组成及冷却路径,图 6-52 所示为某车型冷却系统组成实物图。

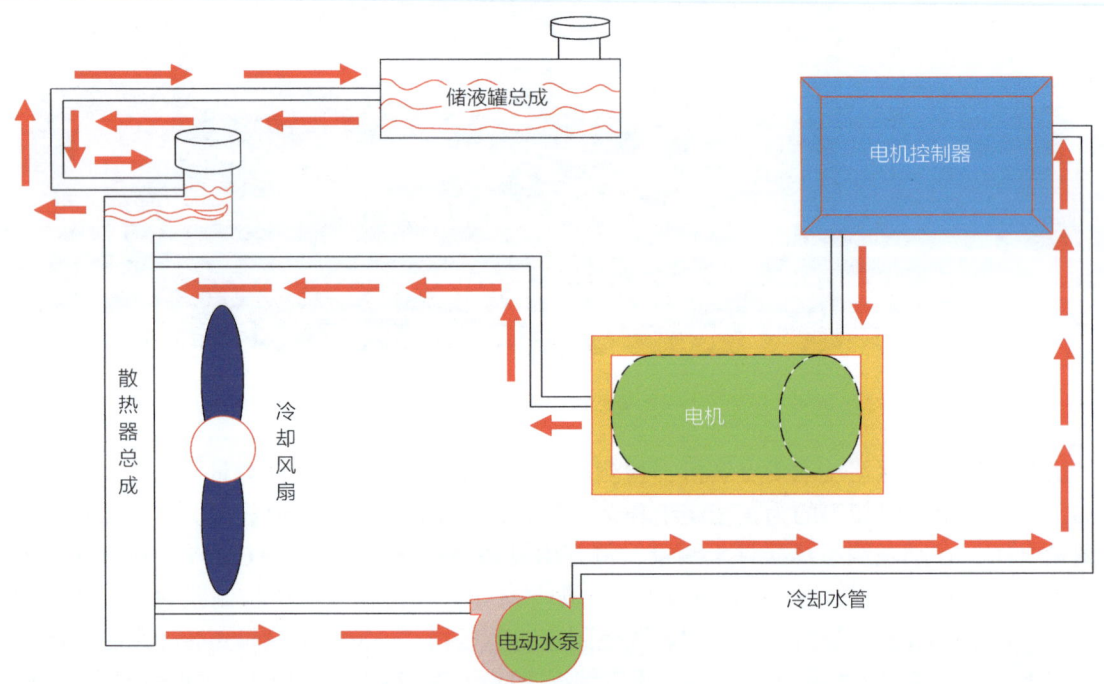

图 6-51 冷却系统组成及冷却路径

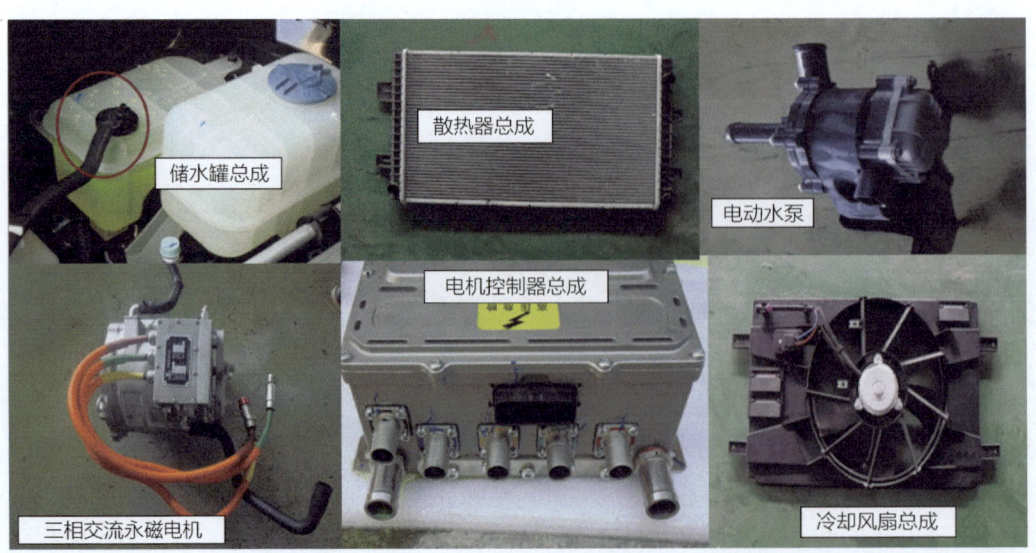

图 6-52 某车型冷却系统组成实物图

三、工作原理

冷却液由水泵产生的动力进行循环，经电机控制器、驱动电机、散热器，最后回到水泵，冷却液分别在电机控制器、电机、散热器中进行热交换，并由冷却风扇产生的流动空气将热量带走。

电机温度传感器传递电机控制器及电机控制器总成散热基板温度，当检测到温度异常时，将异常信号上报给 VCU，VCU 根据 MCU 上报的温度信号发出工作指令，驱动冷却风扇工作。

图 6-51 所示的冷却系统中，OBC/DC 一体机是风冷式，因此冷却系统不含 OBC 车载充电器与 DC/DC 变换器总成。如图 6-53 所示为 OBC/DC 一体机实物图。

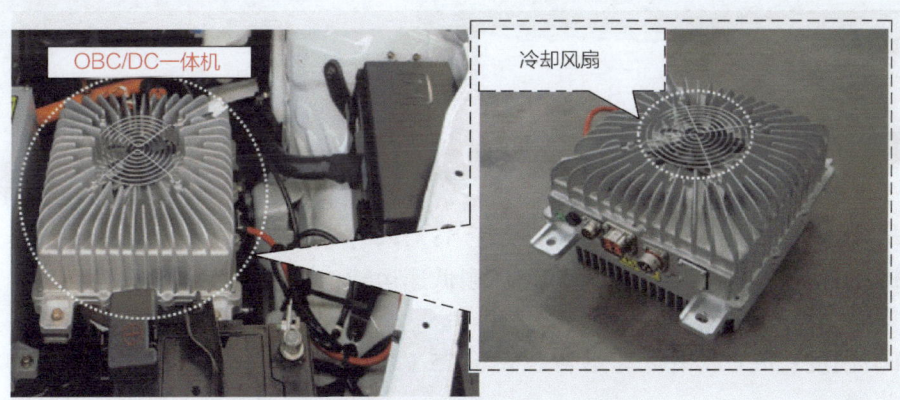

图 6-53 OBC/DC 一体机实物图

对于 OBC/DC 一体机为冷却液散热的车型，OBC/DC 一体机冷却系统组成及冷却管路路径如图 6-54 所示。

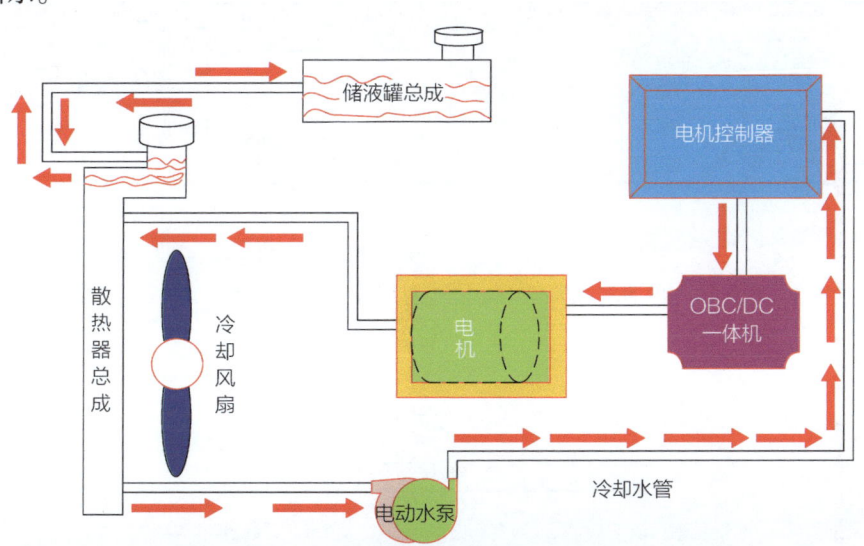

图 6-54 OBC/DC 一体机冷却系统组成及冷却管路路径

比亚迪 e6 先行者冷却管路路径，如图 6-55 所示。

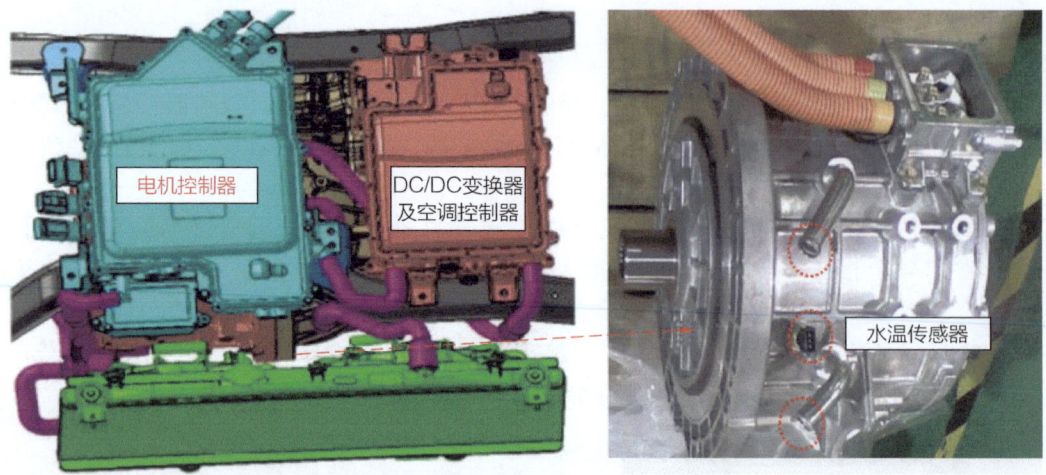

图 6-55　比亚迪 e6 先行者冷却管路路径图

冷却风扇与电动水泵工作条件：

1）电动水泵控制：启动车辆时电动水泵开始工作（即组合仪表的 OK/READY 灯点亮）。

2）冷却液温度：40℃风扇低速运转；大于 55℃风扇高速运转。

3）电机控制器基板温度（IPM）：53℃风扇低速运转；大于 67℃风扇高速运转，大于 85℃报警。

4）IGBT 温度：58℃风扇低速运转；大于 75℃风扇高速运转；大于 90℃限制功率输出；大于 100℃报警。

5）电机温度：80℃风扇低速运转；大于 115℃风扇高速运转。

某车型电动水泵驱动电路图，如图 6-56 所示。冷却风扇控制电路图，如图 6-57 所示。

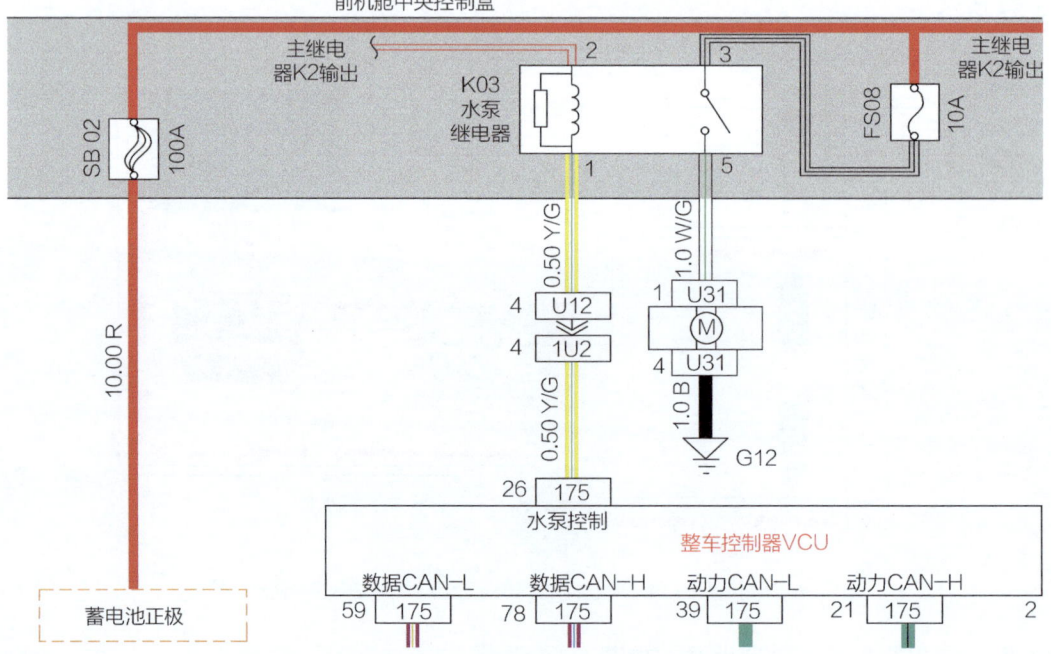

图 6-56　某车型电动水泵驱动电路图

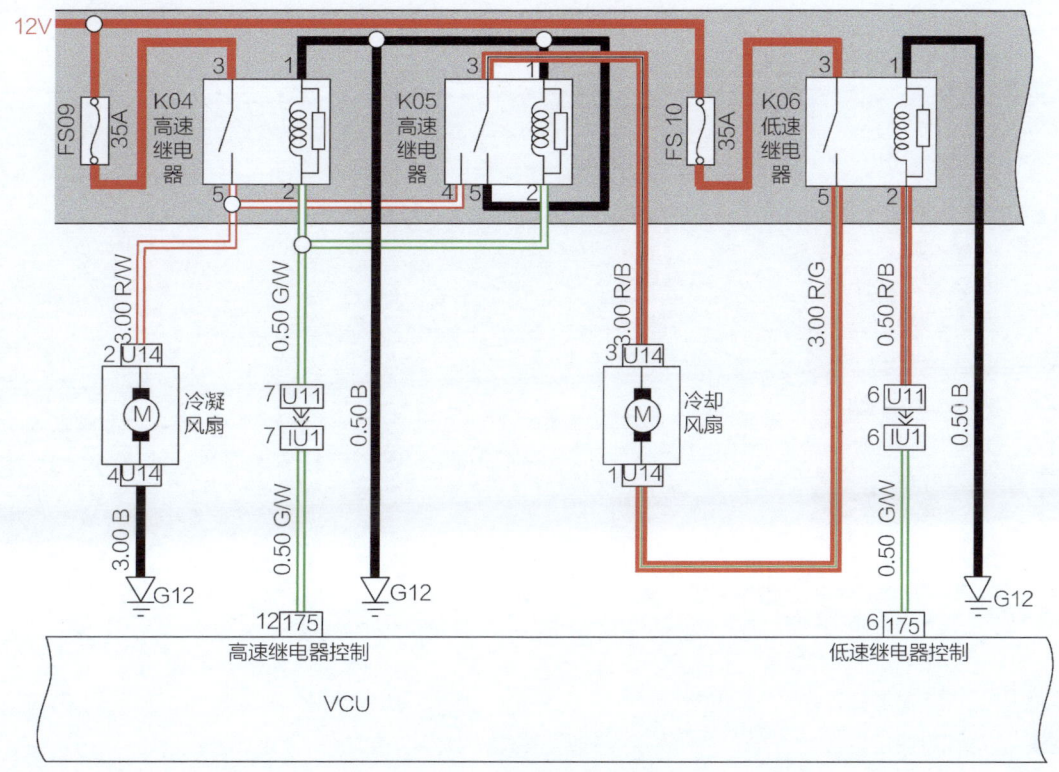

图 6-57 冷却风扇控制电路图

驱动冷却系统温度控制策略见表 6-3。

表 6-3 驱动冷却系统温度控制策略

条件	控制策略	返回条件
电机过温	根据电机温度限制转矩输出	电机温度下降
电机控制器过温	根据电机控制器温度限制转矩输出	电机控制器温度下降
IGBT 过温	根据 IGBT 温度限制转矩输出	IGBT 温度下降
当电机转速极低时,IGBT 温度过高	降低 IGBT 开关频率。注:此时电机电磁噪声增加	转矩下降 电机转速增加

第七章

电动汽车/混合动力汽车空调系统

汽车空调系统是实现车辆内空气制冷、加热、换气和净化的装置,它为室内驾驶员与乘坐者提供舒适的乘车环境。

第一节 空调制冷系统

一、空调制冷系统的组成

空调制冷循环系统的组成与传统车辆相似,由空调压缩机、冷凝器、膨胀阀、蒸发器及管路组成。不同的是空调压缩机改成了电动压缩机。如图 7-1 所示为比亚迪秦 EV 空调系统组成数模图。

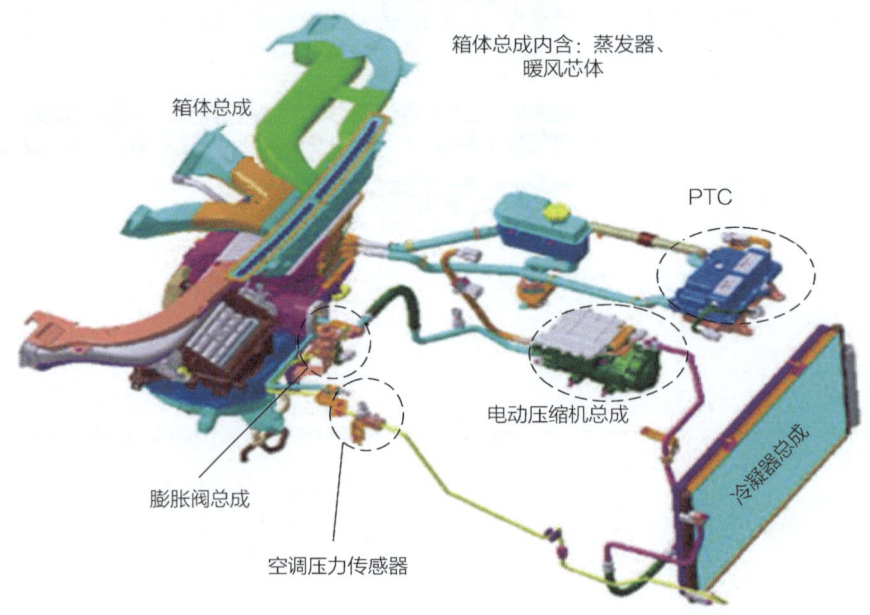

图 7-1 比亚迪秦 EV 空调系统组成数模图

比亚迪秦 EV 采用 PTC 加热冷却液的方式采暖,因此在箱体总成里面有一个和传统燃油汽车相同的暖风芯体,加热后的冷却液经过管路到达暖风芯体,随后被送入到室内。但还有一部分车型采用风加热系统,也就是在原来的暖风芯体位置安装了风加热 PTC。如图 7-2 所示为比亚迪宋 Pro-EV 车型风加热 PTC。

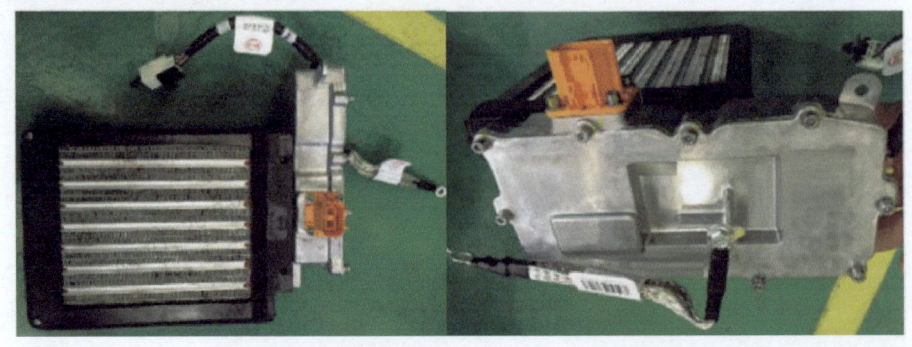

图 7-2 比亚迪宋 Pro-EV 车型风加热 PTC

二、空调制冷系统的工作原理

空调制冷剂循环过程原理图，如图 7-3 所示。

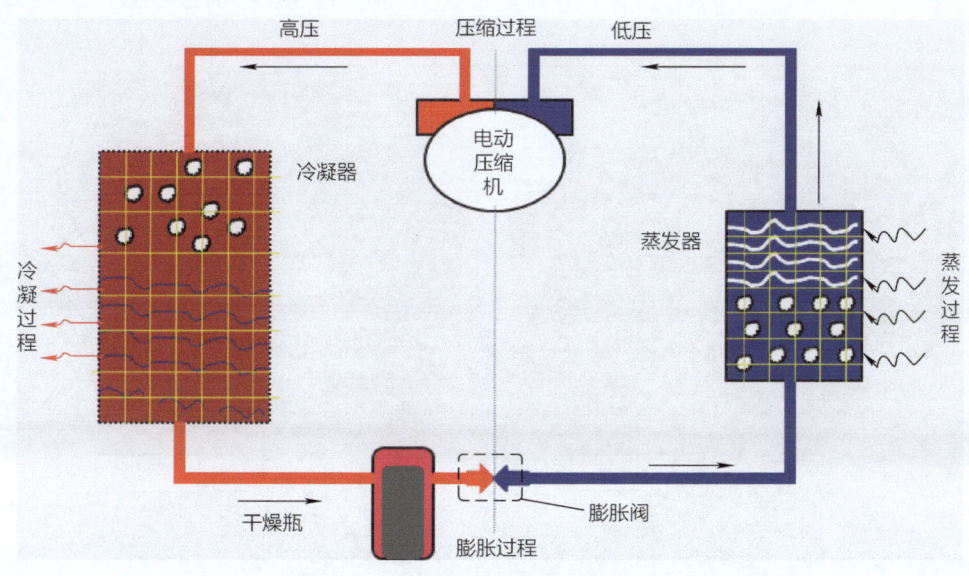

图 7-3　空调制冷剂循环过程原理图

（1）电动涡旋式空调压缩机

电动汽车/混合动力汽车的空调驱动方式与传统燃油汽车不同，采用了高压电驱动。电动涡旋式空调压缩机固定在车辆的底盘上，一般在电动空调压缩机上集成压缩机控制器。空调压缩机控制器的作用就是将高压直流电转换成三相交流电进而驱动电动压缩机内部的三相电机。在电动压缩机上布置有高压插接件和低压插接件，压缩机本体上有制冷剂循环高/低压管路。如图 7-4 所示为众泰 Z500 EV 电动涡旋式空调压缩机外观及安装布置图。

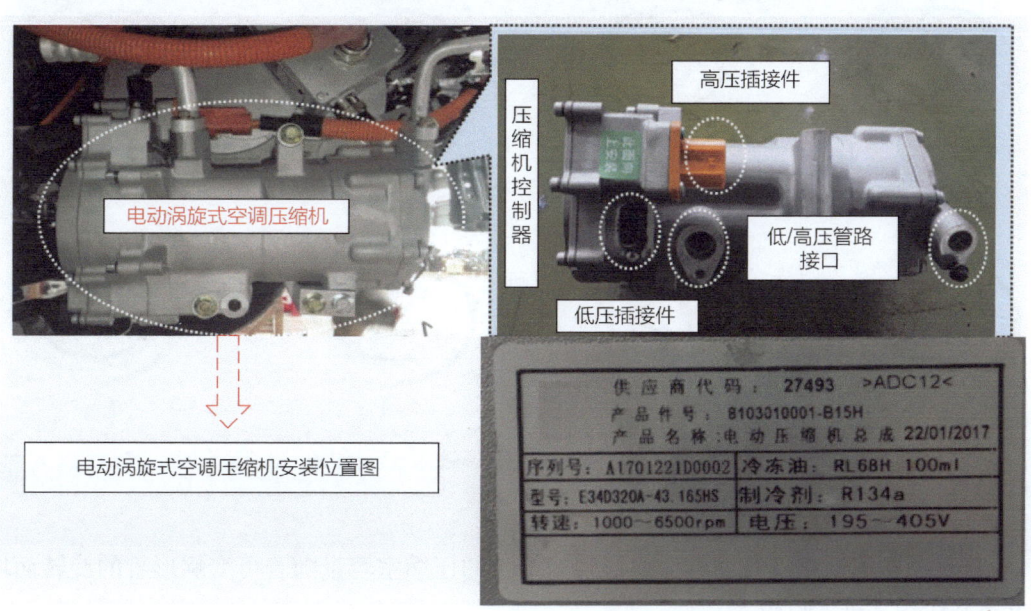

图 7-4　众泰 Z500 EV 电动涡旋式空调压缩机外观及安装布置图

电动涡旋式空调压缩机的工作原理：

电动空调压缩机采用涡旋式压缩机，涡旋式压缩机包含一个定涡盘和一个动涡盘，这两个涡盘相互啮合，并相互错开 180° 安装在一起。如图 7-5 所示为电动空调压缩机涡盘室及定/动涡盘。

图 7-5　电动空调压缩机涡盘室及定/动涡盘

电动涡旋式空调压缩机的工作过程，如图 7-6 所示。

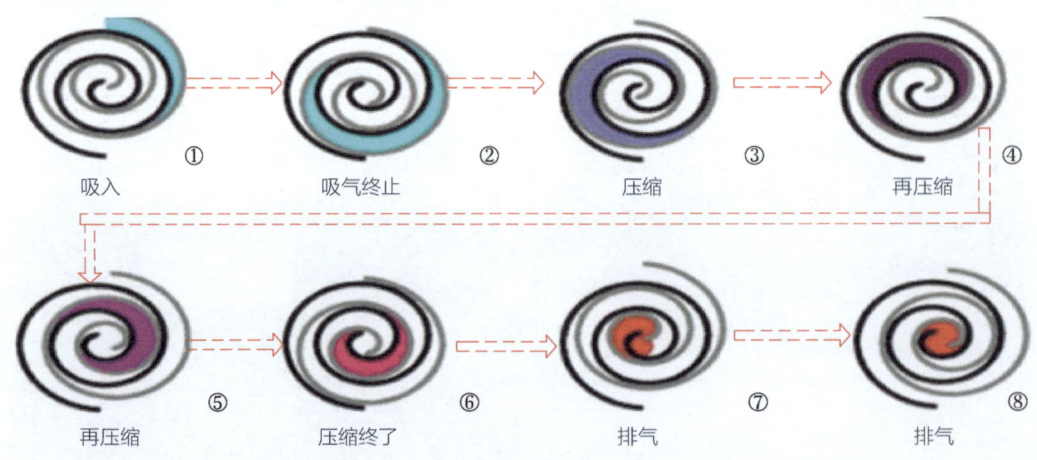

图 7-6　电动涡旋式空调压缩机的工作过程

工作过程简述：

1）吸入：在固定蜗形管和可变蜗形管间产生的压缩室容量随着可变蜗形管的旋转而增大，这时气态制冷剂从进入口吸入。

2）压缩：吸入步骤完成后，随着可变蜗形管继续转动，压缩室的容量逐渐减小。吸入的气态制冷剂逐渐压缩并被排到固定蜗形管的中心。当可变蜗形管旋转约 2 周后，制冷剂的压缩完成。

3）气态制冷剂压缩完成时压力较高，开启排放阀，气态制冷剂可通过固定蜗形管中心排放口排出。

电动涡旋式空调压缩机（控制器与压缩机采用一体式设计）外部插接件及内部电路板，如图 7-7 所示。电动涡旋式空调压缩机内部有低压控制电路板与高压驱动控制器，并且在压缩机本体内部有三相交流电机。高压驱动电路控制模块电路板上有 6 个 IGBT，将高压直流电转换为三相交流电来驱动电机。如图 7-8 所示为压缩机内部高/低压电路板。

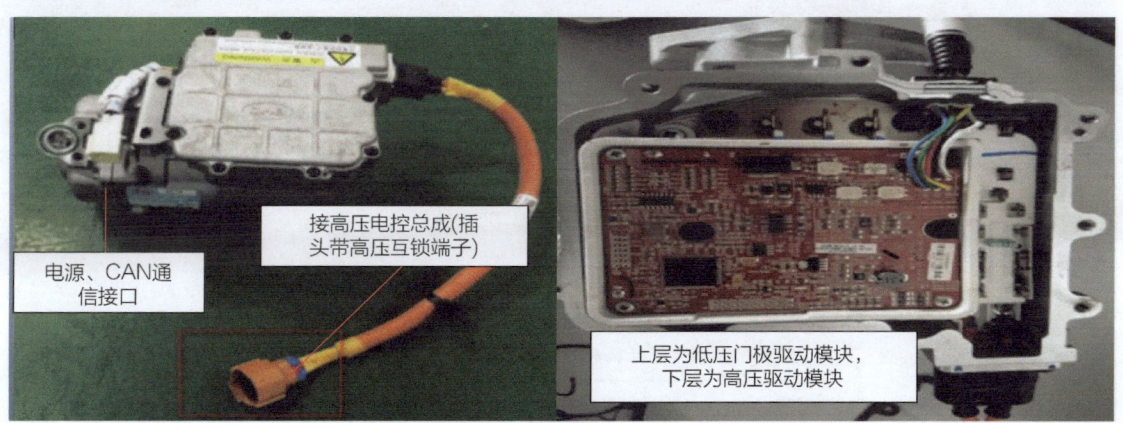

图 7-7　电动涡旋式空调压缩机外部插接件及内部电路板

图 7-8　压缩机内部高/低压电路板

丰田普锐斯混合动力汽车的电动压缩机与控制器为分体式，压缩机控制器在变频器下侧，与 DC/DC 变换器共用一套控制电路板，通过内部 6 个 IGBT 将直流电转换为三相交流电输出至电动压缩机，控制压缩机的转速。如图 7-9 所示为丰田普锐斯分体式电动压缩机与控制器。

比亚迪 e5 电动空调压缩机技术参数，如图 7-10 所示。

空调控制框架策略图，如图 7-11 所示。

电动压缩机本体带有控制驱动器，作用是将高压直流电转变成三相交流电带动电动压缩机工作，一般电机类型为直流无刷无传感的电动机，其额定转速为 6000r/min，最低转速为 1000r/min，排量为 27ml/r。电机转速由变频器控制，变频器的控制策略来源于整车控制器 VCU。

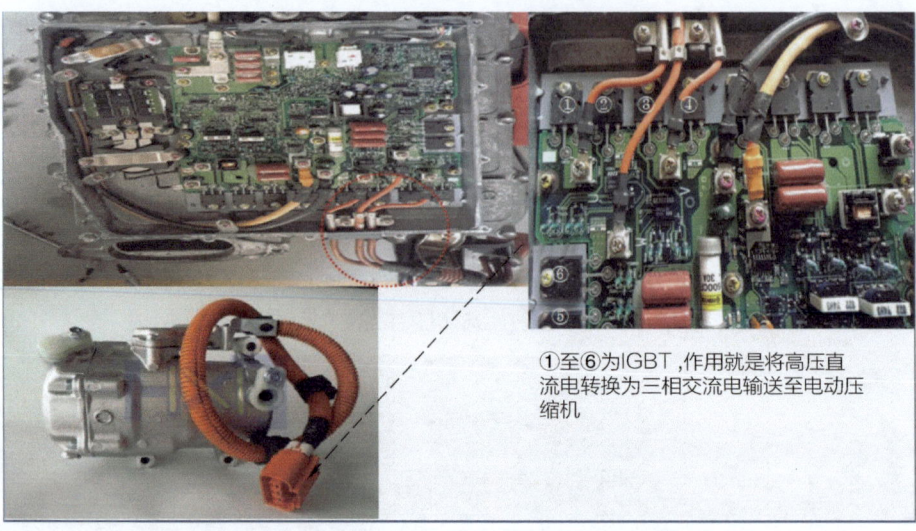

图 7-9　丰田普锐斯分体式电动压缩机与控制器

①至⑥为IGBT，作用就是将高压直流电转换为三相交流电输送至电动压缩机

型号	BC14
排量/(mL/r)	14mL
转速范围/(r/min)	960～6000
冷媒	R410a
额定电压	653V
高压工作电压范围	435～752V
冷冻油型号	POE
IPM温度保护范围	118℃停机
功率保护范围	5.5kW降速保护，6.1kW停机

图 7-10　比亚迪 e5 电动空调压缩机技术参数

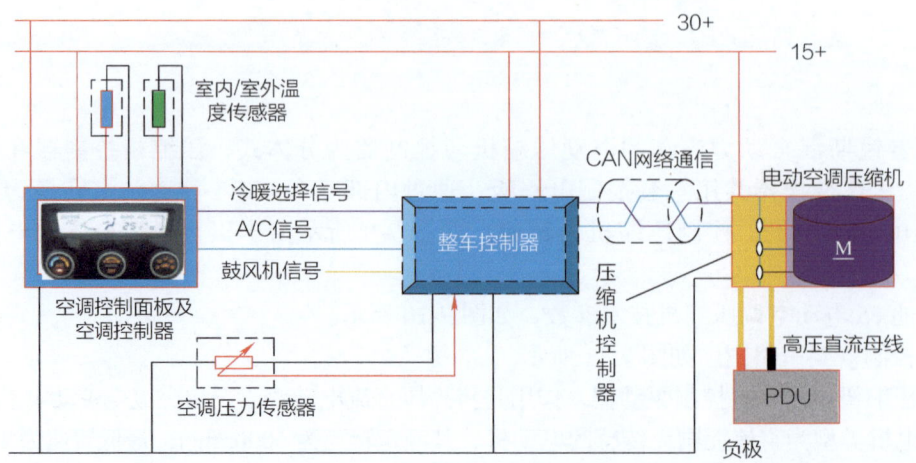

图 7-11　空调控制框架策略图

空调控制策略是如何控制压缩机工作的呢？当 VCU 接收到空调控制器的信号后，发出使能信号和目标转速的指令，其中目标转速根据制冷程度选择分别对应 3500r/min（最冷）、2500r/min、2000r/min、1500r/min，根据室外温度传感器和室内温度传感器的温差进行转速控制，温差越大转速越高；温差越小，转速越低。同时也参考蒸发器的温度来进行，当蒸发器温度下限处于 5℃时，将会切断压缩机的工作，压缩机将会停机；当环境温度低于 5℃时，压缩机也会停机；当 BMS 采集到 SOC ≤ 30%时（根据车辆控制策略不同，数据会有差异）压缩机也会停机；当打开 PTC 暖风加热系统，VCU 会发出指令，电动压缩机也会停机（见图 7-11 空调控制框架策略图）。

电动压缩机控制器内部框架原理图，如图 7-12 所示。

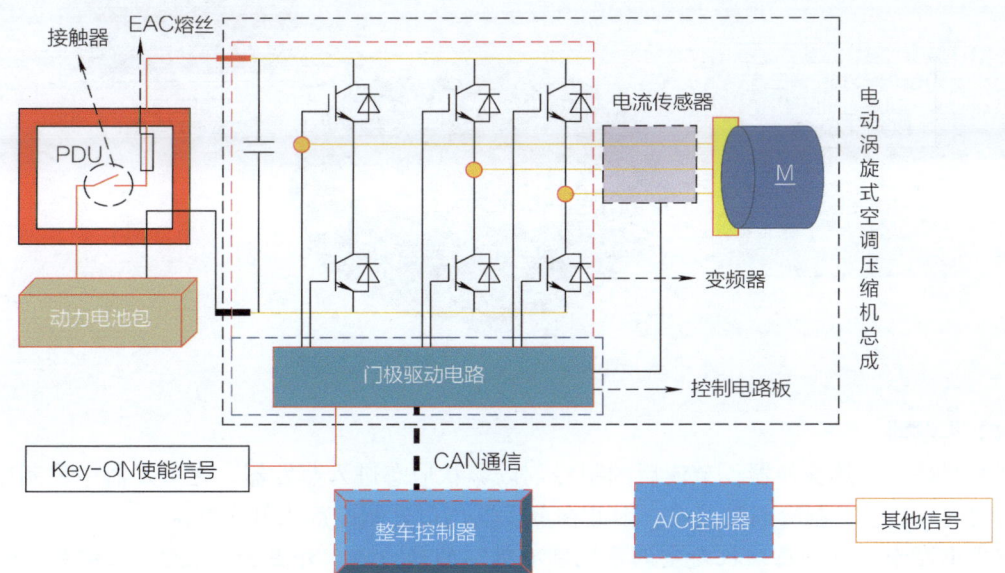

图 7-12　电动压缩机控制器内部框架原理图

如图 7-12 的框架图中，在变频器里面有一个电流传感器，电流传感器的作用是过电流保护，当变频器接收到使能信号时，变频器工作，如果在工作过程中载荷超过系统最大负载能力或出现较大扰动，则会造成系统输出电流过大，当电流达到了硬件设定值时，触发了硬件过电流保护功能，控制器会立即切断电机的运行，并且上报给 VCU。在变频器里面还有一个重要的过热保护功能，即温度传感器实时监控 IGBT 的温度，一旦工作温度大于 90℃时，控制器就会发出停机指令，停止压缩机的工作并且将过热温度信号通过报文形式上报给 VCU。

压缩机润滑油型号：

空调系统在工作时，由于空调控制器与电动压缩机集成为一个整体，因此电动压缩机的冷冻油和普通压缩机的冷冻油是不同的，电动压缩机的工作电压为高压电，因此必须使用具有高绝缘性的压缩机油，否则就会造成车辆漏电，车辆无法行驶。如图 7-13 所示为电动涡旋式空调压缩机的机油型号。

（2）冷凝器

冷凝器用于压缩机排出的高温高压的热量释放，是将高温高压气体转变成液体的热量交换器。冷凝器通常安装在车辆前部，通过风扇吹过冷凝器进行散热冷凝。压缩机排出的高温高压制冷剂（气体）从冷凝器上方进入冷凝器，经过冷凝器内部的冷凝器散热片进行降温，因此制冷剂在出口处为高压中温液体。

（3）膨胀阀

从冷凝器流过来的高压中温液体通过膨胀阀的节流降压变为容易蒸发的低温低压雾状制冷剂并进入蒸发器，因此膨胀阀的输入端为高压，输出端为低压。

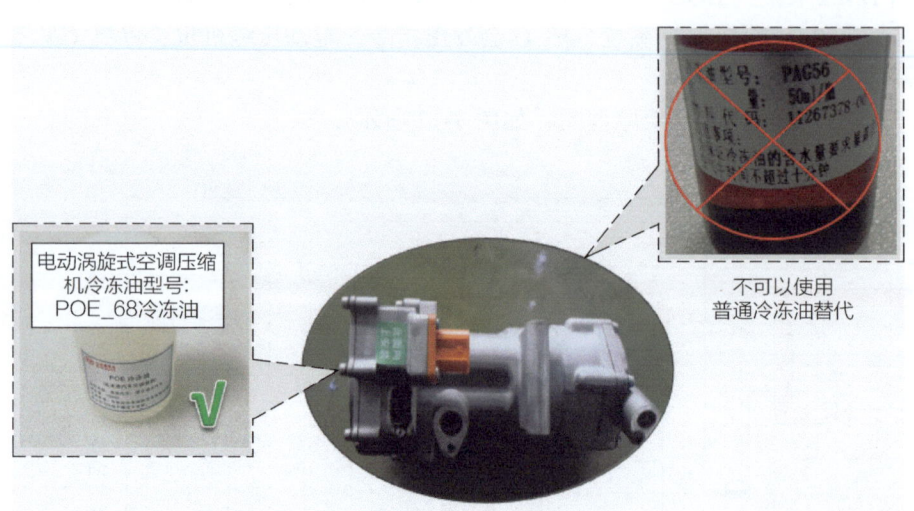

图 7-13　电动涡旋式空调压缩机的机油型号

（4）蒸发器

蒸发器是一个热交换器，节流后的制冷剂以雾状形态进入蒸发器，在蒸发器中的制冷剂吸收车内的空气热量，制冷剂被蒸发，因此在蒸发器出口处制冷剂为低压低温气体。

技术小贴士： 电动压缩机是空调系统制冷循环的动力源。外温 35~38℃，压缩机运转。空调系统正常的工作压力：高压 0.8~1.6MPa，低压 0.15~0.3MPa。

第二节　空调通风系统

空调通风控制系统指的是相应的风道控制系统，包含空调控制器、鼓风机总成、相关的风道风门等。通过鼓风机使车内产生气流流动，通过对各风道风门的控制来调节车内空调产生的气流方向、气流的温度及空气循环的模式。如图 7-14 所示为空调通风控制原理图。

室内通风换气系统的控制原理，在驾驶舱内可以进行冷暖选择及室内外循环，并通过驾驶员操控控制面板或旋钮来控制。如图 7-15 所示为室内通风换气控制原理图。

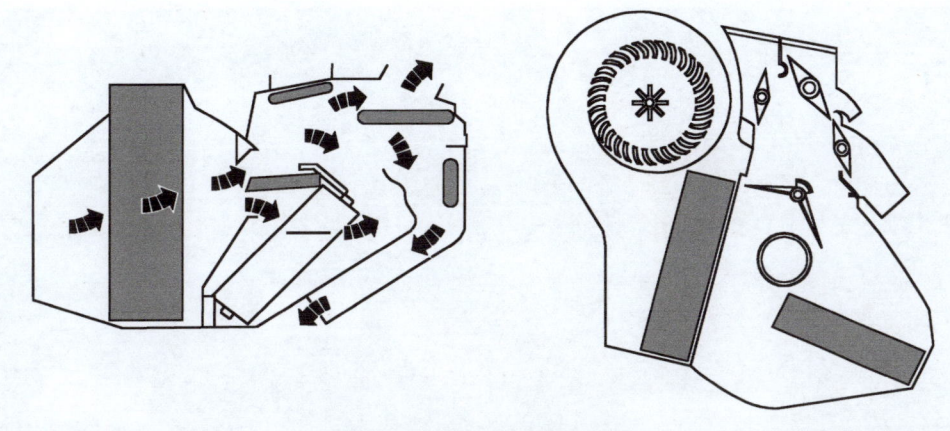

图 7-14 空调通风控制原理图

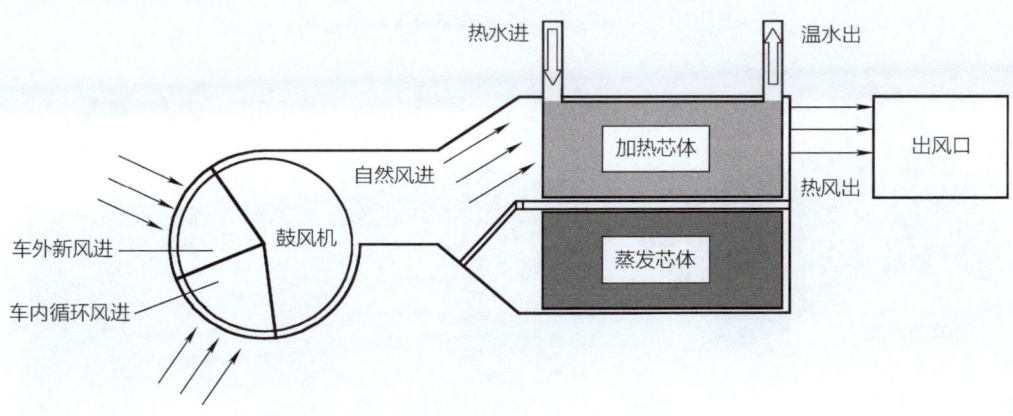

图 7-15 室内通风换气控制原理图

第三节 空调采暖系统

电动汽车没有传统燃油汽车的发动机，主要依靠电加热的热能进行取暖。在空调暖风系统部分，热源来自于 PTC 加热模块，这种加热系统属于风加热 PTC 模块。而部分车型使用 PTC 加热模块来加热冷却液作为热源，水加热 PTC 模块安装在前机舱内，而暖风芯体同样安装在传统燃油汽车的暖风芯体位置。如图 7-16 所示为风加热 PTC 加热模块安装位置及形状。

风加热 PTC 模块内部结构包括：控制器（包含低压/高压驱动模块）、高低压线束插接件、PTC 加热电阻膜片、导热绝缘硅胶垫、外壳体等。如图 7-17 所示为风加热 PTC 模块结构组成。

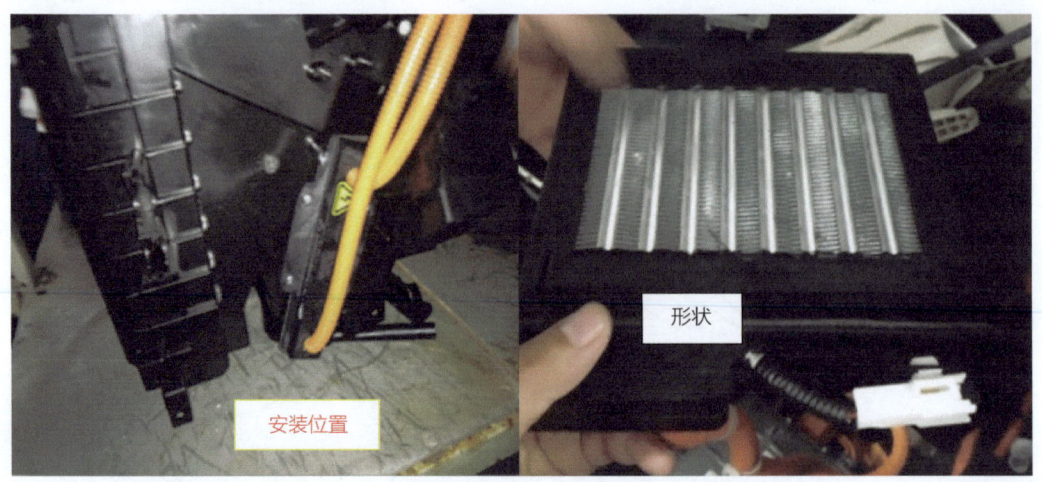

图 7-16 风加热 PTC 加热模块安装位置及形状

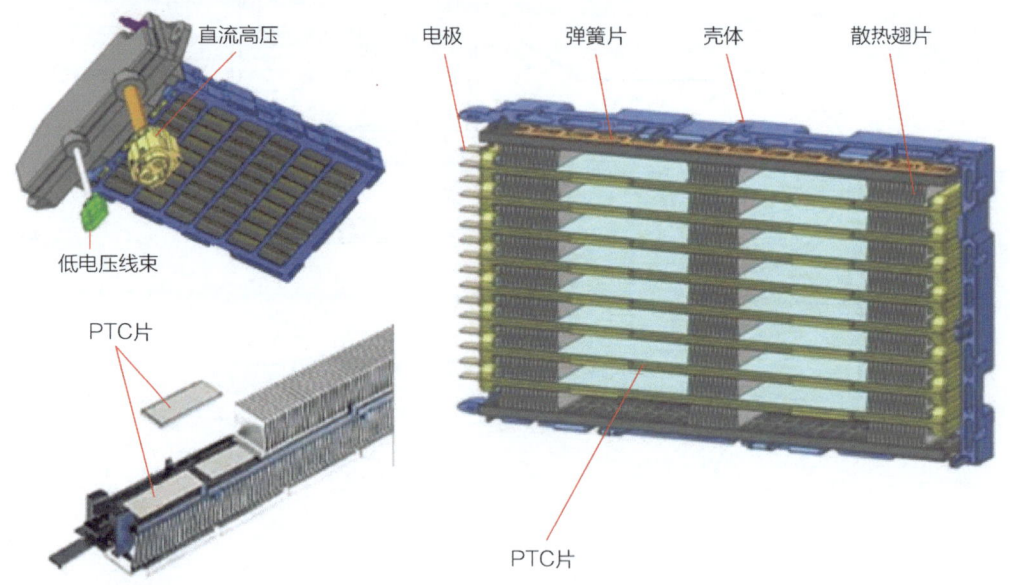

图 7-17 风加热 PTC 模块结构组成

PTC 加热模块内部的加热膜片由高压供电,并由整车控制器进行控制,PTC 加热模块的电路原理图,如图 7-18 所示。图 7-19 所示为 PTC 加热模块驱动电路图。PTC 加热电阻由专门的控制器进行控制,PTC 控制模块根据采集到的加热请求,同时根据整车控制器或压缩机控制器的控制信号、PTC 总成内部传感器温度反馈信号等多种信号,综合控制 PTC 通断。其中 PTC 控制模块采集的信息内容包括风速、冷暖程度设置、出风模式、加热器启动请求和环境温度。

PTC 加热器是一个正温度系数的加热电阻,在起始加热阶段,PTC 加热器的电阻较小,PTC 加热效果明显,随着温度的上升,PTC 的电阻变大,加热电流变小,加热效果就会变差,这样可以有效保护 PTC 加热器的温度,能够根据自身特性有效地进行自我控制。在车辆上,PTC 的控制主要还是通过切断其工作回路来实现的,因此 PTC 控制器要采集室内温度和环境温度,来决定 PTC 的工作工况。

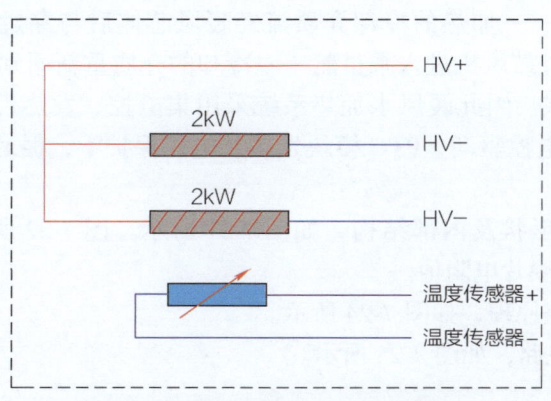

图 7-18 PTC 加热模块的电路原理图

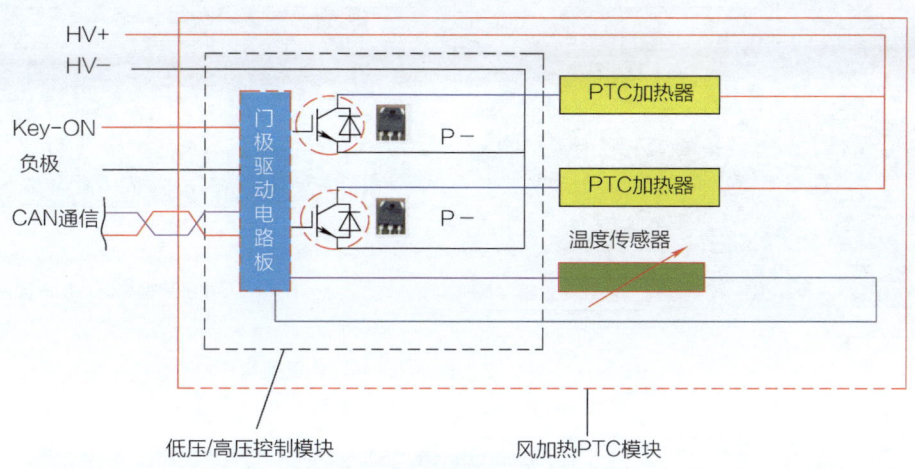

图 7-19 PTC 加热模块驱动电路图

PTC 水加热器冷却液路径原理框架图，如图 7-20 所示。

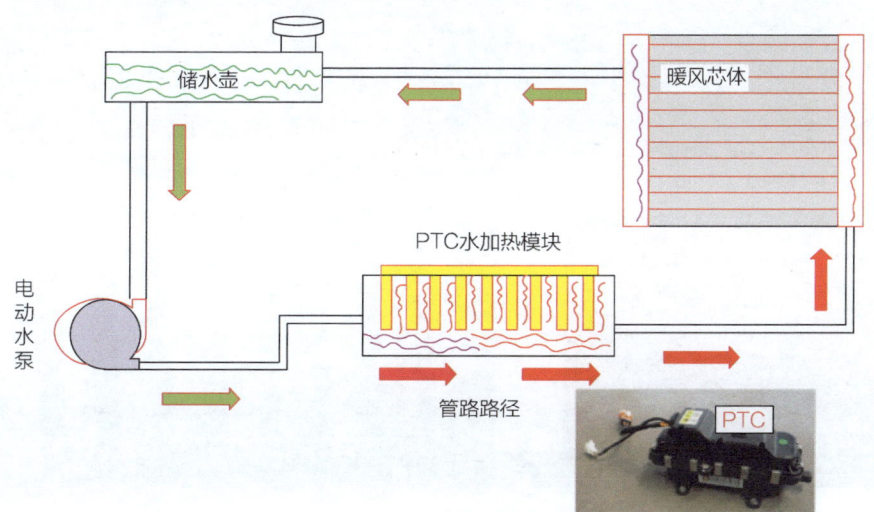

图 7-20 PTC 水加热器冷却液路径原理框架图

采暖：利用 PTC 水加热器来加热空调采暖系统中的冷却介质——加热的冷却介质通过空调电动水泵进行循环——加热的冷却介质流经暖风芯体后与穿过暖风芯体的气流进行换热——加热后的气流通过鼓风机进入乘员舱——冷却的介质重新回到 PTC 进行加热。如此循环，达到 EV 的采暖模式。因此暖风水加热系统采用集电控、发热模块及换热结构为一体的设计。PTC 水加热器在电控驱动、PTC 模块发热及电控保护下，循环介质在换热室充分加热后实现采暖系统的供暖。

PTC 水加热器外部形状及内部结构，如图 7-21 所示。图 7-22 所示为 PTC 内部解剖图。图 7-23 所示为 PTC 发热膜片电阻值。

PTC 加热器内部电路原理，如图 7-24 所示。

常见车型空调控制电路，如图 7-25 所示。

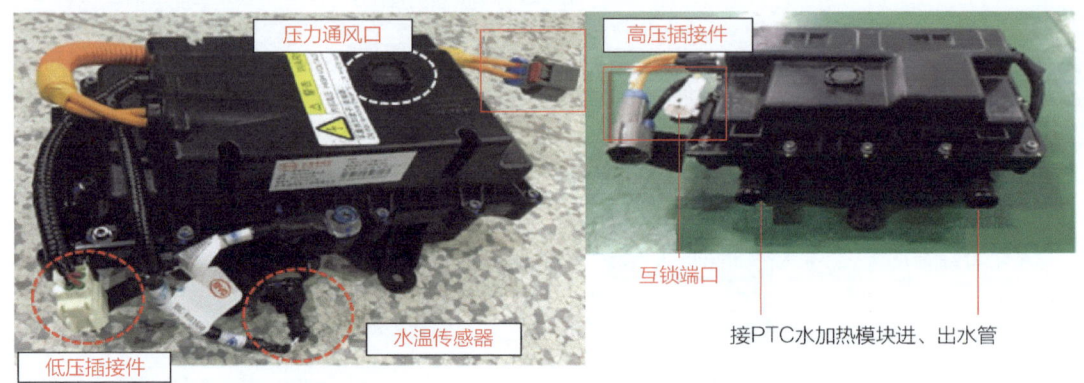

图 7-21　PTC 水加热器外部形状及内部结构

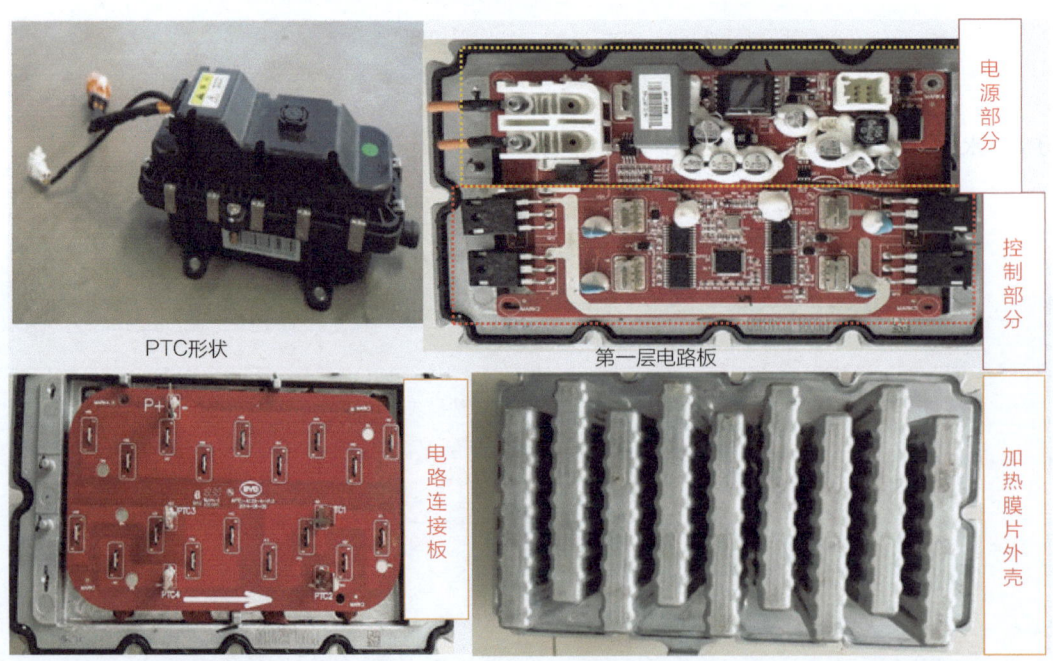

图 7-22　PTC 内部解剖图

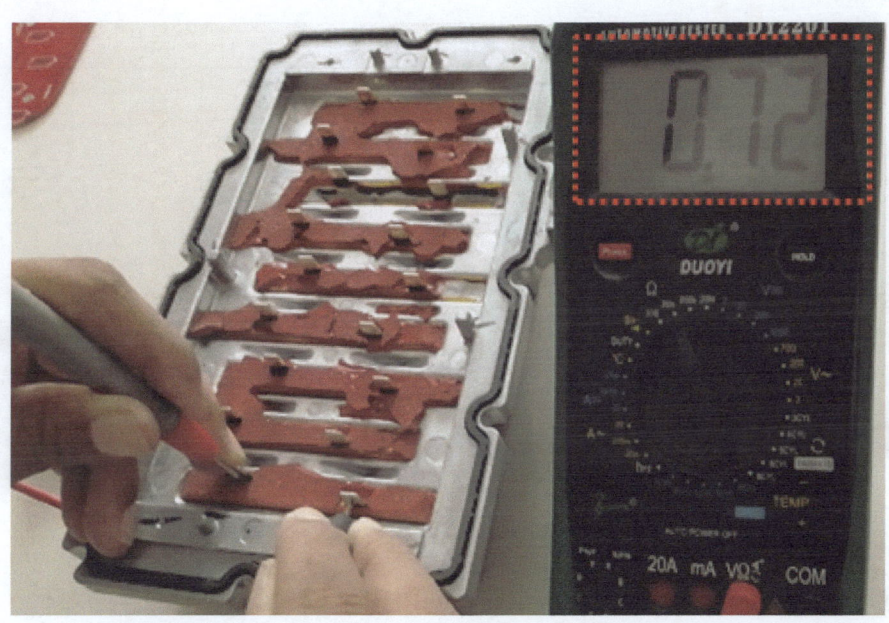

图7-23 PTC发热膜片电阻值

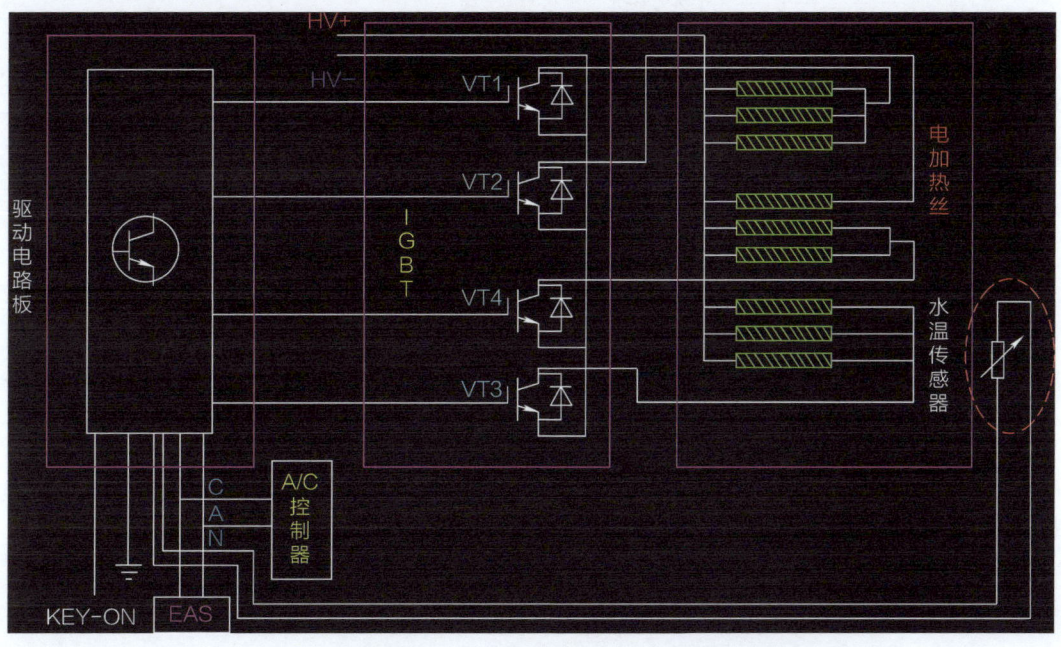

图7-24 PTC加热器内部电路原理

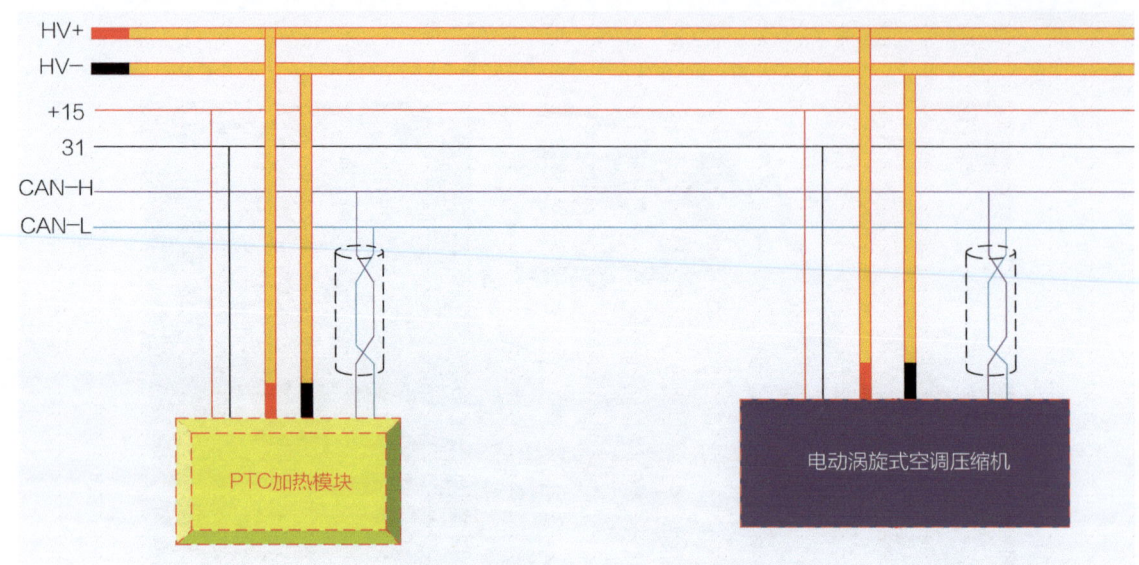

图 7-25　常见车型空调控制电路

比亚迪元 EV360（EB 款）空调系统电路，如图 7-26 所示。

众泰 Z500 EV 电动汽车空调系统电路，如图 7-27 所示。

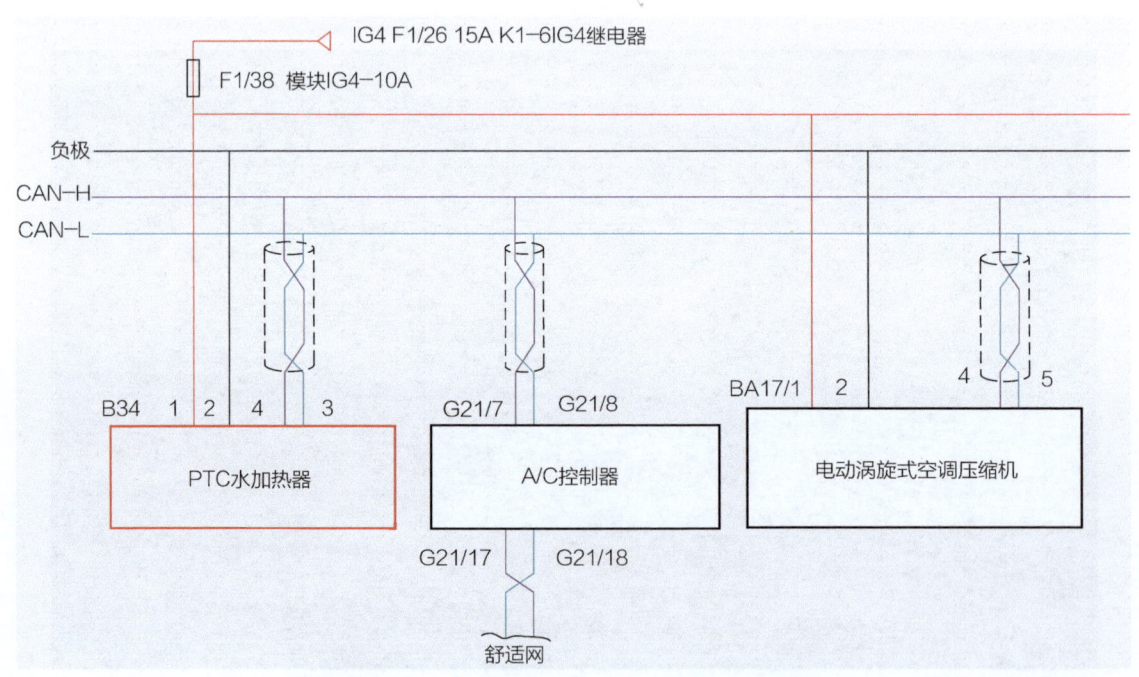

图 7-26　比亚迪元 EV360（EB 款）空调系统电路

第七章 电动汽车/混合动力汽车空调系统

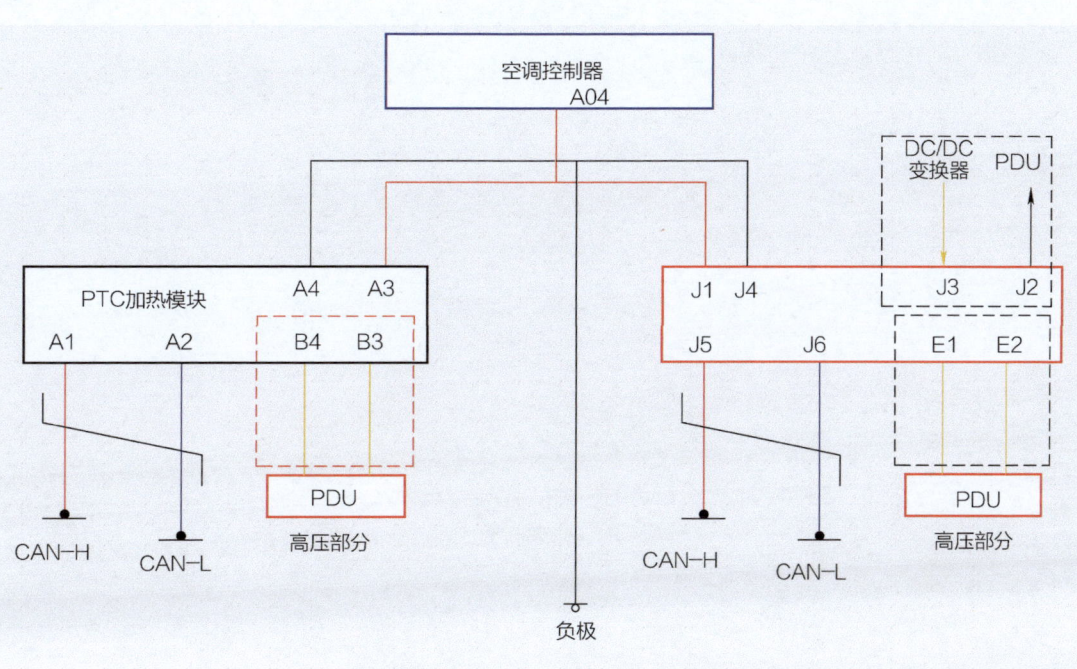

图 7-27 众泰 Z500 EV 电动汽车空调系统电路

第八章
高压互锁监控与绝缘检测系统

第一节　高压互锁监控系统

一、概述

在 ISO 国际标准《ISO 6469-3：2018 电动道路车辆 安全规范 第 3 部分：人身电气危险防护》中，规定电动汽车上的高压部件应具有高压互锁装置，但是并没有详细定义高压互锁系统。那么什么是高压互锁呢？高压互锁也称危险电压互锁回路，它是通过低压回路检测高压部件、导线和插接件的电气完整性和连通性，识别回路的异常断开，并及时断开高压输入端的控制器，从而起到了安全防护作用。

二、高压互锁功能

1）当导电回路传递的信号中断时，高压动力电池的接触器就会断开，从而切断整个高压车载电气系统。

2）整车在高压上电前应确保整个高压系统的完整性，让高压部件处于封闭的环境下工作，提高系统的安全性。

3）高压互锁状态由 BMS/VCU 进行监测，同时将检测的结果发送到网络上，VCU 接受这些信息并做出判断。当车辆在运行过程中高压系统回路断开或完整性受到破坏时，BMS/VCU 会监测到高压互锁异常，VCU 将立即要求 BMS 切断高压系统。

4）高压互锁电路也可防止在维修高压系统时，带电插拔高压连接器对高压端子造成的拉弧损坏。

以上 4 个互锁功能属于结构类互锁，起到安全防护作用，所以安全防护状态就是在高压系统上电状态下，如果高压连接器或高压部件的罩盖被拆下或意外脱落，裸露的高压带电部件可能会造成一定的触电风险，高压互锁策略可使高压系统在第一时间知晓该状态，并由整车控制器控制整车高压下电并执行主动释放，在人员接触到裸露的带电部件前，使裸露的带电部件变为不带电部件。如图 8-1 所示为主动释放和被动释放电路原理图。

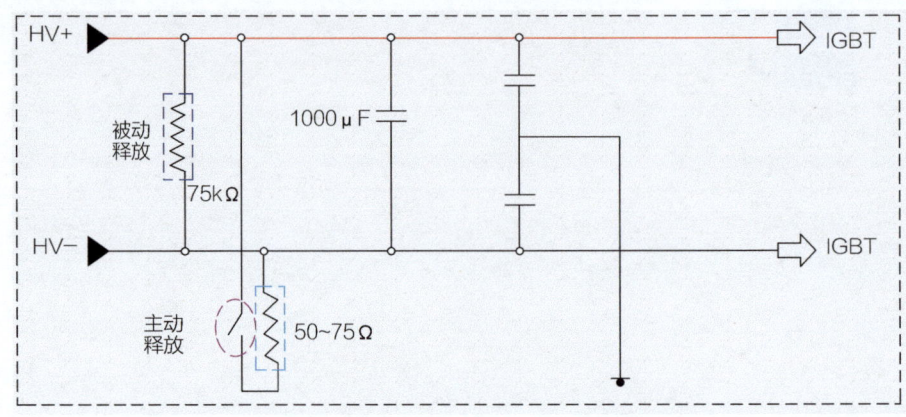

图 8-1　主动释放和被动释放电路原理图

主动释放：

驱动电机控制器中含有主动释放回路，当检测到车辆发生较大碰撞、或高压回路中某处插接件存在拔开状态、或含有高压的高压电控器件存在开盖情况，会主动放电回路并且在 5 秒内把预充电容电压降低到 60V 以下，迅速释放危险电能，最大限度保证人员安全。

被动释放：

在含有主动释放的同时，驱动电机控制器、空调驱动控制器等内部含有高压的器件同时设计有被动释放回路，可以在 2min 内把预充电容电压降低到 60V 以下，被动释放是主动释放失效的二重保护。

在电动汽车上还有另外一个互锁就是功能互锁，功能互锁的作用是当车辆在进行充电或插上充电枪时，高压电控系统会限制整车不能通过自身驱动系统驱动，以防止可能发生的线束拖拽或安全事故。

如图 8-2 所示为互锁类别。

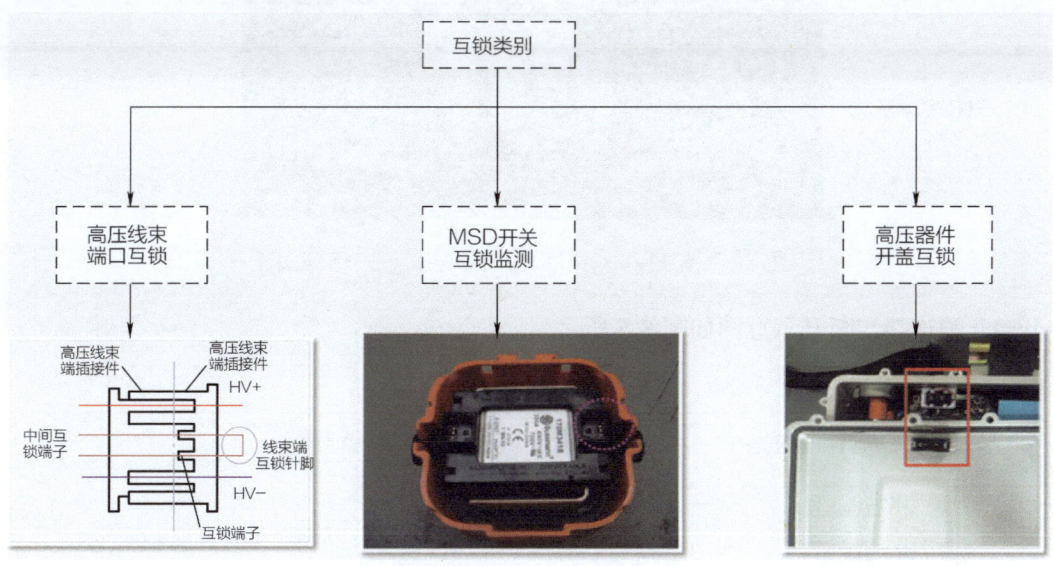

图 8-2 互锁类别

高压线束插接件与插座互锁连接及断开示意图如图 8-3 所示。

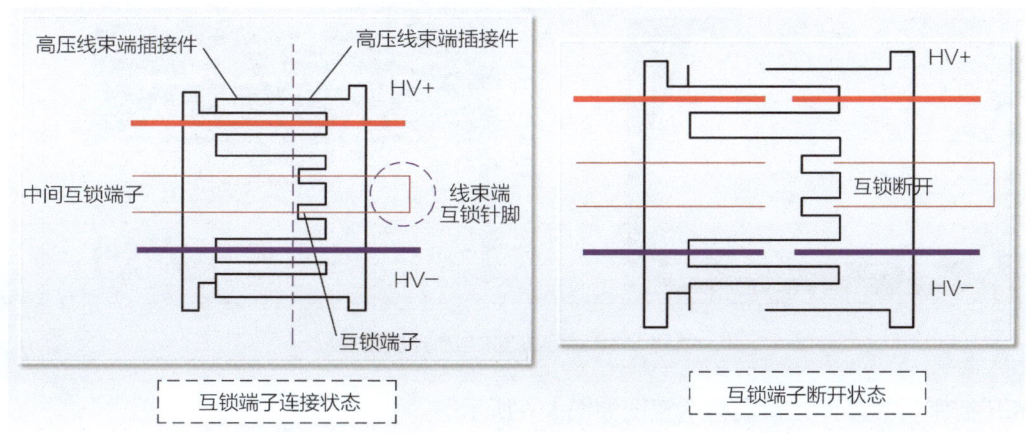

图 8-3 高压线束插接件与插座互锁连接及断开示意图

高压模块弹簧片高压互锁连接及断开示意图，如图 8-4 所示。比亚迪系列车型上的 MSD 检修开关同样采用弹簧片高压互锁开关。

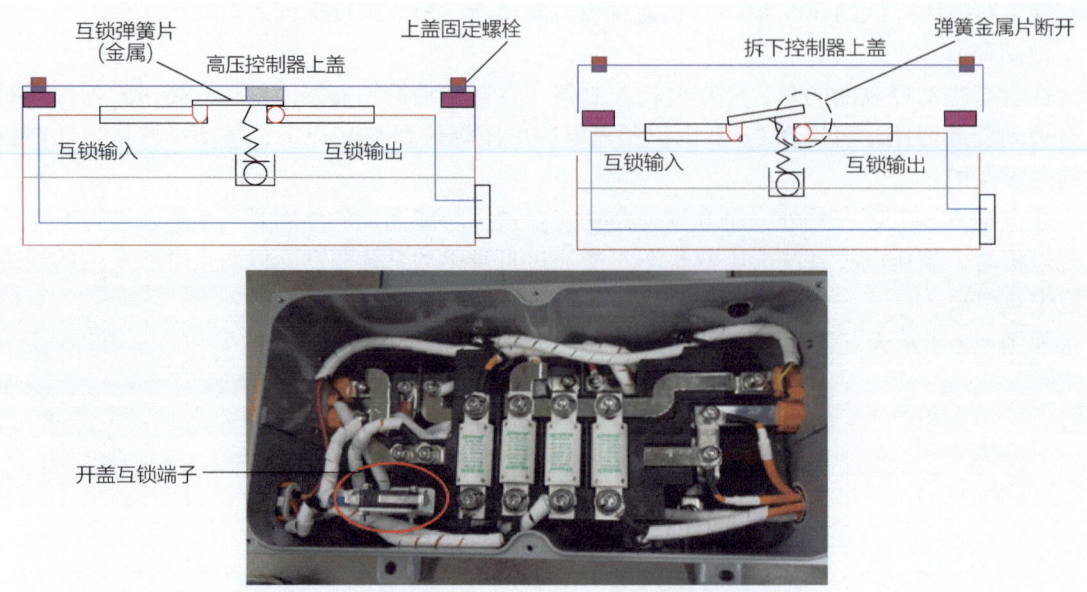

图 8-4　高压模块弹簧片高压互锁连接及断开示意图

开盖互锁连接与断开示意图如图 8-5 所示。

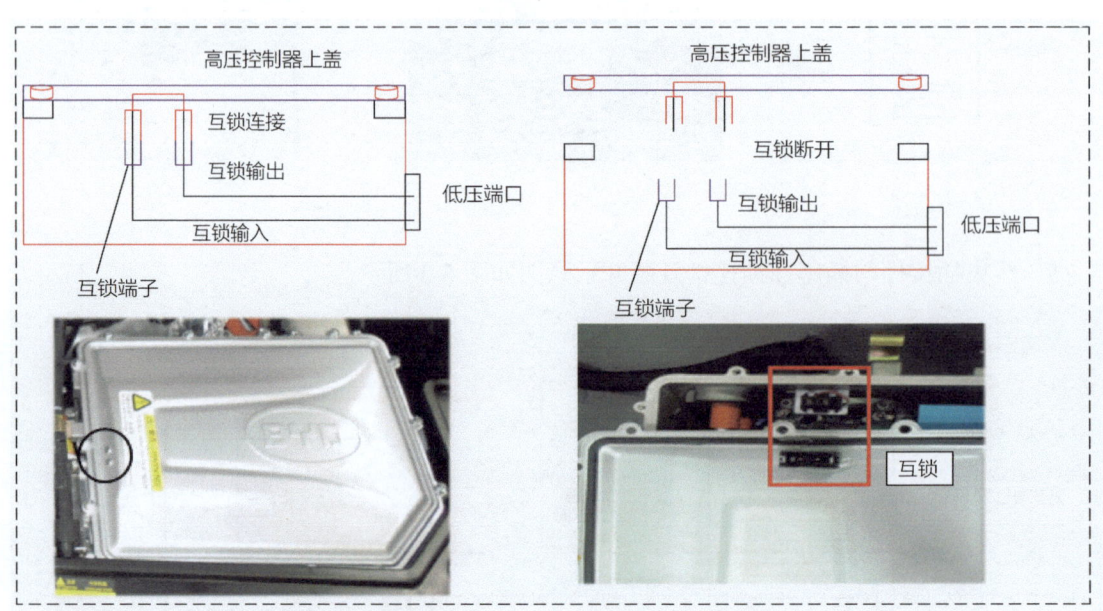

图 8-5　开盖互锁连接与断开示意图

高压插座与插接件互锁实物示意图如图 8-6 所示。

电动汽车/混合动力汽车模拟信号互锁原理图如图 8-7~图 8-9 所示。

第八章 高压互锁监控与绝缘检测系统

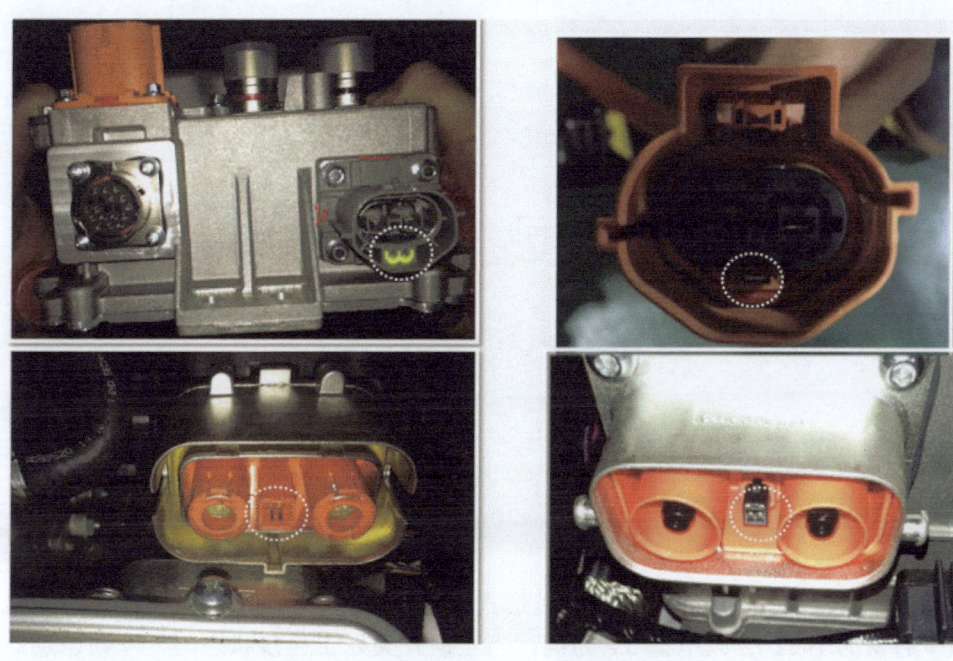

图 8-6　高压插座与插接件互锁实物示意图

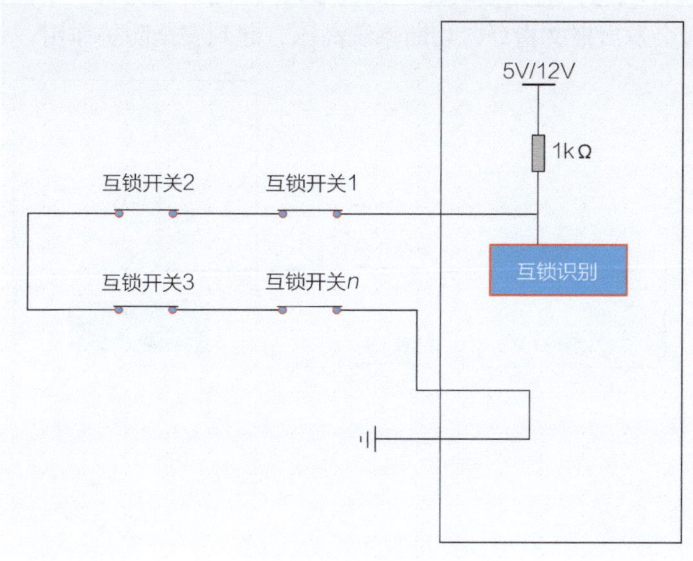

图 8-7　模拟信号互锁原理图（一）

原理解析：互锁开关有 n 个，并且连接形式为串联。在这些互锁开关的上游电路有一个电阻（通常为 1kΩ），其电源也分为两种，一种是 5V，一种是 12V，在互锁开关正常连接的情况下，互锁识别监控模块监测到的电压为 0V，这时控制器就认为高压部件连接的完整性良好。若某一个互锁开关断开，这时互锁电路处于非完整性状态，监控模块监控的电压为 5V 或 12V，检测结果为某一个高压系统（如高压直流母线）断开，同时发出报文指令，切断高压系统，起到安全防护作用。

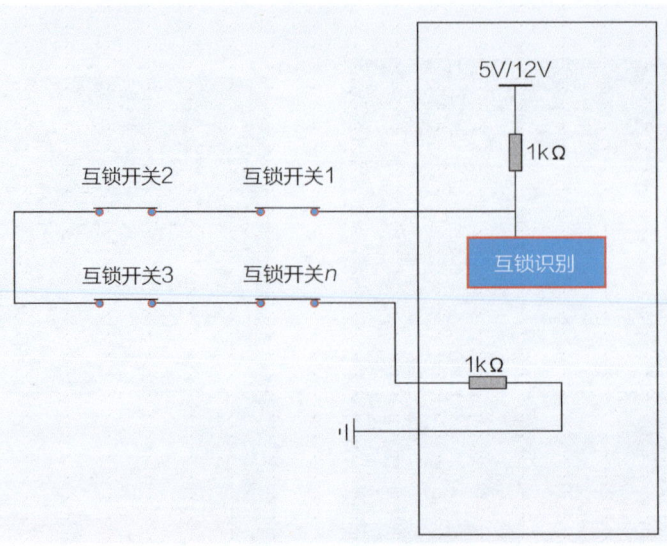

图8-8 模拟信号互锁原理图（二）

原理解析：互锁开关有 n 个，并且连接形式为串联，在这些互锁开关的上、下游电路各有一个电阻（通常为1kΩ），以电源5V为例，当互锁开关处于连接状态时，互锁识别监控模块监测的电压为2.5V，控制器就认为高压部件连接的完整性良好。若某一个互锁开关断开，这时互锁电路处于非完整性状态，监控模块监控的为5V，检测结果为某一个高压系统（如高压直流母线）断开，同时会发出报文指令，切断系统高压，起到安全防护作用。

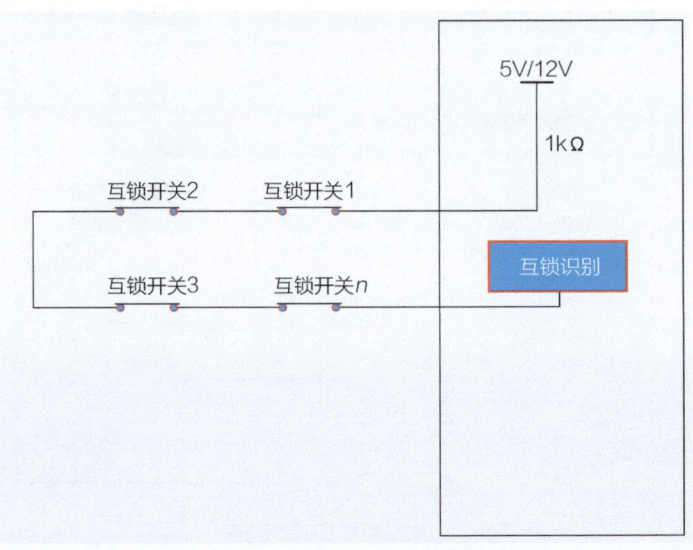

图8-9 模拟信号互锁原理图（三）

原理解析：互锁开关有 n 个，并且连接形式为串联，互锁开关上游电路供电电源为5V/12V（以5V为例），5V电源通过互锁开关输出至互锁识别模块，当互锁识别模块接收到5V电源，互锁识别模块就确认互锁开关电路是完整的。

以上三种互锁监控原理为模拟型监测电路，属于模拟信号。模拟信号容易出现容错率差，易受到外界的电磁干扰，因此互锁监控电路出现了另一种监控方式，即PWM监控方式，这种监控方式属于数字信号,具有传播速率快,不容易失真等优点。如图 8-10 所示为 PWM 脉宽调制信号监控互锁原理图。

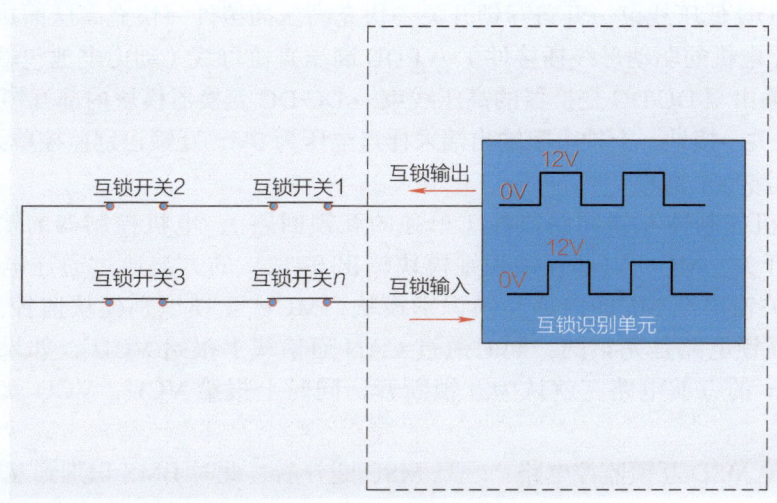

图 8-10　PWM 脉宽调制信号监控互锁原理图

PWM 脉宽调制信号监控互锁原理解析:互锁识别单元输出脉宽调制信号(通常为 75%)至各互锁开关,然后通过最后一个互锁开关输入到互锁识别模块,互锁识别模块接收到脉宽调制信号(75%)就确认互锁电路是完整的。

电动汽车/混合动力汽车的 VCU 监控互锁连接的完整性、动力电池 BMS 管理器也监控互锁连接的完整性(部分车型的电动压缩机也采用了单独的互锁监控),由于互锁监控电路多于 1 套,因此互锁识别电路(采用 CAN)之间要进行通信。如图 8-11 所示为某车型互锁装置及互锁连接电路图。

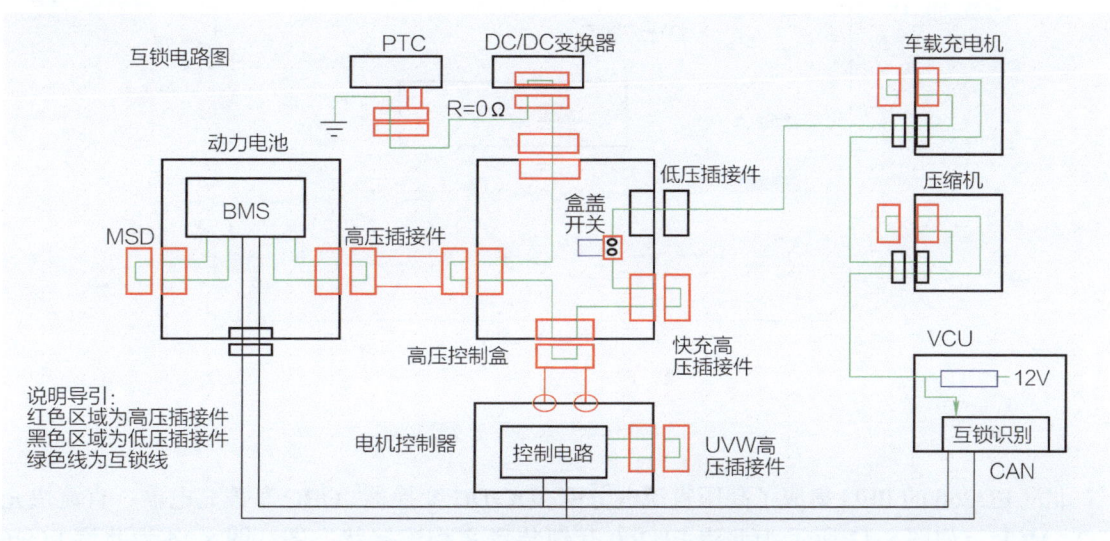

图 8-11　某车型互锁装置及互锁连接电路图

互锁连接电路图分析:

1)在 VCU 里面有一个上拉电阻(1kΩ),电源为 12V,在上拉电阻和输出线路之间有一个采样点,采集的电压值输出至互锁识别模块上。

电压通过上拉电阻输出到电动压缩机的低压插接件→电动压缩机控制器→高压插接件→低压插接件→OBC（车载充电器）低压插接件→高压线束→高压插接件互锁开关→OBC 低压插接件→输出→PDU 低压线束→开盖互锁开关→快充高压插接件→快充高压插接件互锁开关→PDU 高压子线（电机的驱动母线插接件）→PDU 高压直流母线（动力电池包输入母线）→互锁开关→PDU 输出至 DC/DC 变换器的高压线束→DC/DC 变换器模块内部互锁开关→PTC 暖风加热器互锁开关→接地，上拉电阻输出端采样点电压为 0V，互锁识别监控单元识别到 0V 就认为此条互锁回路是完整的。

2）驱动电机控制器互锁回路监控（单独的互锁回路）：电机控制器的输出 UVW 三相线有一个互锁开关，MCU 内部互锁识别模块输出 0~12V 的方波通过通往电机的三相线插接件的互锁开关输出至 MCU 内部互锁识别模块，MCU 互锁识别模块监控到 0~12V 方波后就认为此条互锁电路是完整的，同时通过 CAN 通信线上报给 VCU；如果互锁识别模块未识别到 0~12V 的方波电路，就认为互锁断开，同时上报给 VCU，VCU 就会发出报文切断高压电路。

3）动力电池 MSD 互锁监控电路：一旦 MSD 断开后，此时 BMS 识别到互锁电路不完整，通过 CAN 通信线上报 VCU，并切断系统高压。同样的原理，动力电池输出母线通过高压直流母线内部的互锁开关再返回到 BMS 互锁识别模块。

随着新能源汽车技术越来越成熟，很多车型将高压控制元件集成在一起，包括图 8-11 所示的互锁电路，其互锁输入和输出都是通过低压插接件实现的。如图 8-12 所示为高压电控总成环路互锁路径。

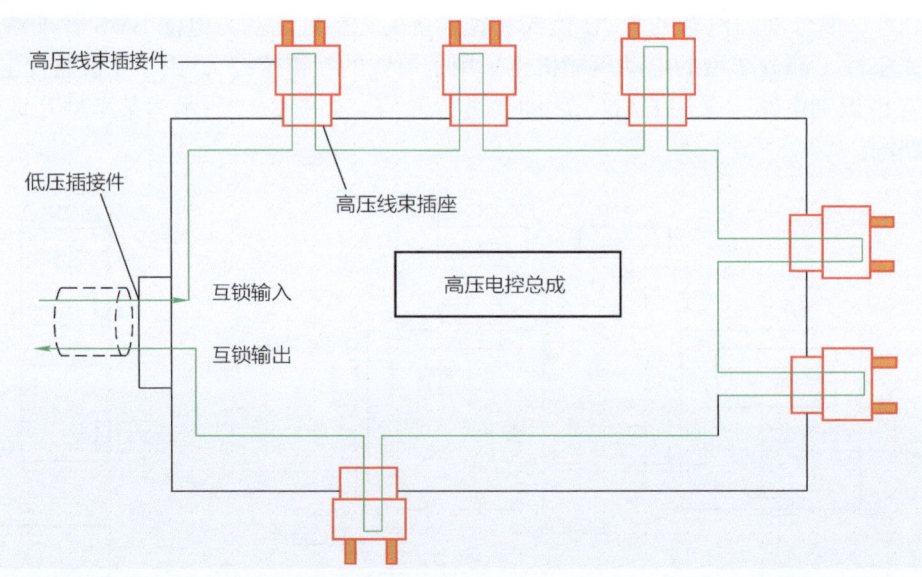

图 8-12　高压电控总成环路互锁路径

北汽 EU260 的 PEU 集成了高压直流电分配、DC/DC 变换器、OBC 车载充电器、直流快充、PTC、MCU。如图 8-13 所示为北汽 EU260 互锁装置实物连接状态图，图 8-14 为北汽 EU260 互锁连接电路图。

上汽荣威 R550 混合动力车型环路互锁连接电路原理如图 8-15 所示。

奔驰 S400 混合动力车型高压互锁原理如图 8-16 所示。

图 8-13 北汽 EU260 互锁装置实物连接状态图

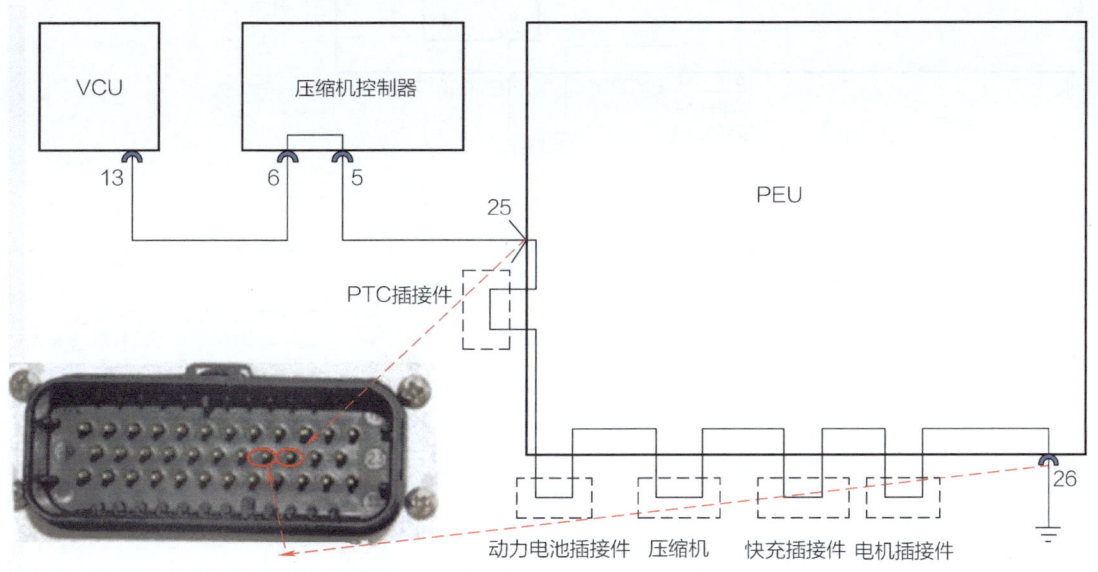

图 8-14 北汽 EU260 互锁连接电路图

1）互锁信号作为导通环路连接所有高压部件及其连接点，发现线路不导通或短路时，即隔离或切断所有高压源。

2）互锁信号设计为双极性以区分对地短路和对电源短路。

3）两个数字互锁信号电平与车载电气系统电压相同，即 0V 和 +Ubat。

4）交流频率（88Hz）设计时采用了较低频率，以防止 EMC 干扰。

5）互锁电路由高压动力电池管理系统提供和评估。

6）其他激活的高压源，如电源电子装置和 DC/DC 变换器，单独评估互锁信号。

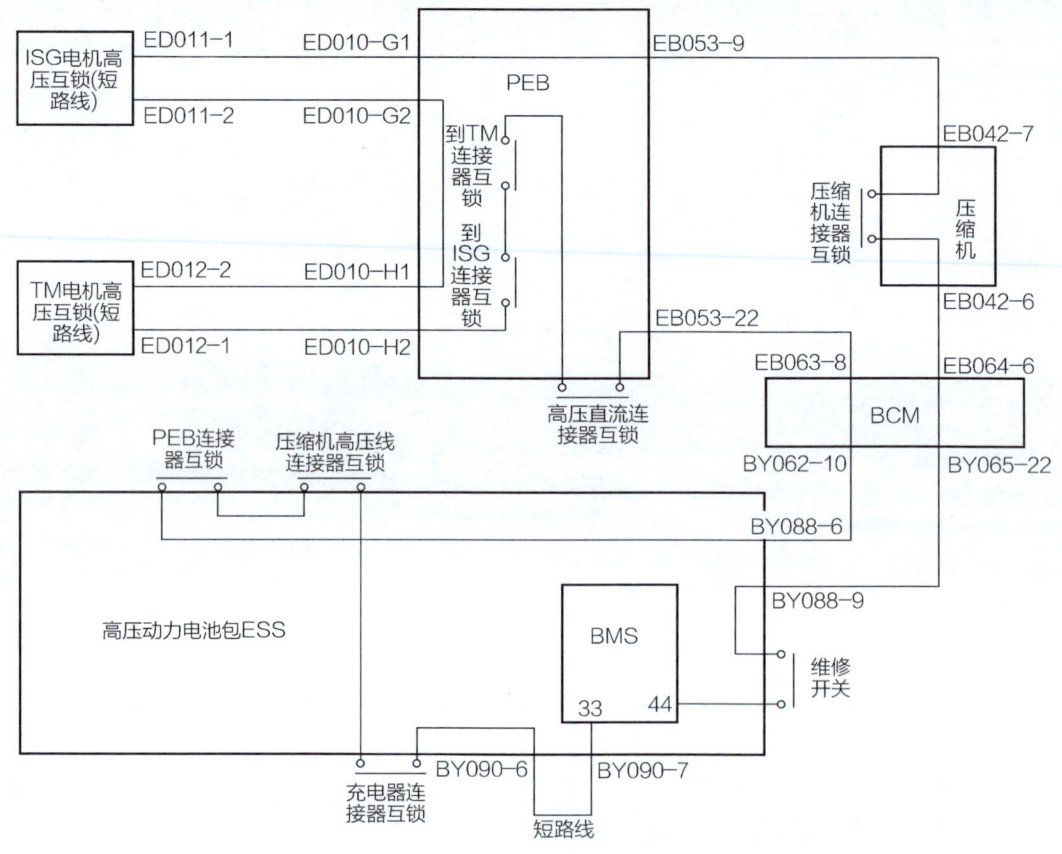

图 8-15 上汽荣威 R550 混合动力车型环路互锁连接电路原理

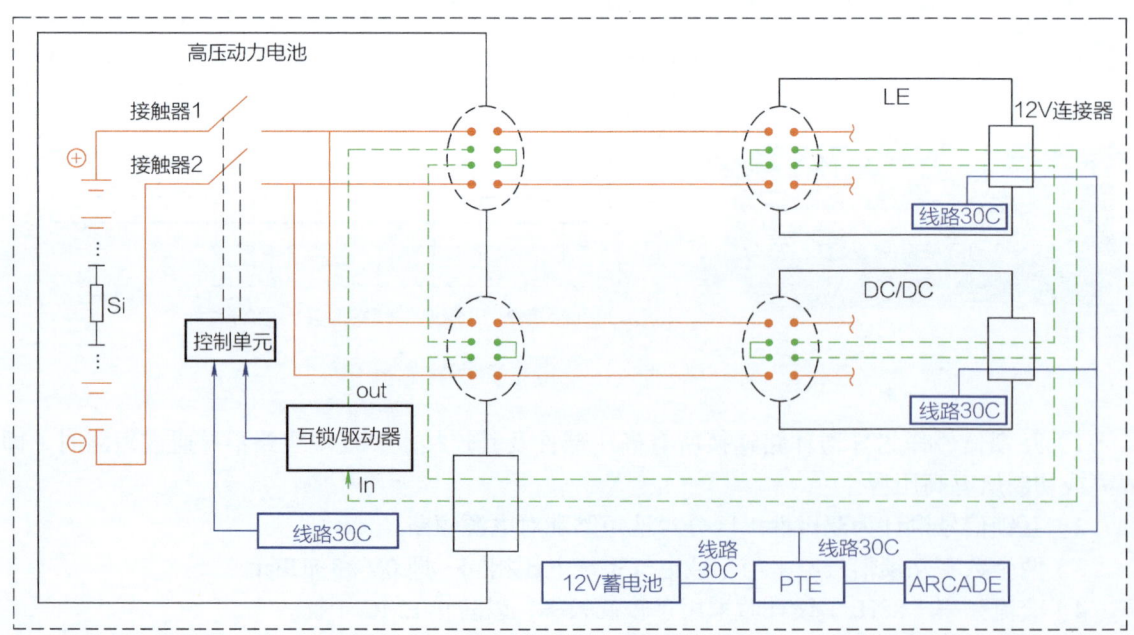

图 8-16 奔驰 S400 混合动力车型高压互锁原理

第二节 绝缘（漏电）检测原理

电动汽车/混合动力汽车由于终端执行元件工作电压较高，属于非安全电压，为了防止驾驶人员和乘坐人员出现触电风险，在车辆上设计了绝缘检测系统，时刻监控车辆是否存在漏电的可能性，因此绝缘监控是新能源汽车的必备系统。

在新能源汽车上有两个独立的系统，分别是高压系统和低压系统，汽车主机厂在设计时这两个系统是隔离的，在控制策略上是由低压系统来控制高压系统的接通与断开，若系统存在故障，将会出现高压系统向低压系统泄漏电流的现象，很可能出现触电风险。如图 8-17 所示为高压/低压系统隔离设计。

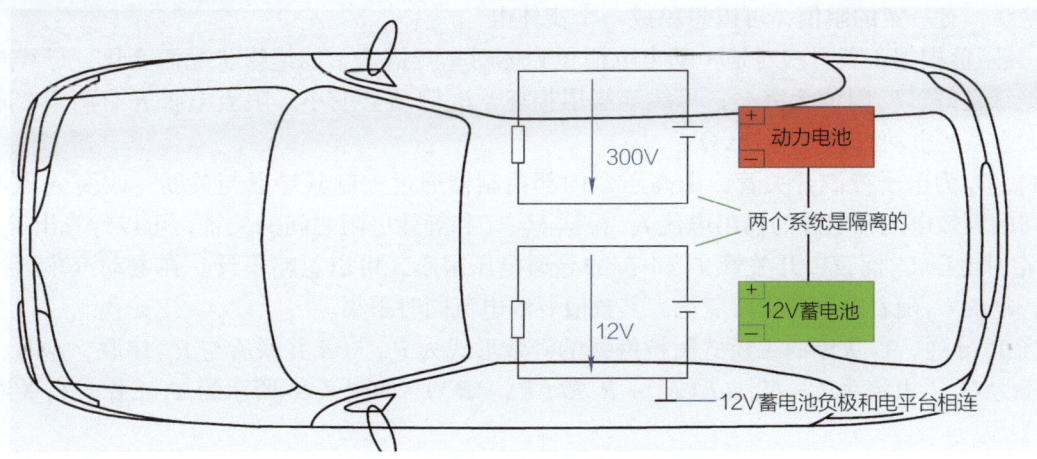

图 8-17　高压/低压系统隔离设计

在新能源汽车上不单单设计了绝缘检测系统，也设计了等电位均衡，这是因为电动汽车高压安全设计主要取决于电网结构，这就决定了从电源（动力电池）到用电器（比如电机）的电能传输路线。这种安全设计通过使高压部件外壳和车身等电位，保证触电电流流过车身而非人体。如图 8-18 所示为等电位均衡设计。

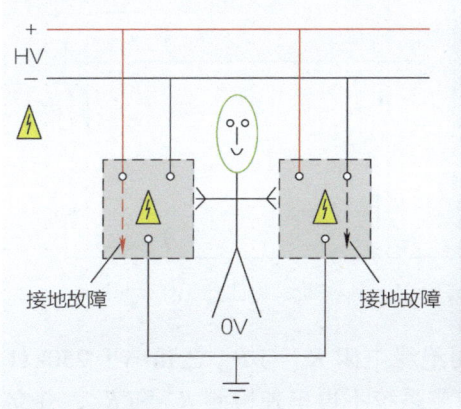

图 8-18　等电位均衡设计

电气绝缘检测原理：

为检测上述绝缘电阻，直接将车载高压电源作为检测电源，在电源正极、负极和车辆底盘之间建立桥式阻抗网络，如图8-19所示。其中绝缘检测电路A点与电源正极相连，B点与电源负极相连，O点与车辆底盘相连。U_0 为高压电源的输出电压，I 为绝缘检测电路内部电流。R_{g1}、R_{g2} 分别为高压正、负极引线对底盘的绝缘电阻（这两个电阻是一种虚拟电阻，也就是高压电器部件内部高压系统与低压系统的隔离电阻，在实际设计中，高压系统是由低压系统来控制的，因此控制的电子部件不可能完全隔离绝缘，有一定的阻值，可以想象成一个实体电阻），其阻值根据正负母线对地（动力电池包壳体对车身搭铁）的绝缘状况而变化：母线对车身地绝缘良好，R_g 阻值无穷大；母线绝缘层损坏，R_g 阻值会变小。限流电阻 R 有两个，阻值非常大，某些电动汽车可达 20kΩ。

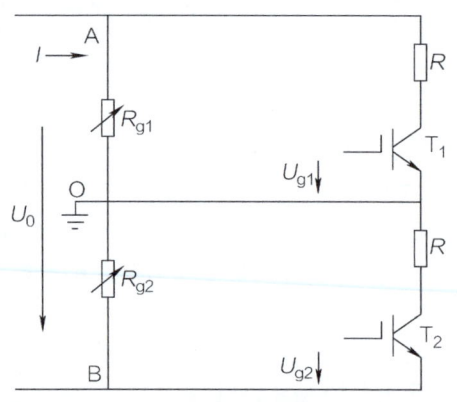

图 8-19　绝缘检测模块内部原理图

T_1、T_2 为电子控制开关管，由高压盒内部控制器通过控制其导通与关断，改变A点和B点之间的等效电阻和电源的输出电流 I。根据 U_0、I 和等效电阻之间的关系，可以计算出 R_{g1} 和 R_{g2}。相对电压 U_0 而言，开关管 T_1 和 T_2 的导通电压很小，可以忽略不计。在电动汽车运行过程中，电压 U_0 随着电量变化而变化，其数值要和电流同时采集。

当 T_1 导通、T_2 关断时，桥式阻抗网络的等效形式为 R_{g1} 与 R 并联后与 R_{g2} 串联，这时，电源电压为 U_{01}，电流为 I_1。$U_{01}=I_1(R_{g2}+R_{g1}R/(R_{g1}+R))$。如图8-20所示为 T_1 工作、T_2 关断工作示意图。

当 T_2 导通、T_1 关断时，桥式阻抗网络的等效形式为 R_{g2} 与 R 并联后与 R_{g1} 串联，这时，电源电压为 U_{02}，电流为 I_2。$U_{02}=I_2(R_{g1}+R_{g2}R/(R_{g2}+R))$。如图8-21所示为 T_1 关断、T_2 工作工作示意图。

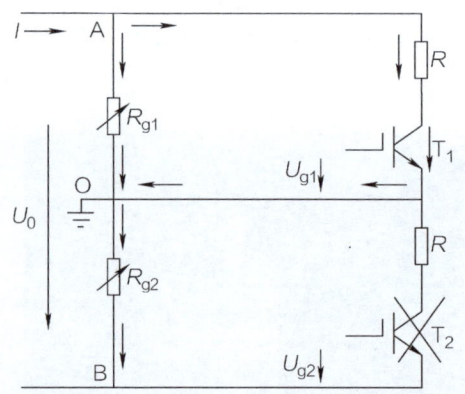

图 8-20　T_1 工作、T_2 关断工作示意图

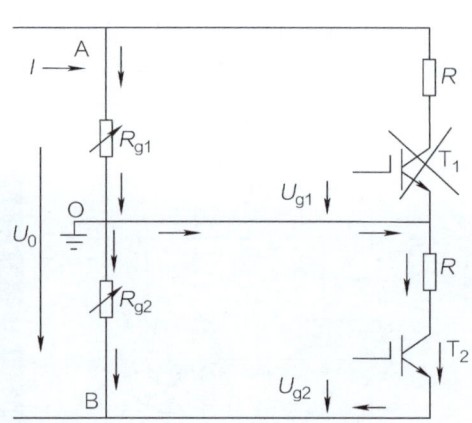

图 8-21　T_1 关断、T_2 工作工作示意图

如果 T_1 和 T_2 同时关断，电流 I 大于 2mA，说明绝缘电阻 R_{g1} 与 R_{g2} 之和小于 250kΩ，电源的正、负极引线电缆对底盘的绝缘性能都不好，检测系统不再单独检测 R_{g1} 和 R_{g2}，并立即发出报警信号，提醒驾驶员和维修人员注意安全，同时车辆也无法启动。

绝缘检测模块又称为"漏电传感器",它通过连接线、动力电池正/负极母线与车身底盘之间的绝缘电阻来判定高压系统是否存在漏电现象,漏电传感器将测到的漏电数据信息通过连接线发送给动力电池管理器,动力电池管理器根据接收到的数据信息采取相应的保护措施。绝缘检测框架原理图如图 8-22 所示。

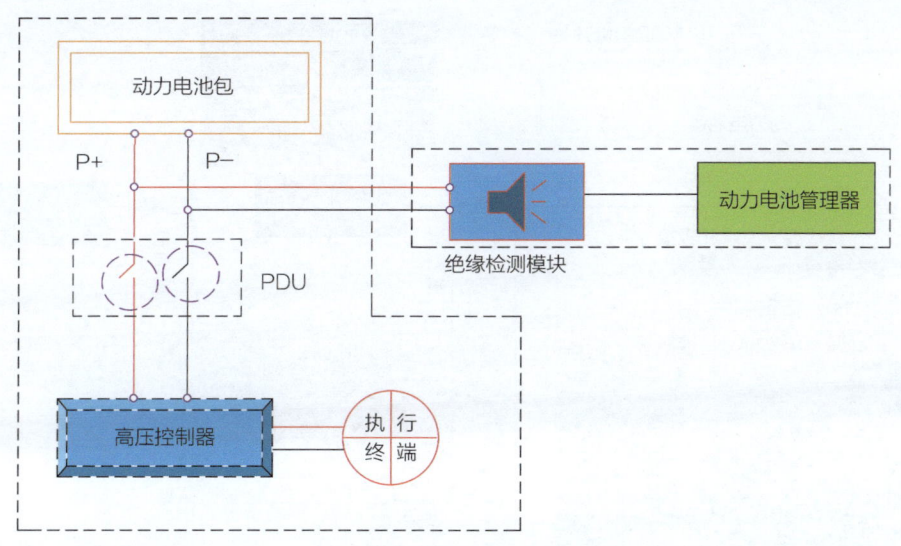

图 8-22　绝缘检测框架原理图

比亚迪秦 DM（2014 款 PHEV）漏电传感器工作讲解：
安装位置：漏电传感器位于车身后围搁物板前加强横梁上,如图 8-23 所示。

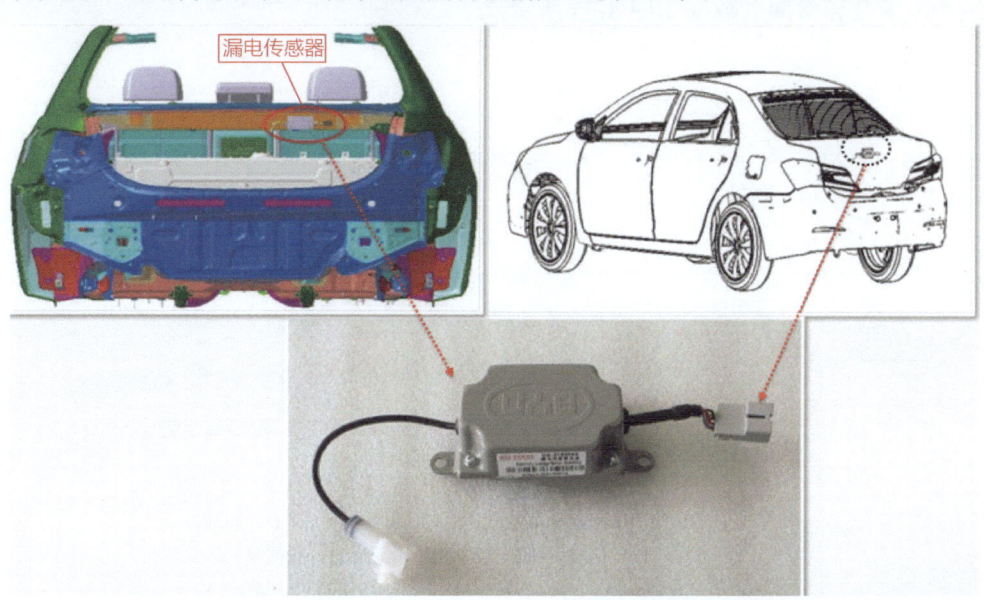

图 8-23　比亚迪秦 DM（2014 款 PHEV）漏电传感器安装位置

功能：用于对电动汽车直流母线与其外壳、车身底盘之间的绝缘阻抗的检测,通过检测与动力电池输出相连接的负极母线与车身底盘之间的绝缘电阻,来判断动力电池包的漏电程度。当动力电池包漏电时,传感器发出一个信号给动力电池管理器,动力电池管理器接到漏电信号后，进行相关保护操作并报警，防止动力电池包的高压电外泄，造成人或物品的伤害和损失。

绝缘检测系统组成框架，如图 8-24 所示。

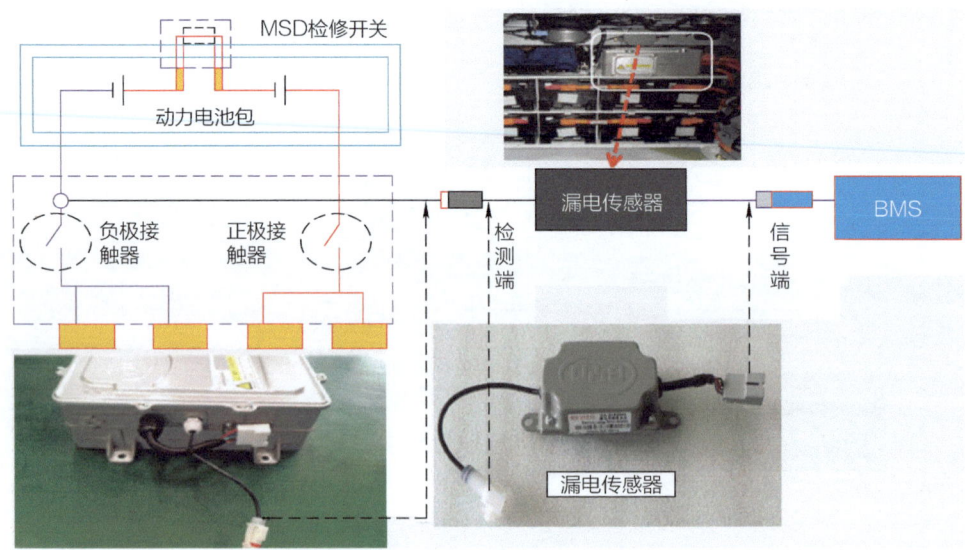

图 8-24　绝缘检测系统组成框架

工作原理：漏电传感器主要检测与动力电池输出相连接的负极母线和车身底盘之间的绝缘电阻，绝缘阻值及异常漏电数据如图 8-25 所示。

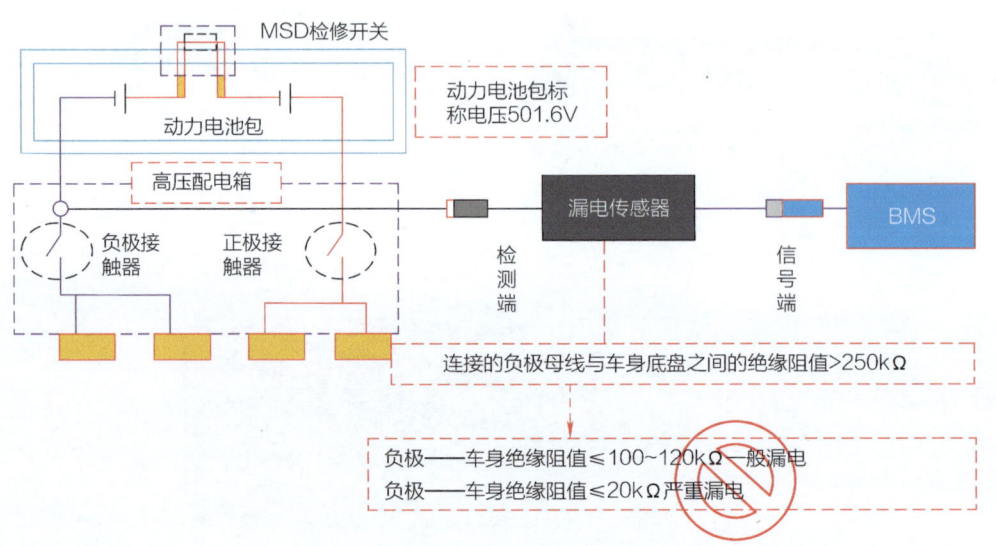

图 8-25　绝缘阻值及异常漏电数据

电路原理如图 8-26 所示。

漏电数据判定标准见表 8-1。

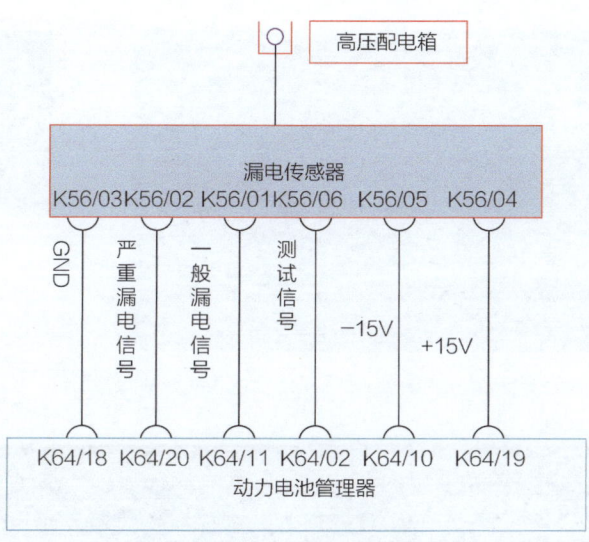

图 8-26 电路原理

表 8-1 漏电数据判定标准

R：高压回路正极或负极对车身地等效绝缘电阻值	漏电状态		系统采取措施
R > 500Ω/V	正常		无
100 < R ≤ 500Ω/V	一般漏电报警		仪表灯亮，报动力系统故障。【部分车型关闭能量回收功能】
R ≤ 100Ω/V	严重漏电报警	行车中	仪表灯亮，断开主接触器
		停车中	1.禁止上电 2.仪表灯亮，报动力系统故障
		充电中	1.断开充电接触器，主接触器 2.仪表灯亮，报动力系统故障

考考你：通过下面的故障码及故障码含义你如何分析是哪一个高压系统出现故障呢？如图 8-27 所示为帝豪 EV300 严重漏电故障码。图 8-28 所示为众泰 Z500 EV 组合仪表绝缘故障警示灯。可以通过仪表处的故障灯是否报警，同时结合 BMS 数据流查看绝缘状态和绝缘电阻值是否正常判断是否存在绝缘故障。图 8-29 所示为众泰 Z500 EV 绝缘阻值数据流。

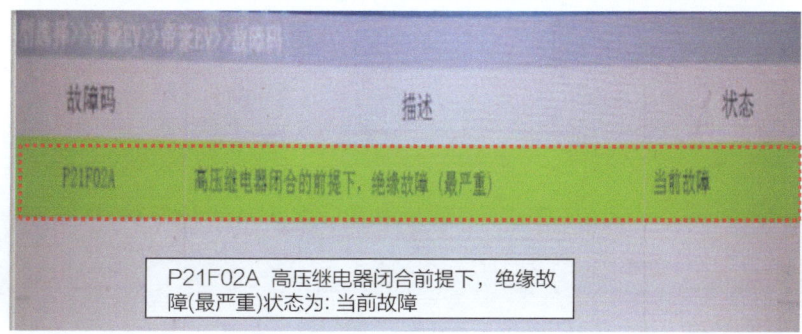

图 8-27 帝豪 EV300 严重漏电故障码

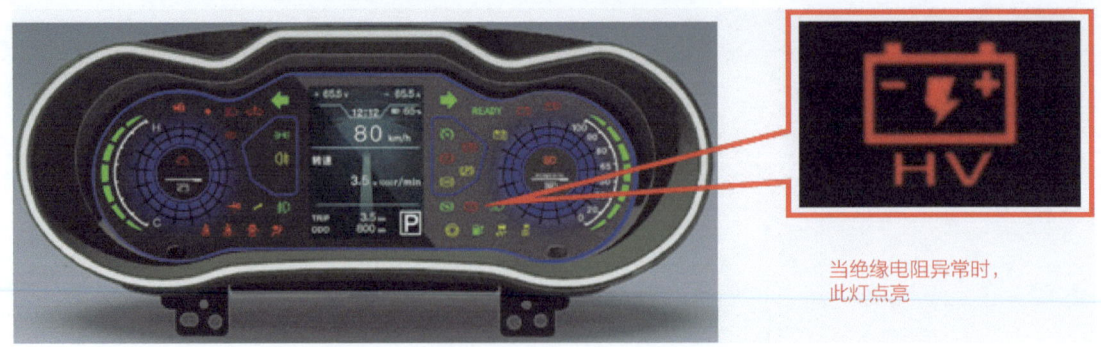

当绝缘电阻异常时，此灯点亮

图 8-28　众泰 Z500 EV 组合仪表绝缘故障警示灯

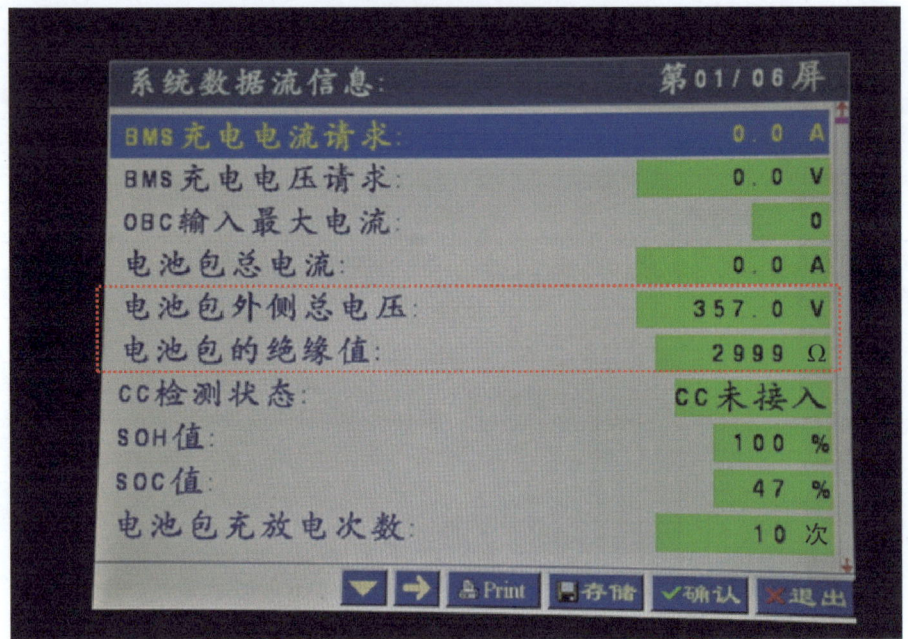

图 8-29　众泰 Z500 EV 绝缘阻值数据流

第九章
辅助控制系统与车载 CAN 网络

第一节 辅助控制系统

车辆在使用中,控制器需要围绕驾驶人的意愿进行解析,执行驾驶人的意向,如充电操作,是交流慢充还是直流快充;在行驶过程中驾驶人是减速还是加速;在减速中,根据驾驶人设定的能量回收标准及车辆回收条件进行运算操作等。因此辅助控制系统是电动汽车/混合动力汽车不可缺少的系统,本项目重点解读低压辅助信号及控制系统的控制策略。

一、加速踏板位置传感器

1. 概述

在前面项目中我们已经掌握了整车控制器的主要功能,其中一个功能是根据加速踏板位置信号来获取驾驶人的驾驶意向,从而将信息以报文形式传递至电机控制器,电机控制器可以改变电机转矩,控制电机转速,进而改变车速。通常加速踏板位置传感器提供两组信号,两组信号传递至整车控制器,由整车控制器进行信号对比。如图 9-1 所示为加速踏板位置传感器与 VCU 连接框架原理图。

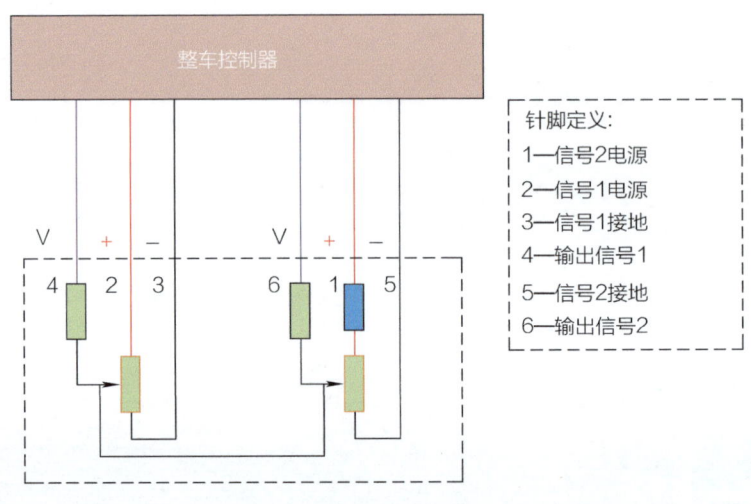

图 9-1 加速踏板位置传感器与 VCU 连接框架原理图

2. 加速踏板位置传感器的检测方法

1)检测加速踏板位置传感器 1 信号,使用诊断仪读取数据流,踏板开度从 0% 到 100% 变化,Key-ON 后用万用表直流电压档测量 4PIN 与地之间的电压应为 0.74~4.34V。测量 2PIN 与地之间电压应为 5V。

2)检测加速踏板位置传感器 2 信号,使用诊断仪读取数据流,踏板开度从 0% 到 100% 变化,Key-ON 后用万用表直流电压档测量 6PIN 与地之间的电压应为 0.36~2.24V。测量 1PIN 与地之间电压应为 5V。

3）如果加速踏板位置传感器有故障，VCU 整车控制器则储存对应故障码，需要检查线路以及传感器本体是否存在故障。

整车控制器 VCU 的安装位置及 B50 针脚排列顺序，如图 9-2 所示。图 9-3 为加速踏板位置传感器电路图及针脚定义说明。

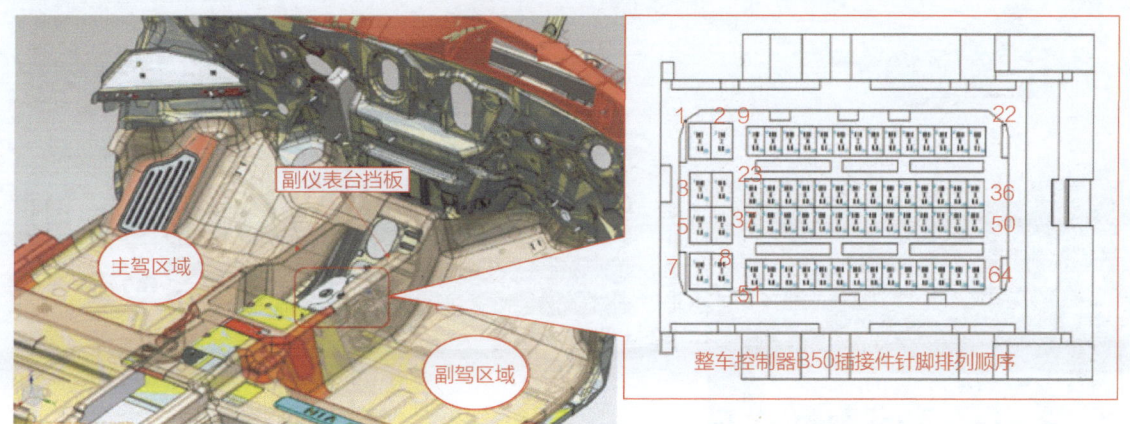

图 9-2　整车控制器 VCU 的安装位置及 B50 针脚排列顺序

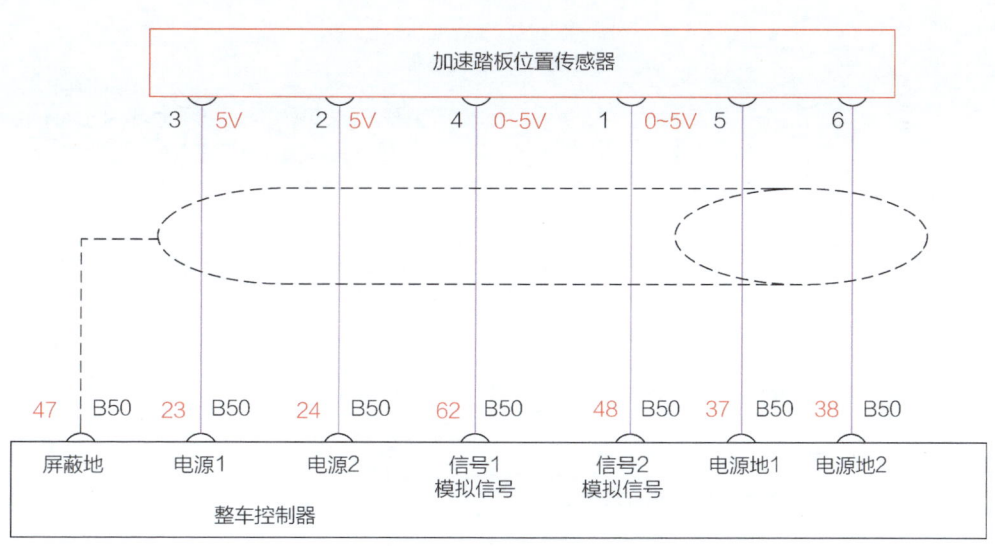

图 9-3　加速踏板位置传感器电路图及针脚定义说明

2014 款比亚迪秦 DM 的加速踏板位置传感器信号与电源并非传递到主控 ECU，而是传递至电机控制器及 DC/DC 变换器总成。在使用燃油模式行驶时，发动机控制单元也要采集驾驶人的驾驶意向，因此需要获取加速踏板的位置信息，其加速踏板的位置信息是通过动力网 CAN 进行数据共享。如图 9-4 所示为电机控制器及 DC/DC 变换器总成位置布置与插接件针脚排列顺序。如图 9-5 所示为加速踏板位置传感器电路图。图 9-6 所示为加速踏板位置传感器端口示意图及针脚排列顺序。

北汽 EV200 加速踏板位置传感器电路原理如图 9-7 所示。

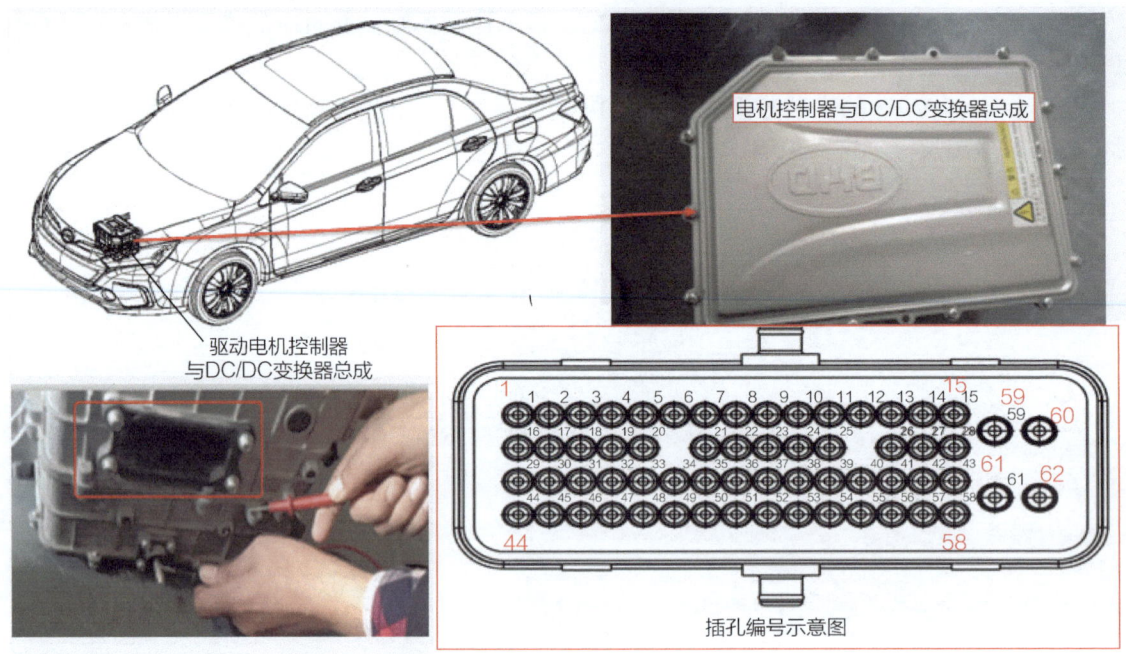

图 9-4　电机控制器及 DC/DC 变换器总成位置布置与插接件针脚排列顺序

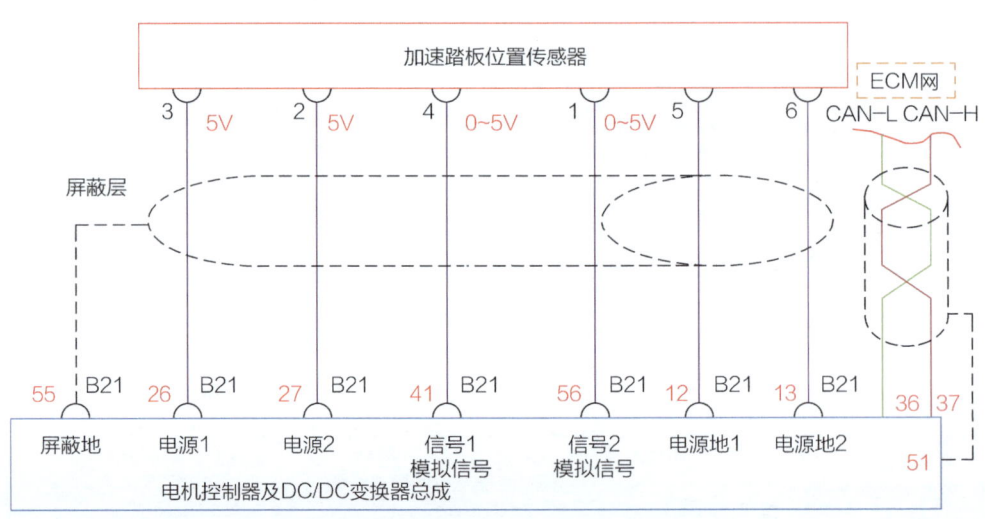

图 9-5　加速踏板位置传感器电路图

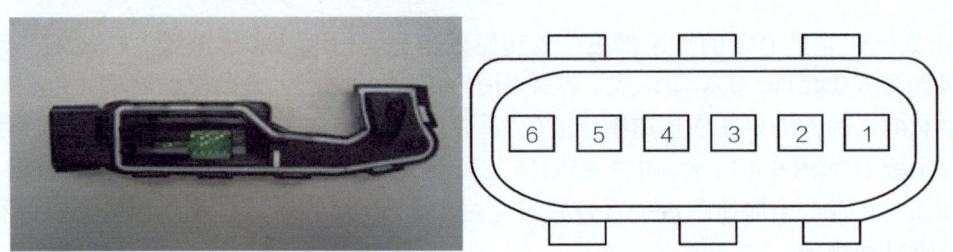

图 9-6　加速踏板位置传感器端口示意图及针脚排列顺序

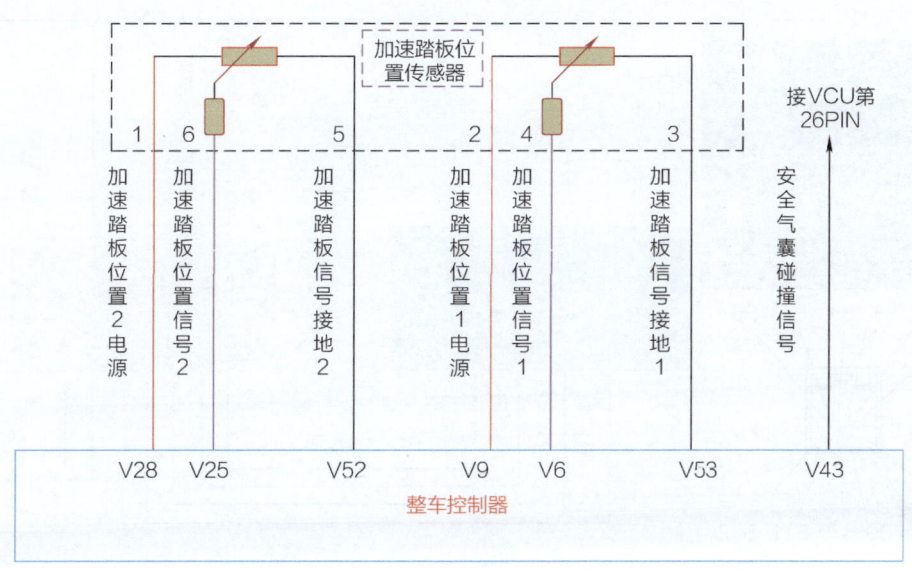

图 9-7　北汽 EV200 加速踏板位置传感器电路原理

二、换档控制

档位管理模块关注驾驶人的驾驶安全,需正确理解驾驶人意向及识别车辆合理的档位。

通常档位管理模块的信号传递至整车控制器,整车控制器将档位信息发送至组合仪表,组合仪表显示档位信息和驾驶人操作信息相同且同步。

整车控制器根据档位管理模块来判断其检测标准,换档机构输入到整车控制器的是 4 路模拟电压信号,信号输入后首先进行高低有效性判断和故障诊断。高有效用"1"表示,低有效用"0"表示,见表 9-1。

表 9-1　档位效用判断　　　　　　　　　　　　　　　　　（单位:V）

档位	信号 1	信号 2	信号 3	信号 4
R	0.3（0）	4.5（1）	4.5（1）	0.3（0）
N	0.3（0）	4.5（1）	0.3（0）	4.5（1）
D	4.5（1）	0.3（0）	4.5（1）	0.3（0）

如上表所示的"1"为高有效判断区间,2.8~4.95V 为高有效;"0"为低有效判断区间,0.1~0.9V 为低有效。

北汽 EV200 电路原理图及档位控制器针脚排列顺序,如图 9-8 所示。

比亚迪元 EV360（EB 款）档位传感器电路图及针脚排列顺序,如图 9-9 所示。其车型采用电子变速杆,CAN 传输档位信号信息,上"OK"电,踩制动踏板才能挂档。

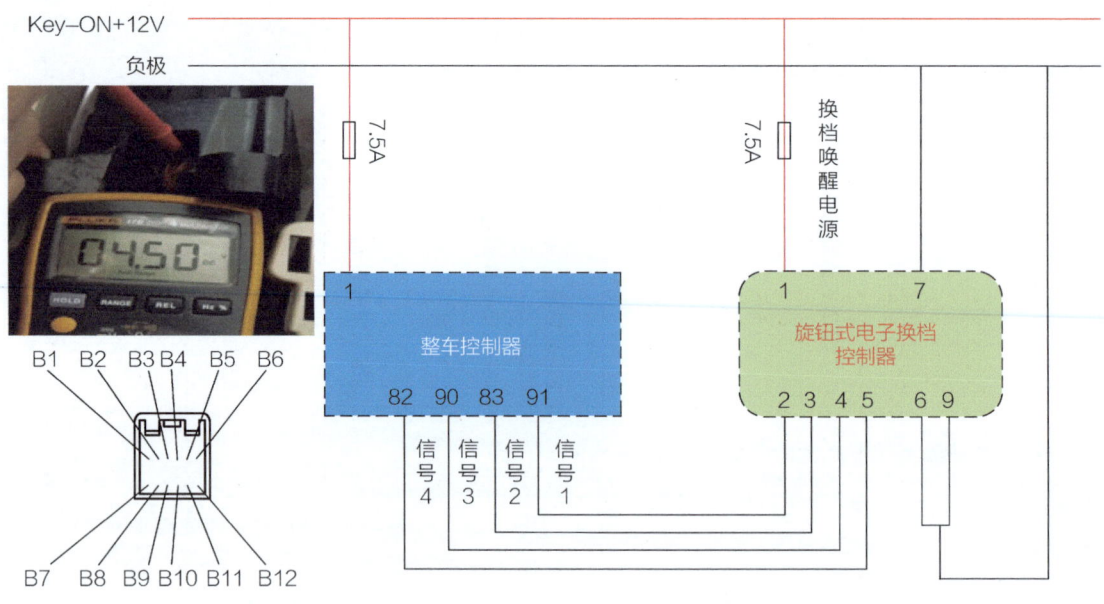

图 9-8　北汽 EV200 电路原理图及档位控制器针脚排列顺序

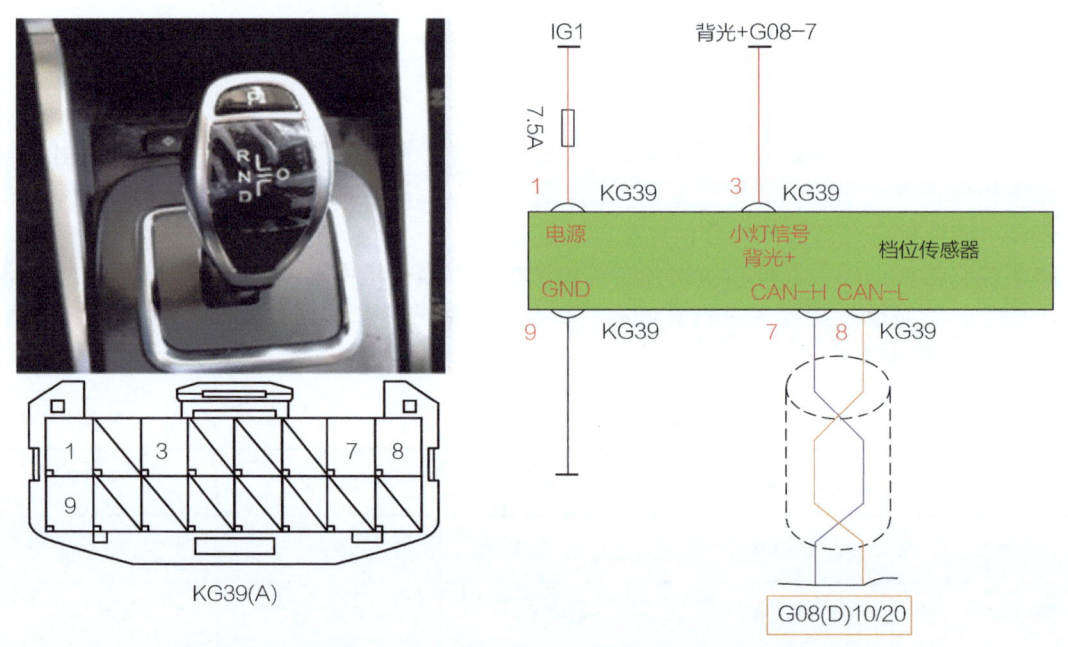

图 9-9　比亚迪元 EV360（EB 款）档位传感器电路图及针脚排列顺序

三、制动系统真空控制

为了提高车辆安全性和驾驶人的操纵舒适性，在传统燃油车型上设计了真空助力系统，但是电动汽车取消了发动机，没有真空源，因此在电动汽车上设置了电动真空泵，当真空度小于或等于下限值会启动电动真空泵，当真空度达到上限时切断电动真空泵电源，电动真空泵停止工作。而混合动力车型的发动机在工作时，虽然发动机会产生真空源，但若真空度小于或等于下限值会同时启动电动真空泵,当使用 EV 模式行驶时和电动汽车的控制策略相同。当然部分混合动力车型在制动时的控制策略和上述控制策略有所区别,本项目主要分析其真空度的控制策略。

真空助力系统主要由电动真空泵、真空管路、真空压力传感器、制动主缸带真空助力器总成、ABS 泵总成、整车控制器等组成。

在系统中由整车控制器进行控制,对真空度压力传感器和制动开关进行监控,实现对真空度的控制,并且在真空压力有故障时确保提供足够的制动力,确保行车安全。真空助力系统组成框架如图 9-10 所示。

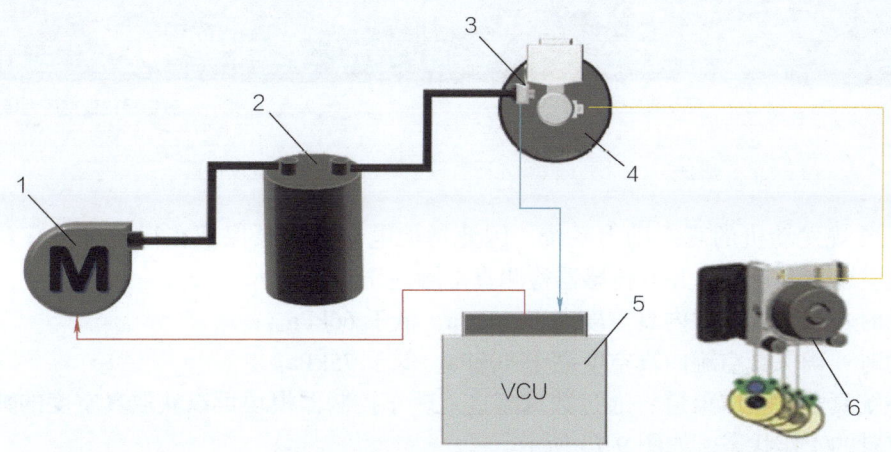

图 9-10　真空助力系统组成框架

1—电动真空泵　2—真空罐　3—真空压力传感器　4—真空助力器　5—整车控制器　6—ABS/ESP 泵

各装置作用:

电动真空泵:获得和维持真空的动力源,属于电动控制。

真空罐:使罐内形成一定范围的真空度,并向真空助力器提供真空。

真空压力传感器:检测真空罐里面的压力,并且将压力信号传给整车控制器,整车控制器通过运算控制电动真空泵的工作。

真空助力系统控制策略框架如图 9-11 所示。

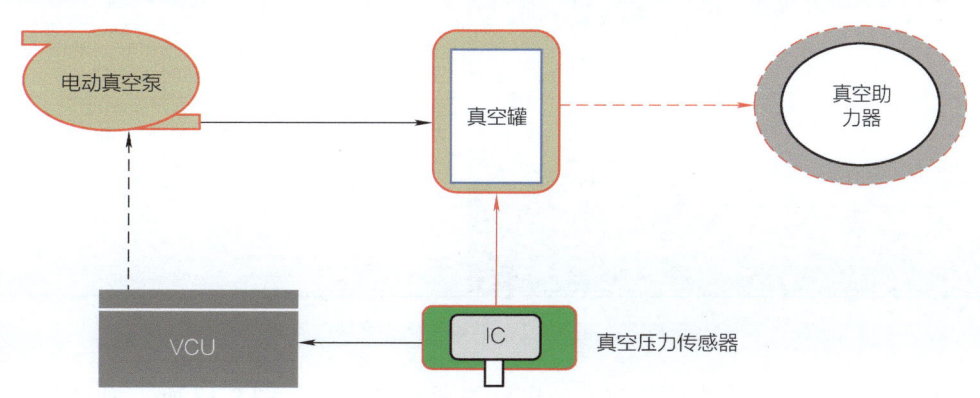

图 9-11　真空助力系统控制策略框架

比亚迪 e6 先行者真空助力系统实物图及位置如图 9-12 所示。

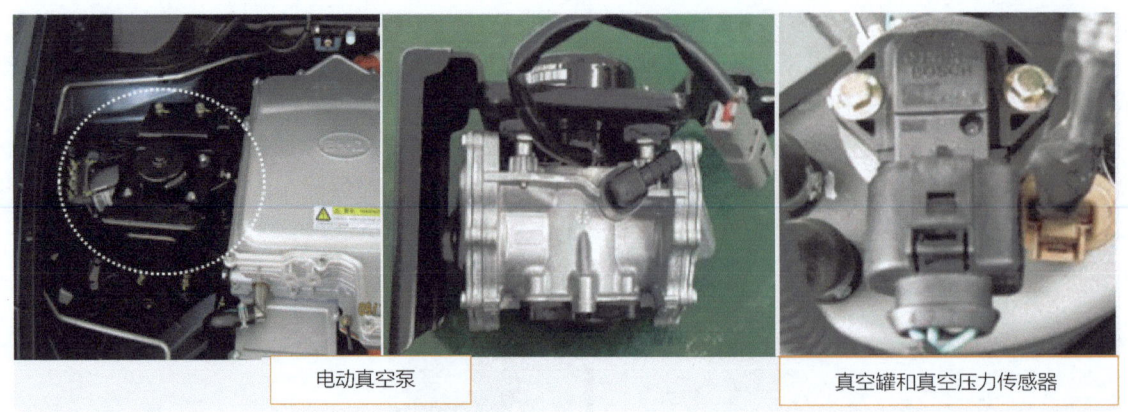

图 9-12　比亚迪 e6 先行者真空助力系统实物图及位置

由于无常规发动机的真空助力系统，因此增加电动真空泵保证在行驶时仍有真空助力效果，设置真空罐储存真空，并有传感器检测真空罐内压力。

无制动时：确保真空罐内真空度高于 40kPa，低于 66kPa。

有制动时：确保真空罐内真空度高于 40kPa，低于 75kPa。

制动系统真空度获取渠道：通过数据流进入整车控制器模块可以获取真空度的数据信息以及电动真空泵的工作状态，如图 9-13 所示。

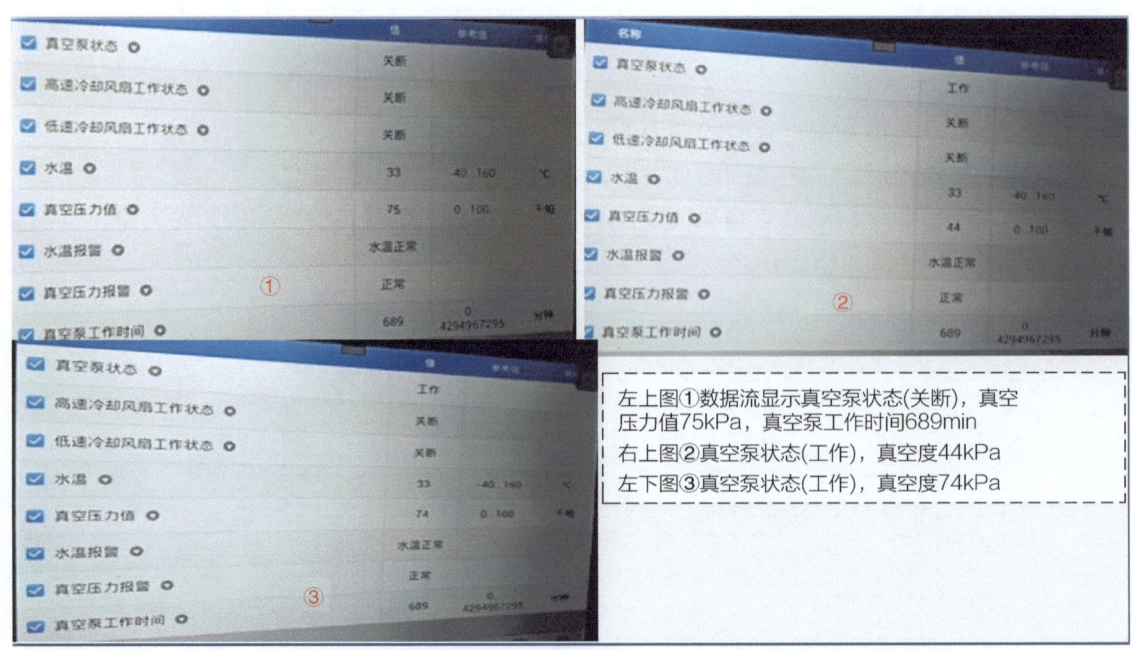

左上图①数据流显示真空泵状态(关断)，真空压力值75kPa，真空泵工作时间689min
右上图②真空泵状态(工作)，真空度44kPa
左下图③真空泵状态(工作)，真空度74kPa

图 9-13　真空泵工作状态及真空度数据流

比亚迪 e6 先行者电动真空泵控制系统电路如图 9-14 所示。图 9-15 所示为北汽 EV160 真空泵控制电路原理图。

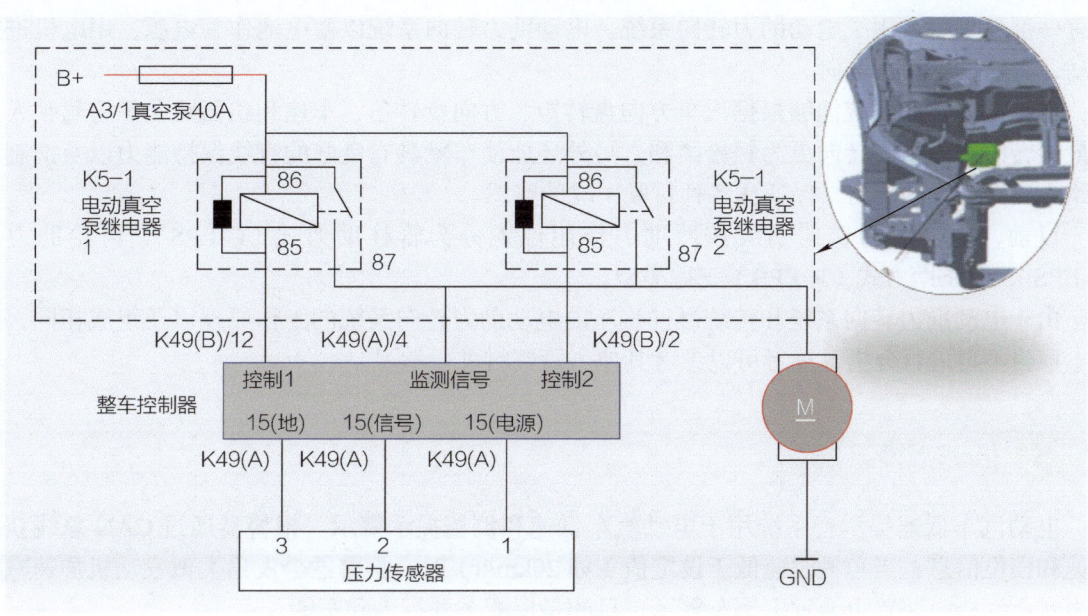

图 9-14 比亚迪 e6 先行者电动真空泵控制系统电路

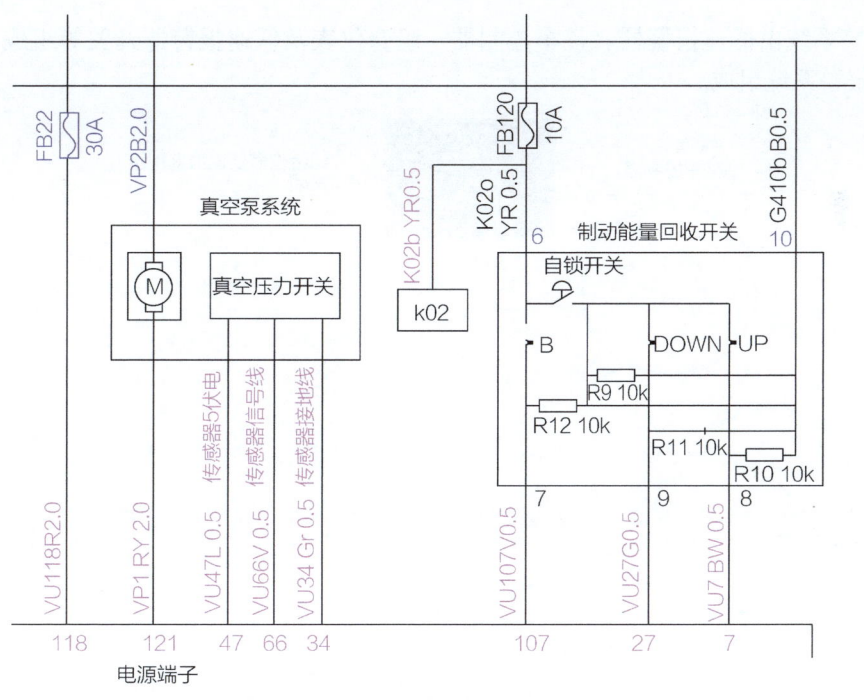

图 9-15 北汽 EV160 真空泵控制电路原理图

四、电动助力转向系统

传统转向助力系统是依靠液压助力来帮助驾驶人转向，在节能减排、小型化、轻量化的全球发展趋势中，电动助力转向（EPS）系统并非是新能源车型的专属配置，在传统燃油车型上也有一部分车型采用了电动助力转向系统。电动助力转向系统以蓄电池作为电源，用电机进行驱动，来辅助驾驶人转向。

电动助力转向系统能够根据汽车方向盘转矩、方向盘转角、车速和路面路况等为驾驶人提供最佳转向助力，使转向更为轻松柔和，另外还能使车辆具有良好的直线保持能力以及抑制颠簸路面反作用力的能力，保证在各种行驶工况的路感。

目前，电动助力转向系统按照助力作用位置分为管柱助力式（C-EPS）、齿轮助力式（P-EPS）、齿条助力式（R-EPS）三种类型。

由于电动助力转向系统和传统燃油汽车的电动助力转向系统的工作原理以及组成相同，所以本项目不再进行分析，读者可以参考其他书籍资料进行学习。

五、低速报警系统

电动汽车低速提示音系统用于电动汽车低速和倒档提示警示。报警器通过 CAN 总线获取车速和档位信息，当车辆时速低于设定值（如 20km/h）时，报警器会发出类似发动机加速减速的声音，倒档时装置也会发出倒车警示，目的是提醒车外行人和车辆。

1. 低速报警系统组成

低速报警系统由低速报警器、整车控制器、组合仪表及低速报警器开关等组成。如图 9-16 所示为低速报警系统组成。

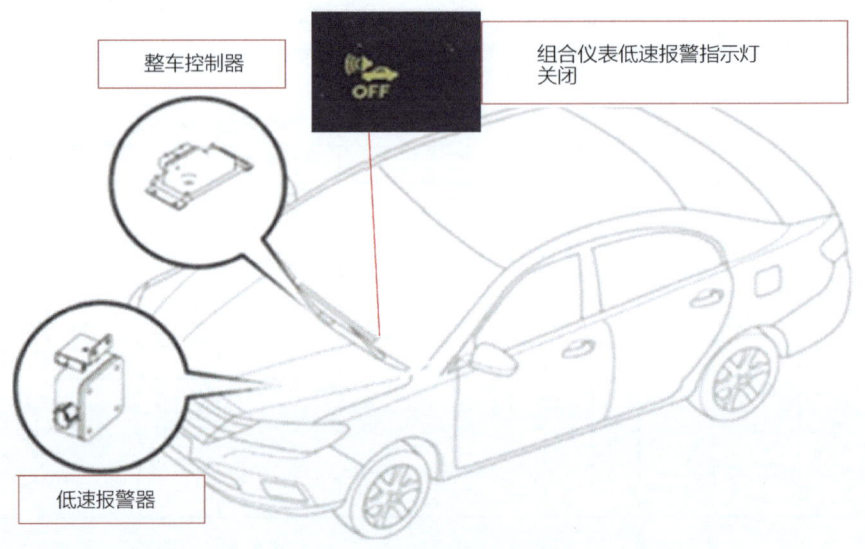

图 9-16　低速报警系统组成

2. 工作原理

低速报警器的控制信息来自 CAN 总线，通过自身的 MCU 解码器芯片发出指定的声音信号，再通过功率放大器驱动 SPEAKER（扬声器）发出响声。

1）需要的 CAN 总线信号包括：车速、档位、VCU 使能信号、开关信号等。

2）当车速在 0~20km/h 变化时，低速报警器将自动发出模拟发动机的声音，车辆加速时，该低速报警器有加速声音音调的变化，车辆减速时，低速报警器有减速声音音调的变化。当车辆速度达到 20km/h 以上时，低速报警器报警声音为 0dB，当收到仪表的关闭信号后，模拟器停止工作。

3）当车辆在倒档时，低速报警器有提示声音提醒车外人员车辆处于倒车状态。

4）当整车 CAN 通信异常时，仪表提示相应信息，同时记录故障码，低速报警器不工作。

低速报警系统工作原理框架如图 9-17 所示。

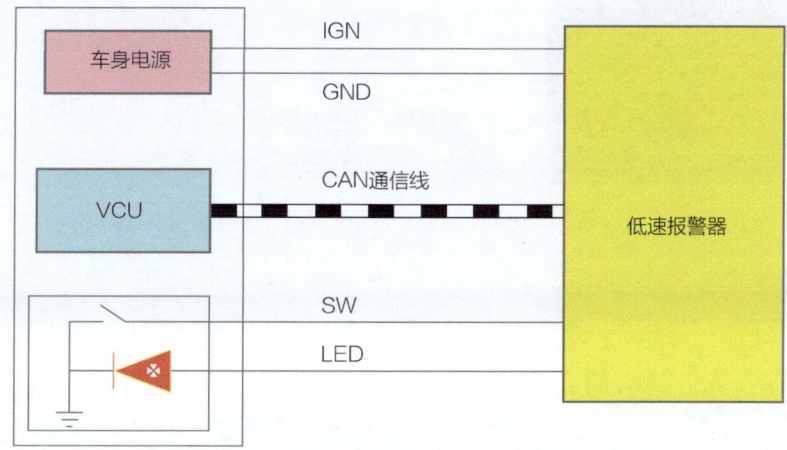

图 9-17　低速报警系统工作原理框架

电动汽车低速报警技术要求，如图 9-18 所示。

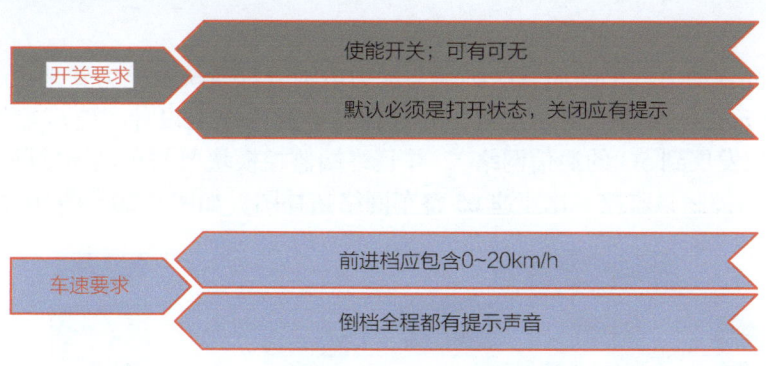

图 9-18　电动汽车低速报警技术要求

低速报警器 CAN 需求信号清单见表 9-2。

表 9-2　低速报警器 CAN 需求信号清单

信号名称	EV 车型	PHEV 车型	备注
车速	√	√	
整车电源上电状态	√	√	高压上电"READY"
档位信号	√	√	
发动机起停状态	×	√	EV 车型不需要
AVAS 静音控制	√	√	软开关，可选

比亚迪元 EV360（EB 款）低速报警系统电路原理图及针脚排列如图 9-19 所示。

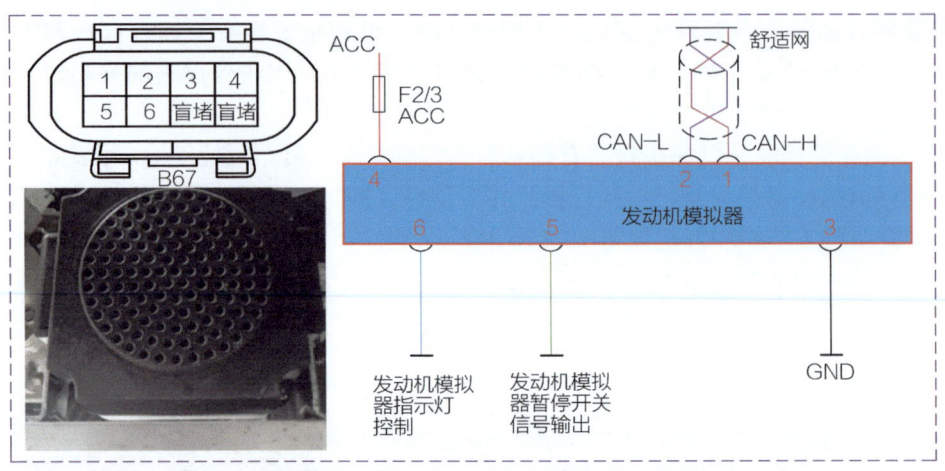

图 9-19 比亚迪元 EV360（EB 款）低速报警系统电路原理图及针脚排列

第二节 车载 CAN 网络

电动汽车/混合动力汽车的局域网必须与动力电池管理系统及电力管理系统的控制装置连接，其主控制单元必须与通信单元连接，并且在新能源汽车上设计了终端监控模块（通常为 3G/4G，后续可能发展到 5G 的通信网络），并且终端监控模块要与车辆局域网进行通信，从而实现新能源汽车的控制与监控，比亚迪 e5 整车网络拓扑图，如图 9-20、图 9-21 所示。

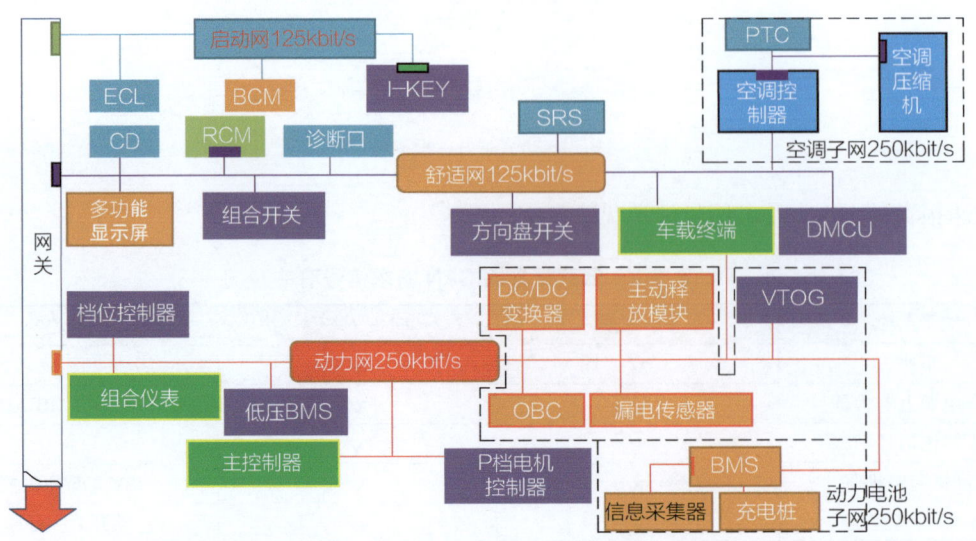

图 9-20 比亚迪 e5 整车网络拓扑图（一）

第九章 辅助控制系统与车载 CAN 网络

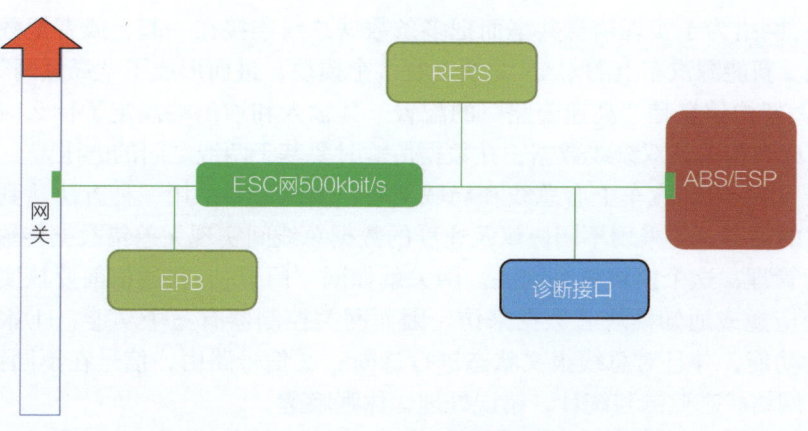

图 9-21 比亚迪 e5 整车网络拓扑图（二）

以上为比亚迪 e5 整车网络拓扑图，当然每款车型设计的网络拓扑图不同，在故障诊断检修时，要针对不同车型不同年款的网络拓扑图进行分析确定检修方法。

图 9-22 所示为比亚迪秦 DM（2014/2015 款）网络拓扑图，通过对比纯电动汽车和混合动力汽车，可以发现不同车型的网络拓扑图有很大的区别。

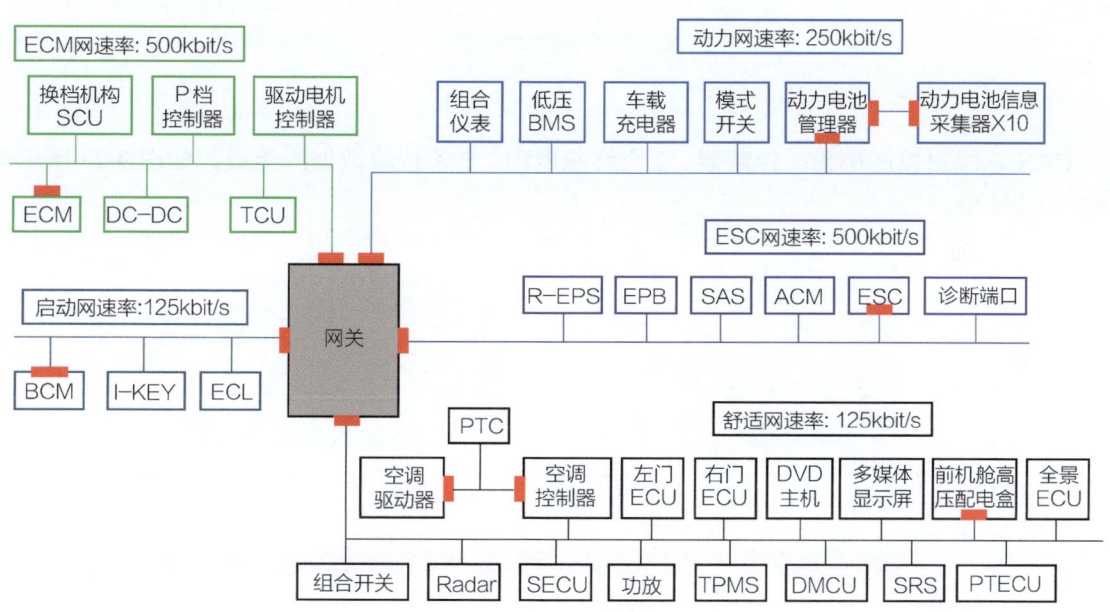

图 9-22 比亚迪秦 DM（2014/2015 款）网络拓扑图

一、术语释义

1）多路传输：多路传输就是在同一通道或线路上同时传递多条信息。CAN-BUS 也可以基于频率、幅值的调制方法传输不同的数据流。在汽车上采用了双线制分时多路传输。

2）模块：模块是一种装置，也称为"节点"，如 EMS。

3）数据总线：数据总线是模块之间信息传递的通道，也称为"信息高速公路"。双向数据总线可以实现模块之间发送和接收数据。模块（节点）就是信息高速公路上的进口和出口。

245

4）网络：网络为了实现信息共享而把多条数据总线连接在一起，或者把数据总线和模块当做一个系统。新能源汽车上的CAN总线上有多个模块，进而形成了"局域网"。

5）架构：架构信息是"高速公路"的配置，其输入和输出端规定了什么时间能进，什么时间能出。因此架构就是双绞线数据，在数据传输时要基于两线之间的电压差。

6）网关：由于电动汽车上有总线和局域网络，因此需要采用一种方法达到信息共享和不产生协议之间的冲突，为采用不同协议及速度的数据总线间实现无差错数据传输，因而需要有一个模块进行管理，这个模块就是网关。网关就如同"门卫"，在通信前要核实数据的身份是否合法，是否应邀或通知模块有数据来访。因而网关控制器有三个功能：①报文路由，它具有转发报文的功能，并且对总线报文状态进行诊断；②信号路由，信号在不同报文之间映射；③网络管理，网络状态监测与统计，错误处理，休眠唤醒。

7）通信协议：有特定的通信协议称为"架构"，通信协议就是数据传输的"交通规则"，包含交通标志和优先功能。通信协议的作用有：①定义主从方式（主模块、从模块）、仲裁方式、各取所需方式、优先级，它决定哪一个从属模块发送数据及什么时候发送。②在相同的通信协议上的所有模块中任意一模块有了有用的信息，都发送到数据总线上，其他模块可以共享这些有用信息。③通信协议中有仲裁系统，按照每条信息的数字拼法为数据传输设定优先规则。

二、总线结构

CAN总线由控制单元、控制器、2个终端电阻、2条传输数据线组成，如图9-23所示为CAN总线结构。

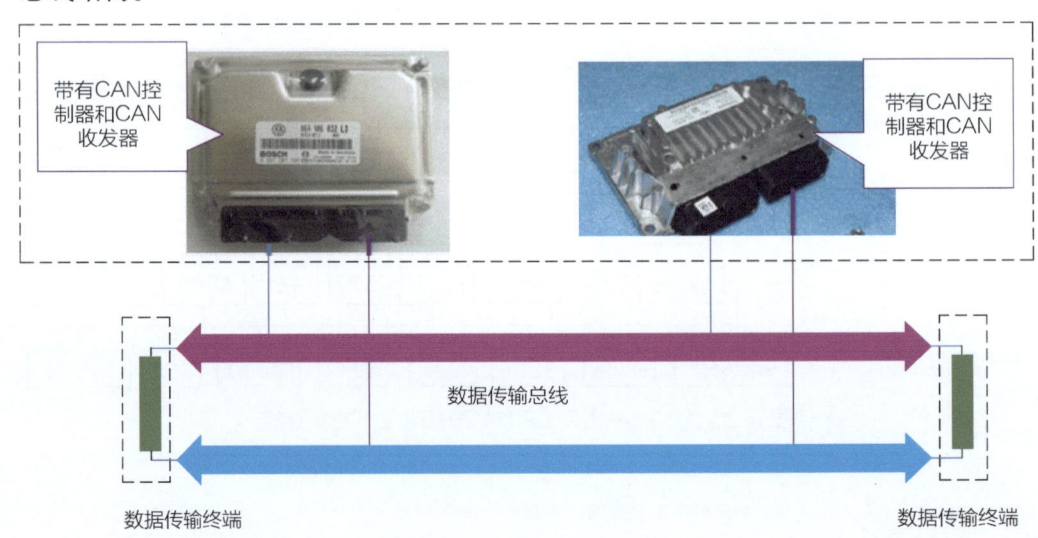

图9-23 CAN总线结构

数据总线进行帧的传输，它由两根线绞接在一起，外层绝缘，内层有多股铜线，截面为$0.6mm^2$，传输相位相反的电信号，分为CAN-L和CAN-H数据线。数据传输终端实际就是一个120Ω的电阻器，作用就是避免数据传输终了时反射回来的反射波使数据遭到破坏。其连接形式请参考图9-21、图9-22。

三、通过测量终端电阻判断总线故障的方法

第一步：关闭点火开关，等待 5min，直到所有用电设备充分放电。

第二步：将万用表调至 200Ω 档位，测量车辆 DLC（诊断接口）的 14PIN（CAN-L）和 6PIN（CAN-H）之间的电阻值，根据测得的阻值来判断故障原因（如图 9-24 所示）。

① 带有终端电阻的控制单元为并联形式，CAN 线路正常时，测量其总阻值为 60Ω。

② 若测量电值为无穷大，说明 CAN 总线到诊断口的线路有断路情况。

③ 若测量电阻值接近 120Ω，说明 CAN 驱动线上有断路情况。

④ 若测量电阻值为 0Ω，说明驱动 CAN 线上的 CAN-H 与 CAN-L 线之间有短路情况。

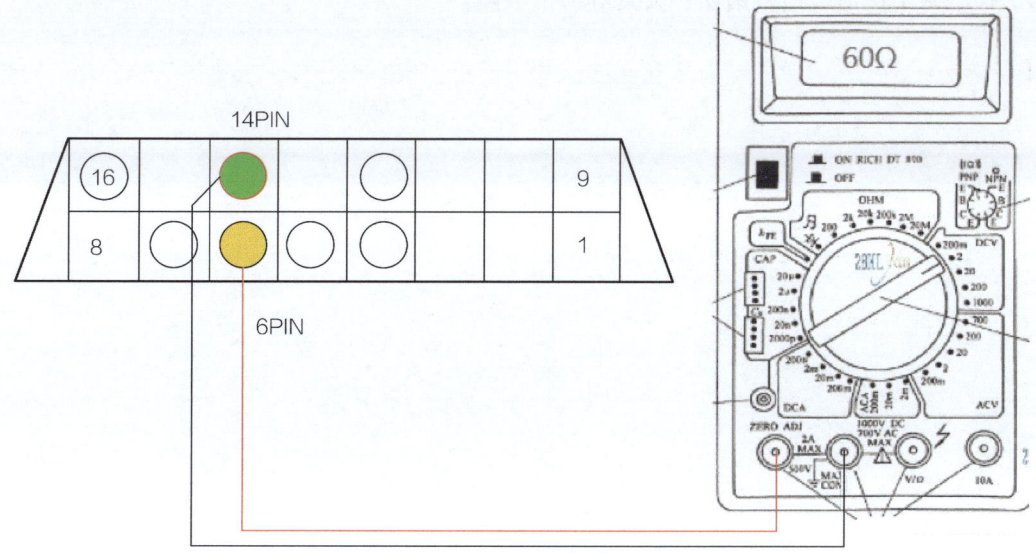

图 9-24　DLC 诊断插座处测量终端电阻图

⑤ 若测量电阻值为 60Ω，并且通信不正常，则应继续测量 CAN-H 对地的电阻值和 CAN-L 对地的电阻值，哪一个对地电阻是 0Ω 说明此线与地短路。

四、总线维修注意事项

1）CAN 总线数据双绞线的绞合方式不能改变，也就是不能用平行的两条线来代替双绞线，并且双绞线的节距长度也不能改变。

2）在修理时不能有大于 50mm 的双绞线段不绞合。

3）修理点之间的距离至少要相隔 100mm，以避免干扰。

4）CAN 总线通信双绞线的长度尽量不超过 5m，否则导线传输的信号会失真。

五、CAN 总线的常见故障

1）整个网络失效或多个控制单元不工作或工作不正常。

2）在不同的系统、不同的地方同时表现出不同的多个故障，且彼此之间似乎没有关联。

3)个别控制单元或多个控制单元无法与诊断仪通信。

六、CAN 总线常见故障原因

1)控制单元的供应电源或接地不正常,导致控制单元暂停工作,从而造成通信故障。

2)控制单元本身故障,也就是 CAN 通信网络的节点控制故障,造成 CAN 通信网络故障。

3)CAN 通信网络的双绞线故障,通信的双绞线出现开路、短路以及双绞线非绕结距离过长受到干扰,导致信号错误、失真、衰减造成通信故障。

4)强电磁干扰造成信号错误、失真等通信故障。